谨以此书

庆祝广东省文物考古研究所成立30周年

乳源莱山六朝至唐时期
墓葬发掘报告

广东省文物考古研究所　编著

科 学 出 版 社
北 京

内 容 简 介

本书是广东省文物考古研究所对乳源莱山遗址进行考古发掘的报告。书中详细地介绍了莱山遗址六朝至唐时期墓葬的发掘和整理情况，对墓葬进行考古分期及相关研究，并对墓地属性、墓葬的埋藏学观察、葬俗演变以及文化特征几个方面进行了讨论。该批墓葬年代关系完整，时间跨度大，墓葬保存状况好，结构特征多样，出土器物丰富，种类繁多，为研究六朝至唐时期“北人南迁”、“岭南开发”等历史事件提供了重要的实物材料。

本书可供考古学、历史学及其相关专业研究人员、高等院校相关专业师生阅读、参考。

图书在版编目（CIP）数据

乳源莱山六朝至唐时期墓葬发掘报告 / 广东省文物考古研究所编著. —北京：科学出版社，2021.5

ISBN 978-7-03-066347-4

Ⅰ. ①乳… Ⅱ. ①广… Ⅲ. ①墓葬（考古）-发掘报告-乳源瑶族自治县-六朝时代-唐代 Ⅳ. ①K878.85

中国版本图书馆CIP数据核字（2020）第197330号

责任编辑：樊 鑫 / 责任校对：邹慧卿

责任印制：肖 兴 / 封面设计：美光设计

科学出版社 出版

北京东黄城根北街16号

邮政编码：100717

http://www.sciencep.com

北京汇瑞嘉合文化发展有限公司 印刷

科学出版社发行 各地新华书店经销

*

2021年5月第 一 版 开本：889 × 1194 1/16

2021年5月第一次印刷 印张：15 1/2 插页：71

字数：698 000

定价：258.00元

（如有印装质量问题，我社负责调换）

目　　录

插图目录

插表目录

彩版目录

第一章 概　　述

第一节 地理环境

乳源瑶族自治县地处广东北部，位于韶关市辖区西部，北接乐昌市，东邻韶关市武江区，南毗英德市，西南连阳山县，西北角与湖南宜章县接壤，处北纬24°28′~25°07′、东经112°52′~113°27′之间。桂头镇位于乳源东北部，地处韶关市、乳源瑶族自治县、乐昌市交界处，东南距韶关市区29千米，西南距乳源县城25千米，西北距乐昌市区26千米（图一）。

莱山遗址位于乳源瑶族自治县桂头镇，西距武江约1千米，东南距镇政府约2.5千米。遗址

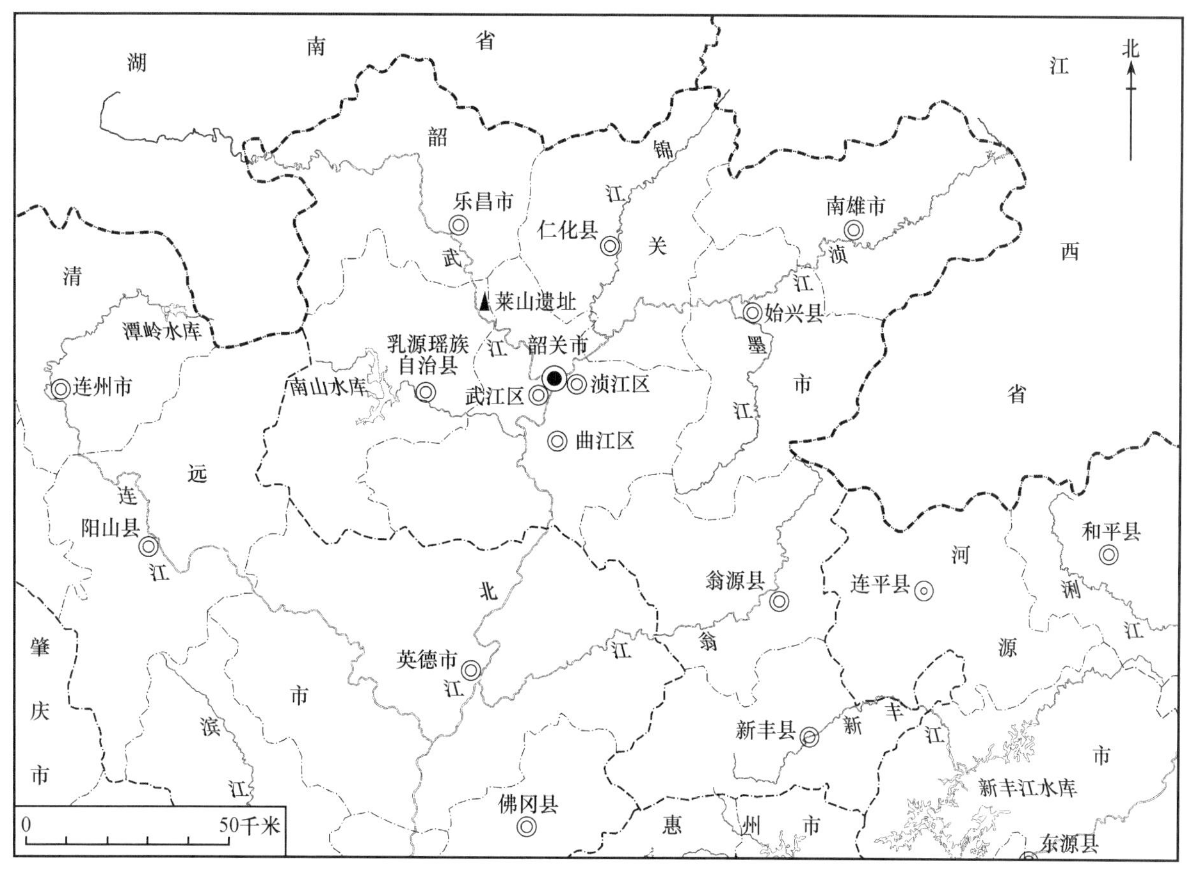

图一　莱山遗址位置示意图

分布于林角塘、鸭帽冲、莱山、盐冲岭4处山岗之上，涉及大坝、上桂、白土螺、凰村4个自然村，海拔80～100米，地表植被茂盛，多为桉树和小灌木丛（彩版一～彩版三）。

乳源瑶族自治县位于南岭山脉南麓，地势由西北向东南倾斜。西部、西北部属高山地带，溶蚀高原地貌显著，是韶关市主要石灰岩地区之一。东北部属丘陵地带，河流两岸地势平缓。主要河流有武江河、南水河、杨溪河、大潭河等。乳源属亚热带季风气候带，年平均气温20.6℃。春季气温极不稳定，冷暖无常，空气较潮湿；夏季呈现高温；秋季多阴雨；冬季干冷少雪。

桂头镇一带的武江流域属乐昌韶关盆地台地丘陵亚区。地貌以河谷、阶地、台地为主，地势平缓[①]。遗址所在区域属一、二级砂页岩低台地，经流水侵蚀呈缓坡起伏、顶部齐平形态，是武江北岸河流冲击平原与江北丘陵之间的过渡地貌。质地为沙壤土至黏壤土（表一）。

表一　桂头镇地貌类型、面积统计表

<table>
<tr><th colspan="2">地貌类型</th><th>面积（平方千米）</th><th colspan="2">比例（%）</th></tr>
<tr><td rowspan="2">平原</td><td>冲积平原</td><td>29.16</td><td>25.75</td><td rowspan="2">27.13</td></tr>
<tr><td>冲积洪积倾斜平原</td><td>1.56</td><td>1.38</td></tr>
<tr><td rowspan="2">阶地</td><td>洪积冲积阶地</td><td>7.99</td><td>7.06</td><td rowspan="2">11.16</td></tr>
<tr><td>洪积坡积阶地</td><td>4.64</td><td>4.10</td></tr>
<tr><td rowspan="2">台地</td><td>砂页岩低台地</td><td>13.97</td><td>12.36</td><td rowspan="2">12.82</td></tr>
<tr><td>砂页岩高台地</td><td>0.52</td><td>0.46</td></tr>
<tr><td>丘陵</td><td>红色岩系低丘陵</td><td>19.85</td><td colspan="2">17.53</td></tr>
<tr><td rowspan="2">山地</td><td>变质岩中山</td><td>9.01</td><td>7.96</td><td rowspan="2">25.49</td></tr>
<tr><td>砂页岩中山</td><td>19.85</td><td>17.53</td></tr>
<tr><td rowspan="2">溶蚀地貌</td><td>溶高台地</td><td>1.71</td><td>1.51</td><td rowspan="2">2.32</td></tr>
<tr><td>溶蚀侵蚀高台地</td><td>0.92</td><td>0.81</td></tr>
<tr><td colspan="2">水面</td><td>4.07</td><td colspan="2">3.59</td></tr>
<tr><td colspan="2">总计</td><td>113.25</td><td colspan="2">100</td></tr>
</table>

说明：数据来源于广东省科学院丘陵山区综合科学考察队主编《广东山区地貌》（广东科技出版社，1991年）表8-20，第195、196页。

第二节　建制沿革

“乳源，古曲江地。唐虞迄周为荒服，属扬州之境”[②]。春秋属越，战国归楚，秦为南海郡地。西汉初，曲江属南越王辖地，“武帝元鼎六年（公元前113年），平南越，以曲江、浈

① 广东省科学院丘陵山区综合科学考察队：《广东山区地貌》，广东科技出版社，1991年。

② 《（康熙二年）乳源县志》卷之一《舆地志·沿革》。

阳、含洭三县属桂阳郡”[①]。此为曲江置县之始。新莽时期曲江曾短暂易名除虏[②]，东汉复名，此后历代沿用。

曲江之名未易，但其辖地多有变迁。西晋太康二年（281年），析曲江地置始兴、中宿二县[③]。南梁天监七年（508年），分曲江北境置梁化县，后又分梁化置平石县；隋开皇十二年（592年），复将平石并入梁化；开皇十八年（598年）梁化更名乐昌。隋开皇十六年（596年），浈阳县并入曲江，后又析出。唐武德四年（621年），分置临泷、良化二县，贞观八年（634年）复又并入曲江。唐垂拱四年（688年），分曲江北境置仁化县[④]。北宋宣和三年（1121年），析曲江、翁源地置建福县，宋室南渡后废除。乾道二年（1166年），分曲江西境、乐昌南境置乳源县，县治虞塘[⑤]。元延祐五年（1318年），并翁源入曲江。明洪武元年（1368年），复析出翁源县[⑥]。此后至民国，未见变迁记载。

参考方志记载，今桂头镇大部（包括莱山遗址区域）清代至民国时期皆属曲江[⑦]。乳源、曲江辖地范围于清代之前难以考辨，不排除隶属曲江的可能。

曲江辖地屡次变迁，而其所属州、郡两级更是变化复杂。曲江自汉初置县[⑧]，两汉时属荆州桂阳郡[⑨]。三国吴时，改桂阳郡南部为始兴郡，曲江属荆州始兴郡[⑩]。西晋始兴郡属广州，东

---

① 《（光绪元年）曲江县志》卷一《表一历代沿革》。

② 《汉书》卷二十八上《地理志·第八下》：“曲江，莽曰除虏。”

③ 《（康熙二十六年）曲江县志》卷之一《建制沿革》。

④ 《（同治十三年）韶州府志》卷二《郡县沿革表》：“仁化县，齐置，属始兴郡，梁陈间废”、“（唐）垂拱四年复置，属韶州”。《南齐书》卷十五《志第七·州郡下》中，始兴郡辖十县，其中亦有仁化。可见，仁化于南齐时已置县，但具体年代及其辖地已不易考辨。

⑤ 《（同治十三年）韶州府志》卷二《郡县沿革表》。

⑥ 《（康熙二十六年）曲江县志》卷之一《建制沿革》。

⑦ 《（康熙二年）乳源县志》封域图及卷之一《舆地志》；《（康熙二十六年）曲江县志》一卷《分土第一》；《（同治十三年）韶州府志》之舆地图级及卷十二《舆地志·山》、卷十三《舆地志·川》；《（光绪元年）曲江县志》之曲江县图及卷四《舆地志》。方志可见乳源辖区东北未至武江，桂山、桂水皆属曲江，今桂头镇得名于其西北桂山。《（民国二十年）乐昌县志》之第三区图中可见乐昌县境东南与曲江县界处之“均村”、“金竹园”等地名，今仍沿用，位于桂头镇莱山遗址西北。

⑧ 《后汉书》卷七十六《循吏列传第六十六》：“先是含洭、浈阳、曲江三县，越之故地，武帝平之，内属桂阳”。概曲江为武帝时平南越后所置，即元鼎六年（前111年）。

⑨ 《汉书》卷二十八上《地理志》：“桂阳郡，高帝置。莽曰南平。属荆州。……县十一：……曲江……”。《后汉书》志第二十二《郡国四》：“（荆州）桂阳郡，……十一城，……曲江……”

⑩ 《三国志》卷四十八《吴书三·孙皓》：“甘露元年……十一月……（以）桂阳南部为始兴郡。”

晋复属荆州[①]。刘宋中期，始兴郡回属广州，宋末易名广兴郡，改属湘州[②]。南齐复名始兴，仍属湘州[③]。南梁初置衡州，州治含洭[④]，始兴郡应属衡州辖地；梁末于始兴郡置东衡州，州治始兴县[⑤]，含洭、始兴二县刘宋时皆属始兴郡（广兴郡）辖地，梁置衡州、东衡州前各置阳山郡、安远郡，曲江所属始兴郡此时是否划入东衡州不易考辨。后东衡州废除，陈文帝时复置东衡州，始兴属之[⑥]。隋初废郡，改州县二级制，后又改州为郡[⑦]。隋灭陈后始兴郡废，曲江先后属韶州、广州、番州和南海郡[⑧]。唐初复郡为州，贞观初分天下为十道[⑨]，以道统州，以州统县。曲江初归番州，后属岭南道韶州。盛唐时韶州曾改名始兴郡，旋又复名[⑩]。此后至清末，韶州之名沿用，曲江属韶州未变。

五代时期，韶州为南汉辖地。宋属广南东路。元改为韶州路，属江西行省海北广东道。明

---

① 《晋书》卷十五《地理志下》“广州”条载：“及（西晋武帝）太康中，吴平，遂以荆州始安、始兴、临贺三郡来属”；又载“（西晋）怀帝永嘉元年（307年），又以临贺、始兴、始安三郡凡十二县为湘州。……（东晋）成帝……以始兴、临贺二郡还属荆州。”《宋书》卷三十七志第二十七《州郡三》：“湘州刺史，晋怀帝永嘉元年，分荆州之长沙、衡阳、湘东、邵陵、零陵、营阳、建昌，江州之桂阳八郡立，治临湘，成帝咸和三年省。”《晋书》与《宋书》对西晋时始兴是否划入湘州记载不同，广东省文物考古研究所编著《乳源泽桥山六朝隋唐墓》第一章第三节《建制沿革》中论证认为“晋志怀帝时期的记载概误”，始兴西晋时属广州未变，东晋成帝时划归荆州。

② 《宋书》卷三十七志第二十七《州郡三》：“宋文帝元嘉二十九年（452年），又度广州，三十年，复度湘州。……太豫元年（472年）……改始兴曰广兴。”

③ 《南齐书》卷十五《州郡志下》“湘州”条载始兴郡辖曲江等十县，始兴郡名当在南齐改回。

④ 《梁书》卷二《武帝纪中》：“天监六年（507年），分湘广二州置衡州。”《梁书》卷二十四《萧景传》：“（天监）九年（510年），分湘州置衡州。”《隋书》卷三十一《地理下》“南海郡”条：“含洭，梁置衡州、阳山郡。”

⑤ 《元和郡县图志》（贺次君点校本）卷三十五《岭南道一》：“韶州，始兴。……梁承圣中（552～555年），萧勃据岭南，于此置东衡州。”《隋书》卷三十一《地理下》“南海郡”条：“始兴（县），齐曰正阶，梁改名焉，又置安远郡，置东衡州。”

⑥ 《陈书》卷三《世祖纪》：“天嘉元年（560年）……五月乙卯……分衡州之始兴、安远二郡，置东衡州。”《陈书》卷八《列传第二·侯安都》：“上（陈文帝）乃下诏，改桂阳之汝城县为（庐）阳郡，分衡州之始兴、安远二郡，合三郡为东衡州。”

⑦ 《隋书》卷二十九《地理上》：“开皇三年（583年），遂废诸郡。……炀帝嗣位……改州为郡。”

⑧ 《元和郡县图志》（贺次君点校本）卷三十五《岭南道一》：“隋开皇九年（589年）平陈，改东衡州为韶州……十一年（591年）废入广州……仁寿元年（601年），改广州为番州……（大业）三年（607年），以番州为南海郡。”

⑨ 《旧唐书》卷三十八《地理一》：“高祖受命之初，改郡为州。……贞观元年（627年），悉令节省。始于山河形变，改为十道。”

⑩ 《旧唐书》卷四十一《地理四·岭南道》载：“武德四年（621年）……置广州总管府，管广、东衡……五州，……贞观（元年）……改东衡州为韶州”；又载：“武德四年，平萧铣，置番州，领曲江……五县，……贞观元年，改为韶州……天宝元年（742年），改为始兴郡。……乾元元年（758年），复为韶州。”两处记载中韶州改名前分别为东衡州、番州，前后抵牾。《元和郡县图志》卷三十五《岭南道》：“武德四年平萧铣，重于此置番州。贞观元年改为韶州”。或以“番州”为准。

改韶州府，属广东布政司。清改广东布政司为广东省，韶州属之[①]。

曲江，“于韶也为腹心，于粤也为咽喉”，“是知欲治粤之北境必先治韶，欲治韶必先治曲江也”[②]。“交广咽喉，湖湘唇齿”的地理位置，使之成为历代兵家必争之地。六朝至唐初，曲江地区变化无常的行政区划，与朝代更迭、割据战争密切相关，占据该地区的统治阶层无不重视其建制归属。唐、五代后，地区趋于稳定，行政区划亦少变迁。

第三节 发现与发掘经过

2016年10月，为配合韶关机场建设，广东省文物考古研究所先后两次对工程用地范围进行了文物考古调查与勘探，发现并确认莱山遗址。2018年9月，广东省文物考古研究所对莱山遗址展开考古发掘和补充勘探工作，至2019年5月，完成考古发掘工作。韶关机场考古工作自调查至发掘结束，前后历时两年半时间，野外工作时长近一年，现对莱山遗址田野工作予以说明。

一、调查与勘探

莱山遗址考古调查与勘探历时9个月，分前后两个阶段，共计调查面积约400万平方米。第一阶段为2016年10～11月、2017年6～8月，时长约5个月，本次调查确认莱山遗址由林角塘、鸭帽冲、盐冲岭、莱山4处埋藏区构成，主要遗迹为砖室墓和窑址，分布面积近130万平方米。并对林角塘、鸭帽冲北侧和盐冲岭南侧近60万平方米的范围进行了重点勘探工作。第二阶段为2018年9月～2019年1月、2019年3月，时长5个月，是第一阶段工作的补充和完善。重点勘探范围主要在鸭帽冲南侧、盐冲岭北侧和莱山埋藏区，此外，还对第一阶段的部分区域进行了复探，勘探面积约90万平方米。两次重点勘探区域达150万平方米，共发现墓葬60座，窑址8座（彩版四、彩版五）。

两次调查勘探采用了不同的方式，第一阶段由地表踏查、探孔和探沟等多种方式相结合，而第二阶段为全面的探孔钻探。前者在地表调查过程中发现有一定数量的墓砖散落在不同的区域，利用探孔和探沟的方式基本确定了墓葬区域分布范围和年代的初步判断，布探孔距为1米×1米，探沟尺寸为1米×10米，深度一般止于生土。由于用地争议等诸多问题导致部分区域无法进行有效勘探，导致未能对墓葬数量和分布规律进行有效认识。2018年，发掘进场之前，针对机场建设时间紧、任务重的特点，考古队提出了是否再次进行勘探的问题，如果不勘探极可能

---

① 《（同治十三年）韶州府志》卷二《郡县沿革表》。

② 《（光绪元年）曲江县志》之《序四》。

面临全面揭露地表和随机布设探方两种情况，尽管前者可以最大限度保证墓葬发掘全面性，但时间较长；后者在勘探调查的基础上进行随机布方，这样时间快，但会造成发掘遗漏。显然两者都不是最好的选择。最终，考古队制定了专人负责，全覆盖探孔钻探和边勘探、边发掘的基本方针，也就意味着勘探结束即野外工作结束。之所以制定这样的勘探方针是基于以下几点考量的：首先遗址所在区域为低矮台地，视野开阔，适宜大范围的布探。其次是山体土质纯净，以黄色土为主埋藏环境，地层干扰因素较少，便于土样观察。最后是基于以砖室墓为主要的埋藏环境，遗迹辨识率高，勘探技术要求相对较低，便于大规模使用普通民工勘探。本次勘探逐渐确认砖室墓具有密集状分布于山体南侧、成排分布和埋藏深度不超过2米的特点，在孔距和孔深的把握上进行了适当调整，孔距方面在山体南侧控制在1米×1米，山体北侧则放宽至2米×2米，并依据实际勘探情况适当增减孔距和调整孔位，在孔深方面以打到生土为准，在生土不容易判断区域则要求深度在2米以上。

莱山遗址是广东六朝墓葬考古中首次进行超大范围的全覆盖探孔钻探，为岭南地区探索山岗、低地丘陵等地形地貌埋藏环境下的大规模勘探工作提供了一种调查、勘探和发掘的新模式。最终的勘探结果我们认为也是行之有效的。

二、发　　掘

莱山遗址4处埋藏区域划分为Ⅰ区林角塘地点，位于机场西北侧，白土螺村委东部，原机场跑道以东，南侧为鱼塘，东、北为机场红线区；Ⅱ区鸭帽冲地点，位于机场东北侧、大坝村委大坝村东北部，西为鱼塘，东、南为机场红线区；Ⅲ区盐冲岭地点，位于机场西南侧，凰村村委西北部；Ⅳ区莱山地点，位于机场东南侧，七星墩村委上桂村东部（图二；彩版六、彩版七）。

田野发掘时间为2018年10月～2019年1月、2019年3～5月，时长5个月。主要工作包括利用RTK绘制高比例地形图、确定各区探方基点和考古发掘三个部分。

（1）利用RTK绘制高比例地形图。测绘基点位于盐冲岭地点山顶处，地理坐标：E113°26′08.09″、N24°57′41.64″，后视点为正北侧10米处，测绘间距为1米，最终绘制成等高线图。

（2）各区单独设置原点坐标，采用十字象限法布设10米×10 米探方，探方基点坐标如下：Ⅰ区E113°25′32.35″、N24°58′48.30″，Ⅱ区E113°26′10.14″、N24°56′04.27″，Ⅲ区E113°26′07.26″、N24°57′33.44″，Ⅳ区E113°25′52.59″、N24°57′50.41″（图三～图六）。

（3）各区遗迹由发掘顺序逐次编号，出土器物号依发现顺序进行编号，可确认被盗或被扰乱的器物前加0并单独编号以示区分，且仅将扰乱于墓底的器物在墓葬平图上显示。此外，一些墓葬中出土铁片与券顶夹铁片基本一致，但无法判断是否是券顶铁片脱落或是有意识埋藏，也一并录入，并给予器物编号。发掘过程中对重要墓葬的墓土进行过筛。发掘完成后的遗迹分布图采用RTK进行绘制，测绘基点为地形图测绘基点，并对重要墓葬区域进行航空拍照并

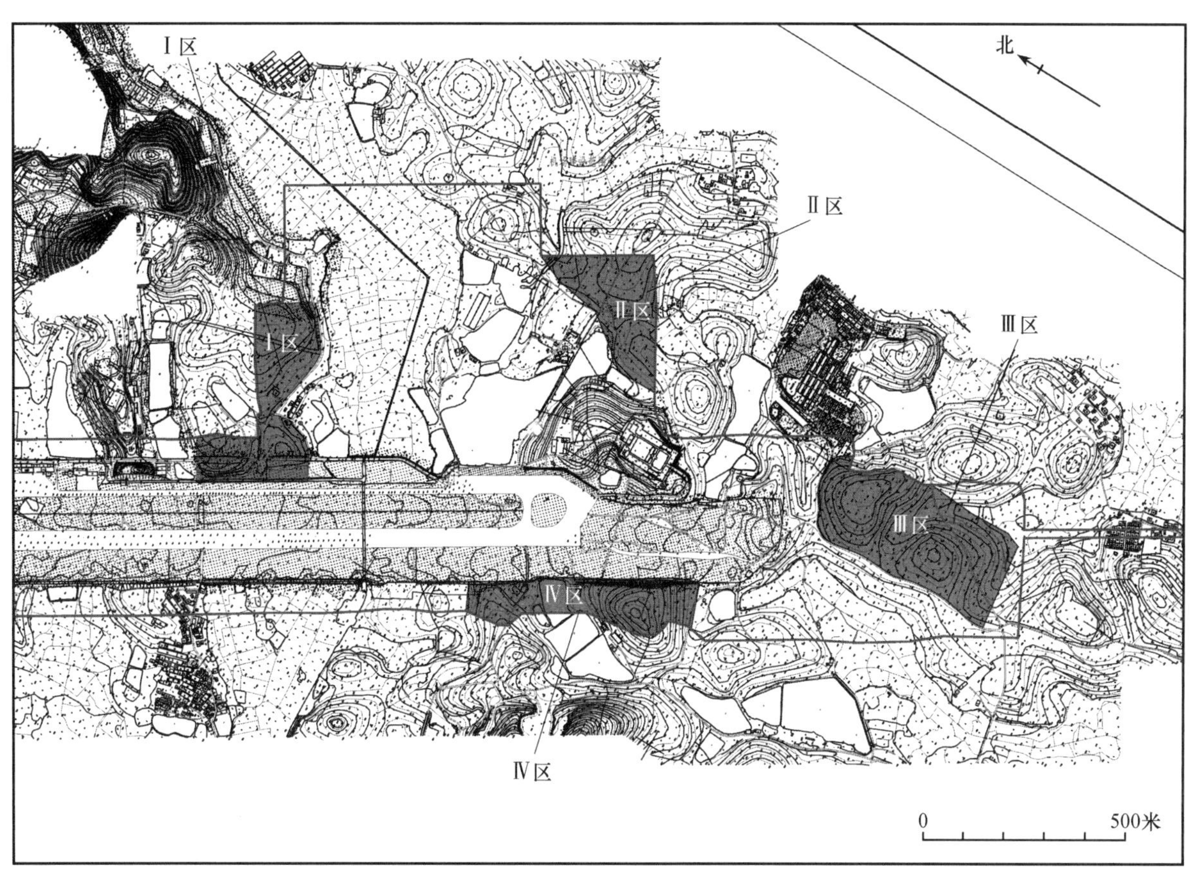

图二　莱山遗址地形及分区图

对典型墓葬（ⅡM2、ⅡM4、ⅡM6、ⅡM10、ⅡM15、ⅡM16）进行了三维数据采集工作。

本次发掘共清理遗迹68个，包括六朝至唐时期墓葬57座、宋代窑址8座以及清代墓葬3座。各区遗迹情况如下：Ⅰ区清理墓葬2座（编号ⅠM1、M2），窑址6座（编号ⅠY1～Y6）；Ⅱ区墓葬17座（编号ⅡM1～M17）；Ⅲ区墓葬28座（ⅢM1～M28）；Ⅳ区墓葬13座（ⅣM1～M13），2座窑址（ⅣY1、Y2）。

三、资料整理与报告编写

2019年6月进入资料整理和报告编写阶段，本次资料公布57座六朝至唐代墓葬，其余资料ⅠM1、ⅡM9、ⅢM9为广东常见清代墓葬，详情见附表，不再赘述。ⅢM16已刊发于《客家文博》2020年第1期①，为保证信息完整性，该墓葬资料按本报告进行了重新编写，所有信息以本报告为准。ⅠY1～Y6，ⅣY1、Y2情况详见附录《乳源莱山遗址窑址发掘简报》（彩版八）。

① 广东省文物考古研究所：《乳源莱山遗址ⅢM16发掘简报》，《客家文物》2020年第1期。

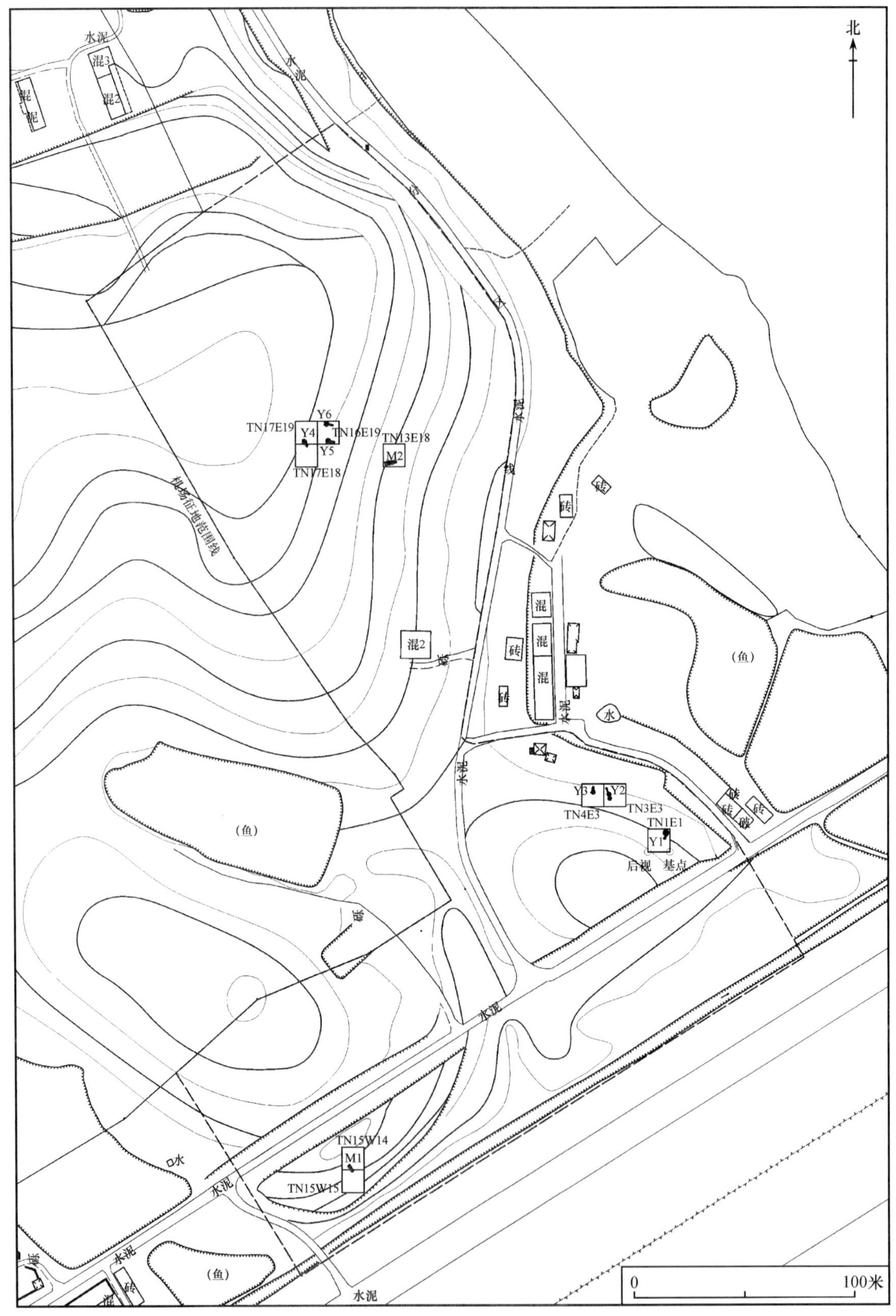

图三　莱山遗址Ⅰ区探方位置示意图

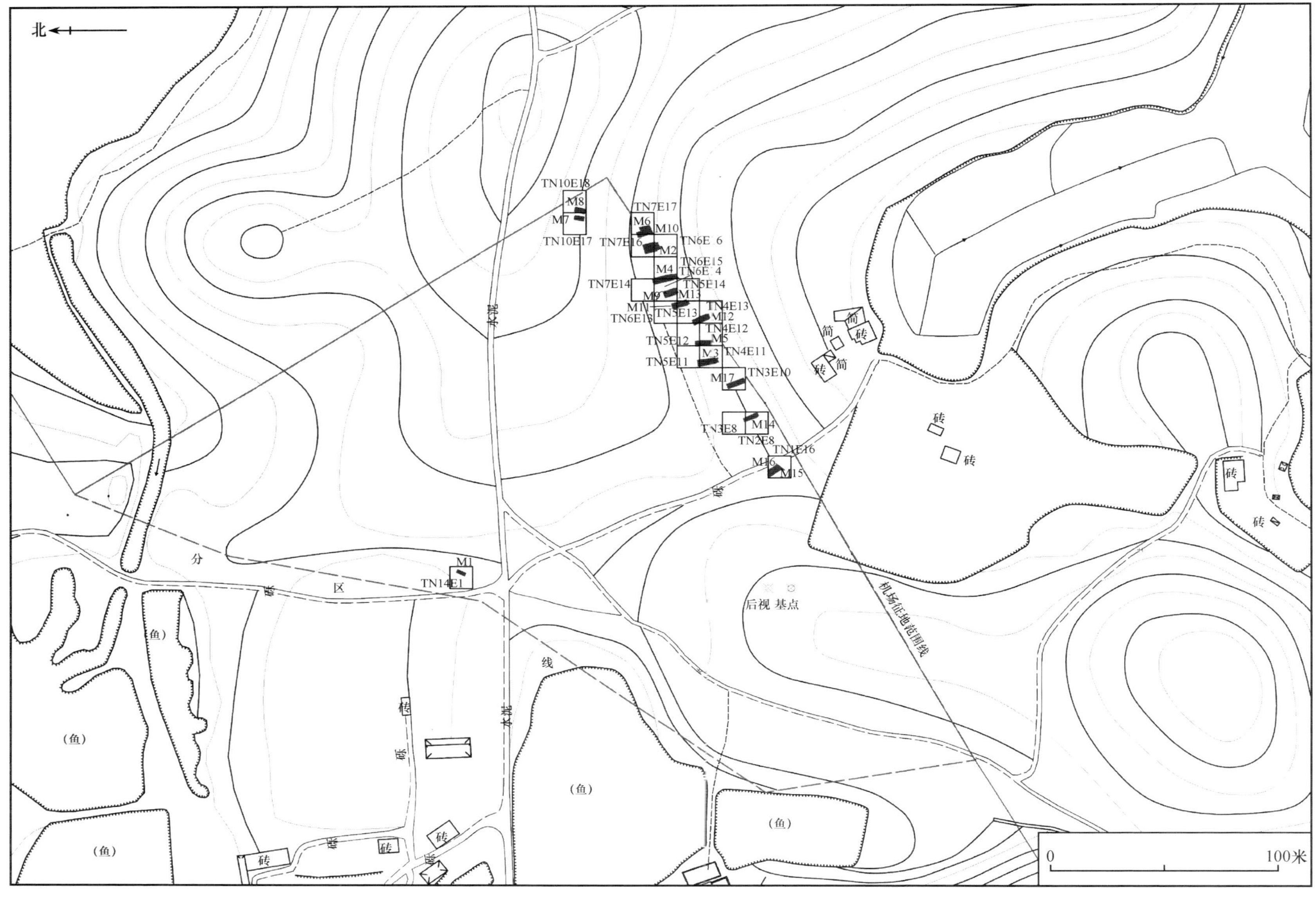

图四 莱山遗址Ⅱ区探方位置示意图

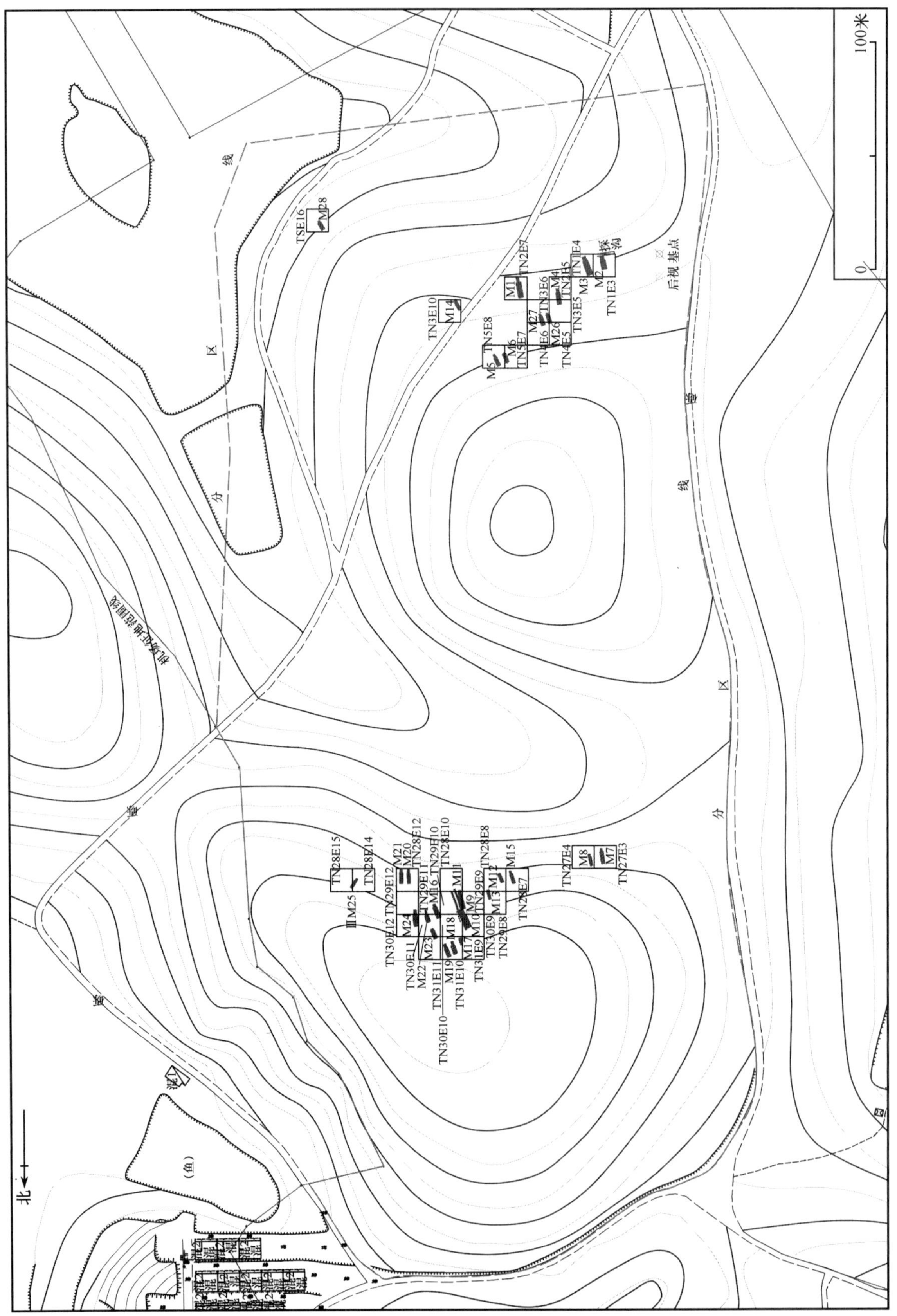

图五　莱山遗址Ⅲ区探方位置示意图

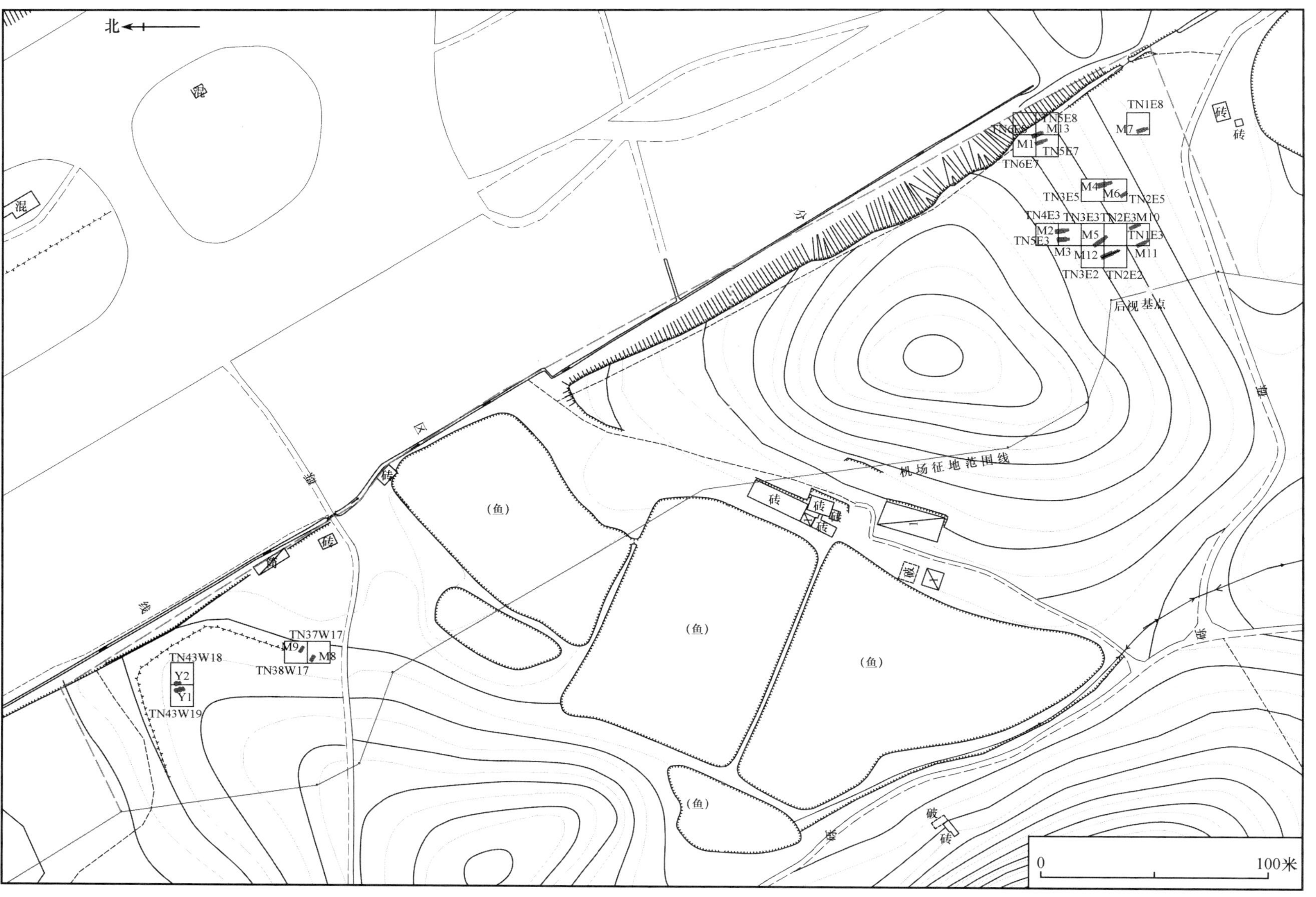

图六 莱山遗址Ⅳ区探方位置示意图

第二章　墓葬综述

第一节　墓葬分布及层位关系

Ⅰ区仅ⅠM2一座，墓向79°，海拔87米（图七）。

Ⅱ区16座，墓葬编号为ⅡM1～M8、ⅡM10～M17。ⅡM1位于遗址东部，墓向为204°，海拔81米。ⅡM2～M8、ⅡM10～M17位于遗址西部，成排集中分布，ⅡM7、ⅡM8墓向分别为200°、198°，海拔87米，其余墓向在155°～178°之间，海拔83～85米（图八）。

Ⅲ区27座，墓葬编号为ⅢM1～M8、M10～M28。墓葬可分南、北两部：南部墓葬编号有ⅢM1～M6、ⅢM14和ⅢM26～M28，墓向在146°～168°之间，除ⅢM28海拔79米，其余在83～85米之间；北部墓葬编号有ⅢM7、ⅢM8、ⅢM10～M13和ⅢM15～M25，ⅢM25墓向为228°，其余墓向在150°～172°之间，海拔在86～91米之间（图九）。

Ⅳ区13座，墓葬编号为ⅣM1～M13。墓葬可分为南、北两部，除ⅣM8、ⅣM9位于北部外，其余位于南部，ⅣM8、ⅣM9墓向为117°、121°，其余墓向在145°～164°之间，海拔在86～93米之间（图一〇）。

墓葬全部开口于表土层下，打破生土。墓葬间打破关系仅1例，ⅢM10打破ⅢM11。

以上信息详见表二。

墓葬保存状况可分为完整、有破坏和破坏严重三种。

保存完整的墓葬无任何扰乱迹象，墓室内多为纯黄黏土，水淤迹象明显，器物组合关系清晰。共计26座，占比45.6%。其中Ⅱ区9座，编号为ⅡM3、ⅡM7、ⅡM8、ⅡM10、ⅡM13～M17；Ⅲ区12座，编号为ⅢM4、ⅢM7、ⅢM8、ⅢM14、ⅢM15、ⅢM17～ M19、ⅢM22、ⅢM24、ⅢM27、ⅢM28；Ⅳ区5座，编号为ⅣM3、ⅣM5、ⅣM8、ⅣM9、ⅣM13。

有破坏墓葬多为券顶塌毁，墓室内上部土质驳杂，近墓底处纯净，多为黄色黏土。器物组合关系基本完整。共计10座，占比17.5%。Ⅰ区1座，编号为ⅠM2；Ⅱ区3座，编号为ⅡM1、ⅡM2、ⅡM11；Ⅲ区5座，编号为ⅢM2、ⅢM16、ⅢM20、ⅢM21、ⅢM23；Ⅳ区1座，编号为ⅣM2。

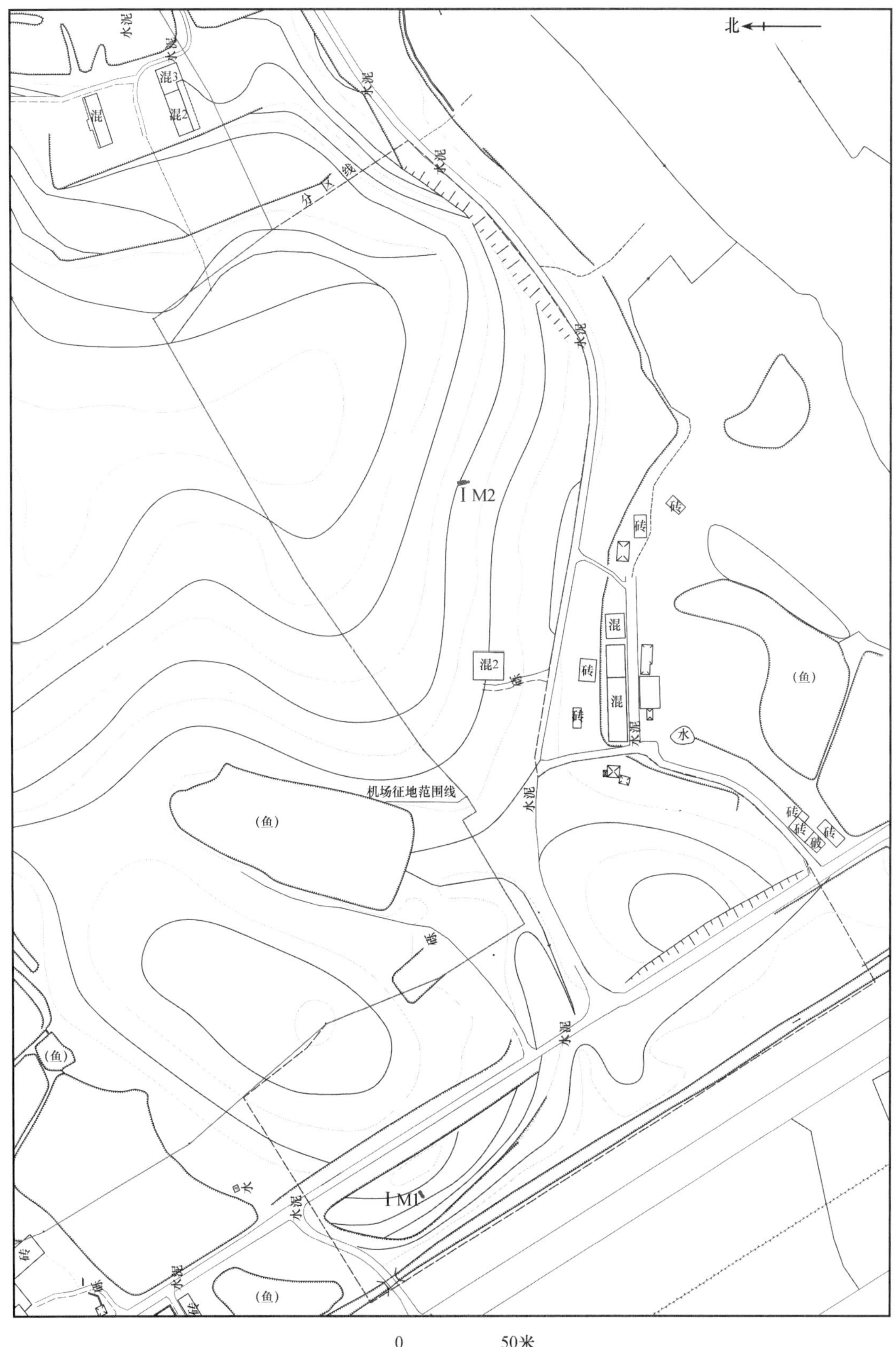

图七　莱山遗址Ⅰ区墓葬分布图

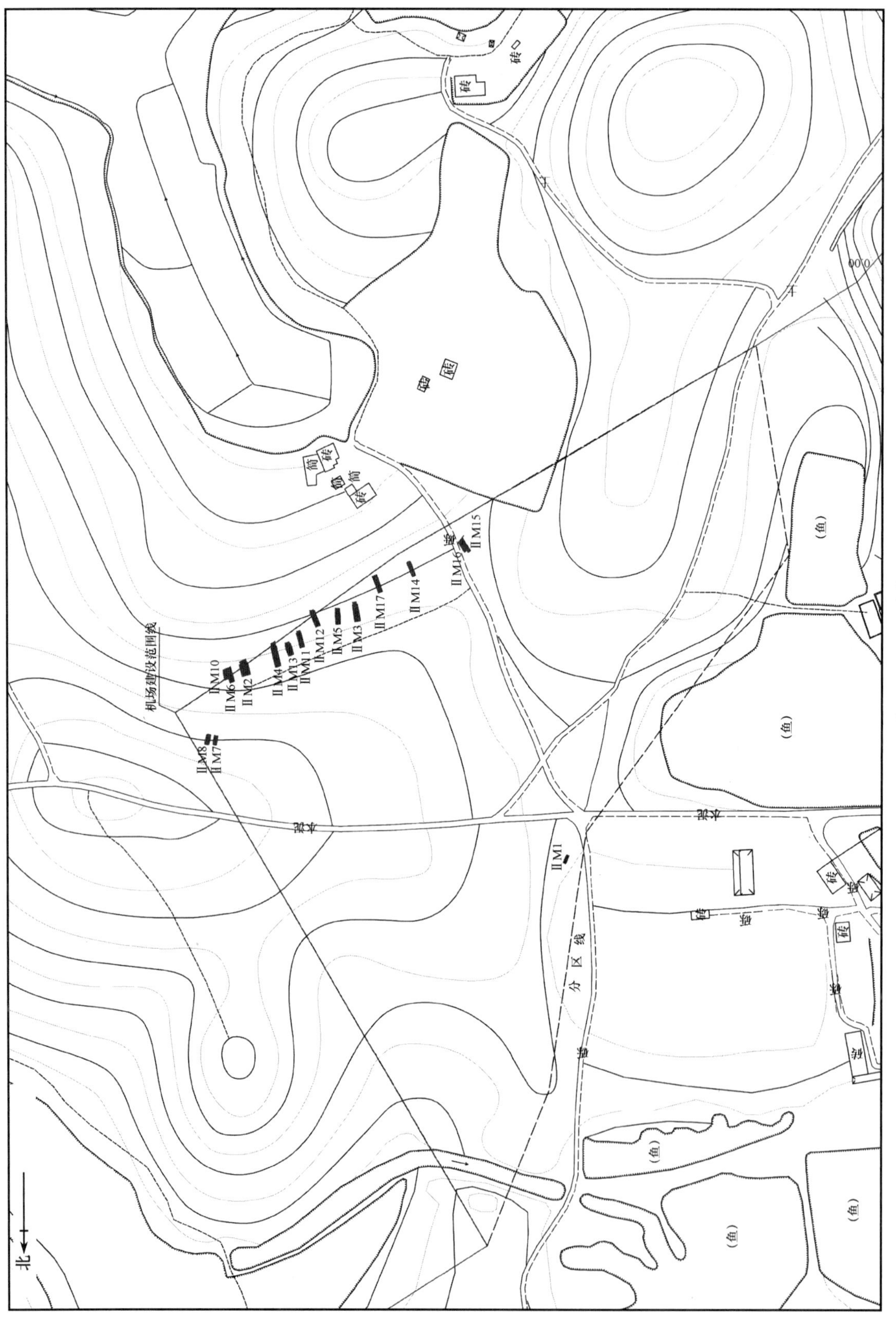

图八　莱山遗址Ⅱ区墓葬分布图

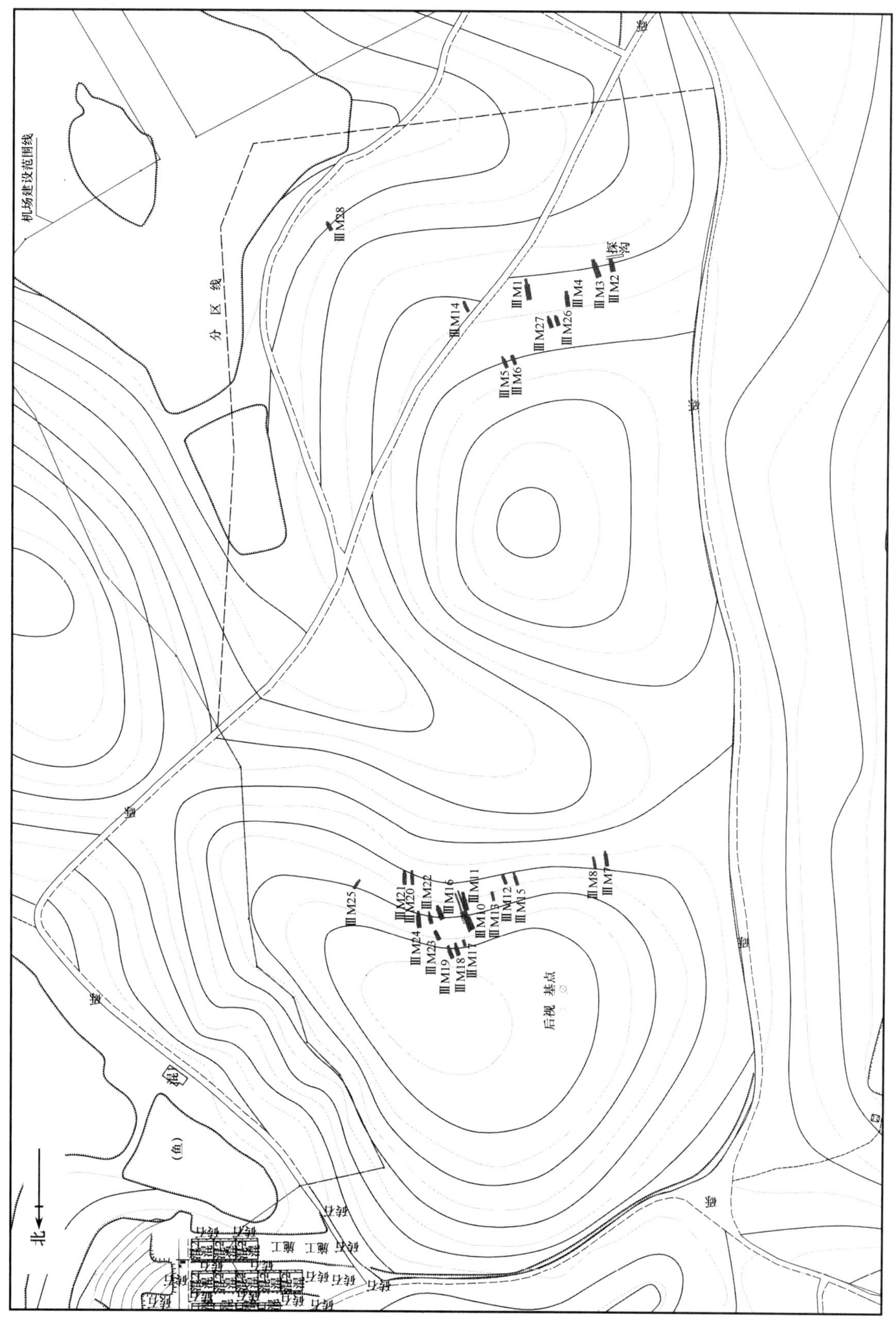

图九 莱山遗址Ⅲ区墓葬分布图

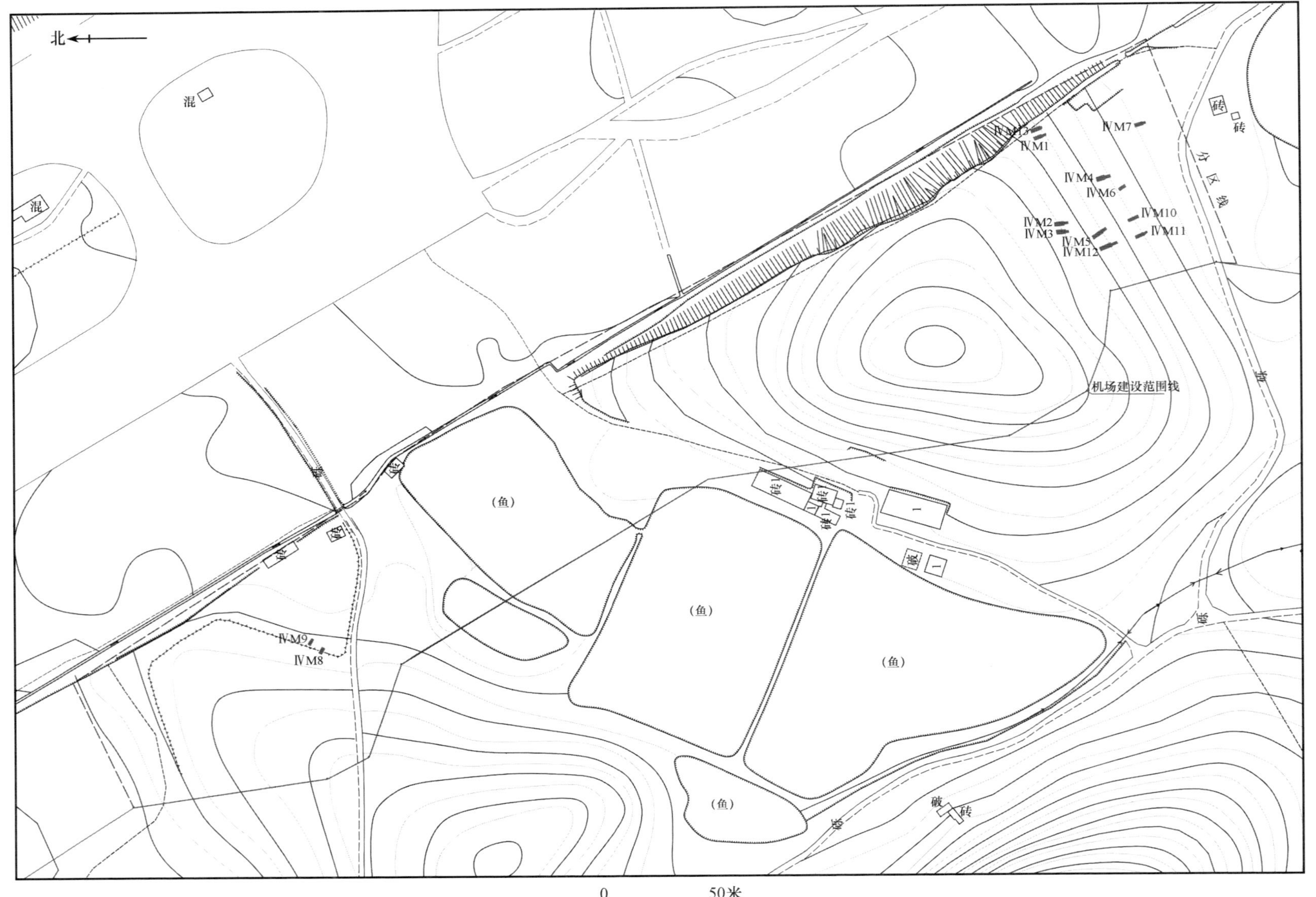

图一〇　莱山遗址Ⅳ区墓葬分布图

破坏严重的墓葬墓室内土质驳杂，多为灰黑色。盗扰迹象明显，器物组合不完整，共计21座，占比36.9%。Ⅱ区4座，编号为ⅡM4、ⅡM5、ⅡM6、ⅡM12；Ⅲ区10座，编号为ⅢM1、ⅢM3、ⅢM5、ⅢM6、ⅢM10～M13、ⅢM25、ⅢM26；Ⅳ区7座，编号为ⅣM1、ⅣM4、ⅣM6、ⅣM7、ⅣM10～M12。

表二 六朝隋唐墓葬分区统计表

分区			Ⅰ区		Ⅱ区		Ⅲ区		Ⅳ区		合计	
总数			1		16		27		13		57	
项目			墓数	比例（%）	墓数	比例（%）	墓数	比例（%）	墓数	比例（%）	墓数	比例（%）
墓向	90°～135°								2	15.4	2	3.5
	135°～180°		1	100	13	81.3	26	96.3	11	84.6	51	89.5
	180°～225°				3	18.7					3	5.3
	225°～270°						1	3.7			1	1.7
墓室结构形状	砖室单室	凸字形					2	7.4	1	7.7	3	5.3
		长方形	1	100	7	43.8	20	74.1	10	76.9	38	66.7
	砖室前后室	凸字形			4	25	1	3.7			5	8.8
		长方形			3	18.8	1	3.7	1	7.7	5	8.8
	砖室合葬	双室			1	6.2	1	3.7			2	3.5
		三室			1	6.2					1	1.7
	土坑墓						1	3.7	1	7.7	2	3.5
	残						1	3.7			1	1.7
砖室墓墓底	人字形				11	68.8	4	15.4	2	16.7	17	30.9
	两横两纵		1	100	3	18.7	18	69.2	8	66.7	30	54.6
	其他				2	12.5	3	11.5	2	16.7	7	12.7
	残						1	3.9			1	1.8
砖室墓长度（m）	单室	小于3							2	18.2	2	4.9
		3～4	1	100	5	71.4	16	72.7	7	63.6	29	70.7
		4～5			1	14.3	5	22.7	1	9.1	7	17.1
		5～6			1	14.3	1	4.6	1	9.1	3	7.3
	前后室	4～5							1	100	1	10
		5～6			1	14.3					1	10
		6～7			5	71.4	2	100			7	70
		7～8			1	14.3					1	10
	合葬	4～5			2	100					2	66.7
		5～6					1	100			1	33.3
	残						1	100			1	100

续表

分区			Ⅰ区		Ⅱ区		Ⅲ区		Ⅳ区		合计	
总数			1		16		27		13		57	
项目			墓数	比例（%）	墓数	比例（%）	墓数	比例（%）	墓数	比例（%）	墓数	比例（%）
砖室墓墓室长宽比	凸单	2～3					2	100	1	100	3	100
	长单	小于3							1	10	1	2.6
		3～4	1	100	4	57.1	19	95	9	90	33	86.9
		大于4			3	42.9	1	5			4	10.5
	凸前后室	3～4			3	75	1	100			4	80
		大于4			1	25					1	20
	长前后室	小于3							1	100	1	20
		3～4			3	100	1	100			4	80
	长合葬	4～5			1	50					1	33.3
		5～6			1	50					1	33.3
		6～7					1	100			1	33.3
	残						1				1	
砖室墓附属设施		壁龛			1	6.3	6	24	3	25	10	18.5
		砖托			4	25			3	25	7	13
		承券			7	43.8	6	24	2	16.7	15	27.8
		排水设施			5	31.3	4	16	1	8.3	10	18.5
		护墙			2	12.5					2	3.7
		天井	1	100	3	18.8	10	40	3	25	17	31.5
		枕砖					10	40	2	16.7	12	22.2
		棺床			1	6.3					1	1.9
		腰坑					1	4			1	1.9
		残					1				1	1.9
合葬墓墓室关系		相通			2	100	1	100			3	100

续表

分区		Ⅰ区		Ⅱ区		Ⅲ区		Ⅳ区		合计	
总数		1		16		27		13		57	
项目		墓数	比例（%）	墓数	比例（%）	墓数	比例（%）	墓数	比例（%）	墓数	比例（%）
砖室墓长方形砖常见长度（cm）	24	1	100							1	1.9
	25							1	8.3	1	1.9
	26			2	12.5	6	24	3	25	11	20.4
	27			1	6.3			1	8.3	2	3.7
	28			1	6.3	5	20	3	25	9	16.7
	30			5	31.3	11	44	3	25	19	35.2
	31			1	6.3					1	1.9
	32			7	43.8	3	12			10	18.5
	34			3	18.8					3	5.6
	36			1	6.3			1	8.3	2	3.7
	残							1		1	

说明：

1）项目统计中有“残”项者，计算比例时皆排除。

2）因“135°～180°”为主要墓向分布区间，凡墓向等于135°或180°者皆计入此区间。

3）砖室墓墓室长度、砖室墓墓室长宽比皆以砖室墓外尺寸计算，其中合葬墓墓室长宽比以单室尺寸计算。墓室长度皆不包括墓道、墓圹，双室墓长度不一者，计长者。

4）墓砖尺寸精确到厘米，凡常见尺寸有多种者，皆做统计。

第二节 墓葬形制和结构

依据主室（棺室）数量可将57座墓葬分为单室墓和合葬墓两种。

单室墓54座，除ⅢM11墓葬仅存少量墓砖、形制不可细分外，其余53座可以分为凸字形、长方形和土坑铺底砖墓三类。

凸字形墓 共8座。平面呈凸字形，由甬道和墓室两部分构成，全部为大型墓砖（墓砖介绍详见本章第四节，下同），依据墓室是否有台阶、门槛或墓室中部明显的承券形态可分为单室和前后室两种。单室结构墓室不可分，共3座，分别为ⅢM2、ⅢM16和ⅣM4，其中ⅢM16在甬道处有门槛，但未将主室划分，故入该类。墓葬内长330～390厘米之间（不含甬道长度），墓葬内长宽比1.90～2.21，面积5.44～7.99m^2，平均面积6.60m^2。附属设施包括承券、排水沟、砖托等，铺底砖多为顺向或丁向，部分墓葬用断砖铺底。前后室结构由台阶（或有明显的门槛或承券）将墓室分前、后（有学者称后室为棺床或棺室）两室，共5座，分别为ⅡM3、ⅡM5、ⅡM11、ⅡM12和ⅢM3。墓葬内长468～586厘米，墓葬内长宽比2.76～3.57，面积

$7.46\sim10.52m^2$，平均面积$8.90m^2$。附属设施包括承券、砖托、排水沟等，铺底砖有人字形和纵向横铺。

长方形墓　共43座。平面呈长方形，依据墓室中部是否有台阶、门槛或承券将墓室分为单室和前后室两种。单室结构墓室不可分，依据墓葬形制和墓砖大小可分为3种形态：第一种墓室前端多设甬道置于侧壁之内，形制近似于凸字形墓葬甬道，但更加凸显承券的功能。墓砖皆为大型砖，共6座，分别为ⅡM6、ⅢM4、ⅢM7、ⅢM22、ⅢM24、ⅣM12。墓葬内长270～558厘米，室内长宽比3.50～4.16，面积$1.89\sim8.87m^2$，平均面积$4.98m^2$。大部分墓葬设有拱券、壁龛或砖托等，铺底砖有人字形、横铺、纵铺、两横两纵。第二种为墓室前部无承券，室内无附属设施，共3座，分别为ⅡM10、ⅡM15、ⅡM16。墓葬内长286～396厘米，室内长宽比为5.28～6.00，面积$1.98\sim2.85m^2$，平均面积$2.28m^2$。第三种墓室前部无承券，附属设施有枕砖、天井等结构，共29座，分别为ⅠM2、ⅡM1、ⅡM7、ⅡM8、ⅢM5、ⅢM6、ⅢM8、ⅢM12～M15、ⅢM18～M21、ⅢM23、ⅢM25～M28、ⅣM1～M3、ⅣM7～M11、ⅣM13。墓葬内长196～363厘米，室内长宽比3.36～5.28，面积$0.87\sim2.76m^2$，平均面积$2.14m^2$。铺底砖多为两横两纵。前后室结构由台阶、门槛或承券等将墓室分为前后两室，共5座，ⅡM4、ⅡM14、ⅡM17、ⅢM1、ⅣM5。墓葬内长590～706厘米，室内长宽比3.58～4.30，面积$5.59\sim11.58m^2$，平均面积$8.33m^2$。附属设施包括承券、台阶（或门槛）、排水沟、壁龛或砖托，铺底砖有人字形、横铺、纵铺和两横两纵等。

土坑铺底砖墓　共2座，分别为ⅢM17和ⅣM6，平面呈长方形，墓圹为生土，墓底多铺半砖。墓葬内长分别为269、341厘米，长宽比为2.29和3.62，面积分别为3.01、$3.20m^2$，平均面积$3.11m^2$。

合葬墓3座，其中ⅡM13、ⅢM10为双室合葬墓，ⅡM2为三室合葬墓。墓葬单墓内长420～470厘米，室内长宽比4.66～6.32，面积在$6.48\sim9.60m^2$（单室面积$3.20\sim3.80m^2$），附属设施有拱门和窗格，其中ⅢM10有排水沟。

第三节　墓葬构筑

莱山墓葬构筑包括墓道、墓圹、铺底、墓壁、承券、券顶、封门、天井、枕砖、排水沟、砖托或壁龛及假窗等，详情如下所述。

墓道：除土坑铺底砖墓、长方形墓中ⅡM1、ⅡM7、ⅡM8未发现墓道外，其余各类墓葬中皆有发现，Ⅱ区墓葬由于边线问题仅部分进行清理。依据墓道底部剖面情况可分为长斜坡墓道和竖穴长方形墓道两类。

墓圹：墓圹均为竖穴土坑，平面形式多呈长方形。

铺底：除ⅢM11铺地形制不明外，其余墓葬全部为平铺，可分为人字形、两横两纵、丁向平铺（垂直于后壁）、顺向平铺（平行于后壁）、斜向平铺、断砖平铺以及丁顺相间等。此外，还有少量墓葬前后室采用两种或两种以上的铺法。其中人字形有17座，两横两纵30座，顺向平铺2座，斜向平铺1座，断砖平铺3座，丁顺相间1座，前室顺向平铺、后室丁向平铺1座（图一一）。

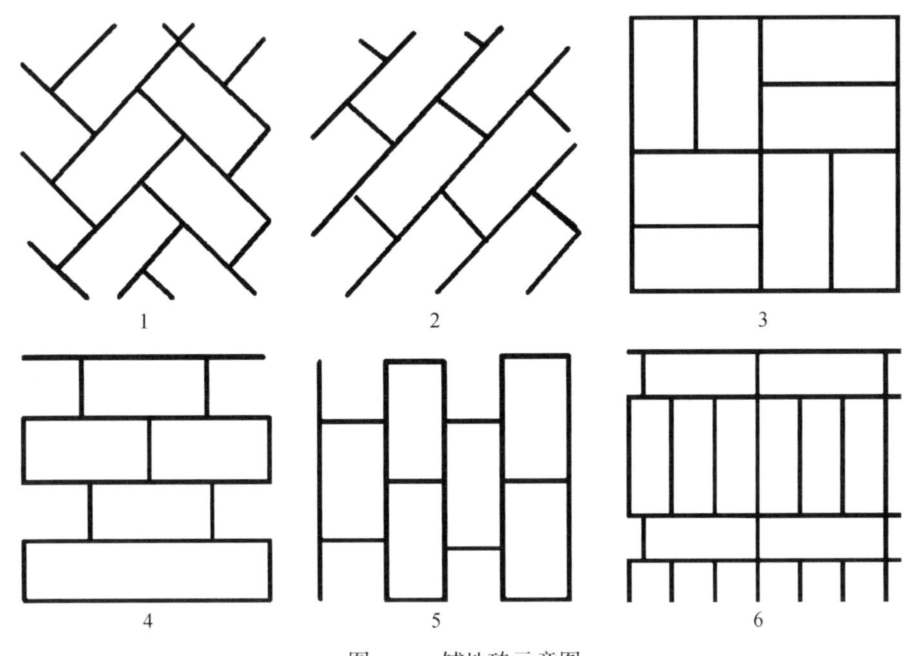

图一一　铺地砖示意图

1. 人字形　2. 斜向平铺　3. 两横两纵　4. 丁向　5. 顺向　6. 丁顺相间

墓壁：墓壁包括错缝平铺式和顺丁混用式，顺丁混用式仅见ⅡM11一座，其余全部为错缝平铺式，部分墓壁有“咬土砖”。

承券：承券集中发现于凸字形和长方形墓葬中，多分布在墓室前、中、后部分，其中ⅡM4、ⅡM6底部设有护墙，承券建于护墙之上，ⅢM1置多道承券。

券顶：券顶皆为单层。部分墓葬前部承券部分与墓顶相结合，形成套合结构。一部分券顶过程中夹铁片、陶、瓷片或石片。

封门：封门依厚度与长方形砖宽度比例的倍数可分为“单门宽”、“双门宽”、“三门宽”等，以此类推。砌筑方法包括“人字形”、“全顺”、“全丁”、“一顺一丁”和“顺丁混铺”等方式，其中丁砖又有平铺和侧立两种情况（图一二）。

天井：天井位于墓室近封门处，有方形/矩形和侧壁立砖两种结构。其中方形/矩形天井墓有9座，分别为ⅠM2、ⅡM1、ⅢM5、ⅢM6、ⅢM7、ⅢM8、ⅢM15、ⅢM23、ⅣM2。侧壁立砖墓8座，分别为ⅡM7、ⅡM8、ⅢM19、ⅢM26、ⅢM27、ⅢM28、ⅣM8、ⅣM9。

枕砖：枕砖全部发现于长方形墓葬中，位于墓室后壁，多为单砖或双砖上下叠放。

排水沟：排水沟起于封门或墓室前部，直通墓外，依横剖面形制可分为三角形和方形两种。长度在10米至40米不等（图一三）。

砖托或壁龛：二者都用于放置灯盏。砖托多分布于前室两侧壁或后壁正中，凸出于墓壁。灯龛位于后壁正中，凹置。

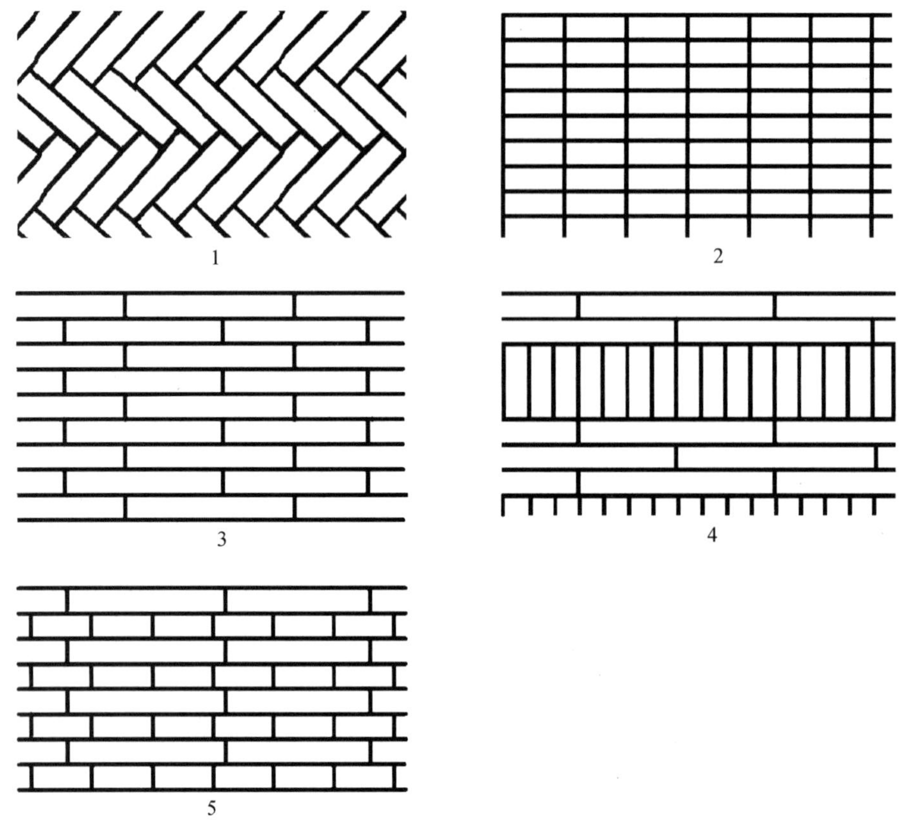

图一二　封门结构示意图

1. 人字形　2. 全丁　3. 全顺　4. 顺丁混铺　5. 一顺一丁

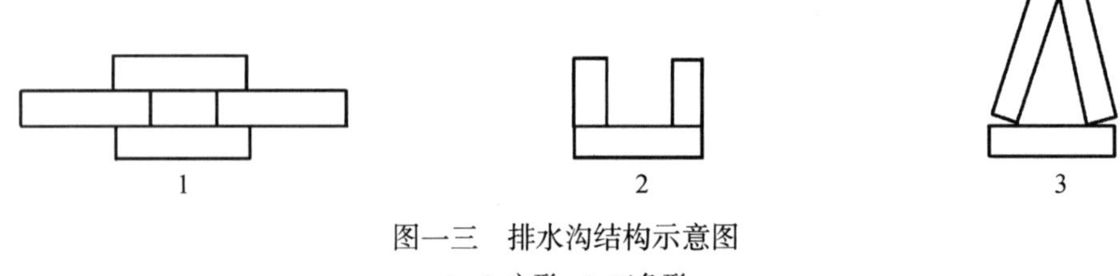

图一三　排水沟结构示意图

1、2. 方形　3. 三角形

假窗：假窗是在侧壁留有横向或纵向的空砖位。

依据发掘情况可将墓葬构筑流程分为挖墓圹（含墓道）、铺底、起壁、拱券和封门。然而在拱券和封门的先后顺序上可以分为两种情况，一种是先拱券再封门，另一种为先封门再拱券。前者多见于墓室面积较大的墓葬，这类墓葬具有埋藏深、墓道宽大的特点，一些封门有打开迹象或有方便打开的迹象。后者多见于小型墓葬，墓葬埋藏较浅，墓道短小或无墓道，封门结构不具备再次打开的条件。

第四节　墓　　砖

墓砖可分为大型砖和小型砖两种，依据砖形又有长方形和楔形之别（图一四）。

大型砖颜色有红、灰和白色三种，前两者最多。其中长方形砖尺寸范围为长28～38、宽14～16、厚4～6厘米，长宽比2：1，宽厚比为3：1至4：1之间。楔形砖长、宽与长方形砖相同，长边厚3～4厘米，短边厚2～4厘米。使用大型砖的墓葬有ⅡM2～M6、ⅡM10～M17、ⅢM1～M4、ⅢM7、ⅢM8、ⅢM10、ⅢM11、ⅢM16、ⅢM17、ⅢM22、ⅢM24、ⅣM4～M6、ⅣM12共29座。大型砖全部有纹饰或铭文（带纹饰的铭文砖归入铭文类），主要分布在长身处，陡板和丁头较少。纹饰无区别的墓葬有三组，分别为ⅡM6和ⅡM10、ⅡM15和ⅡM16以及ⅢM11和ⅢM16。长身纹饰砖包括叶脉纹、车轮纹、太阳纹、绹纹、菱格纹、钱纹和以上多种纹饰构成的组合纹（图一五），其中叶脉纹数量最多，种类最为复杂，可分为粗、细两种，粗叶脉纹又分对向、同向、分向三种情况，细叶脉纹皆为同向。铭文砖有吉语、姓氏、数字和年款（带吉语类年款砖及带纹饰类年款砖皆归入此类）四种（图一六），包括拍印和刻划两种，拍印又可分为阳文正字和阳文反字两类，刻划皆为阴文正字，吉语砖有“宜尔室家子孙大吉”（ⅡM11）、“□封侯拜史□□”（ⅢM2、ⅢM11、ⅢM16）、“大封侯拜史□□□”（ⅢM16）等；姓氏砖有“潭氏立”（ⅣM5）、“平子”（ⅡM17）；ⅡM17有数字“七”；年款砖在9座墓中有发现，其中有8座墓有明确纪年砖，皆为两晋年款，个别墓葬发现有多个年款，其中西晋纪年砖墓3座，分别为ⅡM11“元康元年七月八日”（291年）、ⅢM2“元康五年作壁”（295年）、ⅣM4“大安元年七月十四日立作”（303年），东晋纪年砖墓5座（ⅡM3有西晋、东晋两个时期年款，以东晋年款计），分别为ⅢM3“太兴二年太岁□□□□（319年）”、“太兴三年七月二日立作”（320年）、“永昌元年七月十三日”（322年）、“□□□□六月甲寅□廿二”；ⅡM12“太兴二年六月廿日作”（319年）、“泰宁二年八月十日立作”（324年）、“咸和二年七月廿日作”（327年）；ⅡM3“元康七年七月廿日宜平嘉”（297年）、“咸和七年壬辰岁□□□□□□立”（332年）、“咸和七年壬辰岁六月□□立作”（332年）、“□□□□太岁在丙戌七月廿□日立”（“太岁”端残缺，疑似缺四个字）、“三年一□”；ⅡM5“咸和七年太岁”（332年）；ⅡM17“隆和二年七月廿

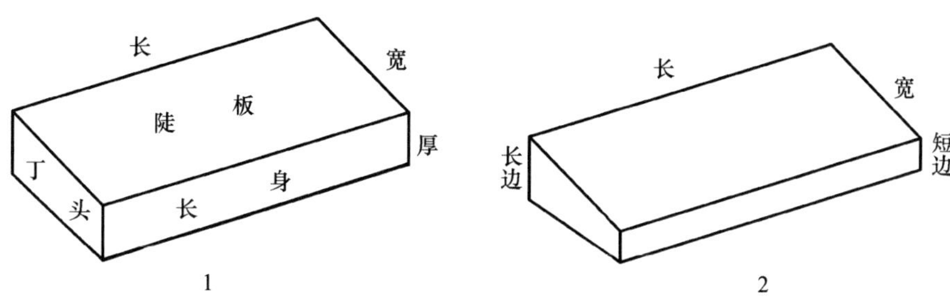

图一四　砖型示意图

1. 长方形砖　2. 楔形砖

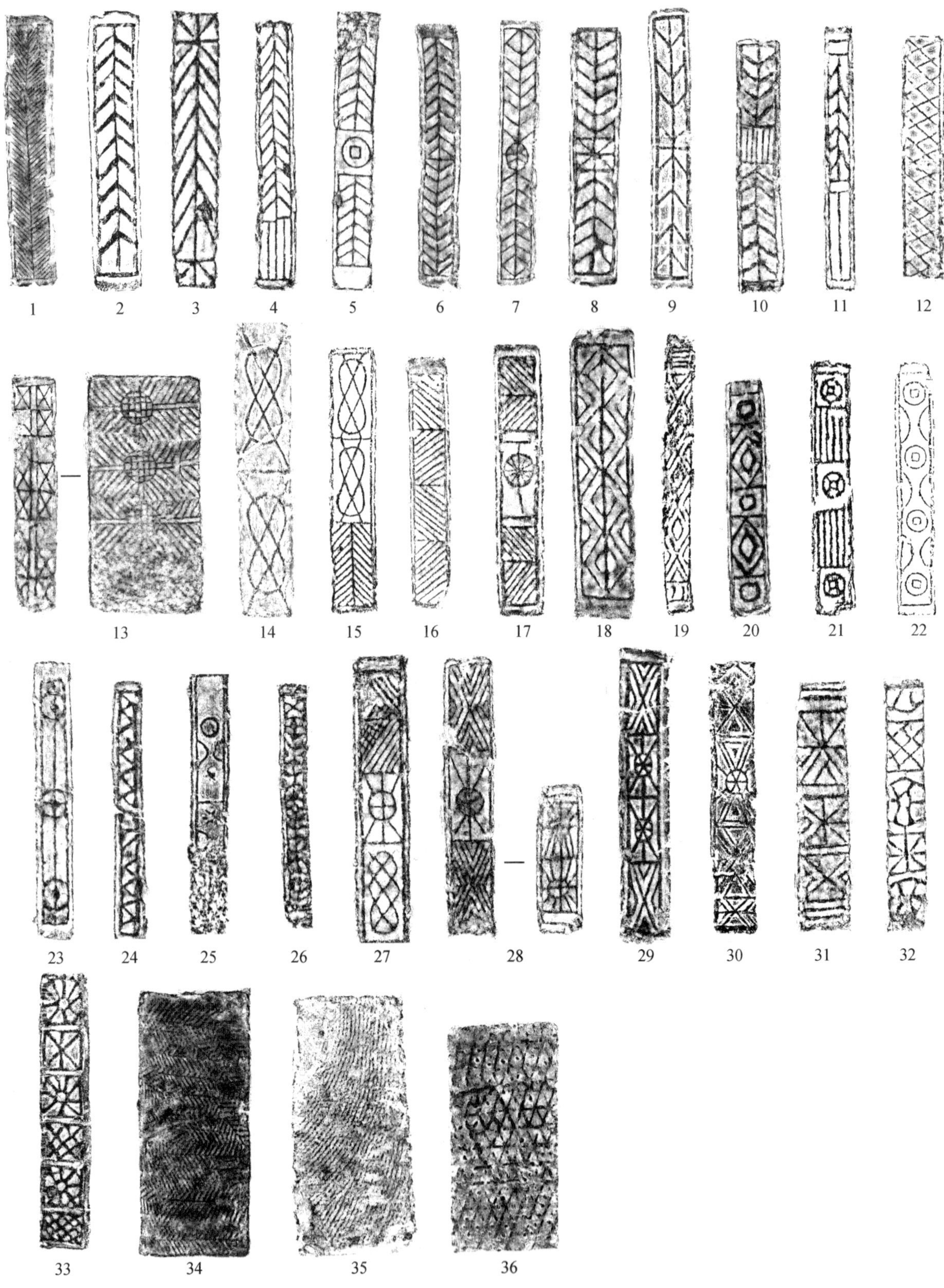

图一五 纹饰砖拓片

1～11. 叶脉纹及其组合纹（1. ⅡM14 2. ⅡM17 3. ⅡM5 4. ⅡM10 5. ⅡM2 6. ⅡM2 7. ⅡM2 8. ⅡM16 9. ⅢM7 10. ⅢM1 11. ⅣM5） 12、13. 网格纹（12. ⅡM6 13. ⅡM6） 14、15. 绹纹（14. ⅢM3 15. ⅡM3） 16、17. 横向曲折纹及其组合纹（16. ⅡM17 17. ⅡM17） 18～20. 菱格纹（18. ⅡM4 19. ⅡM4 20. ⅣM12） 21、22. 钱纹（21. ⅣM12 22. ⅢM7） 23、25、26. 圆圈纹及其组合纹（23. ⅢM10 25. ⅢM10 26. ⅢM1） 24. 三角纹（ⅣM5） 27～33. 几何纹及其组合纹（27. ⅡM3 28. ⅡM3 29. ⅡM11 30. ⅢM16 31. ⅡM12 32. ⅢM2 33. ⅢM16） 34～36. 陡板纹饰（34. ⅣM4叶脉纹 35. ⅢM2绳纹 36. ⅢM27菱格凸点纹）

图一六　铭文砖拓片

1～3. 吉语（1. ⅡM11宜尔室家子孙大吉　2. ⅢM16□封侯拜史□□　3. ⅢM16大封侯拜史□□□）　4～23. 年款（4. ⅡM3□太岁在丙戌七月廿□日立　5. ⅡM3十年一□　6. ⅡM3咸和七年壬辰岁□□□□□立　7. ⅡM3咸和七年壬辰岁六月□□立作　8. ⅡM3元康七年七月廿日宜平嘉　9. ⅡM5咸和七年太岁　10. ⅡM11元康元年七月八日　11. ⅡM12太兴二年六月廿日作　12. ⅡM12泰宁二年八月十日立作　13. ⅡM12咸和二年七月廿日作，五十枚　14. ⅡM17隆和二年七月廿日大子，丁头为宜子孙　15. ⅡM17隆和二年七月廿日大子孙　16. ⅡM17泰和二年七月十日　17. ⅢM2元康五年作壁　18. ⅢM3□□□□六月甲寅□廿二　19. ⅢM3太兴二年太岁□□□□　20. ⅢM3太兴三年七月二日立作　21. ⅢM3永昌元年七月十三日　22 ⅣM4大安元年七月十四日立作　23. ⅣM5十年七月）　24. 数字（ⅡM17七）　25、26. 姓氏（25. ⅡM17平子　26. ⅣM5潭氏立）　27～29. 未辨识（27. ⅡM5□　28. ⅡM16□　29. ⅡM17□）

日大子”（363年）、“隆和二年七月廿日大子孙”（363年）、“泰和二年七月十日”（367年）、“□□十年□□□□□□吉”。无年号纪年墓1座，为ⅣM5“十年七月”。未能识别的铭文砖有ⅡM5、ⅡM16和ⅡM17。陡板以绳纹为主，个别墓砖有叶脉纹。丁头多为素面，少量有菱格纹、太阳纹和铭文砖，铭文砖见“宜子孙”（ⅡM17）和阴刻“五十枚”、“五百”（ⅡM12）等。

小型砖皆为灰色，长方形砖尺寸范围为长24～26、宽13～16、厚3～4厘米，长宽比2：1，宽厚比在3：1至4：1之间，楔形砖长、宽与长方形砖相同，短边厚2～4厘米，长边厚3～4厘米，使用小型砖的墓葬有ⅠM2、ⅡM1、ⅡM7、ⅡM8、ⅢM5、ⅢM6、ⅢM12、ⅢM13、ⅢM14、ⅢM15、ⅢM18、ⅢM19、ⅢM20、ⅢM21、ⅢM23、ⅢM25、ⅢM26、ⅢM27、ⅢM28、ⅣM1、ⅣM2、ⅣM3、ⅣM7、ⅣM8、ⅣM9、ⅣM10、ⅣM11、ⅣM13共28座。小型砖长身部多为素面，陡板处除ⅢM27有菱格凸点纹外，其余皆为绳纹。

第五节　地上建筑、葬具与尸骨

地表情况不好，未发现地上建筑迹象，如陵园、封土等。

未见尸骨。葬具发现有棺板和棺钉。棺板仅在ⅡM17发现少量残存。棺钉发现较多，包括铜、铁两类，主要发现墓葬有ⅠM2（铁4）、ⅡM4（铁6）、ⅡM6（铜5）、ⅡM17（铜5、铁4）、ⅢM3（铁4）、ⅢM19（铁1）、ⅢM20（铁1）、ⅢM21（铁1）、ⅢM27（铁4）、ⅣM4（铁1）。

第六节　出土器物型式划分

57座墓葬中出土器物合计569件（套）[①]，包括金、银、铜、铁、陶、瓷、玻璃、滑石等8大类。器物型式划分以纪年砖墓随葬品为准，结合乳源、韶关、始兴、广州等地已有发掘成果及相关研究文章基础上予以展开。本次发现的纪年砖墓有（多个纪年的以时间最晚为准）ⅡM11“元康元年”（291年）、ⅢM2“元康五年”（295年）、ⅣM4“太安二年”（303年）、ⅢM3“永昌元年”（322年）、ⅡM12“咸和二年”（327年）、ⅡM3“咸和七年”（332年）、ⅡM5“咸和七年”（332年）、ⅡM17“泰和二年”（367年）。

本次发现的陶、瓷器数量多，演变关系明显，最具有典型性，由于标准不一，现对一些器物分类做如下说明：带耳罐多为四、六耳，但有三种不同演变形态，可区分为四（六）耳罐、

① 57座墓葬中有7座空墓，分别为ⅢM13、ⅢM14、ⅢM25、ⅣM6、ⅣM7、ⅣM8、ⅣM9，出土器物中ⅣM13出土铜钱一串，未单独编号。

宽耳罐、梭腹罐（个别梭腹罐无耳，一并入此类，不再作单独区分）；碗有三个序列——常形碗、钵形碗和敞口碗，常形碗（本报告中将其称为碗，以下皆同）分大（A型）、小（B型）两种，本次发掘中在灯龛内或灯柱上出土灯与B型碗无明显区别，可确认为一器多用现象，在一些报告中将B型碗也称为盏或杯，本文一并归为B型碗，不做细致区分。B型敞口碗近盘形，底部多有较小近似圜底，有些报告中将其称为盘或钵形碗。B型碟在一些简报或报告称托盘，本文皆入碟类中。此外，出土铜钱多为“开元通宝”，学术界尚有“开通元宝”的争议①，本文称“开元通宝”，不对内在意义进行量裁。

典型器物为瓷四（六）耳罐、瓷宽耳罐、瓷梭腹罐、瓷碗、瓷敞口碗、瓷碟、瓷盆、瓷盂、瓷钵、陶四耳罐、陶盖碗、灯盏等。

器物名称的界定和典型器物的型式划分如下。

1. 瓷四（六）耳罐

耳常见四个或六个，作亚腰形泥条耳或桥形耳，耳腹连接处明显变宽，连接方法一般是将耳的两端压扁与罐身相接。依据个体大小与造型特征分为五型。

A型　大型罐，高18厘米以上。圆唇或方唇，直口或侈口，平底或平底内凹，泥条耳常见、桥形耳较少。外沿、耳间常饰弦纹。据口部、腹部变化规律分为七式，变化趋势为口沿变大，溜肩向丰肩转变，下腹部逐渐由圆滑向斜直转变，并进一步出现内收。

Ⅰ式　小直口，溜肩，鼓腹，腹最大径居中，口沿、耳间饰弦纹。

Ⅱ式　直口或微侈口，溜肩，鼓腹。本式腹部、纹饰特征与Ⅰ式相同，但口部较Ⅰ式明显变大。

Ⅲ式　直口或侈口，溜肩，球腹，下腹斜直。本式口部、纹饰特征与Ⅱ式相仿，但腹部更鼓近球形，下腹线条由圆滑变成斜直。

Ⅳ式　侈口，溜肩，球腹，下腹近底处直收。本式下腹出现内收，口沿、纹饰等特征与Ⅲ式相仿。

Ⅴ式　侈口，溜肩，直腹近桶形，腹最大径偏上。本式腹部变化明显。底部开始出现线切痕迹。

Ⅵ式　侈口，丰肩，上腹较鼓，下腹略收。本式较Ⅴ式肩部变得丰满，下腹斜收或略呈弧形内收，开始出现桥形耳。

Ⅶ式　侈口，丰肩，上腹较鼓，下腹明显弧形内收。本式器形变小，与B型罐高度接近。器身瘦高，开始出现六耳且以六耳为主，多见桥形耳。

B型　中型罐，高12～18厘米。圆唇，直口或侈口，平底或平底内凹。依据口部和腹部等特征分为三式，变化趋势为腹部最大径由中部逐渐向上，由溜肩向丰肩转变。

Ⅰ式　小直口，溜肩，鼓腹，腹部线条圆滑，最大径居中。口沿、耳间饰弦纹。部分器物

① 唐石父：《古钱读法》，《中国钱币》1984年第3期。

存在酱釉点彩装饰。

Ⅱ式　侈口，溜肩，鼓腹，最大径居中。本式相较Ⅰ式口部有变大趋势，口沿变侈，腹部更鼓。纹饰特征与Ⅰ式相仿。

Ⅲ式　侈口，丰肩，上腹较鼓，下腹斜收，最大径偏上。本式下腹开始斜收，底部变小。口沿、耳间弦纹变得浅细。

C型　小型罐，高12厘米以下。圆唇或尖圆唇，小直口或侈口，平底或平底内凹。依据腹部特征分为三式。变化趋势为鼓腹向圆鼓腹转变，腹部最大径逐渐上移。

Ⅰ式　溜肩，鼓腹，腹部线条圆滑，最大径居中。

Ⅱ式　溜肩，圆鼓腹，下腹斜直，最大径居中或偏上。本式较Ⅰ式腹部变鼓，最大径有上移趋势。

Ⅲ式　丰肩，上腹较鼓，下腹斜收，最大径偏上。

D型　异型罐。圆唇，侈口，颈部饰弦纹，丰肩，扁鼓腹，最大径偏上，下腹斜收，平底内凹。肩饰两组对称双泥条耳。

E型　扁身罐。器身呈椭圆形，腹径明显大于身高。

2. 瓷宽耳罐

肩部横置四泥条宽耳，耳腹连接处未明显变宽，连接方法是将耳的两端与腹粘贴，粘贴处抹平，器外施釉一般不及下腹和外底。据口、颈、腹部形态的变化分为两型。

A型　侈口，溜肩，圆鼓腹，平底。

B型　直口或微侈口，方唇，溜肩，鼓腹，平底或平底内凹。

3. 瓷梭腹罐

耳部形态与宽耳罐相似，直口或直口微敛，尖唇或圆唇，溜肩，梭腹，平底或平底内凹。

4. 瓷碗

圆唇、尖圆唇或尖唇，直口、直口略敞或敞口，少量微敛口，弧腹。依据大小分为两型。

A型　口径大于14、高大于15厘米。依据腹、底和纹饰特征分为四式。演变趋势为腹部由浅变深，口沿弦纹由多变少，由粗变细。柄足逐渐增高。

Ⅰ式　浅腹，饼足宽矮，个别平底，外壁口沿下饰三道深粗弦纹。

Ⅱ式　浅腹，饼足宽矮，少量圈足和平底，外壁口沿下饰一道深粗弦纹。本式相较Ⅰ式外壁弦纹减少到一道，开始出现圈足。

Ⅲ式　深腹，饼足宽矮，少量圈足和平底，外壁口沿下饰一道浅细弦纹。本式腹部变深，饼足增高，外壁弦纹变浅、变细。

Ⅳ式　深腹，饼足小而高，外壁口沿下饰一道极浅细弦纹或完全消失。

B型　口径10、高5厘米以下。依据腹、底和纹饰特征分为五式。演变趋势与A型相似。

Ⅰ式　浅腹，平底，个别饼足，内底饰两道凹旋纹，外壁口沿下饰一道深粗弦纹。

Ⅱ式　浅腹，饼足宽矮，内底下压一圈，外壁口沿下饰一道深粗弦纹。本式相较Ⅰ式，饼足代替平底，内底凹旋纹消失，变为下压一圈。

Ⅲ式　器形与Ⅱ式相似，但腹变深，外壁弦纹变得细浅。

Ⅳ式　深腹，饼足较为宽矮。本式腹变更深，足出现变小变高趋势，外壁弦纹极浅细。

Ⅴ式　深腹，饼足小而高，外壁弦纹极浅细或完全消失。

5. 瓷敞口碗

敞口，斜弧腹或斜直腹，器内施满釉或半釉，外施釉至口沿或上腹部，下腹及外底素胎，有的内壁见托珠支烧痕迹。依饼足形态可分为两型。

A型　深腹碗，依据底部形态分为四式。

Ⅰ式　柄足低矮，平底。

Ⅱ式　与Ⅰ式器型相近，但器身略矮，饼足与碗身呈内凹状，饼足较Ⅰ式高。

Ⅲ式　与Ⅱ式器型相近，饼足粗厚。

Ⅳ式　玉璧底。

B型　盘形碗，大敞口，小平底或圜底。依据器身形态可分为两式。

Ⅰ式　高身。

Ⅱ式　矮身。

6. 瓷碟

据腹与底部特征分为五型。

A型　圆唇或尖圆唇，敞口，浅折腹或浅弧腹，小平底。内底下压一圈。

B型　圆唇或尖圆唇，浅弧腹，平底。内底饰弦纹。

C型　尖圆唇，敞口，浅弧腹，饼足。内底下压一圈。

D型　斜方唇或圆唇，浅腹斜直，平底极厚。内底折棱明显。

E型　圆唇或尖圆唇，敞口，浅弧腹，平底或圜底。

7. 瓷盆

敞口，平底内凹。据口沿与腹部特征分为两型。

A型　圆唇，宽沿，浅弧腹。

B型　尖圆唇，窄沿，深弧腹。

8. 瓷盂

圆唇，敛口，有明显的饼足，平底或平底微凹，外壁口沿下饰弦纹。据腹部特征分为两型。

A型　深弧腹，小平底。

B型　浅腹微弧，平底或平底微凹。内底下压一圈。

9. 瓷钵

圆唇，敛口，无足，平底或平底微凹、内凹。据腹部特征分为两型。

A型　深鼓腹，平底或平底内凹。

B型　深弧腹，平底微凹。

10. 陶四耳罐

器形与瓷四耳罐相似。圆唇或方唇，直口或侈口，平底或平底内凹。据口沿、肩与腹部特征分为三型。

A型　圆唇，小侈口，丰肩，鼓腹，下腹斜收，平底内凹。肩部饰水波纹。

B型　方唇或斜方唇，直口，溜肩，鼓腹，平底或平底内凹。

C型　圆唇，直腹近桶形，平底或平底内凹。

11. 陶盖碗

多覆于梭腹罐口上。敞口，斜直腹或弧腹。依据腹和底部特征分为两型。

A型　斜直腹或弧腹，平底。

B型　弧腹，圜底或小平底。

12. 灯盏

圆唇，敞口，斜直腹，平底或饼足外撇。内壁贴环状泥条。依据口与底部特征分为两型。

A型　敞口，饼足外撇。

B型　大敞口，平底。

为验证瓷四（六）耳罐、瓷碗的类型差异，本报告对相应器物进行了数据统计，详细结果参看表三、表四。其中瓷四（六）耳罐在腹高比值区间存在一定的差异，其中A、B、C型在演变过程中呈现出比值区间变大的过程。A、B两型瓷碗底径与口径比值变化不明显，高与口半径比值有明显变化，呈现出比值变大的趋势。

表三　瓷四（六）耳罐尺寸统计表

型式	器物号	口径（cm）	腹径（cm）	底径（cm）	高（cm）	腹高比值	比值区间	平均比值
AⅠ	ⅢM2：1	11	21.6	18	24.2	0.89	0.89～0.96	0.93
	ⅡM11：35	12.1	23.2	19.6	24.1	0.96		
AⅡ	ⅣM4：01	12.6	21.2	17	22	0.96	0.96～0.99	0.98
	ⅢM3：01	13	21	18	21.2	0.99		
AⅢ	ⅡM3：10	14	22.2	18.1	20.4	1.09	0.93～1.09	1.01
	ⅡM5：1	12.7	21.8	17.8	21.6	1.01		
	ⅡM5：10	12.5	21.6	16.5	20.7	1.04		
	ⅡM5：20	12.1	21.3	16.6	21.1	1.01		
	ⅢM3：5	14.4	25.2	18.6	27.2	0.93		
	ⅡM17：11	12.1	22.2	17.4	22.6	0.98		
	ⅡM17：14	12.6	23.8	17.5	24	0.99		
	ⅢM22：4	13	22.6	17.4	22	1.03		
AⅣ	ⅢM3：2	13.4	22.4	18	22.4	1.00	0.89～1.10	1.03
	ⅡM14：2	13	21.6	17.4	21.2	1.02		
	ⅡM14：3	13	21.4	17.2	20.6	1.04		
	ⅡM14：7	12.8	19.6	16.6	18.4	1.07		
	ⅡM17：2	13.2	20.4	17.2	19.4	1.05		
	ⅡM17：3	12.4	21.2	17.8	19.2	1.10		
	ⅡM17：15	12.4	19.7	17.4	17.9	1.10		
	ⅢM22：9	13.8	21	18.2	20.4	1.03		
	ⅣM5：6	12.7	23.4	18	23.1	1.01		
	ⅣM5：8	13	19.2	16.4	18.2	1.05		
	ⅣM5：11	13	20.3	18	19.4	1.05		
	ⅣM5：20	13.4	20	17	18.8	1.06		
	ⅡM2：1	13	19.8	17.2	19	1.04		
	ⅡM2：2	12.2	19.1	16.3	18.2	1.05		
	ⅡM2：5	12.8	17.5	13.8	19.6	0.89		
	ⅡM2：10	12.2	17.1	15.6	17.6	0.97		
AⅤ	ⅡM10：1	14.6	20.8	19	22	0.95	0.93～1.00	0.96
	ⅡM10：2	14.1	20.6	18.4	20.6	1.00		
	ⅡM13：3	12	19.4	16.8	20.8	0.93		
	ⅡM13：4	13.6	21.2	18	21.8	0.97		

续表

型式	器物号	口径（cm）	腹径（cm）	底径（cm）	高（cm）	腹高比值	比值区间	平均比值
AⅥ	ⅢM4：8	14	21	17.8	20.6	1.02	0.89 ~ 1.08	1.01
	ⅢM4：11	12.4	15.6	18.6	17.6	0.89		
	ⅢM4：15	12.2	19.6	17.4	18	1.09		
	ⅢM4：20	13.4	19.6	18.2	20.2	0.97		
	ⅢM4：22	13.6	20.8	16.4	22.3	0.93		
	ⅢM24：6	12.8	21	18	19.4	1.08		
	ⅢM24：14	13.8	20.6	17	19.4	1.06		
	ⅡM4：4	11.4	18.2	14	18.2	1.00		
	ⅡM4：5	12.4	19.5	17.6	18.8	1.04		
AⅦ	ⅢM7：7	8.5	14.8	11.4	16.5	0.90	0.80 ~ 0.99	0.91
	ⅢM7：8	9	14	10.6	17.5	0.80		
	ⅡM15：4	9.2	16.4	13	18.4	0.89		
	ⅡM15：11	9	16.2	12.8	16.4	0.99		
	ⅡM16：5	10.8	18.3	14.3	18.9	0.97		
	ⅡM16：7	10.5	18	13.8	20.3	0.89		
	ⅢM8：4	10.8	15.4	12.6	17.2	0.90		
	ⅢM8：5	10.4	15.6	12.4	17.5	0.89		
	ⅢM1：1	9.4	18	13.4	19.6	0.92		
	ⅢM10：05	10	16.6	12.8	18	0.92		
BⅠ	ⅢM16：5	9.4	18	13.4	18	1.00	0.89 ~ 1.00	0.96
	ⅢM16：11	9.6	17.6	14.4	19.8	0.89		
	ⅡM11：1	9.8	17	13.8	17.3	0.98		
	ⅡM11：28	9.7	17.2	14	17.6	0.98		
BⅡ	ⅡM3：7	10.3	16.7	12.5	16.3	1.02	0.98 ~ 1.13	1.04
	ⅡM12：7	10.4	17.4	11.4	17.1	1.02		
	ⅢM17：1	9.4	17.2	12.4	17.5	0.98		
	ⅢM4：12	10.2	17.1	12.5	16.4	1.04		
	ⅢM22：2	9.4	15.9	10	15.3	1.04		
	ⅢM22：11	10.4	15.8	10.4	14	1.13		
BⅢ	ⅢM24：10	9.7	16	10.4	14.2	1.13	1.10 ~ 1.13	1.11
	ⅢM24：13	10.2	18	10.8	16.4	1.10		
CⅠ	ⅣM4：2	8.3	12.7	9	11.4	1.11	0.91 ~ 1.11	1.02
	ⅣM4：3	7.2	11.8	7.4	12.9	0.91		
	ⅣM4：4	7	12.1	8.5	11.6	1.04		
	ⅢM17：3	7	12	7	11.9	1.01		

续表

型式	器物号	口径（cm）	腹径（cm）	底径（cm）	高（cm）	腹高比值	比值区间	平均比值
CⅡ	ⅡM3：12	7.6	13	7.5	12.2	1.07	1.04 ~ 1.37	1.13
	ⅡM3：13	7.6	13.3	7.6	12.2	1.09		
	ⅡM3：14	7.9	13.6	8.3	12.3	1.11		
	ⅡM3：15	8.4	13	8.2	12.2	1.07		
	ⅡM5：11	8	13.1	6.8	11.6	1.13		
	ⅡM5：12	8	13.6	8.4	13	1.05		
	ⅡM5：19	8.3	13.5	7.6	12.8	1.05		
	ⅡM5：21	5.9	10.9	8.4	10.6	1.03		
	ⅡM12：02	7.6	13	8	12.5	1.04		
	ⅡM12：3	7.8	12.8	8.2	11.5	1.11		
	ⅡM12：5	8.1	13.4	8.8	11.8	1.14		
	ⅢM3：8	8.2	12	7	10.5	1.14		
	ⅢM3：13	8	12.9	8	10.6	1.22		
	ⅢM3：14	8	13	7.3	11	1.18		
	ⅢM3：15	7.8	12.2	7.4	9.8	1.24		
	ⅡM14：8	8.2	13.4	9.2	9.8	1.37		
	ⅡM14：9	8.4	13.4	8	11.2	1.20		
	ⅢM22：3	8.3	14.7	9.6	12.5	1.18		
CⅢ	ⅡM3：3	8.4	13.2	8.6	12	1.10	1.01 ~ 1.28	1.15
	ⅡM3：16	7.6	13.6	8.6	12	1.13		
	ⅢM3：12	8	13.5	7.4	11.8	1.14		
	ⅢM4：10	9.6	14	9.6	13.8	1.01		
	ⅢM4：17	8.8	12.9	8.9	12	1.08		
	ⅢM22：6	8.7	13.6	7.8	10.6	1.28		
	ⅢM22：14	9.8	13.5	9.3	11.5	1.17		
	ⅢM24：4	8.1	13.2	7.6	10.6	1.25		
	ⅢM24：9	8.5	12.8	6.6	10.4	1.23		
	ⅣM5：12	8.5	13.4	9	11.1	1.21		
	ⅣM5：19	8.8	13.3	7.6	12.5	1.06		
D	ⅡM5：05	15.5	21.6	12.6	14.4	1.50	1.5	1.5
E	ⅢM16：4	7.6	13.4	8	8.6	1.56	1.56 ~ 1.73	1.65
	ⅡM12：4	8	13	6.5	7.5	1.73		

表四 瓷碗尺寸统计表

型式	器物号	口径（cm）	底径（cm）	高（cm）	底径：口径			高：口半径		
					数值	区间	均值	数值	区间	均值
AⅠ	ⅢM2：2	15.2	8.8	5.7	0.58	0.49～0.58	0.54	0.75	0.73～0.79	0.76
	ⅢM2：16	16	9	6	0.56			0.75		
	ⅡM11：7	16.1	8.5	6	0.53			0.75		
	ⅡM11：14	15.8	9.2	5.8	0.58			0.73		
	ⅡM11：15	15.8	8.2	5.8	0.52			0.73		
	ⅡM11：18	16.4	8.5	6.5	0.52			0.79		
	ⅡM11：29	16	7.9	6.3	0.49			0.79		
AⅡ	ⅡM5：01	14.4	8.4	5.2	0.58	0.47～0.68	0.56	0.72	0.71～0.87	0.77
	ⅡM5：02	17.3	9.6	6.5	0.55			0.75		
	ⅡM12：04	15.2	8.2	6.3	0.54			0.83		
	ⅡM12：1	14.9	8.8	6.5	0.59			0.87		
	ⅡM12：8	15.6	8	6	0.51			0.77		
	ⅡM12：9	15	7.8	6	0.52			0.80		
	ⅡM12：11	14.6	8	5.2	0.55			0.71		
	ⅡM17：13	14.2	8.5	5.2	0.60			0.73		
	ⅡM17：16	15.2	10.4	5.9	0.68			0.78		
	ⅢM17：4	14	6.6	5.2	0.47			0.74		
	ⅢM17：5	20.3	11.4	7.7	0.56			0.76		
AⅢ	ⅡM13：5	14.6	8.8	6.2	0.60	0.47～0.66	0.59	0.85	0.79～1.21	0.98
	ⅡM13：6	17.2	10.8	6.8	0.63			0.79		
	ⅡM13：7	14.4	8.8	5.8	0.61			0.81		
	ⅡM13：13	15	9	6.2	0.60			0.83		
	ⅢM4：16	12.9	7	7.8	0.54			1.21		
	ⅢM4：19	13.6	8.5	7.5	0.63			1.10		
	ⅢM4：21	19.4	11.6	10.2	0.60			1.05		
	ⅢM22：5	13.4	8.5	6	0.63			0.90		
	ⅢM22：8	13.2	7.6	6.3	0.58			0.95		
	ⅢM24：1	16	10.6	7.7	0.66			0.96		
	ⅢM24：5	16	9	6.8	0.56			0.85		
	ⅣM12：1	13.5	6.4	7.6	0.47			1.13		
	ⅣM5：7	13	7.6	7.5	0.58			1.15		
	ⅣM5：9	19	11	10.6	0.58			1.12		
	ⅣM5：17	13.6	8.4	6.2	0.62			0.91		
	ⅣM5：18	15.4	9.1	8.7	0.59			1.13		

续表

型式	器物号	口径（cm）	底径（cm）	高（cm）	底径：口径			高：口半径		
					数值	区间	均值	数值	区间	均值
AⅣ	ⅢM4：1	13.7	8.5	7	0.62	0.38～0.62	0.44	1.02	1.00～1.11	1.05
	ⅢM7：1	14	6.4	7.6	0.46			1.09		
	ⅢM7：9	14.6	6	7.4	0.41			1.01		
	ⅡM15：5	15.4	6.1	8	0.40			1.04		
	ⅡM16：9	15.2	6.6	7.6	0.43			1.00		
	ⅢM8：2	12.7	4.8	7	0.38			1.10		
	ⅢM8：3	14.8	6.6	7.4	0.45			1.00		
	ⅢM8：11	12.6	5	6.6	0.40			1.05		
	ⅢM1：2	18.4	7.7	10.2	0.42			1.11		
BⅠ	ⅢM2：6	11	5.2	3.9	0.47	0.41～0.63	0.48	0.71	0.60～0.80	0.71
	ⅢM2：8	8.3	3.5	2.5	0.42			0.60		
	ⅢM2：9	8.4	4	2.9	0.48			0.69		
	ⅢM2：10	7.7	4.6	2.6	0.60			0.68		
	ⅢM2：11	10.5	4.6	3.6	0.44			0.69		
	ⅢM2：12	7.2	3.6	2.7	0.50			0.75		
	ⅢM2：13	8.3	3.6	3	0.43			0.72		
	ⅢM2：14	8.2	3.4	2.8	0.41			0.68		
	ⅢM16：3	10	5.2	3.7	0.52			0.74		
	ⅢM16：7	10.8	4.4	4.2	0.41			0.78		
	ⅡM11：19	8	3.8	3	0.48			0.75		
	ⅡM11：31	8.2	3.8	3	0.46			0.73		
	ⅡM11：45	8	3.5	2.6	0.44			0.65		
	ⅡM3：1	9.7	6.1	3	0.63			0.62		
	ⅡM3：2	8	3.6	3	0.45			0.75		
	ⅡM3：8	10.4	5.1	4	0.49			0.77		
	ⅡM5：03	残	残	4.6						
	ⅡM14：1	10	5.6	4	0.56			0.80		
	ⅡM13：16	8.4	4	3.1	0.48			0.74		

续表

型式	器物号	口径（cm）	底径（cm）	高（cm）	底径：口径			高：口半径		
					数值	区间	均值	数值	区间	均值
BⅡ	ⅡM5：04	9.5	4.6	3.9	0.48	0.48～0.65	0.55	0.82	0.64～0.82	0.74
	ⅡM5：06	11.4	6	4.3	0.53			0.75		
	ⅡM5：3	8.6	4.1	2.9	0.48			0.67		
	ⅡM5：4	7.8	3.9	2.5	0.50			0.64		
	ⅡM5：9	6.8	3.4	2.7	0.50			0.79		
	ⅡM5：13	7	4	2.8	0.57			0.80		
	ⅡM5：14	7	3.6	2.5	0.51			0.71		
	ⅡM5：15	6.7	3.6	2.6	0.54			0.78		
	ⅡM5：16	6.7	3.4	2.5	0.51			0.75		
	ⅡM5：17	6.3	3.8	2.5	0.60			0.79		
	ⅡM5：22	6.8	3.8	2.5	0.56			0.74		
	ⅡM5：23	6.4	3.4	2.6	0.53			0.81		
	ⅡM5：24	6.8	3.4	2.7	0.50			0.79		
	ⅡM5：25	6.4	3.2	2.4	0.50			0.75		
	ⅢM3：6	9	5	3.3	0.56			0.73		
	ⅢM3：7	9	5	3.2	0.56			0.71		
	ⅡM14：4	9	5.6	3.2	0.62			0.71		
	ⅡM14：5	8.5	4.4	3.4	0.52			0.80		
	ⅡM14：6	8.5	4.3	3.2	0.51			0.75		
	ⅡM17：1	8.9	5	3.3	0.56			0.74		
	ⅡM17：6	8.8	5.7	3.2	0.65			0.73		
	ⅡM17：8	8.8	5.2	3.2	0.59			0.73		
	ⅡM17：9	8.8	4.9	3.2	0.56			0.73		
	ⅡM17：10	8.7	5	3.3	0.57			0.76		
	ⅡM17：18	8.7	5.2	3	0.60			0.69		
	ⅡM17：24	8.7	5.1	2.9	0.59			0.67		
	ⅡM17：40	8.7	5.3	3.3	0.61			0.76		
	ⅡM17：41	8.9	5.1	3.3	0.57			0.74		
	ⅣM5：1	8.5	5	3.1	0.59			0.73		

续表

型式	器物号	口径（cm）	底径（cm）	高（cm）	底径：口径			高：口半径		
					数值	区间	均值	数值	区间	均值
BⅢ	ⅡM6：9	8.8	5.2	3.3	0.59	0.48～0.63	0.59	0.75	0.75～0.91	0.82
	ⅡM10：3	9	5.5	3.9	0.61			0.87		
	ⅡM10：4	8.6	5	3.4	0.58			0.79		
	ⅡM10：7	8.6	5.2	3.9	0.60			0.91		
	ⅡM13：8	8.8	5.5	3.5	0.63			0.80		
	ⅡM13：10	8.9	5.3	3.7	0.60			0.83		
	ⅡM13：11	9	5.2	3.6	0.58			0.80		
	ⅡM13：12	8.7	5.5	3.4	0.63			0.78		
	ⅡM13：14	9	4.3	3.9	0.48			0.87		
	ⅡM13：15	8.9	4.7	3.4	0.53			0.76		
	ⅢM22：1	10	5.7	4.4	0.57			0.88		
	ⅢM22：12	8.6	5.2	3.7	0.60			0.86		
	ⅢM22：13	10	6.2	4.1	0.62			0.82		
	ⅢM22：15	8.8	5	3.9	0.57			0.89		
	ⅢM22：16	8.4	5.1	3.4	0.61			0.81		
	ⅢM24：11	8.4	5	3.3	0.60			0.79		
	ⅢM24：12	8.5	5.2	3.4	0.61			0.80		
BⅣ	ⅢM4：2	8.5	5.1	4.8	0.60	0.49～0.61	0.57	1.13	0.83～1.04	0.95
	ⅢM4：9	10.1	6.2	4.9	0.61			0.97		
	ⅢM4：13	10.4	6.2	4.5	0.60			0.87		
	ⅢM4：14	10	5.8	4.9	0.58			0.98		
	ⅢM4：18	9.9	5.8	4.8	0.59			0.97		
	ⅢM4：24	10.2	6.1	5	0.60			0.98		
	ⅢM24：2	8.5	4.2	4	0.49			0.94		
	ⅢM24：7	8.7	4.9	3.6	0.56			0.83		
	ⅢM24：8	8.4	4.9	4	0.58			0.95		
	ⅢM24：15	8.6	5	4	0.58			0.93		
	ⅢM24：16	8.5	4.6	4	0.54			0.94		
	ⅣM12：3	8.2	4.6	3.9	0.56			0.95		
	ⅣM5：2	8.4	5	4	0.60			0.95		
	ⅣM5：10	8.4	4.6	3.8	0.55			0.90		
	ⅣM5：13	8.8	4.9	4.1	0.56			0.93		
	ⅣM5：14	8.9	5	4.4	0.56			0.99		
	ⅣM5：15	7.7	4.1	4	0.53			1.04		
	ⅣM5：16	8.7	4.8	4	0.55			0.92		

续表

型式	器物号	口径（cm）	底径（cm）	高（cm）	底径：口径			高：口半径		
					数值	区间	均值	数值	区间	均值
BⅤ	ⅡM2：14	7.6	3.4	3.7	0.45	0.37～0.53	0.46	0.97	0.96～1.11	1.03
	ⅡM2：17	8.3	4	4.6	0.48			1.11		
	ⅡM2：20	7.9	3.4	4.1	0.43			1.04		
	ⅡM4：6	8	4.2	4.2	0.53			1.05		
	ⅡM4：7	7.6	3.7	4.1	0.49			1.08		
	ⅡM4：8	8	4.2	4.1	0.53			1.03		
	ⅡM4：9	8.4	4	4.4	0.48			1.05		
	ⅡM4：14	8	3.7	4.1	0.46			1.03		
	ⅡM4：16	8.1	3.6	4.4	0.44			1.09		
	ⅡM15：2	9	3.6	4.4	0.40			0.98		
	ⅡM15：3	8.3	3.1	4	0.37			0.96		
	ⅡM16：3	8.4	4.1	4.5	0.49			1.07		
	ⅡM16：10	8.4	3.6	4.3	0.43			1.02		
	ⅡM16：12	8.7	4.3	4.3	0.49			0.99		

第七节　墓葬分期

墓葬分期主要依据纪年砖、随葬品器物、墓葬形制、墓砖特征以及其他遗址材料，将57座墓葬分为两个阶段，具体分期情况如下所述。

1. 第一阶段

器物组合关系流行瓷四（六）耳罐、瓷碗、瓷盆、瓷盂、陶四耳罐、陶釜和陶模型器、滑石猪等，此外，金、银器也集中发现于这一时期墓葬。依器物类型特征可分为五期。

第一期　器型包括AⅠ、AⅡ、BⅠ、CⅠ、CⅡ、E型瓷四（六）耳罐，瓷小罐，水波纹罐，AⅠ、BⅠ式瓷碗，陶釜，A型瓷盂，瓷虎子，瓷簋，瓷唾壶，瓷盒，A、B型陶四耳罐，陶灯，陶模型器等。本期墓葬有ⅡM11、ⅢM2、ⅢM11、ⅢM16、ⅣM4。

第二期　器型包括AⅡ、AⅢ、AⅣ、BⅡ、CⅠ、CⅡ、CⅢ、D、E型瓷四（六）耳罐，AⅡ、BⅠ、BⅡ式瓷碗，A型瓷碟，A型瓷盆，A、B型瓷钵，A形瓷盂，瓷虎子，瓷三足盘，瓷盒，B型陶四耳罐，陶釜和滑石猪等。本期墓葬有ⅡM3、ⅡM5、ⅡM12、ⅡM14、ⅡM17、ⅡM3、ⅡM17。

第三期　器型包括AⅤ式瓷四（六）耳罐，AⅢ、BⅠ、BⅢ式瓷碗，D型瓷碟，C型陶四耳罐和滑石猪等。本期墓葬有ⅡM6、ⅡM10、ⅡM13。

第四期　包括瓷四（六）耳罐、瓷碗、瓷盆、瓷钵、瓷盂等器物，依据演变特征可分为早晚两段。

早段器型包括AⅢ、AⅥ、BⅡ、BⅢ、CⅡ、CⅢ式瓷四（六）耳罐，AⅢ、BⅡ、BⅢ、BⅣ式瓷碗，B型瓷盆，A型瓷钵，B型瓷盂，陶釜和滑石猪。本段墓葬有ⅢM4、ⅢM22、ⅢM24、ⅣM5、ⅣM12。

晚段器型包括AⅥ式瓷四（六）耳罐，BⅤ式瓷碗，C、D型瓷碟，B型瓷盆，B型瓷盂和滑石猪。本段墓葬有ⅡM2、ⅡM4。

第五期　器型包括AⅦ式瓷四（六）耳罐，AⅣ、BⅤ式瓷碗，B、C型瓷碟和滑石猪。本期墓葬有ⅡM15、ⅡM16、ⅢM1、ⅢM7、ⅢM8、ⅢM10。

2. 第二阶段

器物组合关系包括瓷宽耳罐、瓷敞口碗、瓷钵形碗、瓷梭腹罐、瓷灯盏等。

第六期　器物组合包括AⅠ式瓷敞口碗、瓷钵形碗、E型瓷碟。本期墓葬有ⅢM5、ⅢM6、ⅢM12、ⅢM15、ⅣM10。

第七期　器物组合包括瓷宽耳罐、瓷梭腹罐、瓷敞口碗、瓷碟、瓷灯盏、陶盖碗等。依据演变特征可分为早晚两段。

早段器物组合包括B型瓷宽耳罐，陶宽耳罐，AⅡ、BⅠ式瓷敞口碗，B型瓷灯盏，E型瓷碟。墓葬有ⅠM2、ⅢM18、ⅢM19、ⅣM2、ⅣM3。

晚段器物组合包括A型瓷宽耳罐，瓷梭腹罐，AⅢ、BⅡ式瓷敞口碗，陶盖碗，E型瓷碟，A型瓷灯盏。墓葬有ⅡM7、ⅡM8、ⅢM20、ⅢM21、ⅢM23、ⅢM26、ⅢM27、ⅣM11。

第八期　器物组合包括瓷梭腹罐，AⅢ、AⅣ、BⅡ式瓷敞口碗。墓葬有ⅡM1、ⅢM28、ⅣM1、ⅣM13。

由于缺少随葬器物，未纳入分期范围的墓葬有7座，但依据墓砖、墓葬特征可初步判断属于第一阶段的有ⅣM6，属于第二阶段的有ⅢM13、ⅢM14、ⅢM25、ⅣM7、ⅣM8、ⅣM9。

第三章　墓葬分述

第一阶段

第　一　期

第一期墓葬共5座，分别为凸字形单室墓、凸字形前后室墓和形制不明墓葬。

（一）凸字形单室墓

1. ⅢM2

1）墓葬概况

ⅢM2位于Ⅲ区南部山丘南坡西部，所在探方为ⅢTN1E3，方向168°，由墓道、墓圹、封门、甬道、墓室等部分组成。砖室长5.16、宽1.82、残高0.88米（图一七；彩版九）。

墓道近封门处被现代沟打破，长斜坡状。长2.56、宽1.70、深1.00米。

墓圹为长方形竖穴土坑，直壁平底，长5.44、宽2.38、深1.40米。

封门四门宽，共三道，内封门一道，砌法为“全丁”，砌于甬道内；外封门两道，砌法为“全顺”，位于侧壁外。

甬道平面呈长方形，内长1.10、宽1.24、残高0.70米。

墓室平面呈长方形，内长3.30、宽1.52、残高0.88米。墓室后端加置一重承券。

侧壁、后壁为长方形砖错缝平铺叠砌，后壁置于侧壁外，有 “咬土砖”。券顶残毁。墓底为丁向平铺，略宽于墓室。墓室中部铺底砖下设一腰坑，距西壁、后壁分别为0.70、2.05米。腰坑平面呈圆角长方形，长0.50、宽0.30、深0.12米。坑内仅有褐色填土。

墓砖有长方形和楔形两种，灰色，纹饰砖以几何纹+车轮纹为主，有“元康五年”纪年砖和“封侯拜史”吉语砖，“元康五年”多见于墓室四壁，“封侯拜史”吉语砖仅见封门处。长方形砖常见规格30×15-6厘米，楔形砖常见规格30×15-6～3厘米。

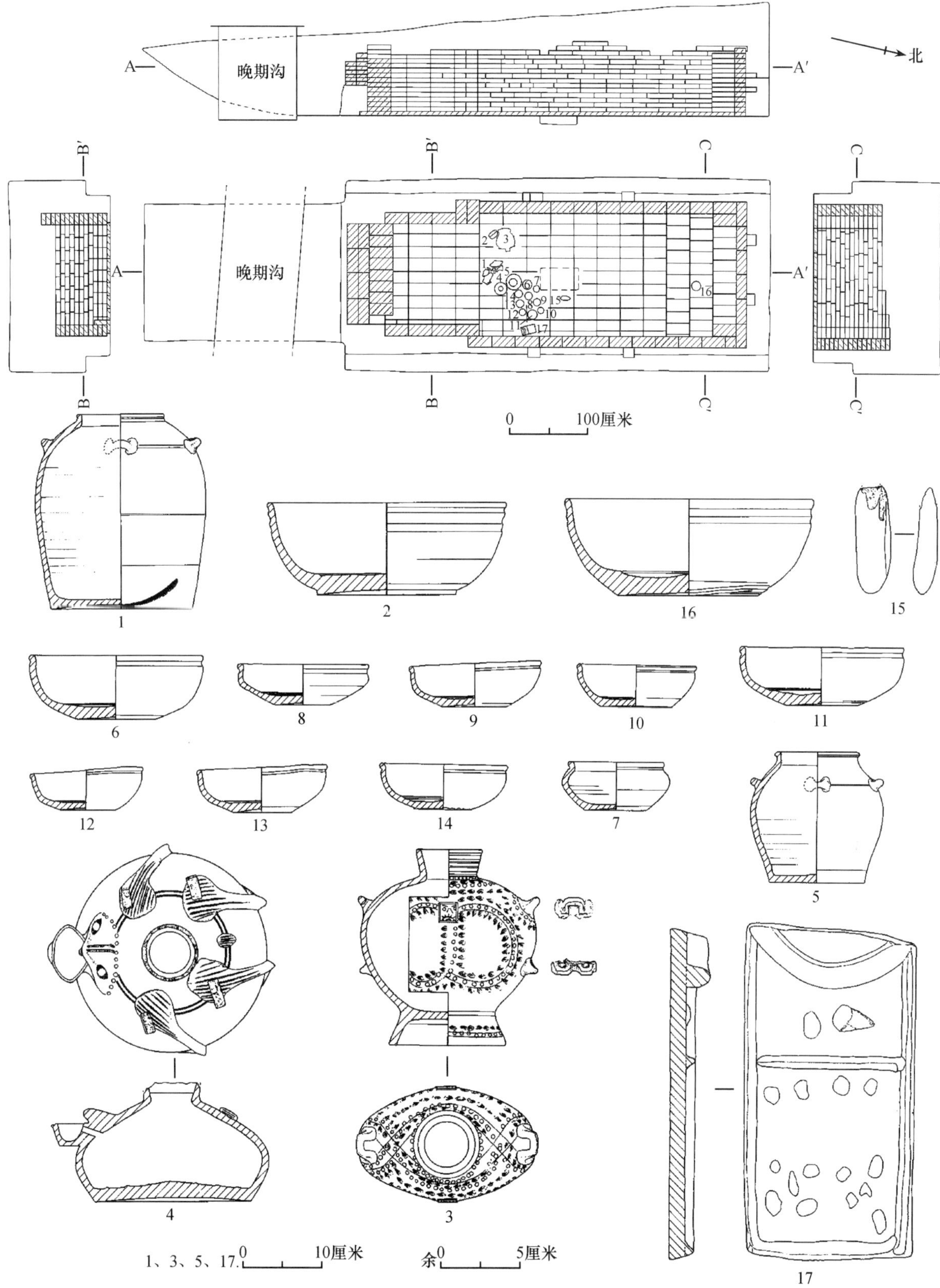

图一七 ⅢM2平、剖面图及出土器物

1. AⅠ式瓷四耳罐 2、16. AⅠ式瓷碗 3. 瓷扁壶 4. 瓷砚滴 5. B型陶四耳罐 6、8～14. BⅠ式瓷碗 7. 瓷小罐 15. 石器 17. 陶水田模型

出土器物17件，以瓷器为主，器形有瓷四耳罐、瓷碗、瓷扁壶、瓷砚滴，陶四耳罐、陶水田模型等，集中分布于墓室前部，仅1件瓷碗（ⅢM2：16）位于墓室近后壁处。

2）出土器物

瓷四耳罐　1件，AⅠ式。ⅢM2：1，灰胎，青绿釉，脱落严重。圆唇，直口，溜肩，鼓腹，平底微凹。肩部横置对称四泥条耳，口沿外侧、耳间和腹中部各饰一道粗弦纹，下腹近底处有两段弧形凹印，内壁有轮制旋痕。口径11、最大腹径21.6、底径18、高24.2厘米（彩版一〇，1）。

瓷碗　10件，分AⅠ和BⅠ式。

AⅠ式　2件。ⅢM2：2，灰胎，釉尽脱落。圆唇，敞口，弧腹，饼足微凹。内底下压一圈，外壁口沿下至腹上部饰三道粗弦纹，外底有线切痕迹。口径15.2、底径8.8、高5.7厘米（彩版一〇，2）。ⅢM2：16，灰胎，釉尽脱落。圆唇，敞口，弧腹，平底微凹。内底下压一圈，外壁口沿下饰两道粗弦纹，底部有线切痕迹。口径16、底径9、高6厘米。

BⅠ式　8件。ⅢM2：6，灰胎，釉尽脱落。圆唇，直口，弧腹，平底微凹。内底饰两圈凹弦纹，外壁口沿下饰一道弦纹，底部有线切痕迹。口径11、底径5.2、高3.9厘米（彩版一〇，3）。ⅢM2：8，灰胎，釉尽脱落。圆唇，直口，弧腹，平底微凹。内底饰两圈凹弦纹，外壁口沿下饰一道粗弦纹，底部有线切痕迹。口径8.3、底径3.5、高2.5厘米（彩版一〇，4）。ⅢM2：9，灰胎，釉尽脱落。圆唇，直口略敞，弧腹，平底微凹。内底饰两圈凹弦纹，外壁口沿下饰一道粗弦纹，底部有线切痕迹。口径8.4、底径4、高2.9厘米（彩版一〇，5）。ⅢM2：10，灰胎，釉尽脱落。圆唇，直口略敞，弧腹，平底微凹。内底饰两圈凹弦纹，口沿上饰一道细弦纹，外壁口沿下饰一道粗弦纹，底部有线切痕迹。口径7.7、底径4.6、高2.6厘米（彩版一一，1）。ⅢM2：11，灰胎，釉尽脱落。圆唇，直口，弧腹，平底。内底饰两圈凹弦纹，外壁口沿下饰一道粗弦纹，底部有线切痕迹。口径10.5、底径4.6、高3.6厘米（彩版一一，2）。ⅢM2：12，灰胎，釉尽脱落。圆唇，敞口，弧腹，平底微凹。内底饰两圈凹弦纹，外壁口沿下饰一道粗弦纹，底部有线切痕迹。口径7.2、底径3.6、高2.7厘米（彩版一一，3）。ⅢM2：13，灰胎，釉尽脱落。圆唇，直口略敞，弧腹，平底内凹。内底饰两圈凹弦纹，外壁口沿下饰一道粗弦纹，底部有线切痕迹。口径8.3、底径3.6、高3厘米（彩版一一，4）。ⅢM2：14，灰胎，釉尽脱落。圆唇，直口略敞，弧腹，平底。内底饰两圈凹弦纹，外壁沿下饰一道粗弦纹，底部有线切痕迹。口径8.2、底径3.4、高2.8厘米（彩版一一，5）。

瓷扁壶　1件。ⅢM2：3，灰胎，器表与壶口内壁施青绿釉。圆唇，侈口，束颈，溜肩，扁腹，喇叭形足。两侧面各横置三个条形耳，大耳在上，两小耳在下。颈部饰弦纹，肩部、腹双正面与足外壁由几何曲线、连珠、草叶构成组合纹，正面上腹部各饰一正方形兽面图案，兽面略凸出壶壁。口径8.4、最大腹径22.4、最小腹径14、最大底径14.6、最小底径11.4、高24.3厘米（彩版一二）。

瓷砚滴　1件。ⅢM2：4，灰胎，釉尽脱落。作蟾蜍状，壶口束颈，微残，鼓腹，平底微凹。肩部饰有蟾蜍头尾及四肢，四肢与尾巴为泥条贴塑，头与壶肩连为一体。蟾蜍颈部饰一圈凹点，口衔双耳杯，口与双耳杯间开一孔。残口径3.6、最大腹径12.4、底径10厘米，通长

14.5、高7.4厘米（彩版一三）。

瓷小罐　1件。ⅢM2：7，灰胎，釉尽脱落。圆唇，侈口，鼓腹，平底。颈部饰一道粗弦纹，器表有分布不规则的酱釉点彩，底部有线切痕迹。口径6.1、最大腹径7、底径4、高3厘米（彩版一一，6）。

陶四耳罐　1件，B型。ⅢM2：5，泥质灰陶，器表和内壁施黑色陶衣。圆唇，直口微侈，卷沿，短颈，溜肩，鼓腹，平底。肩部横置对称四泥条耳，口沿外侧与耳间各饰一道粗弦纹。内壁有瓦棱状轮制痕迹，底部有线切痕迹。口径10.8、最大腹径17、底径12、高16.2厘米（彩版一四，1）。

陶水田模型　1件。ⅢM2：17，泥质灰陶，平面近长方形。底部为一块扁平陶板，其上四周与中部贴塑泥条隔为两块区域，一端泥条内弧且明显更厚。区域内分布较多凹窝。长20.8、宽11、厚2.5厘米（彩版一四，2、3）。

石器　1件。ⅢM2：15，长条状，一端有砸楔而成的断面。长6.7、宽2.3，厚1.4厘米（彩版一四，4、5）。

2. ⅣM4

1）墓葬概况

ⅣM4位于Ⅳ区南部山丘南坡中部，所在探方为ⅣTN3E5和ⅣTN2E5，方向165°。由墓道、墓圹、封门、甬道和墓室等部分组成。砖室长4.78、宽2.22、残高0.84米（图一八；彩版三六）。

墓道为长斜坡状，长1.70、宽1.20、深0.50～0.60米。

墓圹为长方形竖穴土坑，长4.42、宽1.90、深1.30米。

封门四门宽，共两道，砌法为人字形，皆斜立于甬道内，封门几乎占满甬道，后端抵墓室入口。

甬道平面呈长方形，长1.00、宽1.12、残高0.66米。与墓室套接方式是先于墓室前端加砌一重承券，而后接甬道券顶，故于墓室前端形成三重券。

墓室平面呈长方形，内长3.62、宽1.90、残高0.84米。

侧壁、后壁为长方形砖错缝平铺叠砌，后壁砌于券内，转角相互咬合，砌法“全顺”，有少量“咬土砖”。后壁中部高0.60米处设一砖托，凸出后壁0.08、宽0.16米。墓底为纵横混铺，较多残砖。

墓砖有长方形和楔形两种，灰色，常见砖纹为米格纹+车轮纹+绹纹，有“太安元年”纪年砖。长方形砖常见规格36×16-6厘米，楔形砖常见规格36×16-6～4厘米。

出土器物5件，包括瓷四耳罐、陶釜、铁棺钉等，主要位于墓室前部。扰土中出土器物2件，分别为瓷四耳罐和虎子，可能为该墓随葬品。

2）出土器物

瓷四耳罐　4件，分AⅡ和CⅠ式。

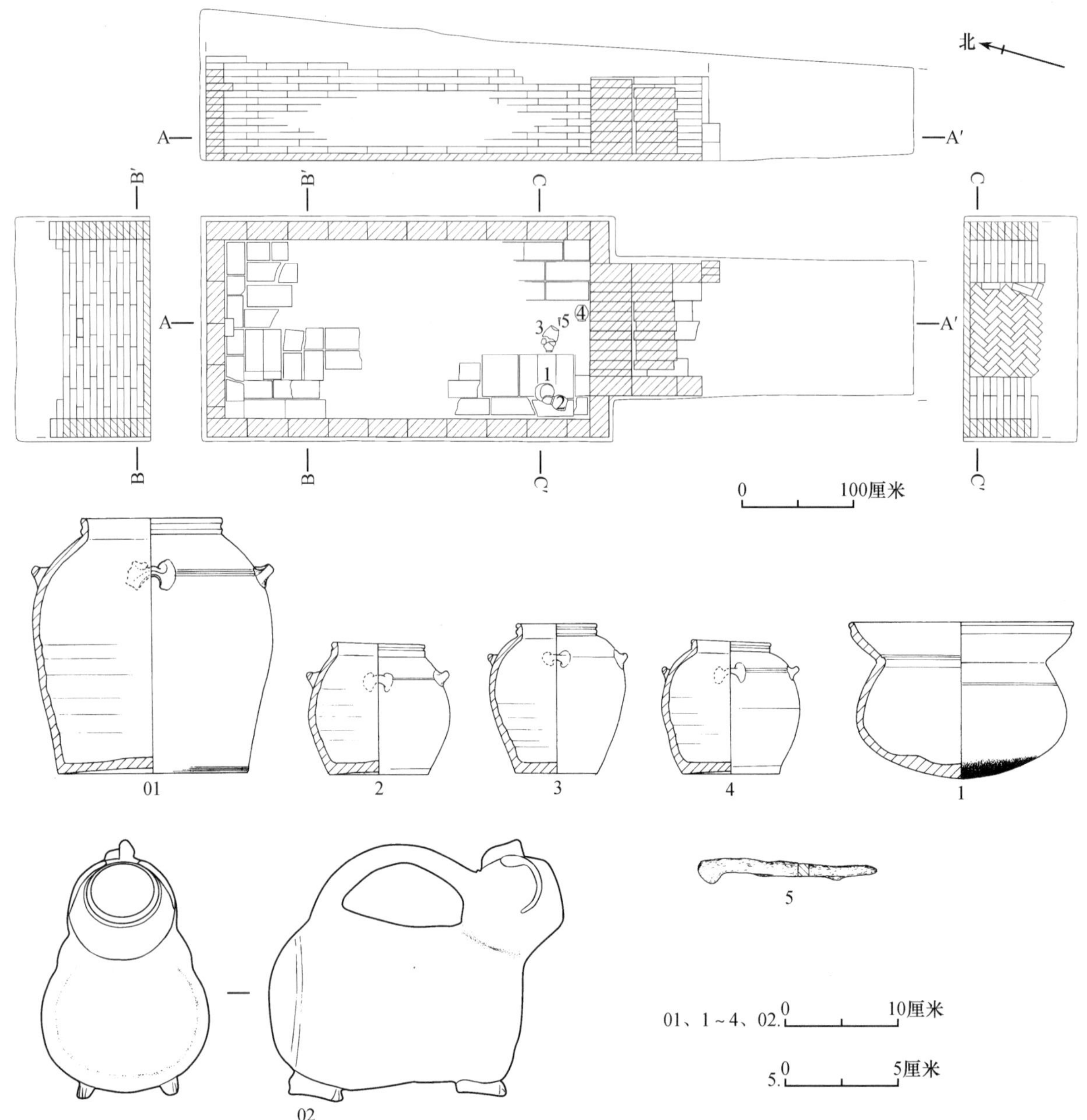

图一八　ⅣM4平、剖面图及出土器物

01. AⅡ式瓷四耳罐　02.瓷虎子　1.陶釜　2～4. CⅠ式瓷四耳罐　5.铁棺钉

AⅡ式　1件。ⅣM4：01，灰白胎，釉尽脱落。圆唇，直口微侈，溜肩，略鼓腹，平底内凹。肩部横置对称四泥条耳，口沿外侧和颈部各饰一道粗弦纹，肩部耳间饰两道粗弦纹。内壁有明显轮制旋痕，外底心有方形凹印。口径12.6、最大腹径21.2、底径17、高22厘米（彩版三七，1）。

CⅠ式　3件。ⅣM4：2，灰白胎，釉尽脱落。圆唇，直口微侈，溜肩，鼓腹，上下腹折痕较明显，平底内凹。肩部横置对称四泥条耳，口沿外侧饰一道粗弦纹，肩部耳间饰一道细弦纹。外底有线切痕迹。口径8.3、最大腹径12.7、底径9、高11.4厘米（彩版三七，2）。ⅣM4：3，灰白胎，釉尽脱落。圆唇，直口微侈，溜肩，鼓腹，平底。肩部横置对称四泥条耳，口沿外侧饰一道粗弦纹，颈部与肩部相接处下压一圈，肩部耳间饰一道细弦纹。底有线切痕迹。口径7.2、最大腹径11.8、底径7.4、高12.9厘米（彩版三七，3）。ⅣM4：4，灰白胎，青绿釉，脱落严重。圆唇，直口微侈，溜肩，鼓腹，平底内凹。肩部横置对称四泥条耳，口沿外侧饰一道粗弦纹，肩部耳间饰两道粗弦纹，外壁近底饰一道粗弦纹。内壁有轮制旋痕，外底有线切痕迹。口径7、最大腹径12.1、底径8.5、高11.6厘米（彩版三七，4）。

瓷虎子 1件。ⅣM4：02，灰白胎，釉尽脱落。造型呈卧虎状，昂首鼓目，鼻梁高挺，四足屈蹲，背部有把手。长27.6、宽15.9、高22.6厘米（彩版三七，5）。

陶釜 1件。ⅣM4：1，夹细砂灰陶，施褐色陶衣。圆唇，大敞口，外折沿，扁鼓腹，圜底。口沿内侧底部饰一道细弦纹，沿外饰一道粗弦纹，上腹部饰两道细弦纹。口径19.8、最大腹径18.6、底径13.4厘米（彩版三七，6）。

铁棺钉 1件。ⅣM4：5，锈蚀严重，尾部略呈圆形，钉身截面呈正方形。长7.9厘米。

3. ⅢM16

1）墓葬概况

ⅢM16位于Ⅲ区北部山丘南坡中部，所在探方为ⅢTN29E11和ⅢTN30E11，方向165°。由墓道、墓圹、封门、甬道和墓室等部分组成。砖室长4.53、宽1.70、残高1.09米（图一九；彩版一五）。

墓道为长斜坡状，长1.72、宽1.05、残深0.82米。

墓圹为长方形竖穴土坑，周壁近直，平底，长6.24、宽2.02、深0.82～1.40米。

封门三门宽，共两道，内道砌法为人字形，斜侧立砌于甬道内，外道采用“全顺”砌置于甬道外。

甬道平面呈长方形，后端底部侧立一排长方形砖与墓室相隔，与墓室套接处为两重券。长0.85、宽1.00、残高0.95米。

墓室内长3.12、宽1.41、残高1.04米。

侧壁、后壁为长方形砖错缝平铺叠砌，后壁与侧壁相互咬合，有“咬土砖”。侧壁净高约0.50米处夹砌楔形砖构筑券顶。墓底为断砖平铺。墓道底部有长方形砖砌排水暗沟一条，剖面呈等腰三角形，长17.8米。

墓砖有长方形和楔形两种，灰色，常见砖纹为几何纹+网纹+车轮纹，有2种“封侯拜史”铭文砖。长方形砖常见规格30～32×15-6厘米，楔形砖常见规格32×15-6～4厘米。

出土器物15件，瓷器有四耳罐、碗、盂和水波纹罐等，另有陶釜、陶水波纹罐和金镯、银器等。器物集中发现于墓室前部，后部出土有瓷虎子，靠西壁位置出土有金镯和银器。

2）出土器物

瓷四耳罐 3件，分BⅠ式和E型。

BⅠ式 2件。ⅢM16：5，灰胎，青绿釉，釉脱落严重。圆唇，侈口，短颈，溜肩，鼓腹，平底内凹。肩部横置对称四泥条耳，耳间饰两道粗弦纹，唇部、肩部至腹部饰有分

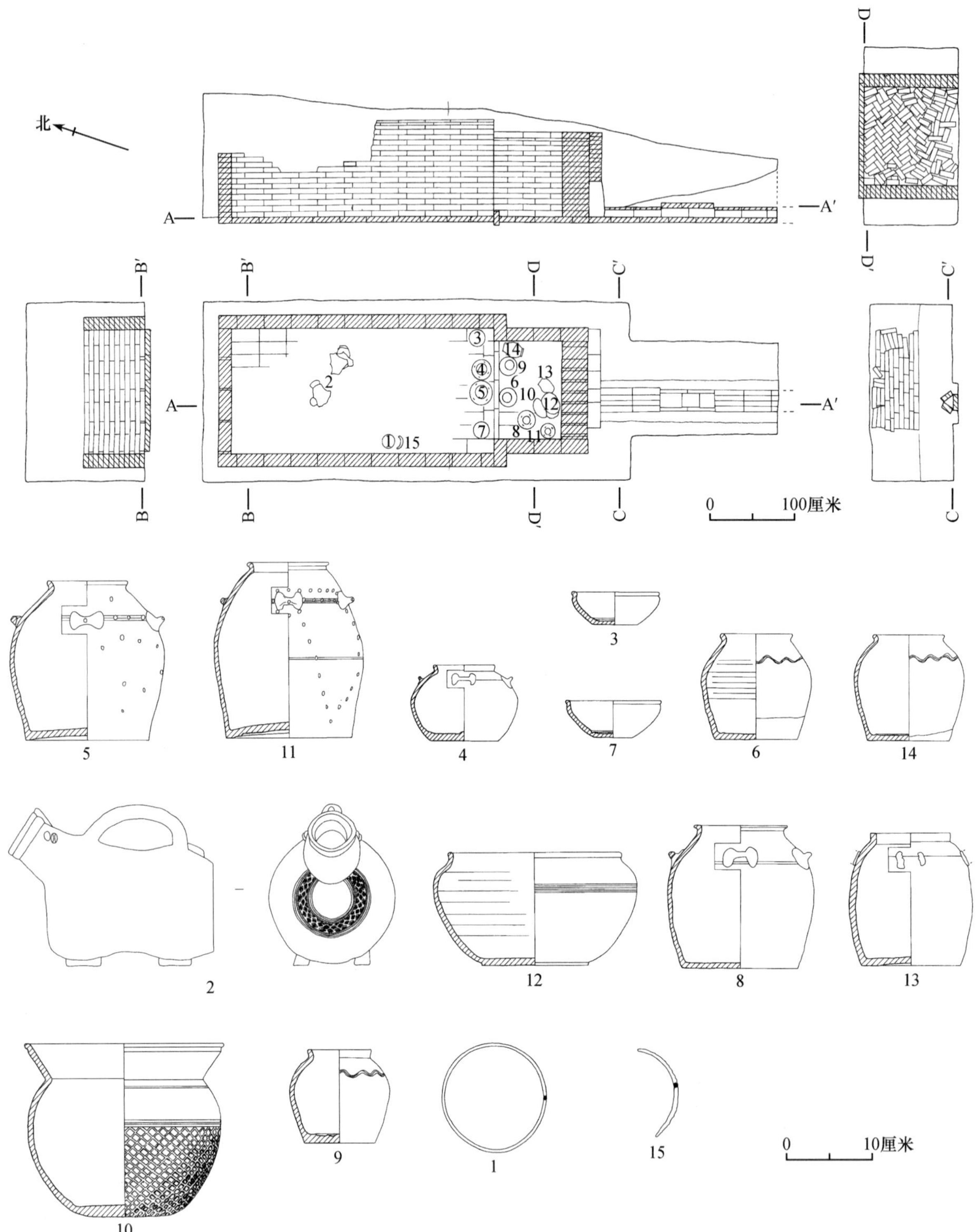

图一九　ⅢM16平、剖面图及出土器物

1. 金镯　2. 瓷虎子　3、7. BⅠ式瓷碗　4. E型瓷四耳罐　5、11. BⅠ式瓷四耳罐　6、14. 瓷水波纹罐　8、13. B型陶四耳罐　9. 陶水波纹罐　10. 陶釜　12. A型瓷盂　15. 银器

布不规则的酱釉点彩。口径9.4、腹部最大径18、底径13.4、高18厘米（彩版一六，1）。ⅢM16：11，灰胎，青绿釉，釉脱落严重。圆唇，直口，短颈，溜肩，鼓腹，平底内凹。肩部横置对称四泥条耳，耳间与腹部各饰一道粗弦纹。肩部至腹部饰有酱釉点彩，耳间饰两圈，耳上各饰一点，耳周各饰一圈，腹部饰之字形酱釉点彩，外底部有方形凹印痕迹。口径9.6、最大腹径17.6、底径14.4、高19.8厘米（彩版一六，2）。

E型　1件。ⅢM16：4，灰胎，青绿釉，釉脱落严重。圆唇，侈口，短颈，溜肩，扁鼓腹，平底。肩部横置对称四泥条耳，耳间饰一道细弦纹，器表肩部至上腹部饰有分布不规则的酱釉点彩。内底心隆起，内壁有轮制旋痕。口径7.6、最大腹径13.4、底径8、高8.6厘米（彩版一六，3）。

瓷碗　2件，BⅠ式。ⅢM16：3，灰胎，釉尽脱落。圆唇，直口，弧腹，平底微凹。内底下凹，外缘饰两道凹弦纹。外壁口沿下饰一道粗弦纹。外底有线切痕迹。口径10、底径5.2、高3.7厘米（彩版一六，5）。ⅢM16：7，灰胎，釉尽脱落。圆唇，敞口，弧腹，平底。内底下凹，外缘饰两道凹弦纹。外壁口沿下饰一道细弦纹。外底有线切痕迹。口径10.8、底径4.4、高4.2厘米（彩版一六，6）。

瓷水波纹罐　2件。ⅢM16：6，灰胎，青绿釉，脱釉严重。圆唇，侈口，短颈，溜肩，鼓腹，平底微凹。肩部饰一组水波纹。内壁有瓦棱状轮制痕迹，外底有方形凹印和线切痕迹。口径8.2、最大腹径12.8、底径9.6、高12厘米（彩版一七，1）。ⅢM16：14，灰胎，青绿釉，外壁脱落严重，内满釉。圆唇，侈口，溜肩，鼓腹，平底微凹。肩部饰一组水波纹。内壁有瓦棱状轮制痕迹，外底有线切痕迹。口径8.2、最大腹径12.8、底径9.6、高12厘米（彩版一七，2）。

瓷虎子　1件。ⅢM16：2，灰胎，釉尽脱落。造型呈卧虎状，昂首鼓目，四足屈蹲，背部有把手。壶口下方饰有环状分布的云雷纹，中间有微鼓的凸点。通长24.2、高17.8、宽14.8、口径5.6厘米（彩版一七，3、4）。

瓷盂　1件，A型。ⅢM16：12，灰胎，釉尽脱落。圆唇，敛口，深弧腹，饼足平底。外壁口沿下饰一道粗弦纹，腹上部饰三道较细弦纹。外底有线切痕迹和浅细旋痕。口径21、最大腹径23.8、底径12.8、高12.6厘米（彩版一六，4）。

陶四耳罐　2件，B型。ⅢM16：8，夹细砂灰陶，通体施褐色陶衣，外壁陶衣部分脱落。方唇，口沿凸出，直口，短束颈，溜肩，鼓腹，平底。肩部横置对称四泥条耳，耳间饰一道弦纹。下腹近底有两段弧形凹印，外底有垫烧痕迹。口径10.8、最大腹径17、底径13.6、高16.4厘米（彩版一七，5）。ⅢM16：13，夹细砂灰陶，通体施黑色陶衣。方圆唇，直口，短颈，溜肩，鼓腹，平底。肩部横置对称四泥条耳，耳皆残。肩部耳间饰一道细弦纹。外底有方形浅凹印。口径9.4、腹部最大径14.4、底径11.8、高15厘米（彩版一七，6）。

陶水波纹罐　1件。ⅢM16：9，夹细砂灰陶，通体施褐色陶衣，外壁陶衣部分脱落。圆唇，直口，短颈，溜肩，鼓腹，平底微凹。上腹部饰有一组水波纹。内底有轮制旋痕，外底有线切痕迹和垫烧痕迹。口径7.4、腹部最大径11.6、底径8.4、高10.6厘米（彩版一八，1）。

陶釜　1件。ⅢM16：10，夹粗砂黄陶，通体施褐色陶衣。方圆唇，敞口折沿，扁鼓腹，圜底。口沿外侧饰一道粗弦纹，腹中部饰两道粗弦纹，下腹和底部饰方格纹。口径23.4、最大腹径22.6、高19.6厘米（彩版一八，2）。

金镯　1件。ⅢM16：1，横截面为椭圆形。直径6.2、器身直径约0.2厘米（彩版一八，3）。

银器　1件。ⅢM16：15，弧形条状，横截面为圆形，似为展开的指环。长5.1、直径0.2厘米（彩版一八，4）。

（二）凸字形前后室墓

ⅡM11

1）墓葬概况

ⅡM11位于Ⅱ区东部，所在探方号为ⅡTN5E13和ⅡTN6E13，方向172°。由墓道、墓圹、封门、甬道和墓室等部分组成。砖室长6.48、宽2.04、残高1.58米（图二〇；彩版一九、彩版二〇）。

墓道为长斜坡状。揭露部分长1.00、宽1.48、深1.36米。

墓圹为长方形竖穴土坑，直壁平底，长6.54、宽2.40、深1.88米。

封门三门宽，共两道，内道为“全丁”，外道为“全顺”，皆置于甬道内。

甬道平面呈长方形，顶部坍塌，从平面铺设情况分析，与墓室连接处应为三重券，内长0.94、宽1.12、残深1.36米。

墓室平面呈长方形，内长4.86、宽1.76、残高1.60米。中前部墓底侧立一排长方形砖将墓室分为前后两室，后室较前室高0.10米，前室内长1.58、后室内长3.28米。后室前端、后端各置一道承券，后室前端承券处有左右两侧各有一个砖托，东壁砖托保存较好，西壁砖托仅有少量痕迹。

侧壁、后壁为顺丁砖混用，自下而上第4、8层砖丁向侧置，余皆顺向错缝平铺。后壁置于券顶内，转角相互咬合。侧壁净高1.10米处夹砌楔形砖构筑券顶，券顶残毁。墓底为纵向平铺。墓室前部中央有长方形排水沟一条，横贯甬道、墓道，暗沟底砖平铺，侧砖置于底砖两侧，剖面呈长方形，内宽0.15、深0.10米。墓室内暗沟置于墓底砖下，墓室外部分以长方形砖覆顶，长约23.2米。

墓砖有长方形和楔形两种，灰色，常见纹饰有叶脉纹和菱格纹+太阳纹，有“元康元年”纪年砖和“宜尔子孙”吉语砖，“元康元年”纪年砖发现于后壁，“宜尔子孙”发现于券顶起券处。长方形砖常见规格34×15-6厘米，楔形砖常见规格34×15-6～4厘米。

出土器物47件，以陶器居多，包括陶四耳罐、陶水波纹罐、陶模型器等，瓷器以瓷四耳罐、瓷碗为主，集中分布于甬道与前室，后室前部有3把铁刀和1面铜镜，后部有银簪、瓷虎

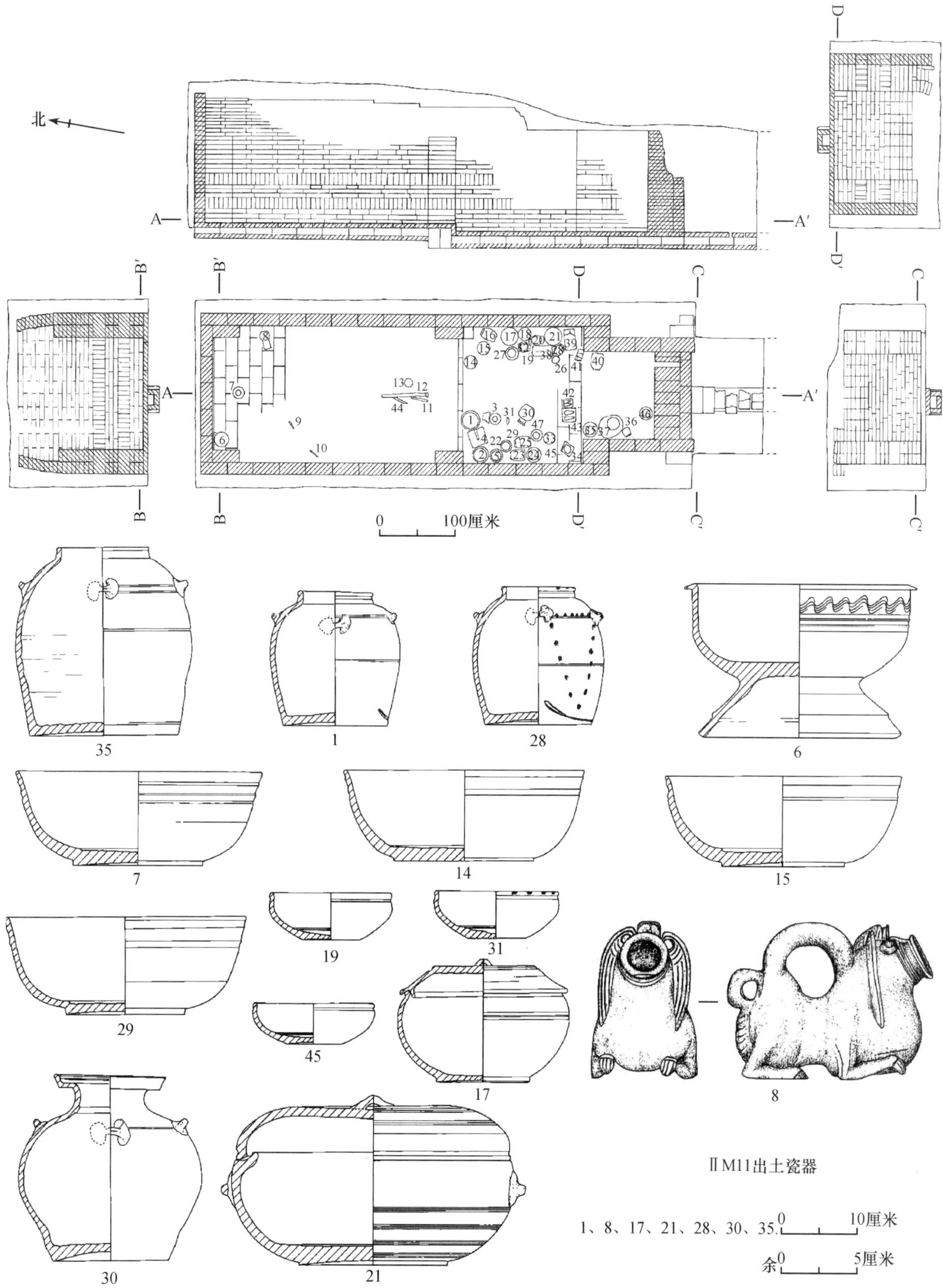

ⅡM11出土瓷器

ⅡM11出土模型器

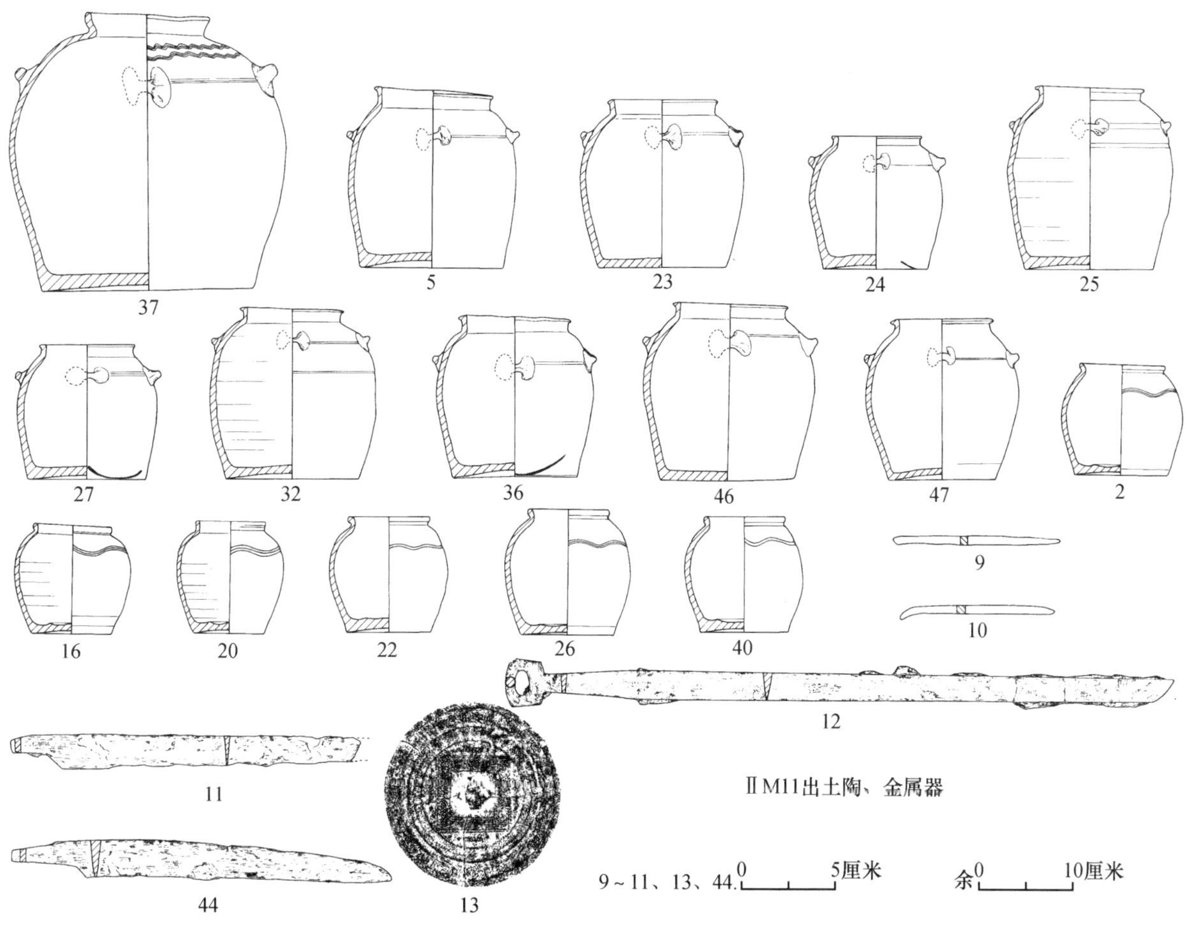

图二〇　ⅡM11平、剖面图及出土器物

1、28. BⅠ式瓷四耳罐　2、16、20、22、26、40. 陶水波纹罐　3. 陶灯　4. 陶屋模型　5、23～25、27、32、36、46、47. B型陶四耳罐　6. 瓷簋　7、14、15、18、29. AⅠ式瓷碗　8. 瓷虎子　9、10. 银簪　11、12、44. 铁刀　13. 铜镜　17、21. 瓷盒　19、31、45. BⅠ式瓷碗　30. 瓷盘口壶　33. 陶井模型　34. 陶囷模型　35. AⅠ式瓷四耳罐　37. A型陶四耳罐　38. 陶禽圈模型　39. 陶碾米房模型　41. 陶舆轿模型　42. 陶牛圈模型　43. 陶耕田模型

子、瓷簋等。另外，银簪附件发现有红色漆器痕迹残留。其中ⅡM11：29与ⅡM11：25扣合在一起，ⅡM11：45位于ⅡM11：24内。

2）出土器物

瓷四耳罐　3件，分AⅠ和BⅠ式。

AⅠ式　1件。ⅡM11：35，灰胎，青绿釉，脱落严重。圆唇，直口，短颈，溜肩，鼓腹，平底微凹。肩部横置对称四泥条耳，耳间饰两道细弦纹，上腹部饰一道细弦纹，内壁有瓦棱状轮制痕迹。口径12.1、最大腹径23.2、底径19.6、高24.1厘米（彩版二一，1、2）。

BⅠ式　2件。ⅡM11：1，灰胎，釉尽脱落。圆唇，直口，短颈，溜肩，鼓腹，平底微凹。肩部横置对称四泥条耳，口沿外侧饰一道粗弦纹，耳间饰三道细弦纹，腹中部饰一道细弦纹。内壁有轮制旋痕，外壁近底有两段弧形凹印，外底有线切痕迹。口径9.8、最大腹径17、底径13.8、高17.3厘米（彩版二一，3）。ⅡM11：28，灰白胎，青绿釉，脱落严重。圆唇，直口，短颈，溜肩，鼓腹，平底内凹。肩部横置对称四泥条耳，口沿外侧、耳间、腹部各饰一道细弦纹，唇上、耳间、腹部施酱釉点彩，肩部耳间施一圈酱釉点彩于弦纹上，肩部以下至腹部酱釉点彩呈之字形。内壁有轮制旋痕和鼓起凸点，外壁近底有两段弧形凹印，外底有方形凹印。口径9.7、最大腹径17.2、底径14、高17.6厘米（彩版二一，4）。

瓷碗　8件，分AⅠ和BⅠ式。

AⅠ式　5件。ⅡM11：7，灰白胎，釉尽脱落。尖圆唇，敞口，弧腹，饼足微凹。内底下压，碗口外侧饰三道粗弦纹。口径16.1、底径8.5、高6厘米（彩版二二，1）。ⅡM11：14，灰白胎，釉尽脱落。尖圆唇，敞口，弧腹，饼足平底。内底下压，碗口外侧饰三道粗弦纹。口径15.8、底径9.2、高5.8厘米（彩版二二，2）。ⅡM11：15，灰白胎，釉尽脱落。尖圆唇，敞口，弧腹，饼足内凹。内底下压，碗口外侧饰三道粗弦纹。口径15.8、底径8.2、高5.8厘米（彩版二二，3）。ⅡM11：18，灰白胎，釉尽脱落。尖圆唇，敞口，弧腹，饼足内凹。内底下压，碗口外侧饰三道粗弦纹。口径16.4、底径8.5、高6.5厘米（彩版二二，4）。ⅡM11：29，灰白胎，釉尽脱落。圆唇，敞口，弧腹，饼足内凹。内底下压，碗口外侧饰三道粗弦纹，下腹部饰一道细弦纹。口径16、底径7.9、高6.3厘米（彩版二三，4、5）。

BⅠ式　3件。ⅡM11：19，灰白胎，釉尽脱落。圆唇，直口，弧腹，平底。内底下凹，外缘饰两道凹弦纹，外壁口沿下饰一道中弦纹。外底有线切痕迹。口径8、底径3.8、高3厘米（彩版二二，5）。ⅡM11：31，灰白胎，釉尽脱落。圆唇，直口微敛，弧腹，平底。内底下凹，外缘饰两道凹弦纹。唇上施酱釉点彩，外壁口沿下饰一道中弦纹。外底有线切痕迹。口径8.2、底径3.8、高3厘米（彩版二三，1、2）。ⅡM11：45，灰白胎，通体施青绿釉，脱落严重。圆唇，直口，弧腹，平底微凹。内底下凹，外缘饰两道凹弦纹。外壁口沿下饰一道中弦纹。外底有线切痕迹。口径8、底径3.5、高2.6厘米（彩版二三，3）。

瓷簋　1件。ⅡM11：6，灰白胎，釉尽脱落。尖唇，外折沿，直口，弧腹，喇叭形足。腹部饰一组水波纹与三道粗弦纹，足外壁下部下压一圈。口径15.6、底径12.8、高9.8厘米（彩版二一，5）。

瓷虎子　1件。ⅡM11：8，灰白胎，青绿釉，部分脱落。造型呈卧虎状，昂首鼓目，四足屈蹲，背部有把手，侧边饰有飞翼。器物全长27.2、宽14、高20厘米（彩版二四）。

瓷盒　2件。ⅡM11：17，灰白胎，釉尽脱落。盒身圆唇，敛口，弧腹，平底。器盖子口，平面呈圆形，盖顶附条形纽，顶部较平，下折出沿，子口微敛。盒口外侧饰一道粗弦纹，上腹部饰两道粗弦纹，盖顶饰一道凹弦纹，盖顶折沿处饰一道粗弦纹。通高15厘米，盒口径21、底径12.2、高12.1、器盖口径18.6厘米（彩版二五，1）。ⅡM11：21，灰白胎，内外皆施青绿釉。盒身圆唇，敛口，弧腹，平底微凹。器盖母口，盖面隆圆，盖顶面较平，中间附一泥条纽。上腹部横置对称四泥条耳，下腹饰四组细弦纹，每组三道，盖面饰五组凹弦纹，每组两道，盖口外侧饰一道粗弦纹。通高10.8厘米，盒口径16、底径9.8、高7.4、器盖口径为17.3厘米（彩版二五，2）。

瓷盘口壶　1件。ⅡM11：30，灰白胎，釉尽脱落。器形矮胖，方圆唇，盘口，束颈，溜肩，圆腹下收，平底内凹。肩部横置对称四泥条耳，耳间饰一道细弦纹。口径14.7、最大腹径

24.2、底径15.4、高23.8厘米（彩版二一，6）。

陶四耳罐　10件，分A和B型。

A型　1件。ⅡM11：37，泥质灰陶。圆唇，侈口，短颈，溜肩，圆鼓腹，平底微凹。肩部横置对称四泥条耳，肩上部饰两组水波纹，耳间饰两道细弦纹。口径13.1、最大腹径29、底径22.2、高28.6厘米（彩版二五，3）。

B型　9件。ⅡM11：5，泥质灰陶，通体施黑色陶衣。方唇，口沿略凸，直口，短颈微束，溜肩，微鼓腹，平底内凹。肩部横置对称四泥条耳，耳间饰一道弦纹，下腹近底部有按压痕迹。口径12.4、最大腹径17.7、底径15、高18.5厘米（彩版二五，4）。ⅡM11：23，泥质灰陶，通体施黑色陶衣。斜方唇，侈口，短颈微束，溜肩，鼓腹，平底。肩部横置对称四泥条耳，耳间饰一道粗弦纹。口径11.5、最大腹径17.2、底径13.5、高17.2厘米（彩版二五，5）。ⅡM11：24，夹炭黑褐陶。方唇，口沿凸出，直口，短束颈，溜肩，鼓腹，平底内凹。肩部横置对称四泥条耳，耳间饰一道细弦纹，外壁近底部有两段弧形凹痕，底部有线切痕迹。口径9.6、最大腹径14.2、底径11.2、高13.6厘米（彩版二六，1）。ⅡM11：25，泥质灰陶，通体施黑色陶衣。方唇，口沿凸出，直口，短束颈，溜肩，微鼓腹，平底内凹。肩部横置对称四泥条耳，耳间与耳下部各饰一道粗弦纹。底有线切痕迹。口径11.6、最大腹径17.5、底径13.6、高18.9厘米（彩版二三，4、6）。ⅡM11：27，泥质灰陶。方唇，口沿略凸，直口微敛，短颈微束，溜肩，鼓腹，平底内凹。肩部横置对称四泥条耳，耳间饰三道细弦纹，外壁近底部有两段弧形凹痕。口径10、最大腹径14.6、底径12.4、高13.8厘米（彩版二六，2）。ⅡM11：32，泥质灰陶，通体施黑色陶衣，陶衣脱落严重。方唇，口沿凸出，直口，短束颈，溜肩，鼓腹，平底内凹。肩部横置对称四泥条耳，耳间饰一道细弦纹，内壁有瓦棱状轮制痕迹。口径11、最大腹径17.3、底径14、高17.6厘米（彩版二六，3）。ⅡM11：36，泥质黑陶。斜方唇，口沿凸出，直口，短束颈，溜肩，鼓腹，平底内凹。肩部横置对称四泥条耳，耳间饰一道粗弦纹，外壁近底部有两段弧形凹槽。口径11.8、最大腹径16.4、底径13、高16.6厘米（彩版二六，4）。ⅡM11：46，泥质灰白陶，通体施黑色陶衣，陶衣脱落严重。斜方唇，口沿略凸，直口，短束颈，溜肩，鼓腹，平底。肩部横置四个泥条耳，耳间饰一道凹弦纹。口径12.3、最大腹径18、底径14.5、高18.2厘米（彩版二六，5）。ⅡM11：47，泥质灰陶，通体施黑色陶衣。斜方唇，口沿凸出，直口，短束颈，溜肩，鼓腹，平底内凹。肩部横置对称四泥条耳，耳间饰一道细弦纹。口径10.9、最大腹径16.1、底径11.4、高16.5厘米（彩版二六，6）。

陶水波纹罐　6件。ⅡM11：2，泥质黄陶，通体施黑色陶衣。圆唇，侈口，鼓腹，平底微凹。上腹部饰一组水波纹。口径9.1、最大腹径12.8、底径10、高11.4厘米（彩版二七，1）。ⅡM11：16，泥质灰陶，通体施黑色陶衣。圆唇，直口微侈，鼓腹，平底微凹。上腹部饰一组水波纹。内底有一圈凸棱，内壁有轮制旋痕。外底有线切痕迹。口径8.2、最大腹径12.1、底径8.5、高11.2厘米（彩版二七，2）。ⅡM11：20，泥质灰陶，通体施黑色陶衣。圆唇，直口，鼓腹，平底内凹。上腹部饰一组水波纹。内壁有轮制旋痕，外底有线切痕迹。口径7.3、最大腹径11.2、底径7.6、高11.4厘米（彩版二七，3）。ⅡM11：22，泥质红陶，通体施黑色陶衣。

圆唇，侈口，鼓腹，平底内凹。上腹部饰一组水波纹，腹部有轮制旋痕，外底有线切痕迹。口径8.5、最大腹径12.5、底径9、高11.8厘米（彩版二七，4）。ⅡM11：26，泥质黄陶，通体施黑色陶衣。圆唇，侈口，鼓腹，平底微凹。上腹部饰一组水波纹，底部有线切痕迹。口径8.5、最大腹径13.2、底径9.8、高12.8厘米（彩版二七，5）。ⅡM11：40，泥质黄陶，通体施黑色陶衣。圆唇，侈口，溜肩，鼓腹，平底内凹。上腹饰一组水波纹，外底有线切痕迹。口径8.6、最大腹径12.5、底径9.4、高11.8厘米（彩版二七，6）。

陶灯　1件。ⅡM11：3，泥质灰陶。组合器，由灯柱和灯座两部分组成，灯柱顶部为碗形盏托，圆唇，弧腹，高喇叭足，足底边缘翘起一周类似下层盏托。灯座似豆形，斜方唇，折沿，弧腹，喇叭形足。腹部饰有一组水波纹。灯柱口径6.6、底径10.1、高11.8厘米，灯座口径13.8、底径10.8、高8.2厘米，组合器通高16.8厘米（彩版二八，1～3）。

陶屋模型　1件。ⅡM11：4，泥质黄白陶。平面呈长方形，为封闭式三合院，屋脊为悬山式，正室略高。器身正面檐下设三个斗拱，正中开一门，门两侧开窗，内为正室，室内置两陶俑，一俑持扇而立，一俑抱物而坐，角落伏一犬。正室后端中部立墙与后院相隔，两侧与侧室相通。右室内侧封闭，外侧设侧门和直棂窗，内置灶台，并设一俑下蹲持扇生火。左室内侧敞开，外侧设菱形小窗，内置两俑抱物而坐。侧室之间为狭长后院。器身背面设一后门，门上出长檐，门左侧为菱形窗，侧室檐下设对称的四个圆形小窗。器身长23.2、宽20.6、高24.6 厘米（彩版二九）。

陶井模型　1件。ⅡM11：33，泥质灰陶，通体施褐色陶衣，陶衣脱落较严重。外形类陶罐，圆唇，口沿凸出，短束颈，折肩，腹部微鼓，平底微凹。上腹部饰一组水波纹，井口有一俑手持绳索，绳索垂入井底，末端为小桶。井口径11.8、最大腹径14.2、底径12.4、高17.6厘米（彩版三一，3、4）。

陶囷模型　1件。ⅡM11：34，泥质灰陶。囷顶呈伞状，囷体为圆柱状，器底为方形。囷顶与囷体表面饰有等距的多组条纹，囷体表面开一小窗，窗外立一俑作开窗状。囷顶直径18、囷体直径14.8、底部边长约13.7厘米（彩版二八，4）。

陶禽圈模型　1件。ⅡM11：38，泥质黄白陶，器表施褐色陶衣。平面呈长方形，屋脊为悬山式，可掀开，建筑分两层。下层为半开放式结构，前为大拱门，拱门上对称放置四只陶鸡，两侧为栅栏，后为封闭墙体，内为左右对称两间房屋，每间置两只陶鹅。上层四面围墙，正面开有两个正方形大窗，侧面各开六个菱形小窗，背面封闭，层内左右对称，各有两只陶鸡。禽圈通长21.4、宽11.4、高17.4厘米（彩版三一，1、2）。

陶碾米房模型　1件。ⅡM11：39，泥质黄白陶。平面布局为长方形，半开放式结构，屋脊硬山式，正面开一门，侧面各开一大窗，背面设小窗，屋内立四俑两两相对，双手持细棍立于臼上做捣米状。门口一人跪坐作碾米状，门外设一谷仓，仓前立一俑手捧圆形簸箕。器身长22、宽12.7、高18.5厘米（彩版三〇）。

陶舆轿模型　1件。ⅡM11：41，泥质黄白陶，轿台呈方形，四周有两排戳点，下为两条抬杠，轿台处下有四个柱形足。乘轿人上身置于舆轿中央，头上戴冠，双手抬起悬空置于胸前，左手五指覆于右手五指之上。器物全长23.7、宽7.9、高11.6厘米（彩版三三，1、2）。

陶牛圈模型　1件。ⅡM11：42，泥质黄白陶，器表施黑色陶衣。圈身呈长方形，四周为栅栏，内置两头牛，大小相近，外形相似，牛头伸出栅栏外。圈身长13.8、宽9.7、高6.7厘米。器身通长15.6、通宽9.7、通高11.6厘米（彩版三三，3、4）。

陶耕田模型　1件。ⅡM11：43，泥质黄白陶。主体为长方形农田，田中置两组一人一牛犁地模型，两组方向一致、形象相似，人皆站立于牛背后，手持牛绳及农具。农田两对角各有一人跪地注水入田。器身长22.5、宽17.4、高17.7厘米（彩版三二）。

银簪　2件。ⅡM11：9，一端稍弯，另一端较尖，横截面呈长方形。长8.95、宽0.5、厚0.4厘米（彩版三四，1）。ⅡM11：10，一端稍弯，另一端较尖，横截面呈正方形。长8.25、宽0.5、厚0.5厘米（彩版三四，2）。

铁刀　3件。ⅡM11：11，单刃，前端略残，残长18.3、柄长1.9、刃残长16.4、宽1.8、刀背厚0.4厘米（彩版三四，4）。ⅡM11：12，铁刀，锈蚀严重。环首，刀体通直，单刃。通长70.6、柄长13.6、刃长57、宽2.4～3、刀背厚0.8厘米（彩版三四，3）。ⅡM11：44，单刃，通长20、柄长3.6、刃长16.4、宽1.9、刀背厚0.5厘米（彩版三四，5）。

铜镜　1件。ⅡM11：13，博局纹，半球形纽，镜背外缘饰叶脉状条纹与水波纹，主区外圆内方，外侧两重圆环内饰叶脉纹，内侧方环内每面铭文三字，共“子丑寅□□□□未申酉戌亥”十二字。直径9.5、厚0.35厘米（彩版三四，6）。

（三）形制不明墓葬

ⅢM11

1）墓葬概况

ⅢM11位于Ⅲ区北部山丘南坡中部，所在探方为ⅢTN29E10和ⅢTN29E9，方向165°。仅存墓道与墓圹。墓圹前段仅存少量墓砖（图二一；彩版三五，1）。

墓道平面近梯形，直壁，斜坡状，长2.60、宽1.30～1.60、残深0.10～1.10米。

墓圹为长方形竖穴土坑，直壁平底，长5.00、宽2.20、残深0.50～2.10米。墓圹近墓道处有少量砖残留，有“封侯拜史”铭文砖。

墓圹填土中发现1件瓷水波纹罐。

2）出土器物

瓷水波纹罐　1件。ⅢM11：01，灰胎，釉尽脱落。口略残。圆唇，直口微侈，溜肩，鼓腹，平底微凹。肩部饰一组水波纹。下腹近底处有两段对称的弧形凹印，底部有线切痕迹。口径7.6、最大腹径12、底径9.2、高11.2厘米（彩版三五，2）。

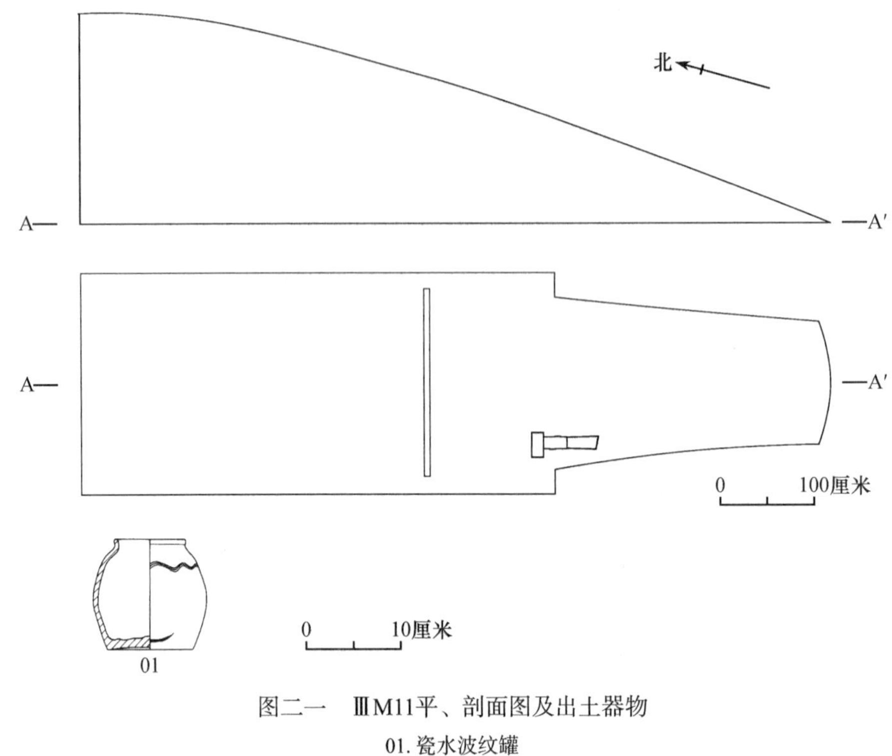

图二一　ⅢM11平、剖面图及出土器物

01. 瓷水波纹罐

第　二　期

第二期墓葬共7座，分别为凸字形前后室墓、长方形前后室墓和土坑铺底砖墓。

（一）凸字形前后室墓

1. ⅡM3

1）墓葬概况

ⅡM3位于Ⅱ区东部，所在探方为ⅡTN4E11和ⅡTN5E11，方向178°。由墓道、墓圹、封门、甬道和墓室等部分组成。砖室长7.00、宽1.62、高2.06米（图二二）。

墓道为长斜坡状，揭露部分长1.70、宽1.32、深2.68米。

墓圹为长方形竖穴土坑，长7.72、宽2.70、深2.86米。

封门四门宽，共三道，砌法为“顺丁混铺”，内两道置于甬道内，外道位于甬道外。

甬道平面呈长方形，前部为一重券，后端外部加置一券与墓室侧壁相套接，套接处为三重券。内长1.40、宽0.86、高1.60米。甬道两壁后端净高0.84米处各设一砖托。

墓室平面呈长方形，内长4.68、宽1.36、高1.86米。中部墓底侧立一排底砖呈台阶状将墓室分为前后两室，前室长1.05、后室长3.63米。后室前、后端各置两重承券。前室与甬道交界处左右两侧各置一砖托。

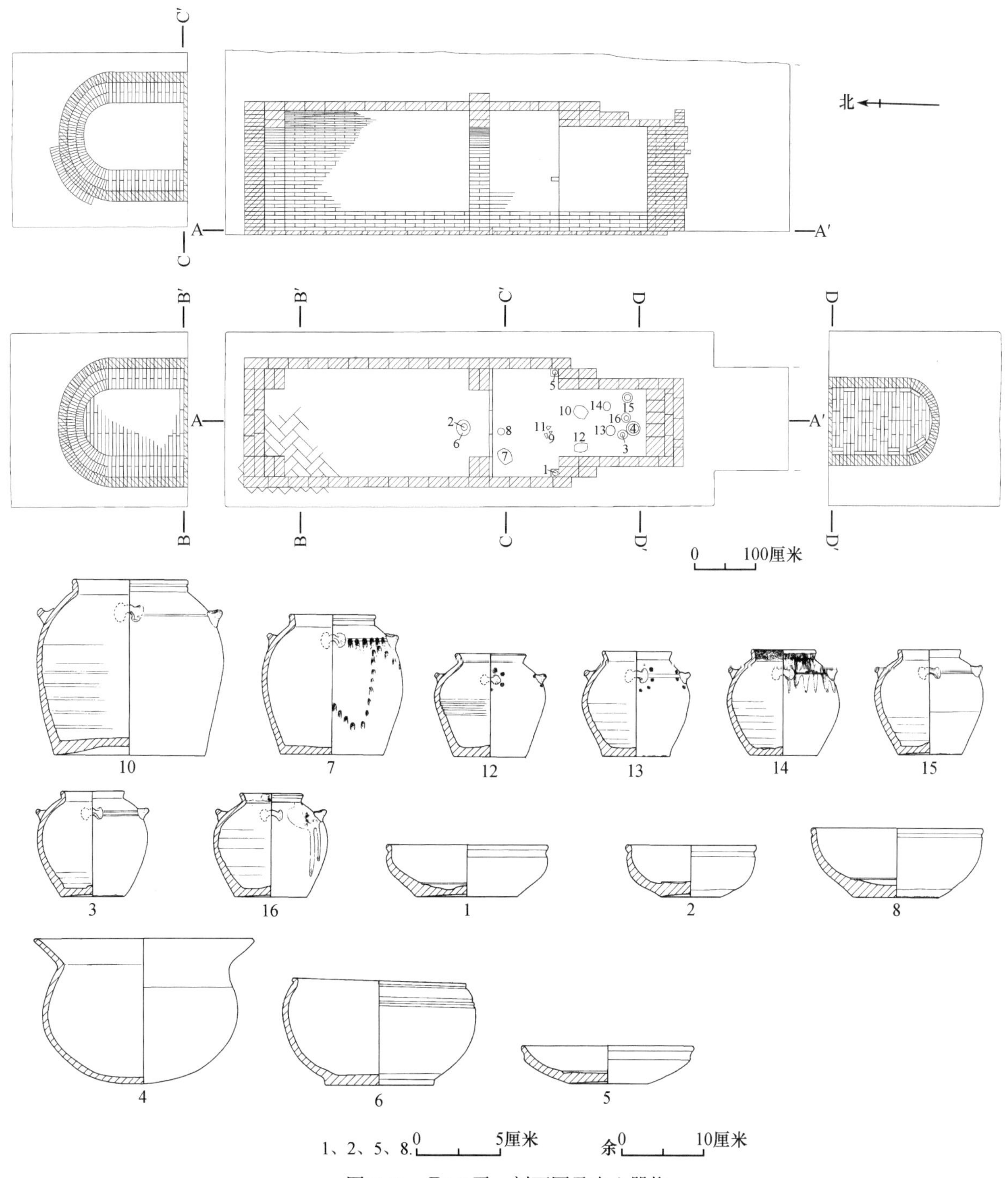

图二二　ⅡM3平、剖面图及出土器物

1、2、8. BⅠ式瓷碗　3、16. CⅢ式瓷四耳罐　4. 陶釜　5. A型瓷碟　6. A型瓷盂　7. BⅡ式瓷四耳罐　9、11. 铁片　10. AⅢ式瓷四耳罐　12～15. CⅡ式瓷四耳罐

侧壁、后壁为长方形砖错缝平铺叠砌，后壁为两道砖，砌于侧壁内，砌法“全顺”。侧壁净高0.96米处加砌楔形砖构筑券顶。墓底为人字形平铺，略宽于墓室。

墓砖有长方形和楔形两种，砖色有灰色和白色，常见纹饰有几何纹+太阳纹+绹纹、叶脉纹+绹纹、菱格+太阳纹和双太阳纹等，纪年砖有“元康七年”和“咸和七年”纪年砖，“咸和七年”见于四壁，“元康七年”位于封门处。长方形砖常见规格32×15-5厘米，少量白色长方形砖规格36×17-6厘米，楔形砖常见规格32×15-6～4厘米。

出土器物16件，以瓷四耳罐、瓷碗为主，另有瓷碟、瓷盂、陶釜和铁片等，集中分布于甬道和前室。ⅡM3：2位于ⅡM3：6内，ⅡM3：1、ⅡM3：5发现于灯柱上，可确定功用为灯盏。

2）出土器物

瓷四耳罐　8件，分AⅢ、BⅡ、CⅡ和CⅢ式。

AⅢ式　1件。ⅡM3：10，灰白胎，青绿釉，脱落严重。圆唇，直口微侈，短颈，溜肩，鼓腹，平底内凹。肩部横置对称的四泥条耳，口沿外侧、颈部与耳间各饰一道粗弦纹。口径14、最大腹径22.2、底径18.1、高20.4厘米。

BⅡ式　1件。ⅡM3：7，灰白胎，青绿釉，保存较好。圆唇，直口微侈，短颈，溜肩，鼓腹略收，平底。肩部横置对称的四泥条耳，口沿外侧与耳间各饰一道粗弦纹。耳间弦纹处饰有一圈酱釉点彩，耳下至底部施有之字形酱釉点彩，口径10.3、最大腹径16.7、底径12.5、高16.3厘米。

CⅡ式　4件。ⅡM3：12，灰白胎，釉尽脱落。圆唇，侈口，溜肩，鼓腹，平底微凹。肩部横置对称的四泥条耳，颈部饰一道细弦纹，耳间饰两道细弦纹，腹部饰一道细弦纹，内壁有轮制旋痕，内底下压，内底心乳突，外底有线切痕迹。口径7.6、最大腹径13、底径7.5、高12.2厘米。ⅡM3：13，灰白胎，青绿釉，脱落严重。圆唇，侈口，溜肩，鼓腹，平底微凹。肩部横置对称的四泥条耳，颈部饰一道细弦纹，耳间饰两道细弦纹，腹中部、下部各饰一道细弦纹。口径7.6、最大腹径13.3、底径7.6、高12.2厘米。ⅡM3：14，灰白胎，青绿釉，口至肩部多黑色流釉。尖圆唇，侈口，溜肩，鼓腹，平底微凹。肩部横置对称的四泥条耳，口沿外侧与耳间各饰一道细弦纹。内壁有轮制旋痕，外壁有线切痕迹。口径7.9、最大腹径13.6、底径8.3、高12.3厘米。ⅡM3：15，灰白胎，青绿釉，脱落严重。尖圆唇，侈口，溜肩，鼓腹，平底。肩部横置对称的四泥条耳，耳周各饰一圈酱釉点彩，耳间饰一道粗弦纹，内壁有瓦棱状轮制旋痕，外底有线切痕迹。口径8.4、最大腹径13、底径8.2、高12.2厘米。

CⅢ式　2件。ⅡM3：3，灰白胎，青绿釉，脱落严重。方唇，侈口，溜肩，上腹较鼓，下腹斜收，平底微凹。肩部横置对称的四泥条耳，耳周各饰一圈酱釉斑点，口沿内侧饰一道浅凹弦纹，腹部内壁饰数圈细凸弦纹，外壁颈部与耳间各饰一道细弦纹，底部有线切痕迹。口径8.4、最大腹径13.2、底径8.6、高12厘米。ⅡM3：16，灰白胎。青绿釉，肩、颈部有黑色流釉痕迹。圆唇，侈口，平肩，上腹较鼓，下腹斜收，平底微凹。肩部横置对称的四泥条耳，唇外与颈部各饰一道细弦纹，耳下饰一道细弦纹，外底有线切痕迹，口径7.6、最大腹径13.6、底径8.6、高12厘米。

瓷碗　3件，BⅠ式。ⅡM3：1，灰白胎，釉尽脱落。圆唇，直口，弧腹，平底微凹。内底略凹，外缘饰一圈凹弦纹，内底心稍隆。外壁口沿下饰一道深粗弦纹，外底有线切痕迹。口径9.7、底径6.1、高3厘米。ⅡM3：2，灰白胎，青绿釉，脱落严重。圆唇，直口，弧腹，假饼足。内底凸起一圈，外壁口沿下饰一道粗弦纹，外底烧制变形。口径8、底径3.6、高3厘米。ⅡM3：8，灰白胎，釉尽脱落。圆唇，略敞口，弧腹，平底。内底略凹，外缘饰两圈凹弦纹，外壁口沿下饰一道粗弦纹，底部有线切痕迹。口径10.4、底径5.1、高4厘米。

瓷碟 1件，A型。ⅡM3：5，灰白胎，釉尽脱落。圆唇，敞口，浅腹斜弧，平底内凹。内底下压一圈，外壁口沿下饰一道粗弦纹。口径10.4、底径4.8、高2.2厘米。

瓷盂 1件，A型。ⅡM3：6，灰白胎，青绿釉，脱落严重。圆唇，敛口，深弧腹，饼足平底。外壁口沿下饰一道粗弦纹，上腹部饰两道粗弦纹，下腹部饰数道细弦纹。口径20.8、最大腹径23.2、底径13、高12.5厘米。

陶釜 1件。ⅡM3：4，夹粗砂黄陶。尖圆唇，大敞口，外折沿，束颈，扁鼓腹，圜底。素面。口径26.4、最大腹径23.4、高16.8厘米。

铁片 2件。ⅡM3：9，ⅡM3：11，形状不规则。

2. ⅡM5

1）墓葬概况

ⅡM5位于Ⅱ区东部，所在探方为ⅡTN4E12和ⅡTN5E12，方向177°。由墓道、墓圹、封门、甬道和墓室等部分组成。砖室长6.20、宽1.78、高1.76米（图二二；彩版三八）。

墓道为长斜坡状，揭露部分长1.74、宽1.28、深2.20米。

墓圹为长方形竖穴土坑，长8.20、宽2.10、残深2.30米。

封门两门宽，共两道，砌法“顺丁混铺”，皆置于甬道外侧。

甬道平面呈长方形，内长1.12、宽0.82、残高0.36米。甬道前端于侧壁外加置一券，与墓室套接方式是先于墓室前端加砌一重承券，然后接甬道券顶，故墓室前端形成三重券。券顶残毁。

墓室平面呈长方形，内长4.74、宽1.52、高1.57米。以台阶为界分前后室，后室较前室高出约5厘米。后室前、后端各加砌两重承券，前室内长0.98、后室内长3.76米。

侧壁、后壁为长方形砖错缝平铺叠砌，后壁置于券内，转角处相互咬合，有少量“咬土砖”。侧壁净高0.70米处加砌楔形砖构筑券顶，券顶大部残毁。墓底前室为顺向平铺、后室为丁向平铺。长方形砖砌排水暗沟起于前室中部，横贯甬道、墓道，暗沟由底砖与侧砖构成，剖面呈长方形，长36.6米。

墓砖有长方形和楔形两种，灰色，常见纹饰为叶脉纹，有“咸和七年”纪年砖见于四壁。长方形砖常见规格32×15-5厘米，楔形砖常见规格28×13-5～4厘米。

出土器物25件，以瓷四耳罐、瓷碗、瓷碟为主，另有瓷盂、陶釜等。集中出土于前室与后室前部。此外，扰土内出土遗物8件，有瓷碗、瓷四耳罐、瓷碟以及1件宋代瓷碗，除宋碗外，其余器物可能为该墓随葬品。

2）出土器物

瓷四耳罐 8件，分AⅢ、CⅡ和D型。

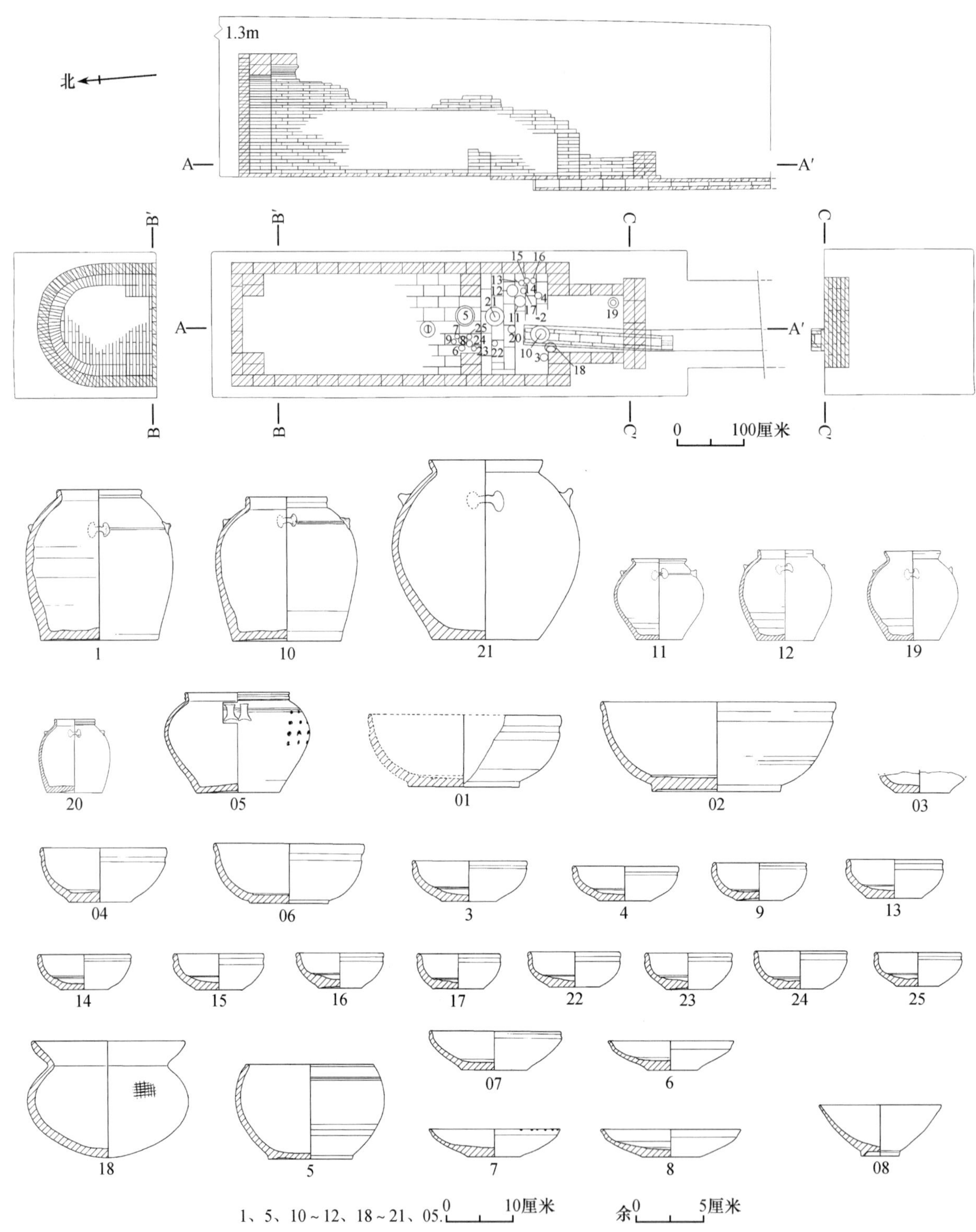

图二三　Ⅱ M5平、剖面图及出土器物

1、10、21. AⅢ式瓷四耳罐　2. 铁片　5. A型瓷盂　18. 陶釜　11、12、19、20. CⅡ式瓷四耳罐　01、02. AⅡ式瓷碗　03. BⅠ式瓷碗　04、06、3、4、9、13～17、22～25. BⅡ式瓷碗　05. D型瓷四耳罐　07、6～8. A型瓷碟　08. 宋碗

AⅢ式 3件。ⅡM5：1，灰胎，青绿釉，脱落严重。圆唇，直口微侈，溜肩，鼓腹，平底微凹。肩部横置对称四泥条耳。口沿外侧饰一道粗弦纹，肩部耳间饰一道细弦纹。内壁有明显轮制旋痕。口径12.7、最大腹径21.8、底径17.8、高21.6厘米（彩版三九，1）。ⅡM5：10，灰胎，釉尽脱落。尖圆唇，直口，溜肩，鼓腹，平底内凹。肩部横置对称四泥条耳，口沿外侧与颈部各饰一道较粗弦纹，耳间饰两道细弦纹。口径12.5、最大腹径21.6、底径16.5、高20.7厘米（彩版三九，2）。ⅡM5：21，灰胎，釉尽脱落。方唇，直口微侈，溜肩，鼓腹，平底内凹。肩部横置对称四泥条耳，口沿外侧、颈部与肩部耳间各饰一道粗弦纹。外底有方形凹印痕迹。口径12.1、最大腹径21.3、底径16.6、高21.1厘米（彩版三九，3、4）。

CⅡ式 4件。ⅡM5：11，灰胎，釉尽脱落。圆唇，侈口，外折沿，溜肩，鼓腹，平底。肩部横置对称四泥条耳，口沿外侧与肩部耳间各饰一道细弦纹。内壁有瓦棱状轮制痕迹，外底有线切痕迹。口径8、最大腹径13.1、底径6.8、高11.6厘米（彩版四○，1）。ⅡM5：12，灰胎，釉尽脱落。圆唇，直口微侈，溜肩，鼓腹，平底。肩部横置对称四泥条耳。口沿外侧饰一道细弦纹。内壁有瓦棱状轮制痕迹，外底有线切痕迹。口径8、最大腹径13.6、底径8.4、高13厘米（彩版四○，2）。ⅡM5：19，灰胎，青绿釉，脱落严重。尖圆唇，侈口，略束颈，溜肩，鼓腹，平底。肩部横置对称四泥条耳，口沿外侧饰一道细凸弦纹，肩部耳间饰一道细凹弦纹。外底有线切痕迹。口径8.3、最大腹径13.5、底径7.6、高12.8厘米。ⅡM5：20，口稍残。灰胎，釉尽脱落。尖唇，侈口，溜肩，鼓腹，平底。肩部横置对称四泥条耳。外底有线切痕迹。口径5.9、最大腹径10.9、底径8.4、高10.6厘米（彩版四○，3）。

D型 1件。ⅡM5：05，灰胎，青绿釉，脱落严重。圆唇，直口微侈，短颈，丰肩，上腹较鼓，下腹斜收，平底微凹。肩部竖置两组对称条形耳，每组双耳紧依。口沿外侧饰一道粗弦纹，颈部与肩部耳间各饰两道较粗弦纹，唇部、耳上、肩部至上腹部施有酱釉点彩。口径15.5、最大腹径21.6、底径12.6、高14.4厘米（彩版四○，4）。

瓷碗 17件，分AⅡ、BⅠ和BⅡ式。

AⅡ式 2件。ⅡM5：01，灰胎，釉尽脱落。圆唇，略敞口，弧腹，饼足平底。内底下压，外壁口沿下饰一道粗弦纹。口径14.4、底径8.4、高5.2厘米。ⅡM5：02，灰胎，釉尽脱落。尖圆唇，略敞口，弧腹，足底外缘微凸形成假圈足。内底下压一圈，外壁口沿下饰一道粗弦纹。口径17.3、底径9.6、高6.5厘米（彩版四○，5）。

BⅠ式 1件。ⅡM5：03，仅存底部。灰胎，釉尽脱落。弧腹，平底。内底略凹，外缘饰两圈凹弦纹。外底有线切痕迹。底径4.6厘米。

BⅡ式 14件。ⅡM5：04，灰胎，釉尽脱落。尖唇，直口略敞，弧腹，平底。内底下压，唇上施酱釉点彩，外壁口沿下饰一道粗弦纹。外底有线切痕迹。口径9.5、底径4.6、高3.9厘米。ⅡM5：06，灰胎，釉尽脱落。尖唇，直口略敞，弧腹，饼足平底。内底下压，外壁口沿下饰一道粗弦纹。口径11.4、底径6、高4.3厘米。ⅡM5：3，灰胎，釉尽脱落。圆唇，直口略敞，弧腹，平底。外壁口沿下饰一道中弦纹。内底略凹，外缘饰两圈凹弦纹。外底有线切痕迹。口径8.6、底径4.1、高2.9厘米（彩版四○，6）。ⅡM5：4，灰胎，青绿釉，脱落严重。圆唇，直口略敞，弧腹，平底。外壁口沿下饰一道粗弦纹。内底下凹，外缘饰一圈凹弦纹。外底有线切痕迹。口径7.8、底径3.9、高2.5厘米（彩版四一，1）。ⅡM5：9，灰胎，青绿釉，脱落严重。圆唇，直口，弧腹，平底内凹。外壁口沿下饰一道中弦纹，内底外缘饰一道凹弦纹。外底有线切痕迹。口径6.8、底径3.4、高2.7厘米（彩版四一，2）。ⅡM5：13，灰胎，青绿釉，脱落严重。圆唇，直口，弧腹，平底。外壁口沿下饰一道粗弦纹，内底外缘饰一道凹弦纹。外底有线切痕迹和垫烧痕迹。口径7、底径4、高2.8厘米。ⅡM5：14，灰胎，釉尽脱落。圆唇，直口略敞，弧腹，平底。外壁口沿下饰一道中弦纹。内底下凹，外缘饰两圈凹弦纹。外底有线切痕迹。口径7、底径3.6、高2.5厘米。ⅡM5：15，灰胎，青绿釉，釉脱落严重。圆唇，直口略敞，弧腹，平底。外壁口沿下饰一道粗弦纹。内底略下凹，外缘饰一圈凹弦纹。外底有线切痕迹。口径6.7、底径3.6、高2.6厘米。ⅡM5：16，灰胎，青绿釉，脱落严重。圆唇，直口略敞，弧腹，平底微凹。外壁口沿下饰一道粗弦纹。内底略凹，外缘饰一圈凹弦纹。外底有线切痕迹。口径6.7、底径3.4、高2.5厘米。ⅡM5：17，灰胎，青绿釉，脱落严重。圆唇，直口略敞，弧腹，平底。外壁口沿下饰一道粗弦纹，内底外缘饰一圈凹弦纹，底心下凹。外底有线切痕迹。口径6.3、底径3.8、高2.5厘米。ⅡM5：22，灰胎，青绿釉，脱落严重。圆唇，直口，弧腹，平底。外壁口沿下饰一道粗弦纹，内底外缘饰一圈凹弦纹，底心下凹。外底有线切痕迹。口径6.8、底径3.8、高2.5厘米。ⅡM5：23，灰胎，青绿釉，釉脱落严重。圆唇，直口略敞，弧腹，平底微凹。外壁口沿下饰一道粗弦纹，内底外缘饰一圈凹弦纹，底心略凹。外底有线切痕迹。口径6.4、底径3.4、高2.6厘米。ⅡM5：24，灰胎，青绿釉，釉脱落严重。圆唇，直口略敞，弧腹，平底。外壁口沿下饰一道极粗弦纹，内底外缘饰一圈凹弦纹。外底有线切痕迹。口径6.8、底径3.4、高2.7厘米。ⅡM5：25，灰胎，青绿釉，脱落严重。圆唇，直口，弧腹，平底。外壁口沿下饰一道粗弦纹，内底外缘饰一圈凹弦纹。外底有线切痕迹。口径6.4、底径3.2、高2.4厘米。

瓷碟　4件，A型。ⅡM5：07，灰胎，釉尽脱落。尖圆唇，敞口，浅腹斜弧，平底。内底略下压，唇上施有酱釉点彩，外壁口沿下饰一道粗弦纹。外底有线切痕迹。口径9.8、底径5、高2.8厘米（彩版四一，3）。ⅡM5：6，灰胎，青绿釉，脱落严重。尖圆唇，敞口，浅弧腹，平底。内底下压，外壁口沿下饰一道粗弦纹。外底有线切痕迹。口径9.5、底径3.7、高2.1厘米（彩版四一，4）。ⅡM5：7，灰胎，青绿釉，脱落严重。尖圆唇，敞口，浅弧腹，平底。内底下压，外壁口沿下饰一道粗弦纹，唇上施有酱釉点彩，每组5至6个。外底有线切痕迹。口径9.8、底径4、高2厘米（彩版四一，5）。ⅡM5：8，灰胎，青绿釉，脱落严重。圆唇，敞口，浅腹斜弧，平底微凹。内壁近底处与内底各下压一圈，外壁口沿下饰一道粗弦纹，外底有线切痕迹。口径10.6、底径4.5、高2.3厘米（彩版四一，6）。

瓷盂　1件，A型。ⅡM5：5，灰胎，青绿釉，脱落严重。圆唇，敛口，弧腹，饼足平底。口沿外侧饰一道粗弦纹，上腹部饰两道粗弦纹，下腹部饰三道细弦纹，外底饰一圈凹弦纹。口径19.5、最大腹径22.6、底径12.8、高13.6厘米（彩版四二，1）。

陶釜　1件。ⅡM5：18，夹粗砂红褐陶，圆唇，大敞口，外折沿，扁鼓腹，圜底。下腹部饰方格纹。口径23、最大腹径24、高16.7厘米（彩版四二，2）。

铁片　1件。ⅡM5：2，不规则形状。

宋碗　1件。ⅡM5：08，灰白胎，胎色泛白，影青釉，内外皆半釉。尖唇，敞口，深腹斜直，圈足。口径18、底径5.7、高7.4厘米（彩版四二，3）。

3. ⅡM12

1）墓葬概况

ⅡM12位于Ⅱ区东部，所在探方为ⅡTN4E13、ⅡTN5E13和ⅡTN5E12，方向160°。由墓道、墓圹、封门、甬道和墓室等部分组成。砖室长6.74、宽2.12、残高1.42米（图二四；彩版四三）。

墓道为长斜坡状。揭露部分长1.10、宽1.60、深1.90米。

墓圹为长方形竖穴土坑，直壁平底，长7.00、宽2.36、深1.90～3.20米。

封门两门宽，以一道“全丁”砌于甬道内，残存底部三层砖。

甬道平面呈长方形，内长1.23、宽0.94、残高1.27米。甬道后端与墓室前端承券套接，套接处为三重券。

墓室平面呈长方形，内长5.26、宽1.78、残高1.02米。中部墓底侧立一排长方形砖将墓室分为前后两室，前室长1.64、后室长3.62米。后室前、后端各置两重承券。

侧壁、后壁为长方形砖错缝平铺叠砌，后壁置于券内，转角相互咬合。侧壁与后壁上部残毁，券顶尽毁。墓底为人字形平铺。前室中央有排水暗沟一条，横贯甬道、墓道，由底砖和侧砖构成，墓室内外结构略有差异，于前室与甬道内剖面呈长方形，于墓道内剖面呈三角形，长43.7米。

墓砖仅见长方形砖，灰色，常见纹饰为叶脉纹，有“太兴二年”、“泰宁二年”、“咸和二年”等纪年砖见于四壁。长方形砖常见规格32×16-6厘米。

出土器物11件，以瓷四耳罐、瓷碗为主，另有瓷盒、瓷盆、瓷盂等，集中出土于前室。此外，扰土中出土瓷器5件，包括瓷四耳罐、异形器、陶四耳罐等，可能为该墓随葬品。

2）出土器物

瓷四耳罐　5件，分BⅡ、CⅡ和E型。

BⅡ式　1件。ⅡM12：7，灰胎，青绿釉，脱落严重。圆唇，直口微侈，溜肩，鼓腹，平底内凹。肩部横置对称四泥条耳，口沿外侧、颈部和肩部耳间各饰一道粗弦纹。肩部耳周各施一圈酱釉斑点，耳上各施一点。外底有线切痕迹。口径10.4、最大腹径17.4、底径11.4、高17.1厘米（彩版四四，1）。

CⅡ式　3件。ⅡM12：02，灰胎，青绿釉，脱落严重。尖圆唇，直口微侈，溜肩，鼓腹，平底。肩部横置对称四泥条耳，耳间饰一道细弦纹。内壁有瓦棱状轮制痕迹，外底有线切痕迹。口径7.6、最大腹径13、底径8、高12.5厘米（彩版四四，2）。ⅡM12：3，灰胎，青绿釉，局部釉色较深近黑色。尖圆唇，直口，溜肩，鼓腹，平底内凹。肩部横置对称四泥条耳，

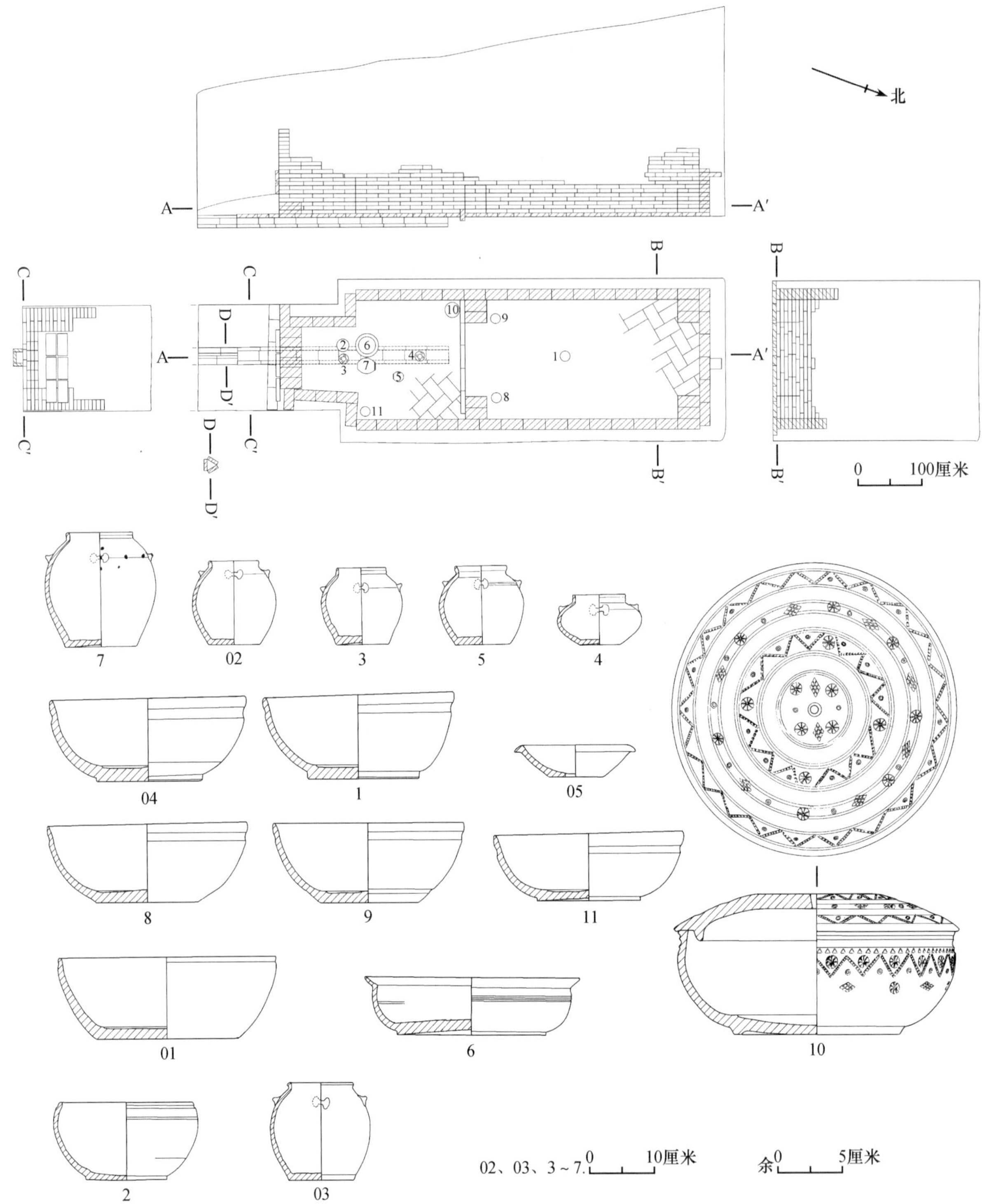

图二四　ⅡM12平、剖面图及出土器物

7. BⅡ式瓷四耳罐　02、3、5. CⅡ式瓷四耳罐　4. E型瓷四耳罐　04、1、8、9、11. AⅡ式瓷碗　01. B型瓷钵　6. A型瓷盆　2. A型瓷盂　10. 瓷盒　03. 陶四耳罐　05. 瓷异形器口沿外侧与颈部各饰一道粗弦纹，肩部耳间饰一道细弦纹。外底有线切痕迹。口径7.8、最大腹径12.8、底径8.2、高11.5厘米（彩版四四，3）。ⅡM12：5，灰胎，青绿釉，局部釉色较深近黑色。尖圆唇，侈口，溜肩，鼓腹，平底。肩部横置对称四泥条耳，颈部饰一道粗弦纹，肩部耳间饰两道细弦纹。外底有线切痕迹。口径8.1、最大腹径13.4、底径8.8、高11.8厘米（彩版四四，4）。

E型 1件。ⅡM12：4，灰胎，青绿釉，脱落严重。尖唇，直口微侈，溜肩，扁鼓腹，平底。肩部横置对称四泥条耳，口沿外侧饰一道粗弦纹，肩部耳间饰一道细弦纹，下腹及底有同心圆状浅细轮制旋痕。内底有一圈浅细凸棱。口径8、最大腹径13、底径6.5、高7.5厘米（彩版四四，5）。

瓷碗 5件，AⅡ式。ⅡM12：04，灰胎，青绿釉，脱落严重。圆唇，直口略敞，深弧腹，饼足平底。内底下压一圈，外壁口沿下饰一道粗弦纹，下腹饰一道细弦纹。口径15.2、底径8.2、高6.3厘米（彩版四五，1）。ⅡM12：1，灰胎，釉尽脱落。尖圆唇，略敞口，深弧腹，饼足平底。内底下压，外壁口沿下饰一道粗弦纹。口径14.9、底径8.8、高6.5厘米（彩版四五，2）。ⅡM12：8，灰胎，釉尽脱落。尖唇，直口略敞，深弧腹，平底。内底略下压，外壁口沿下饰一道粗弦纹。口径15.6、底径8、高6厘米（彩版四五，3）。ⅡM12：9，灰胎，青绿釉，脱落严重。尖圆唇，略敞口，深弧腹，平底。内底下压，外壁口沿下饰一道粗弦纹。口径15、底径7.8、高6厘米（彩版四五，4）。ⅡM12：11，口略残。灰胎，釉尽脱落。圆唇，略敞口，深弧腹，饼足微凹。内底下压，外壁口沿下饰一道粗弦纹。口径14.6、底径8、高5.2厘米（彩版四五，5）。

瓷钵 1件，B型。ⅡM12：01，灰胎，釉尽脱落。圆唇，敞口，深弧腹，平底。内底下压，外壁口沿下饰一道细弦纹。口径17、底径10.8、高6.1厘米。

瓷盂 1件，A型。ⅡM12：2，灰胎，青绿釉，脱落严重。圆唇，敛口，深弧腹，饼足平底微凸。外壁口沿下与上腹部各饰一道粗弦纹。口径21.1、最大腹径22.8、底径12.8、高11.8厘米（彩版四五，6）。

瓷盆 1件，A型。ⅡM12：6，灰胎，青绿釉，脱落严重。尖圆唇，外折沿，直口略敞，弧腹，饼足平底内凹。内底下压一圈，内底心再下压一圈。外壁腹部饰两道深粗弦纹。外底划刻一“陳”字，刻于釉下。外底有支烧痕迹。口径33.8、底径23.5、高8.7厘米（彩版四六，1～3）。

瓷盒 1件。ⅡM12：10，灰胎，青绿釉。方唇，直口微敛，深弧腹，假圈足。器盖子口，盖面弧形，顶稍平。盒外壁与盖面饰连珠、折线、菱格、圆圈及三角等构成的组合纹饰。盒口径21.4、底径12.8、盒盖口径22、通高10.5厘米（彩版四六，4、5）。

瓷异形器 1件。ⅡM12：05，灰白胎，青绿釉，釉多脱落。尖唇，外折沿，敞口，斜直腹略弧，平底，底有圆孔。口径8.2、底径4.1、孔径1.6、高2.4厘米。

陶四耳罐 1件，B型。ⅡM12：03，夹砂灰陶，通体施褐色陶衣。尖唇卷沿，侈口，溜肩，鼓腹，平底。肩部横置对称四泥条耳。口径9.8、最大腹径15.6、底径10.4、高14.7厘米。

4. ⅢM3

1）墓葬概况

ⅢM3位于Ⅲ区南部山丘南坡西部，所在探方为ⅢTN1E4，方向160°。由墓圹、墓道、封门、甬道、墓室（分前、后两室）等部分组成。砖室长6.06、宽1.96、高1.78米（图二五；彩版四七）。

墓道为长斜坡状，揭露部分长1.88、宽1.45～1.60、残深1.51～2.00米。

墓圹为长方形竖穴土坑，周壁近直，平底，长6.90、宽2.24～2.50、深2.06米。

封门四门宽，共三道，内侧两道砌于甬道内，砌法底部6层“全丁”，上部“一顺一丁”；外侧封于侧壁外，砌法底部5层“全顺”，上部“一顺一丁”。

甬道平面呈长方形，内长1.20、宽0.96、高1.50米。与墓室的套接方式是先于墓室前端加置一重承券，而后接甬道券顶，故在套接处形成三重券。甬道前端墓外加置一券。

墓室平面呈长方形，内长4.66、宽1.64、高1.62米。中部墓底侧立一排长方形砖将墓室分为前、后两室，前室内长1.12、后室内长3.54米。后室前、后端各加置一道承券。

侧壁、后壁为长方形砖错缝平铺叠砌，后壁置于券内，转角相互咬合，侧壁有“咬土砖”。侧壁净高0.96米处夹砌楔形砖构筑券顶。后壁、券顶多残毁。铺底为丁顺相间。

墓砖有长方形和楔形砖两种，灰色，常见纹饰为叶脉纹，少量砖有双绹纹，有“太兴二年”、“太兴三年”和“永昌元年”等纪年砖见于四壁和券顶。长方形砖常见规格32×16-5厘米，楔形砖常见规格32×16-5～3厘米。

出土器物19件，以瓷四耳罐、瓷碗最多，另有瓷碟、瓷钵、瓷虎子、瓷三足盘和铁棺钉等，主要分布于甬道和前室。此外，扰土中出土瓷四耳罐1件，可能为该墓随葬品。

2）出土器物

瓷四耳罐　7件，分AⅡ、AⅢ、AⅣ、CⅡ和CⅢ式。

AⅡ式　1件。ⅢM3：01，灰胎，青绿釉，脱落严重。圆唇，直口，溜肩，微鼓腹，下腹稍直，平底内凹。肩部横置对称的四泥条耳，口沿外侧与颈部各饰一道粗弦纹，肩部耳间饰一道细弦纹。底部有不甚明显的方形凹印，内壁有明显轮制旋痕。口径13、最大腹径21、底径18、高21.2厘米（彩版四八，1）。

AⅢ式　1件。ⅢM3：5，灰胎，釉尽脱落。圆唇，直口微侈，溜肩，鼓腹，平底内凹。肩部横置对称四泥条耳，口沿外侧与颈部各饰一道粗弦纹，肩部耳间饰一道细弦纹。内壁有轮制旋痕。口径14.4、最大腹径25.2、底径18.6、高27.2厘米。

AⅣ式　1件。ⅢM3：2，灰胎，釉尽脱落。圆唇，直口，溜肩，鼓腹，下腹近底处一侧略内收、一侧呈明显的弧状内收，平底内凹。肩部横置对称四泥条耳，口沿外侧、颈部与肩部耳间各饰一道粗弦纹。外底心有明显的方形凹印，内壁有轮制痕迹。口径13.4、最大腹径22.4、底径18、高22.4厘米。

CⅡ式　4件。ⅢM3：8，灰胎，青绿釉，脱落严重。圆唇，侈口，溜肩，鼓腹，平底。

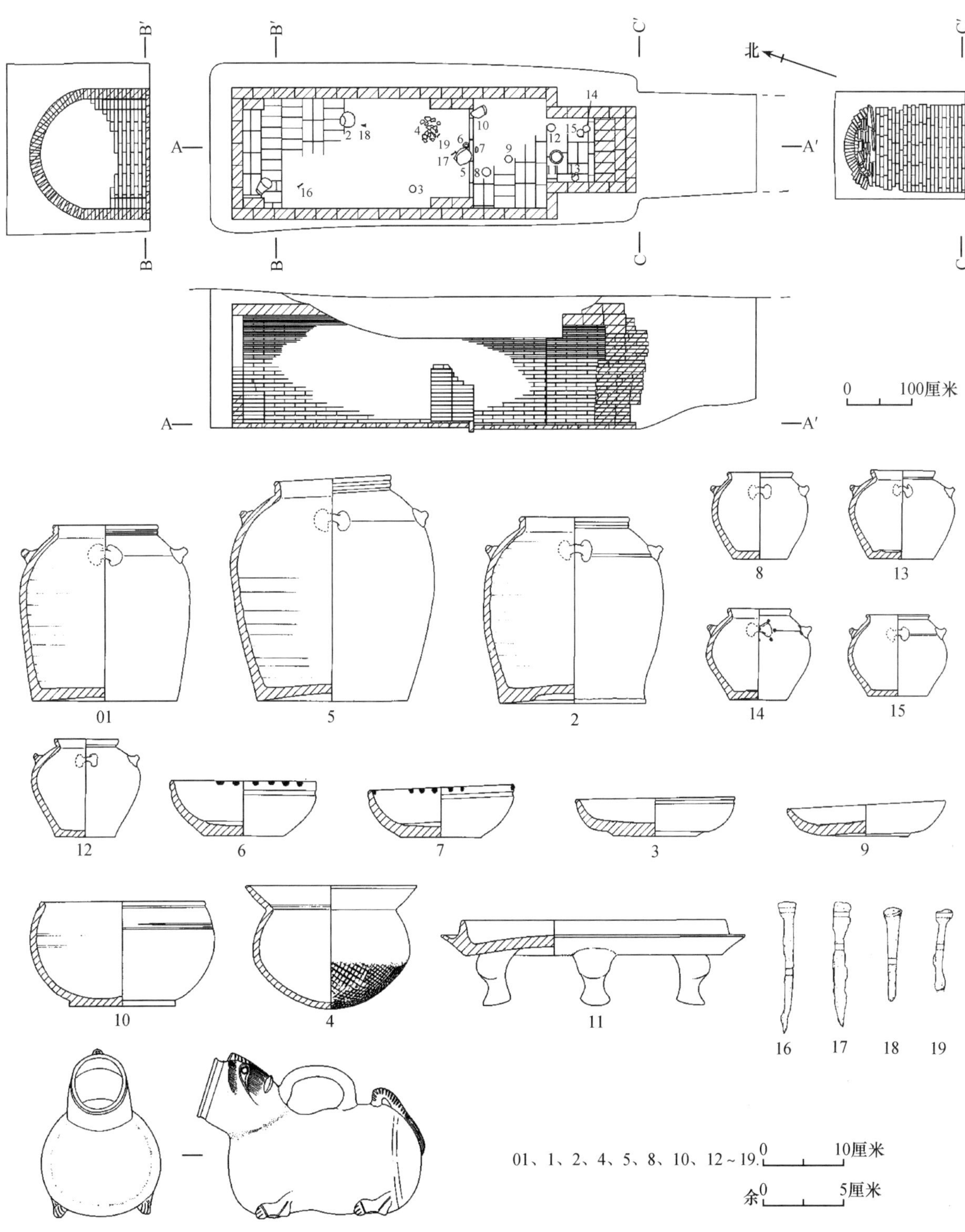

图二五　ⅢM3平、剖面图及出土器物

01. AⅡ式瓷四耳罐　1. 瓷虎子　2. AⅣ式瓷四耳罐　3、9. A型瓷碟　4. 陶釜　5. AⅢ式瓷四耳罐　6、7. BⅡ式瓷碗　8、13～15. CⅡ式瓷四耳罐　10. A型瓷盂　11. 瓷三足盘　12. CⅢ式瓷四耳罐　16～19. 铁棺钉

肩部横置对称四泥条耳。口径8.2、最大腹径12、底径7、高10.5厘米。ⅢM3：13，灰胎，青绿釉，脱落严重。圆唇，侈口，溜肩，鼓腹，平底。内底边缘稍凸起，中间略凹。肩部横置对称四泥条耳，颈部饰一道粗弦纹。底部有线切痕迹。口径8、最大腹径12.9、底径8、高10.6厘米。ⅢM3：14，灰胎，青绿釉，脱落严重。圆唇，侈口，溜肩，鼓腹，平底微凹。肩部横置对称四泥条耳，耳间饰一道粗弦纹，耳周各饰一圈酱釉点彩。内底有一圈凸起。口径8、最大腹径13、底径7.3、高11厘米。ⅢM3：15，灰胎，青绿釉，脱落严重。圆唇，侈口，溜肩，鼓腹，平底。肩部横置对称四泥条耳，口沿外侧饰一道细弦纹，耳间饰一道粗弦纹。底部有线切痕迹。口径7.8、最大腹径12.2、底径7.4、高9.8厘米。

CⅢ式　1件。ⅢM3：12，灰胎，釉尽脱落。圆唇，侈口，束颈，溜肩，上腹较鼓，下腹略内收，平底。肩部横置对称四泥条耳，颈部饰一道粗弦纹。底部有线切痕迹。口径8、最大腹径13.5、底径7.4、高11.8厘米。

瓷碗　2件，BⅡ式。ⅢM3：6，灰胎，釉尽脱落。尖唇，敞口，弧腹，平底。内底下压一圈，唇上施酱釉点彩，外壁口沿下饰一道粗弦纹。底部有线切痕迹。口径9、底径5、高3.3厘米。ⅢM3：7，灰胎，釉尽脱落。尖唇，敞口，弧腹，平底。内底下压一圈，唇上施酱釉点彩，外壁口沿下饰一道粗弦纹。底部有线切痕迹。口径9、底径5、高3.2厘米。

瓷碟　2件，A型。ⅢM3：3，灰胎，青绿釉，脱落严重。圆唇，敞口，浅弧腹，饼足平底，足外壁斜收。内底下压两圈，外壁口沿下饰一道粗弦纹，足底有线切痕迹。口径10、底径5、高2.4厘米。ⅢM3：9，灰胎，釉尽脱落。尖圆唇，敞口，浅弧腹，饼足平底。内底和内底心下压，足底有线切痕迹。口径9.9、底径5.3、高2.2厘米。

瓷盂　1件，A型。ⅢM3：10，灰胎，釉尽脱落。圆唇，敛口，深弧腹，饼足平底。内底心微突，外壁口沿下与腹底相接处各饰一道粗弦纹，上腹部饰两道粗弦纹。口径20.4、最大腹径22.7、底径13.2、高12.6厘米（彩版四八，3）。

瓷虎子　1件。ⅢM3：1，灰胎，釉尽脱落。造型呈卧虎状，昂首鼓目，圆耳竖起，四足屈蹲，背部有把手，短尾自背起贴于臀后。长28、宽14.8、高20厘米（彩版四八，2）。

瓷三足盘　1件。ⅢM3：11，灰胎，青绿釉，脱落严重。子口，圆唇，直口略敞，浅直腹略弧，腹外壁弧形外撇、后斜收至平底，外底内凹，下接三象形足。口径19、底径16、腹深0.9～1.4、通高5.1厘米（彩版四八，4）。

陶釜　1件。ⅢM3：4，夹细砂黄陶，通体施褐色陶衣。圆唇，大敞口，外折沿，扁鼓腹，圜底。内壁沿下饰一道粗弦纹，唇外饰一道粗弦纹，腹下部饰方格纹。口径21.2、最大腹径19.4、高14.9厘米。

铁棺钉　4件，皆锈蚀严重，钉身截面呈长方形。ⅢM3：16，长16厘米。ⅢM3：17，长15厘米。ⅢM3：18，钉尖残，残长11.3厘米。ⅢM3：19，钉尖残，残长9.9厘米。

（二）长方形前后室墓

1. ⅡM14

1）墓葬概况

ⅡM14位于Ⅱ区东部，所在探方为ⅡTN2E8和ⅡTN3E8，方向166°。由墓道、墓圹、封门、墓室等部分组成。砖室长5.86、宽1.66、高1.80米（图二六；彩版四七）。

墓道为长斜坡状，揭露部分长1.24、宽1.66、深1.90米。

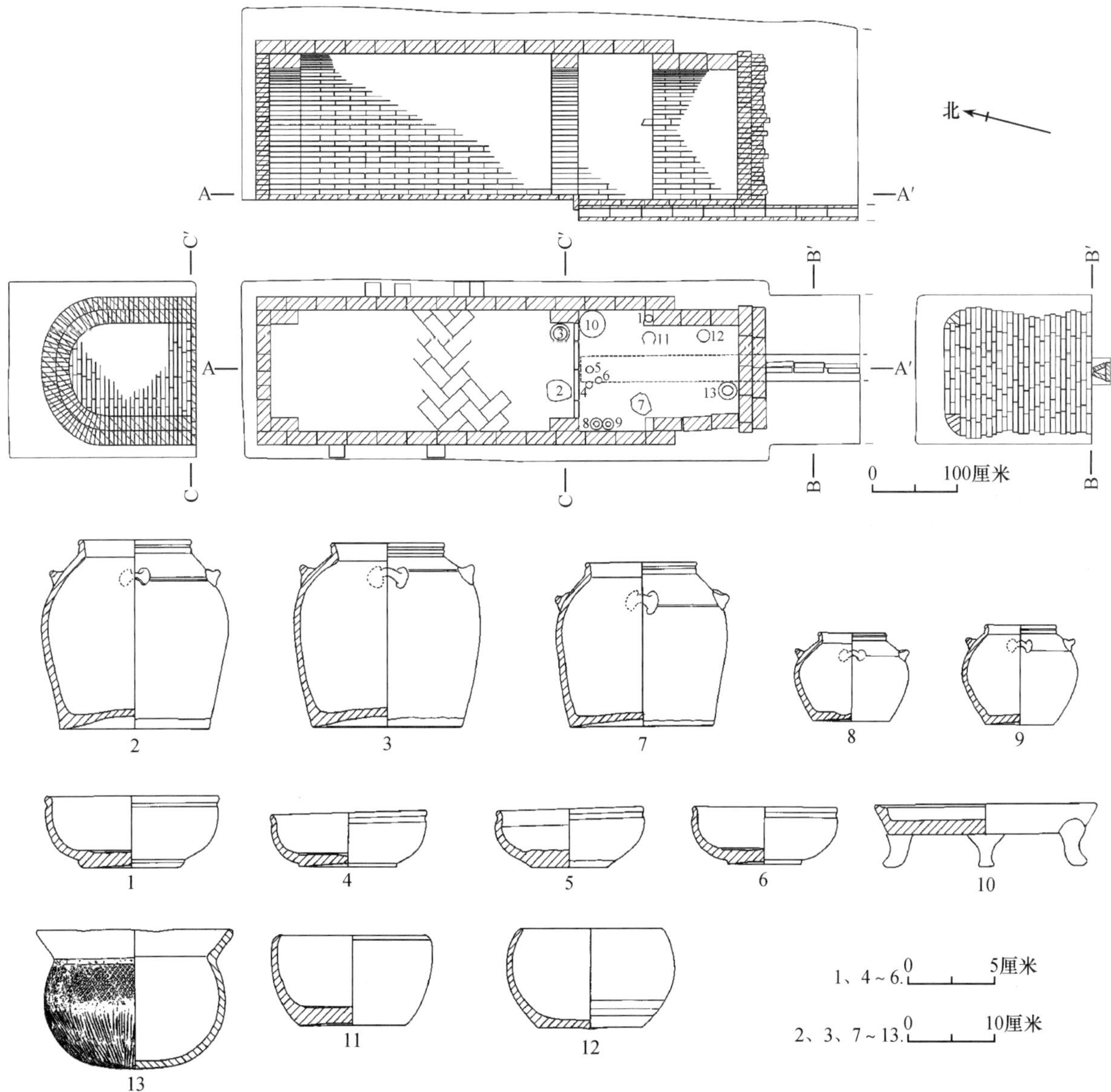

图二六　ⅡM14平、剖面图及出土器物

1. BⅠ式瓷碗　2、3、7. AⅣ式瓷四耳罐　4～6. BⅡ式瓷碗　8、9. CⅡ式瓷四耳罐　10. 陶三足盘　11. B型陶钵　12. A型陶钵　13. 陶釜

墓圹为长方形竖穴土坑，长6.06、宽2.00、深约2.10米。

封门双门宽，共两道，砌法“全顺”，位于甬道外。

墓室平面呈长方形，内长5.44、宽1.36、高1.64米。中部墓底侧立一排底砖将墓室分为前、后两室，后室较前室高6厘米，前室长1.84、后室长3.56米。墓室前端设长0.98米的承券作为甬道，略长于券顶，承券两壁后端净高0.84米处各设一砖托。后室前、后端各置单层承券。

侧壁、后壁为长方形砖错缝平铺叠砌，后壁砌于券内，转角相互咬合，有“咬土砖”。侧壁净高1.0米处夹砌楔形砖构筑券顶。墓底为人字形平铺，略宽于墓室。前室前部中央有长方形排水暗沟一条，横贯甬道、墓道，暗沟底砖平铺，侧砖斜置，剖面呈等腰三角形，长31.7米。

墓砖有长方形和楔形两种，砖色有灰色和红色，常见纹饰为叶脉纹，长方形砖常见规格32～34×16-4～6厘米，楔形砖常见规格32×16-4～2厘米。

出土器物13件，以瓷四耳罐、瓷碗为主，另有瓷钵、陶三足盘与陶釜等，集中分布于前室内，后室前部仅有2件瓷四耳罐，ⅡM14：1位于砖托处，可确定功用为灯盏。

2）出土器物

瓷四耳罐　5件，分AⅣ和CⅡ式。

AⅣ式　3件。ⅡM14：2，灰胎，釉尽脱落。圆唇，侈口，溜肩，鼓腹，平底内凹。肩部横置对称四泥条耳，口沿外侧与肩部耳间各饰一道粗弦纹。外底有方形凹印。口径13、最大腹径21.6、底径17.4、高21.2厘米（彩版五〇，1）。ⅡM14：3，灰胎，釉尽脱落。圆唇，侈口，溜肩，鼓腹，平底内凹。肩部横置对称四泥条耳，口沿外侧、颈部与肩部耳间各饰一道粗弦纹。外底凹印略呈方形。口径13、最大腹径21.4、底径17.2、高20.6厘米（彩版五〇，2）。ⅡM14：7，灰胎，釉尽脱落。圆唇，侈口，溜肩，上腹较鼓，下腹略直，平底内凹。肩部横置对称四泥条耳，口沿外侧饰一道粗弦纹，肩部耳间饰一道细弦纹。外底凹印略呈方形。口径12.8、最大腹径19.6、底径16.6、高18.4厘米（彩版五〇，3）。

CⅡ式　2件。ⅡM14：8，灰胎，青绿釉，脱落严重。圆唇，侈口，溜肩，圆鼓腹，平底微凹。肩部横置对称四泥条耳，口沿外侧饰一道粗弦纹，肩部耳间饰一道细弦纹。内底心下凹，外底有线切痕迹。口径8.2、最大腹径13.4、底径9.2、高9.8厘米（彩版五〇，4）。ⅡM14：9，灰胎，青绿釉，脱落严重。圆唇，侈口，溜肩，圆鼓腹，平底内凹。肩部横置对称四泥条耳，口沿外侧与肩部耳间各饰一道细弦纹。内底下压较深，外底有线切痕迹。口径8.4、最大腹径13.4、底径8、高11.2厘米（彩版五〇，5）。

瓷碗　4件，分BⅠ和BⅡ式。

BⅠ式　1件。ⅡM14：1，灰胎，釉尽脱落。圆唇，直口，直腹略弧，饼足微凹，足壁内收。内底略凹，外壁口沿下饰一道粗弦纹。内底有轮制旋痕，足底有线切痕迹。口径10、底径5.6、高4厘米（彩版五一，1）。

BⅡ式　3件。ⅡM14：4，灰胎，青绿釉，脱落严重。尖唇，直口略敞，微弧腹，饼足内凹。内底下压，外壁口沿下饰一道粗弦纹。口径9、底径5.6、高3.2厘米（彩版五一，

2）。ⅡM14：5，口稍残，灰胎，釉尽脱落。尖唇，直口，弧腹，饼足平底，足壁斜收。内底下压一圈，外壁口沿下饰一道粗弦纹。口径8.5、底径4.4、高3.4厘米（彩版五一，3）。ⅡM14：6，口稍残，灰胎，釉尽脱落。尖唇，直口，弧腹，饼足微凹。内底下压一圈，外壁口沿下饰一道粗弦纹。口径8.5、底径4.3、高3.2厘米（彩版五一，4）。

瓷钵　2件，分A和B型。

A型　1件。ⅡM14：12，灰胎，青绿釉，脱落严重。尖圆唇，敛口，深弧腹，平底。内底略凹，外底心微凸。口径16.6、底径12、高11.1厘米（彩版五一，5）。

B型　1件。ⅡM14：11，灰胎，釉尽脱落。尖圆唇，敛口，深腹略弧，平底微凹。内底下压，外壁口沿下饰一道粗弦纹，外底饰一圈凹弦纹。口径17、底径12.2、高10.2厘米（彩版五一，6）。

陶釜　1件。ⅡM14：13，夹粗砂灰陶，方唇，敞口，外折沿，圆鼓腹，圜底。上腹部饰菱格纹，下腹至底部饰篮纹。口径23、最大腹径21、高15.6厘米（彩版五二，4、5）。

陶三足盘　1件。ⅡM14：10，夹粗砂灰陶。圆唇，盘口，近直腹，平底，兽形足外撇。口径26、底径22.4、高7厘米（彩版五二，1～3）。

2. ⅡM17

1）墓葬概况

ⅡM17位于Ⅱ区东部，所在探方为ⅡTN3E10，方向168°。由墓圹、墓道、封门、墓室等部分组成。砖室长6.28、宽1.82、高1.80米（图二七；彩版五三、彩版五四）。

墓道为长斜坡状，揭露部分长0.50、宽2.16、深2.20米。

墓圹为长方形竖穴土坑，长6.74、宽2.22、深2.30米。

封门双门宽，共两道，砌法“全顺”，内道砌于甬道内，外道封于侧壁外。

墓室平面呈长方形，内长5.83、宽1.52、高1.65米。墓室前端设长0.93米的承券作为甬道。中部加置一道承券将墓室区分为前、后两室，前室长0.86、后室长4.04米。后室中部设有棺床，由两道砖墙组成。后室后端加置一道承券。

侧壁、后壁为长方形砖错缝平铺叠砌，后壁置于侧壁外，砌法“全顺”。后壁净高1.10米处设一砖托，砖托长0.30、宽0.15米。侧壁净高1.10米处夹砌楔形砖构筑券顶，券顶常见石片填塞砖缝。墓底为人字形平铺，稍宽于墓室。后室前部中央设排水暗沟一条，横贯前室墓道。暗沟底部为顺向平铺长方形砖，上部以长方形砖侧置斜搭，剖面呈等腰三角形，长约29.5米。

墓砖有长方形和楔形两种，砖色有灰色和红色，以青灰色为主。长方形砖侧面常饰叶脉纹、折线纹与组合纹等，楔形砖窄边侧面常饰叶脉纹。见有“隆和二年”、“泰和二年”纪年砖。长方形砖常见规格30～32×15-4.5～5厘米，楔形砖常见规格30×15-4.5～3厘米。

出土器物50件，瓷器最多，以瓷四耳罐、瓷碗为主，另有金器、银器、铜器、玻璃器等，以甬道、前室与后室中前部分布最为集中。

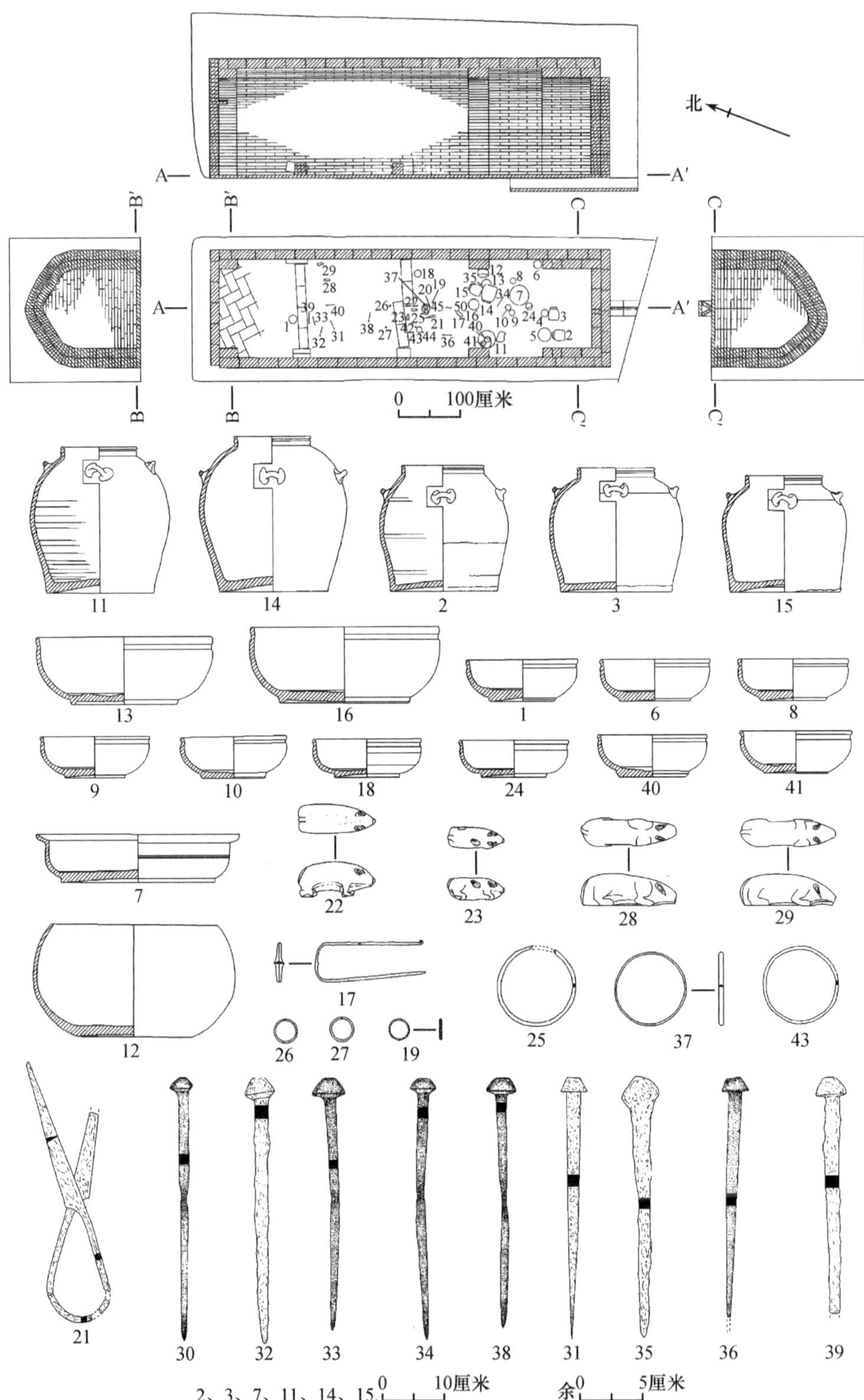

图二七　ⅡM17平、剖面图及出土器物

1、6、8、9、10、18、24、40、41. BⅡ式瓷碗　2、3、15. AⅣ式瓷四耳罐　4. 铜鐎斗　5. 铜釜　7. A型瓷盆　20. 铜镜　11、14. AⅢ式瓷四耳罐　12. A型瓷钵　13、16. AⅡ式瓷碗　17. 金钗　19、26、27. 金指环　21. 铁剪刀　22、23、28、29. 滑石猪　25、37、43. 银镯　30、32～34、38. 铜棺钉　31、35、36、39. 铁棺钉　42、44. 金串珠　45～50. 玻璃串珠

2）出土器物

瓷四耳罐　5件，分AⅢ和AⅣ式。

AⅢ式　2件。ⅡM17：11，灰胎，青绿釉，脱落严重，圆唇，直口，短颈，溜肩，球腹，平底内凹。肩部横置对称四泥条耳，口沿外侧饰一道弦纹。口径12.1、最大腹径22.2、底径17.4、高22.6厘米（彩版五五，1）。ⅡM17：14，灰白胎，釉尽脱落。圆唇，口微侈，短颈，溜肩，球腹，平底内凹。肩部横置对称四泥条耳，口沿外侧、颈部及肩部各饰一道弦纹。口径12.6、最大腹径23.8、底径17.5、高24厘米（彩版五五，2）。

AⅣ式　3件。ⅡM17：2，灰胎，青绿釉，脱落严重。圆唇，口微侈，短颈，上腹较鼓，下腹略收，平底微凹。肩部横置对称四泥条耳，口沿外侧与肩部各饰一道弦纹。口径13.2、最大腹径20.4、底径17.2、高19.4厘米（彩版五五，3）。ⅡM17：3，灰胎，青绿釉，釉色有灰白色窑变。圆唇，直口，短颈，溜肩，鼓腹，平底内凹。肩部横置对称四泥条耳，口沿外侧与耳间各饰一道弦纹。口径12.4、最大腹径21.2、底径17.8、高19.2厘米（彩版五五，4）。ⅡM17：15，灰胎，青绿釉，脱落严重。圆唇，侈口，短颈，丰肩，上腹微鼓，下腹斜直，平底内凹。肩部横置对称四泥条耳，口沿外侧、颈部与耳间各饰一圈弦纹。内壁有轮制旋痕，外底有方形凹印痕迹。口径12.4、最大腹径19.7、底径17.4、高17.9厘米（彩版五五，5）。

瓷碗　11件，分AⅡ和BⅡ式。

AⅡ式　2件。ⅡM17：13，灰白胎，青绿釉，脱落严重。尖圆唇，直口，弧腹，矮圈足。内底下压，中间微凹，内底心稍凸。外壁口沿下饰一道粗弦纹。口径14.2、底径8.5、高5.2厘米（彩版五六，1）。ⅡM17：16，灰白胎，青绿釉，保存较好。尖圆唇，直口，弧腹，矮圈足。内底下压，中间微凹。外壁口沿下饰一道粗弦纹，足外壁饰一道细弦纹。内底三处支烧痕迹呈三角形分布，外底四处支烧痕迹分处四边，无釉。口径15.2、底径10.4、高5.9厘米（彩版五六，2、3）。

BⅡ式　9件。ⅡM17：1，灰白胎，青绿釉，少量脱落。尖圆唇，直口略敞，弧腹，饼足内凹。内底下压，外壁口沿下饰一圈粗弦纹。内、外壁残留有燃烧形成的黑色痕迹，结合出土位置，该碗应用作灯盏。口径8.9、底径5、高3.3厘米（彩版五六，4）。ⅡM17：6，灰白胎，青绿釉，脱落严重。尖唇，直口略敞，弧腹，饼足微凹。内底下压，外壁口沿下饰一道粗弦纹。口径8.8、底径5.7、高3.2厘米（彩版五六，5）。ⅡM17：8，灰白胎，青绿釉，保存较好。尖圆唇，直口，弧腹，饼足微凹。内底略下压，外壁口沿下饰一道粗弦纹。外底三处支烧痕迹呈三角形分布。口径8.8、底径5.2、高3.2厘米（彩版五六，6）。ⅡM17：9，灰白胎，青绿釉，脱落严重。尖唇，直口，弧腹，饼足微凹。内底下压，外壁口沿下饰一道粗弦纹。口径8.8、底径4.9、高3.2厘米（彩版五七，1）。ⅡM17：10，灰白胎，青绿釉，少量脱落。尖圆唇，直口，弧腹，饼足平底。内底下压，内底心微凹，外壁口沿下饰一道粗弦纹。外底三处支烧痕迹，呈三角形分布。口径8.7、底径5、高3.3厘米（彩版五七，2）。ⅡM17：18，灰白胎，青绿釉，脱落严重。尖唇，直口略敞，弧腹，饼足内凹。内底下压，外壁口沿下饰一道粗弦纹。口径8.7、底径5.2、高3厘米（彩版五七，3）。ⅡM17：24，灰白胎，青绿釉，脱落严重。尖唇，直口略敞，弧腹，饼足微凹。内底略下压，外壁口沿下饰一道粗弦纹。口径8.7、底径5.1、高2.9厘米。ⅡM17：40，灰白胎，青绿釉，脱落严重。尖圆唇，直口略敞，弧腹，饼足平底。内底下压微凹，外壁口沿下饰一道粗弦纹。口径8.7、底径5.3、高3.3厘米（彩版五七，4）。ⅡM17：41，灰白胎，青绿釉，脱落严重。尖圆唇，直口略敞，弧腹，饼足微凹。内底下压，外壁口沿下饰一道粗弦纹。口径8.9、底径5.1、高3.3厘米（彩版五七，5）。

瓷盆　1件，A型。ⅡM17：7，灰白胎，釉尽脱落。圆唇，盘口，折沿，近直腹，饼足微凹。腹部饰两道凹弦纹。口径32.6、底径24.6、高7.4厘米（彩版五五，6）。

瓷钵　1件，A型。ⅡM17：12，灰白胎，釉尽脱落。尖圆唇，敛口，鼓腹，平底微凹。口径13.4、最大腹径16.2、底径9.2、高8.7厘米（彩版五七，6）。

金钗　1件。ⅡM17：17，双股形，两股等长，其中一股末端稍稍卷起。双股横截面为圆形，直径0.2厘米。弯折处立面近菱形，宽0.8、厚0.2厘米。金钗长8.9厘米（彩版五八，1、2）。

金指环　3件。ⅡM17：19，横截面为扁条形。外壁饰一圈横向三角形凹印纹。直径1.6、器身厚0.1、宽0.15厘米（彩版五八，3）。ⅡM17：26，截面为圆形。直径1.8、器身直径0.1厘米（彩版五八，4）。ⅡM17：27，截面为圆形。直径1.9、器身直径0.15厘米（彩版五八，4）。

金串珠　2件。卷折成型，中间有孔，横截面为六边形。ⅡM17：42，长0.5、直径0.45厘米。ⅡM17：44，长0.5、最大径0.5厘米（彩版五八，5）。

银镯　3件。ⅡM17：25，有断口，截面为圆形。直径6.2、器身直径0.25厘米（彩版五九，1）。ⅡM17：37，截面为扁条形。直径5.7、器身厚0.12、宽0.4厘米（彩版五九，2）。ⅡM17：43，横截面为半圆形，内壁较直，外壁呈弧形。直径6、器身厚0.2、宽0.4厘米（彩版五九，3）。

铜镜　1件。ⅡM17：20，锈蚀严重，半球形纽，纽有穿孔。边缘依稀可见饰有一圈水波纹及菱点，主区纹饰难以辨认。直径8.8、厚0.2厘米（彩版五九，4）。

铜鐎斗　1件。ⅡM17：4，锈蚀较严重。

铜釜　1件。ⅡM17：5，锈蚀较严重。

铁剪刀　1件。ⅡM17：21，锈蚀较严重，刃有缺损。双刃交错，中间无轴，尾部连为一体。全长19.5、刃长10.4厘米（彩版五九，5）。

滑石猪　4件。ⅡM17：22，乳白色，长条形，形体高胖，四肢凸出于身下，前屈作匍匐状。猪首刻画较生动，双耳斜向上翘，短尾贴于臀后。通体磨制光滑。长6.2、最宽2.2、高2.5厘米。ⅡM17：23，乳白色，长条形，四肢浮于体表，前屈作匍匐状。猪首刻画较粗糙，双耳斜向上翘，短尾贴于臀后。通体磨制较光滑，身部有一斜穿孔，穿孔不甚规整。长4.4、最宽1.6、高1.6厘米。ⅡM17：28，灰白色，长条形，四肢略浮于体表，前屈作匍匐状。猪首刻画较简单，双耳斜向上翘，短尾贴于臀后。通体磨制光滑。长7.5、最宽2.1、高2.4厘米。ⅡM17：29，灰白色，长条形，四肢略浮于体表，前屈作匍匐状。猪首刻画较简单，双耳斜向上翘，短尾贴于臀后。通体磨制较光滑。长7.4、最宽2.1、高2.4厘米。

铜棺钉 5件，覆斗形，横截面除ⅡM17：38为长方形外，其余皆为正方形。ⅡM17：30，长21厘米。ⅡM17：32，长20.1厘米。ⅡM17：33，长20.8厘米。ⅡM17：34，长19.9厘米。ⅡM17：38，钉尖略有残损。残长19.4厘米（彩版五九，6）。

铁棺钉 4件，覆斗形，横截面呈正方形。ⅡM17：31，长21.3厘米。ⅡM17：35，长21.1厘米。ⅡM17：36，长20.8厘米。ⅡM17：39，钉尖稍残，残长18.8厘米（彩版五九，6）。

玻璃串珠 6件，圆形或椭圆形。ⅡM17：45，蓝色，长0.5、直径0.4、孔径0.15厘米。ⅡM17：46，蓝色，长0.2、直径0.2、孔径约0.08厘米。ⅡM17：47，青绿色，长0.25、直径0.3、孔径约0.08厘米。ⅡM17：48，青绿色，长0.2、直径0.2、孔径约0.05厘米。ⅡM17：49，青绿色，直径约0.25、孔径约0.08、厚约0.1厘米。ⅡM17：50，青绿色，直径约0.25、孔径约0.08、厚约0.15厘米（彩版五八，6）。

（三）土坑铺底砖墓

ⅢM17

1）墓葬概况

ⅢM17位于Ⅲ区北部山丘南坡中部，所在探方为ⅢTN31E10，方向166°，竖穴土坑墓（图二八；彩版六〇，1）。

墓圹平面近长方形，直壁平底，长2.69、宽1.07～1.17、残深0.42～0.70米。

墓底以灰色断砖平铺。

出土器物6件，包括瓷四耳罐、瓷碗、陶四耳罐和陶釜，集中分布于墓内前部。

2）出土器物

瓷四耳罐 2件，分BⅡ和CⅠ式。

BⅡ式 1件。ⅢM17：1，灰胎，釉尽脱落。圆唇，直口，溜肩，鼓腹，平底内凹。肩部横置对称四泥条耳，颈部与耳间各饰一道中弦纹。内壁有轮制旋痕，底部有线切痕迹，底部凹印略呈方形。口径9.4、最大腹径17.2、底径12.4、高17.5厘米（彩版六〇，2）。

CⅠ式 1件。ⅢM17：3，灰胎，青绿釉，脱落严重。尖圆唇，侈口，溜肩，鼓腹，平底微凹。肩部横置对称四泥条耳，耳间饰一道细弦纹。外底有支烧痕迹。口径7、最大腹径12、底径7、高11.9厘米（彩版六〇，3）。

瓷碗 2件，AⅡ式。ⅢM17：4，灰白胎，青绿釉，脱落严重。尖唇，敞口，弧腹，饼足内凹。内底下压，外壁口沿下饰一道粗弦纹。内、外底有支烧痕迹。口径14、底径6.6、高5.2厘米（彩版六一，1）。ⅢM17：5，灰胎，青绿釉，脱落严重。尖唇，敞口，弧腹，饼足平底。内底下压，外壁口沿下饰一道粗弦纹。内底有支烧痕迹。口径20.3、底径11.4、高7.7厘米（彩版六一，2）。

陶四耳罐 1件，B型。ⅢM17：6，泥质灰陶，通体施红褐色陶衣。尖唇卷沿，直口略

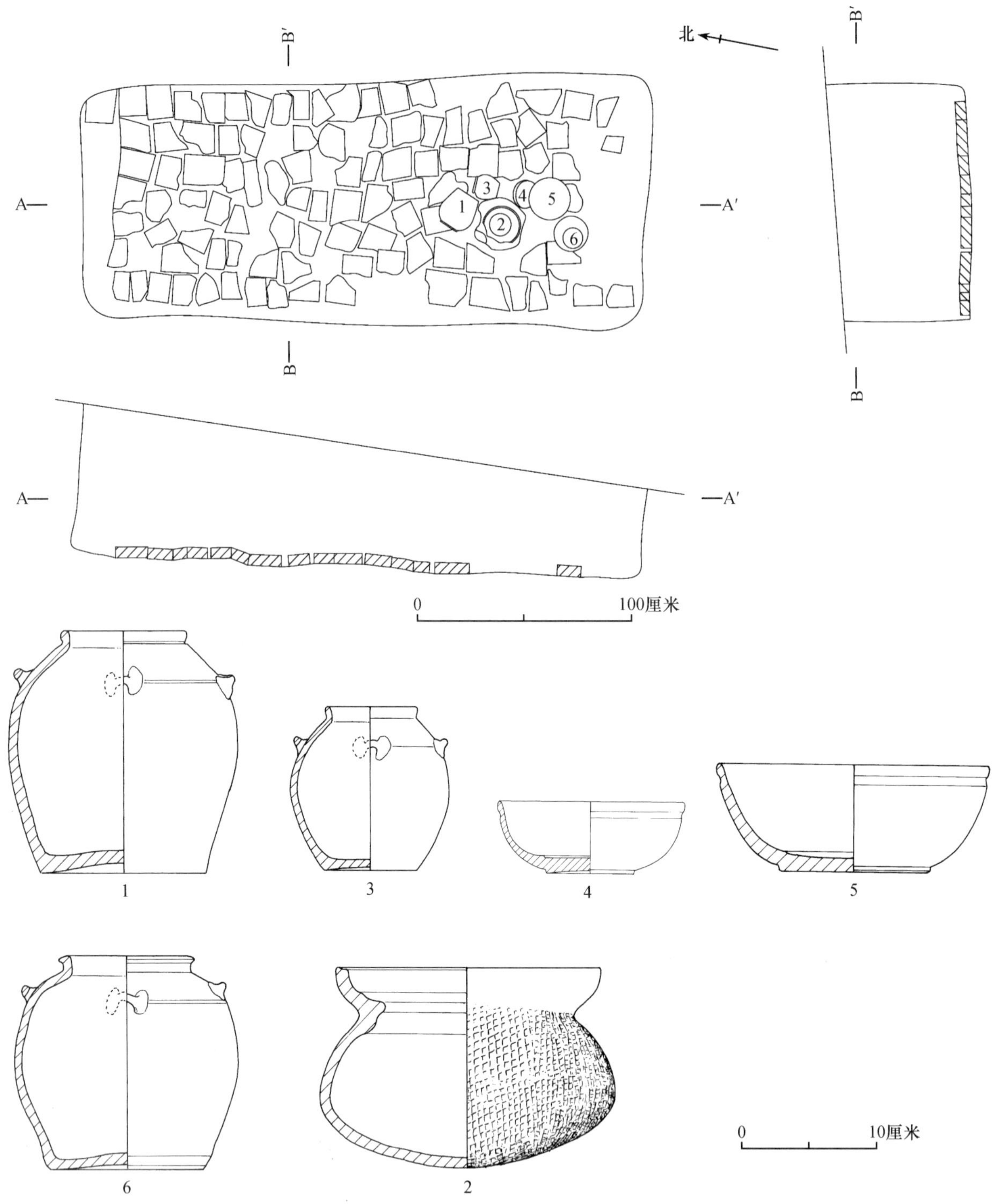

图二八　ⅢM17平、剖面图及出土器物

1. BⅡ式瓷四耳罐　2. 陶釜　3. CⅠ式瓷四耳罐　4、5. AⅡ式瓷碗　6. B型陶四耳罐侈，短颈微束，溜肩，鼓腹，下腹近底略收，平底内凹。肩部横置对称四泥条耳，耳间饰一道中弦纹，下腹近底处饰一道细弦纹。底部有线切痕迹和垫烧痕迹。口径10.3、最大腹径16.8、底径11.6、高15.5厘米（彩版六一，3）。

陶釜 1件。ⅢM17：2，泥质红陶。方唇，敞口折沿，扁鼓腹，圜底。唇上内凹，沿内饰一圈凸棱，外壁腹及底部饰方格纹。口径20、最大腹径22.2、底径14.5厘米（彩版六一，4）。

第 三 期

第三期墓葬共3座，分别为长方形单室墓和合葬墓。

（一）长方形单室墓

1. ⅡM6

1）墓葬概况

ⅡM6位于Ⅱ区东部，所在探方为ⅡTN7E17，方向174°。由墓道、墓圹、封门和墓室等部分组成。砖室长5.58、宽1.95、高2.16米（图二九；彩版六二；彩版六三，1、2）。

墓道为长斜坡状。揭露长度1.14、宽2.43、高2.21米。

墓圹为长方形竖穴土坑，长5.48、宽2.40、深2.20米。

封门双门宽，共两道，砌法为“顺丁混铺”，置于侧壁外。

墓室平面呈长方形，内长4.98、宽1.35、高1.90米。墓室前端设有长1.22米的承券作为甬道，承券近封门处加置一道承券，后端与墓室套接，两处皆为三重券。甬道前端墓外以长方形砖错缝平铺叠砌构筑一道挡土墙，与券顶齐高。

侧壁为两道长方形砖错缝平铺叠砌，侧壁外墙砌法“全顺”，净高1.40米处夹砌楔形砖构筑起券顶，内墙为护墙，砌法为“顺丁混铺”，净高约0.45米处设有承券，承券皆由长方形砖顺向平铺叠砌而成，间隔0.12～0.14米。后壁置于券外，以两道长方形砖错缝平铺叠砌，砌法“顺丁混铺”。后壁与侧壁设置基本相同，但承券中部各置一砖。墓底为人字形平铺。墓室前部中央有长方形排水暗沟一条，横贯墓室前部，暗沟两壁皆以长方形砖顺向平铺，两壁间隔约0.10米，墓室内部分直接置于墓底砖下，墓室外以长方形砖顺向平铺覆顶，长约34.2米。

墓砖有长方形和楔形两种，砖色有灰色和红色，常见纹饰为叶脉纹和网格纹，长方形砖常见规格30×15-5厘米，楔形砖26×13-4～3厘米。

出土器物9件，以铜棺钉为主，另有滑石猪和瓷碗，主要位于墓室前部。

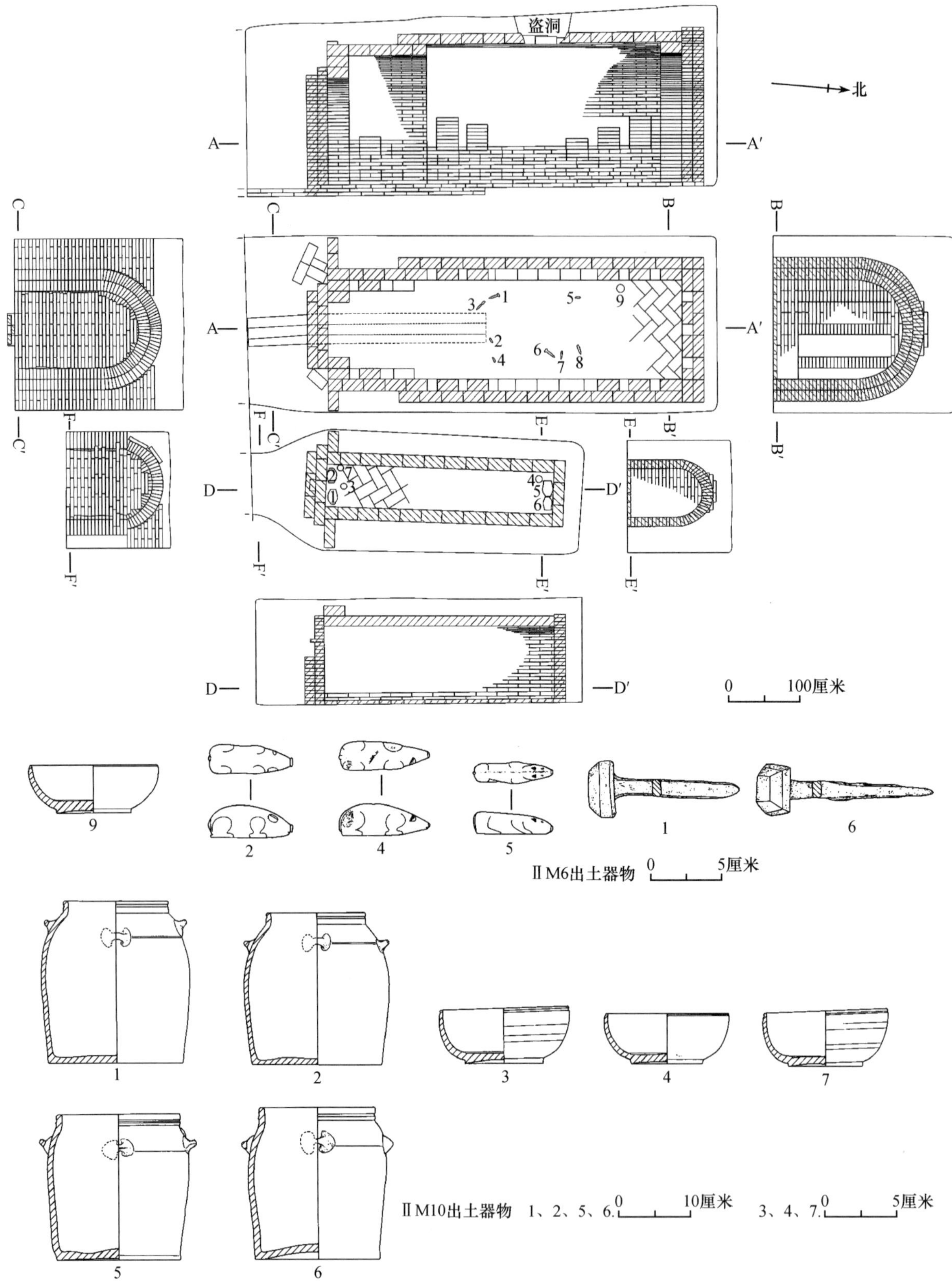

图二九　ⅡM6、ⅡM10平、剖面图及出土器物

ⅡM6出土器物：1、3、6～8.铜棺钉　2、4、5.滑石猪　9.BⅢ式瓷碗

ⅡM10出土器物：1、2.AⅤ式瓷四耳罐　3、4、7.BⅢ式瓷碗　5、6.C型陶四耳罐

2）出土器物

瓷碗　1件，BⅢ式。ⅡM6：9，灰胎，青绿釉，脱落严重。尖唇，直口略敞，弧腹，饼足内凹。内底下压。外壁口沿下饰一道细弦纹。口径8.8、底径5.2、高3.3厘米（彩版六三，3）。

滑石猪　3件。ⅡM6：2，乳白色，长条形，器形较胖，四肢浮于体表，前屈作匍匐状，短咧嘴，圆鼻两孔，眼部不明显，竖耳，短尾垂于身后。长5.9、宽2、高2.2厘米。ⅡM6：4，乳白色，一侧略有残损。长条形，器形较胖，四肢浮于体表，前屈作匍匐状，短咧嘴，圆鼻两孔，眼、耳不明显，短尾垂于身后。长6.4、宽2、高2.2厘米。ⅡM6：5，乳白色，长条形，器形较瘦，四肢浮于体表，前屈作匍匐状，短咧嘴，圆鼻，小眼，三角形竖耳，长尾垂于身后。长5.6、宽1.5、高1.5厘米（彩版六三，4）。

铜棺钉　5件，覆斗形，钉身截面呈长方形。ⅡM6：1，长10.5厘米。ⅡM6：3，锈蚀严重，已破碎。仅存覆斗形钉头。ⅡM6：6，长12.3厘米。ⅡM6：7，锈蚀严重，已破碎。覆斗形，仅存覆斗形钉头。ⅡM6：8，锈蚀严重，已破碎。覆斗形，仅存覆斗形钉头。

2. ⅡM10

1）墓葬概况

ⅡM10位于Ⅱ区东部，所在探方为ⅡTN7E16和ⅡTN7E17，方向170°。由墓道、墓圹、封门和墓室等部分组成。砖室长3.65、宽0.88、高1.35米（图二九；彩版六二）。

墓道为长斜坡状，揭露部分长1.10、宽0.80米。

墓圹为长方形竖穴土坑，长3.90、宽1.56、残深1.45米。

封门双门宽，共两道，砌法为“顺丁混铺”，置于侧壁外。

墓室平面呈长方形，内长3.20、宽0.62、高1.02米。墓室前端墓外加置一券，券外东侧置挡土墙，为长方形砖错缝平铺叠砌，与外券券顶齐高。

侧壁、后壁为长方形砖错缝平铺叠砌，后壁置于券外，转角相互咬合。侧壁净高0.80米处加砌楔形砖构筑券顶。铺底为人字形平铺。

墓砖有长方形和楔形两种，砖色有灰色和红色，常见纹饰有叶脉纹和网格纹，长方形砖常见规格30×15-5厘米，楔形砖26×13-4～3厘米。

出土器物7件，包括瓷碗、瓷四耳罐和陶四耳罐，集中分布与墓室前端和后端。

2）出土器物

瓷四耳罐　2件，AⅤ式。ⅡM10：1，灰白胎，青绿釉，脱落严重。方圆唇，直口，溜肩，腹部近直，平底微凹。肩部横置四个对称的条形耳，口沿外侧、颈部与耳间各饰一道凹弦纹，底部有线切痕迹。口径14.6、最大腹径20.8、底径19、高22厘米（彩版六四，1）。ⅡM10：2，灰白胎，釉尽脱落。圆唇，直口微侈，溜肩，微鼓腹，平底。肩部横置四个对称的条形耳，口沿外侧与耳间各饰一道凹弦纹。口径14.1、最大腹径20.6、底径18.4、高20.6厘米（彩版六四，2）。

瓷碗　3件，BⅢ式。ⅡM10：3，灰白胎，釉尽脱落。尖圆唇，直口，弧腹，饼足内凹。

内底下压，外壁口沿下饰一道宽凹弦纹，腹部饰三道细弦纹。口径9、底径5.5、高3.9厘米（彩版六四，3）。ⅡM10：4，灰白胎，青绿釉，脱落严重。尖唇，直口微敛，弧腹，饼足微凹。内底下压，内底心微凸，外壁口沿下饰一道凹弦纹。口径8.6、底径5、高3.4厘米（彩版六四，4）。ⅡM10：7，灰白胎，釉尽脱落。碗口一侧稍高，尖圆唇，直口，弧腹，饼足内凹。内底略下压，外壁口沿下饰一道凹弦纹，腹部饰一道细弦纹。口径8.6、底径5.2、高3.9厘米（彩版六四，5）。

陶四耳罐　2件，C型。ⅡM10：5，泥质灰陶，通体施褐色陶衣。方圆唇，直口，溜肩，直腹，平底微凹。肩部横置四个对称的条形耳，颈部饰两道凹弦纹，耳间饰一道细弦纹。口径17.2、最大腹径19.8、底径17.2、高19.8厘米（彩版六五，1、2）。ⅡM10：6，泥质灰陶，通体施褐色陶衣。方圆唇，直口，溜肩，直腹，平底内凹。肩部横置四个对称的条形耳，颈部饰两道凹弦纹，耳间饰一道细弦纹。口径16.6、最大腹径19.6、底径17.8、高20.6厘米（彩版六五，3、4）。

（二）合葬墓

ⅡM13

1）墓葬概况

ⅡM13位于Ⅱ区东部，所在探方为ⅡTN6E14，方向158°。由墓道、墓圹、封门和墓室等部分组成。砖室长4.50、宽2.46、高1.40米（图三〇；彩版六六、彩版六七）。

墓道为长斜坡状，揭露长度0.88、宽1.90、深1.86米。

墓圹为长方形竖穴土坑，长6.00、宽2.50、残深1.98米。

封门双门宽，双室皆以两道长方形砖错缝平铺叠砌，砌法“全顺”，内道分别砌于左右两室侧壁内，外道封门贯通砌于侧壁外。

墓室平面呈长方形，左右两室皆内长4.22、宽0.90、高1.26米。两室前部设一拱门，宽0.28、高0.46、进深0.28米。

侧壁、后壁为长方形砖错缝平铺叠砌，后壁置于侧壁外。侧壁净高0.84米处加砌楔形砖构筑券顶。墓底为人字形平铺，较墓室稍宽。

墓砖有长方形和楔形两种，砖色有灰色和红色，常见纹饰为叶脉纹和网格纹。长方形砖常见规格30×14-5厘米，楔形砖常见规格30×14-5～4厘米。

出土器物16件，除2件滑石猪外皆为瓷器，器形有四耳罐、碗和碟，集中出土于墓室前部。

2）出土器物

瓷四耳罐　2件，AⅤ式。ⅡM13：3，灰胎，青绿釉，脱落严重。圆唇，侈口，溜肩，上腹微鼓，下腹近直，平底内凹。肩部横置对称四泥条耳，口沿外侧、颈部与肩部耳间各饰一道

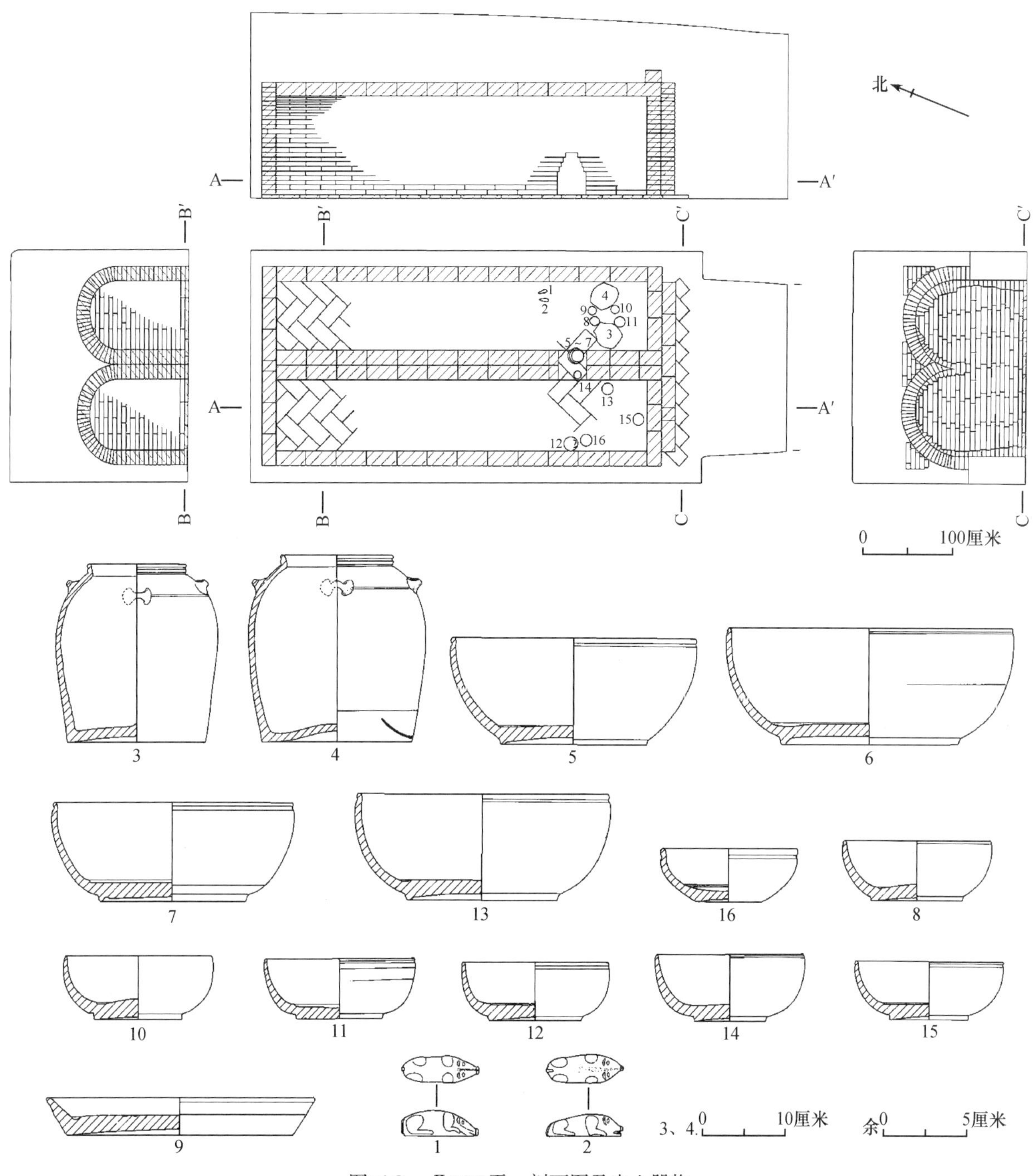

图三〇　ⅡM13平、剖面图及出土器物

1、2. 滑石猪　3、4. AⅤ式瓷四耳罐　5～7、13. AⅢ式瓷碗　8、10～12、14、15. BⅢ式瓷碗　9. D型瓷碟　16. BⅠ式瓷碗

粗弦纹。内底心乳突，内壁有明显轮制旋痕，外底有方形凹印和线切痕迹。口径12、最大腹径19.4、底径16.8、高20.8厘米（彩版六八，1）。ⅡM13：4，灰胎，青绿釉，脱落严重。圆唇，侈口，溜肩，上腹微鼓，下腹近直，平底内凹。肩部横置对称四泥条耳，口沿外侧、颈部与肩部耳间各饰一道粗弦纹，外壁近底部有两段弧形凹印。内底心隆起，外底有方形凹印和线切痕迹。口径13.6、最大腹径21.2、底径18、高21.8厘米（彩版六八，2）。

瓷碗　11件，分AⅢ、BⅠ和BⅢ式。

AⅢ式　4件。ⅡM13：5，灰胎，青绿釉，脱落严重。尖圆唇，直口，弧腹，足底外缘凸起一圈形成假圈足。内底下压，外壁口沿下饰一道中弦纹。口径14.6、底径8.8、高6.2厘米（彩版六八，3）。ⅡM13：6，灰胎，青绿釉，脱落严重。尖圆唇，直口微敞，弧腹，足底外缘凸起一圈形成假圈足。内底下压，有支烧痕迹。外壁口沿下饰一道中弦纹。口径17.2、底径10.8、高6.8厘米（彩版六八，4、5）。ⅡM13：7，灰胎，青绿釉，脱落严重。尖唇，直口，弧腹，足底外缘凸起一圈形成假圈足。内底下压，外壁口沿下饰一道中弦纹。口径14.4、底径8.8、高5.8厘米（彩版六九，1）。ⅡM13：13，灰胎，青绿釉。尖圆唇，直口，弧腹，足底外缘凸起一圈形成假圈足。内底下压一圈，有支烧痕迹，外壁口沿下饰一道中弦纹。口径15、底径9、高6.2厘米（彩版六九，2）。

BⅠ式　1件。ⅡM13：16，灰胎，青绿釉，脱落严重。圆唇，直口微敞，弧腹，平底微凹。内底略凹，外缘饰两圈凹弦纹。外壁口沿下饰一道粗弦纹，弦纹较浅。外底有线切痕迹。口径8.4、底径4、高3.1厘米（彩版六九，3）。

BⅢ式　6件。ⅡM13：8，灰胎，青绿釉，脱落严重。尖唇，敞口，弧腹，饼足内凹。内底下压一圈，底心稍隆，外壁口沿下饰一道细弦纹。口径8.8、底径5.5、高3.5厘米（彩版六九，4）。ⅡM13：10，灰胎，釉尽脱落。尖唇，敞口，弧腹，饼足微凹。内底下压一圈，底心稍隆。口径8.9、底径5.3、高3.7厘米（彩版六九，5）。ⅡM13：11，灰胎，青绿釉，脱落严重。尖唇，敞口。弧腹，饼足平底。内底下压，外壁口沿下饰一道细弦纹。口径9、底径5.2、高3.6厘米（彩版六九，6）。ⅡM13：12，灰胎，青绿釉，脱落严重。尖唇，敞口，弧腹，饼足内凹。内底下压，外壁口沿下饰一道中弦纹。外底有支烧痕迹。口径8.7、底径5.5、高3.4厘米（彩版七〇，1）。ⅡM13：14，灰胎，青绿釉，保存较好。尖唇，敞口，弧腹，饼足内凹。外壁口沿下饰一道中弦纹。口径9、底径4.3、高3.9厘米（彩版七〇，2）。ⅡM13：15，灰胎，青绿釉，脱落严重。尖唇，敞口，弧腹，饼足内凹。内底下压，外壁口沿下饰一道中弦纹。口径8.9、底径4.7、高3.4厘米（彩版七〇，3）。

瓷碟　1件，D型。ⅡM13：9，灰胎，釉尽脱落。圆唇，敞口，浅腹斜直，平底内凹，底较厚。内底外缘下压一圈，中间饰两道凹弦纹。外壁口沿下饰一道粗弦纹。外底有线切痕迹。口径16.2、底径13.6、高2.2厘米（彩版七〇，4）。

滑石猪　2件。ⅡM13：1，乳白色，长条形，四肢浮于体表，前屈作匍匐状，长咧嘴，圆鼻两孔，大眼，圆形竖耳，短尾垂于身后。通体磨制光滑。长4.6、宽1.6、高1.5厘米。ⅡM13：2，乳白色，长条形，略有残损，四肢浮于体表，前屈作匍匐状，长咧嘴，圆鼻，大眼，圆形竖耳，短尾垂于身后。通体磨制光滑。长4.6、宽1.6、高1.3厘米（彩版七〇，5）。

第 四 期

第四期墓葬共7座：早段墓葬5座，分别为长方形单室墓和长方形前后室墓；晚段2座，分别为长方形前后室墓和合葬墓。

早 段

（一）长方形单室墓

1. ⅢM4

1）墓葬概况

ⅢM4位于Ⅲ区南部山丘南坡中部，所在探方号ⅢTN2E5和ⅢTN3E5，方向170°。由墓道、墓圹、封门和墓室等部分组成。砖室长4.52、宽1.42、高1.47米（图三一；彩版七一）。

墓道为长斜坡状，长5.24、宽0.80、深1.88米。

墓圹为长方形竖穴土坑，直壁平底，长4.70、宽1.80、残深2.28米。

封门双门宽，共两道，砌法为“一顺一丁”，内道砌于墓室承券内，外道置于侧壁外。

墓室平面呈长方形，内长4.28、宽1.15、高1.26米。墓室前、后端各置一道承券。

侧壁、后壁为长方形砖错缝平铺叠砌，后壁置于券内，转角相互咬合。侧壁净高0.72米处加砌楔形砖构筑券顶。墓底为人字形平铺。墓室前部中央有长方形砖砌排水暗沟一条，横贯墓道。暗沟底砖平铺，侧砖斜搭，剖面呈等腰三角形，长约28.1米。

墓砖有长方形和楔形两种，红砖为主，少量灰色砖，常见纹饰为叶脉纹。长方形砖常见规格30×15-4厘米，楔形砖常见规格30×15-4～2厘米。

出土器物24件，瓷器为主，以瓷四耳罐、瓷碗最多，另有铜碗和铜盘等，集中分布于墓室前部，滑石猪、铁剪刀位于墓室中后部，近后壁处两碗相叠，其中ⅢM4：2位于ⅢM4：1内。

2）出土器物

瓷四耳罐　8件，分AⅥ、BⅡ和CⅢ式。

AⅥ式　5件。ⅢM4：8，灰胎，釉尽脱落。圆唇，侈口，丰肩，上腹微鼓，下腹略收，平底微凹。肩部横置对称四泥条耳，口沿外侧与颈部各饰一道中弦纹，耳间饰一道细弦纹。底部有线切痕迹。口部烧制变形。口径14、最大腹径21、底径17.8、高20.6厘米（彩版七二，1）。ⅢM4：11，灰胎，青绿釉，脱落严重。圆唇，侈口，丰肩，上腹略鼓，下腹内收，平底内凹。肩部横置对称四泥条耳，口沿外侧、颈部与肩部耳间各饰一道细弦纹。内壁有瓦楞状轮制痕迹，底部有线切痕迹。口径12.4、底径15.6、腹径18.6、高17.6厘米（彩版七二，3、

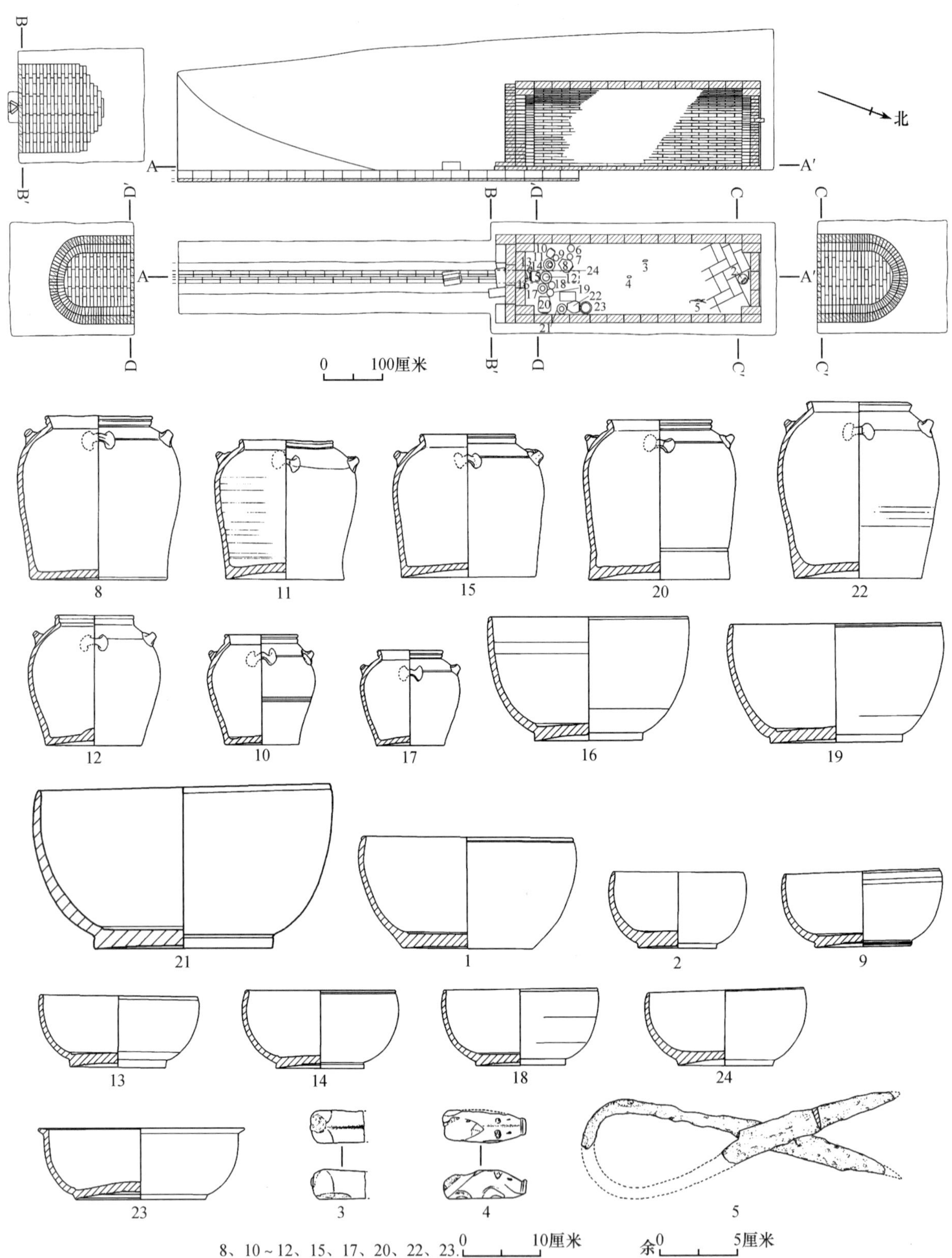

8、10～12、15、17、20、22、23. 0 10厘米 余 0 5厘米

图三一 ⅢM4平、剖面图及出土器物

1. AⅣ式瓷碗 2、9、13、14、18、24. BⅣ式瓷碗 3、4. 滑石猪 5. 铁剪刀 6、7. 铜器 8、11、15、20、22. AⅥ式瓷四耳罐 10、17. CⅢ式瓷四耳罐 12. BⅡ式瓷四耳罐 16、19、21. AⅢ式瓷碗 23. B型瓷盆

4）。ⅢM4：15，灰胎，釉尽脱落。圆唇，侈口，丰肩，上腹微鼓，下腹略直。肩部横置对称四泥条耳，口沿外侧与肩部耳间各饰一道细弦纹，内外壁均有瓦棱状轮制痕迹，底部有线切痕迹。外壁近底处有两段对称的弧形凹印。口径12.2、最大腹径19.6、底径17.4、高18厘米（彩版七二，2）。ⅢM4：20，灰胎，青绿釉，脱落严重。圆唇，侈口，丰肩，下腹斜直至近底处外撇，平底内凹。肩部横置对称四泥条耳，口沿外侧、颈部与肩部耳间各饰一道中弦纹。内底心乳突，外壁有轮制旋痕，下腹近底处有两段对称的弧形凹印，底部有线切痕迹和支烧痕迹。口径13.4、最大腹径19.6、底径18.2、高20.2厘米（彩版七二，5）。ⅢM4：22，灰胎，釉尽脱落。方唇外斜，侈口，溜肩，上腹微鼓，下腹略收，平底内凹。肩部横置对称四泥条耳，唇外与肩部耳间各饰一道细弦纹。内壁有瓦棱状轮制痕迹，底部有线切痕迹。口径13.6、最大腹径20.8、底径16.4、高22.3厘米（彩版七二，6）。

BⅡ式　1件。ⅢM4：12，灰胎，釉尽脱落。圆唇，侈口，溜肩，鼓腹，下腹略收，平底内凹。内底心微突，耳间横置对称四泥条耳，口沿外侧与肩部耳间各饰一道细弦纹。外壁下腹近底处有两段对称的弧形凹印，或为烧制前勒痕。内壁下腹有瓦棱状轮制痕迹，底部有线切痕迹。口径10.2、最大腹径17.1、底径12.5、高16.4厘米（彩版七三，1）。

CⅢ式　2件。ⅢM4：10，灰胎，釉尽脱落。圆唇，侈口，溜肩，上腹较鼓，下腹斜收，平底微凹。肩部横置对称四泥条耳，口沿外侧饰一道中弦纹，耳间饰一道细弦纹，下腹饰五道细弦纹。内底外缘下压一圈，故中间呈圆形凸起。内壁有瓦棱状轮制痕迹，外底有线切痕迹。口径9.6、最大腹径14、底径9.6、高13.8厘米（彩版七三，2）。ⅢM4：17，灰胎，釉尽脱落。圆唇，侈口，丰肩，上腹较鼓，下腹斜收，平底内凹。肩部横置对称四泥条耳，口沿外侧、颈部与肩部耳间各饰一道中弦纹，内外壁下腹部有瓦棱状轮制痕迹，底部有线切痕迹。口径8.8、最大腹径12.9、底径8.9、高12厘米（彩版七三，3）。

瓷碗　10件，分AⅢ、AⅣ和BⅣ式。

AⅢ式　3件。ⅢM4：16，灰胎，釉尽脱落。尖圆唇，直口略敞，弧腹，饼足微凹。内底下压，内壁上腹部压印一圈，外壁口沿下饰一道细弦纹。口径12.9、底径7、高7.8厘米（彩版七三，4）。ⅢM4：19，灰胎，釉尽脱落。尖圆唇，口微敛，弧腹，饼足微凹。内底下压，外壁口沿下饰一道细弦纹。口径13.6、底径8.5、高7.5厘米（彩版七三，5）。ⅢM4：21，灰胎，青绿釉，脱落严重。尖圆唇，直口，弧腹，饼足微凹。内底下压，外壁口沿下与足腹相接处各饰一道细弦纹。内底三处无釉，为支烧痕迹；外底粘有口沿碎片，为叠烧痕迹。口径19.4、底径11.6、高10.2厘米（彩版七三，6）。

AⅣ式　1件。ⅢM4：1，灰胎，釉尽脱落。圆唇，微敛口，深弧腹，平底微凹。内底下压，外壁口沿下饰一道细弦纹，底部有线切痕迹。口径13.7、底径8.5、高7厘米（彩版七四，6）。

BⅣ式　6件。ⅢM4：2。灰胎，釉尽脱落。尖唇，微敛口，深弧腹，饼足微凹。内底下压，口沿外侧饰一道细弦纹，外壁有细旋痕。口径8.5、底径5.1、高4.8厘米（彩版七四，2）。ⅢM4：9，灰胎，青绿釉，脱落严重，尖唇，直口微敛，弧腹，饼足微凹。内底下压，外底心内凹，外壁口沿下饰一道细弦纹。口径10.1、底径6.2、高4.9厘米（彩版七四，3）。

ⅢM4：13，灰胎，釉尽脱落。尖圆唇，直口，弧腹，饼足微凹。内底外缘下压一圈，外壁口沿下饰一道细弦纹。口径10.4、底径6.2、高4.5厘米（彩版七四，4）。ⅢM4：14，灰胎，釉尽脱落。尖圆唇，微敛口，弧腹，饼足微凹。内底下压，外壁口沿下饰一道细弦纹，外底心下压。口径10、底径5.8、高4.9厘米（彩版七四，5）。ⅢM4：18，灰胎，釉尽脱落。尖唇，直口微敛，弧腹，饼足微凹，内底略下压，外壁口沿下饰一道细弦纹。口径9.9、底径5.8、高4.8厘米（彩版七四，6）。ⅢM4：24，灰胎，釉多脱落。尖唇，直口略敛，弧腹，饼足内凹。内底下压，外壁口沿下饰一道细弦纹。口径10.2、底径6.1、高5厘米（彩版七五，1）。

瓷盆　1件，B型。ⅢM4：23，灰胎，釉尽脱落。圆唇，外折沿，直口略敞，弧腹，假圈足。内底下压、底心微凸，外底饰三组凹弦纹，每组两道。口径27、底径17、高9厘米（彩版七五，2）。

滑石猪　2件。ⅢM4：3，乳白色，长条形，伏卧状。头部与躯干前部残缺。残长3.6、宽2.1、高1.9厘米。ⅢM4：4，乳白色，长条形，四肢前屈作伏卧状，尾部略残，头部口、鼻、眼、耳刻画较为生动。长5.4、宽2.1、高1.75厘米（彩版七五，3）。

铜器　1件。ⅢM4：6，锈蚀严重。

铜器　1件。ⅢM4：7，锈蚀严重。

铁剪刀　1件。ⅢM4：5，尾部残缺一半，锈蚀严重。双刃交错。残长20.6厘米（彩版七五，4）。

2. ⅢM22

1）墓葬概况

ⅢM22位于Ⅲ区北部山丘南坡中部，所在探方为ⅢTN29E11和ⅢTN30E11，方向167°。由墓道、墓圹、封门和墓室等部分组成。砖室长3.20、宽1.00、高0.95米（图三二；彩版七六，1、2）。

墓道为竖穴长方形，长1.80、宽0.50、深0.40～0.90米。

墓圹为长方形竖穴土坑，直壁平底，长3.40、宽1.50、残深约1.10米。

封门双门宽，共两道，砌法“全顺”，置于墓室外。

墓室平面呈长方形，内长2.70、宽0.70、高0.80米。墓室前、后端各加置一道承券。

侧壁、后壁为长方形砖错缝平铺叠砌，后壁置于侧壁外，砌法“全顺”。侧壁净高0.42米处夹砌楔形砖构筑券顶。墓底为人字形平铺，略宽于墓室。

墓砖有长方形和楔形两种，以红砖为主，少量灰砖，常见纹饰为叶脉纹。长方形砖常见规格30×15-4厘米，楔形砖常见规格30×15-4～2厘米。

出土器物16件，除1件陶釜外皆为瓷器，器形有四耳罐、碗和盂，集中分布于墓室前部。

2）出土器物

瓷四耳罐　7件，包括AⅢ、AⅣ、BⅡ、CⅡ和CⅢ式。

AⅢ式　1件。ⅢM22：4，灰胎，青绿釉，脱落严重。圆唇，侈口，溜肩，圆鼓腹，平底

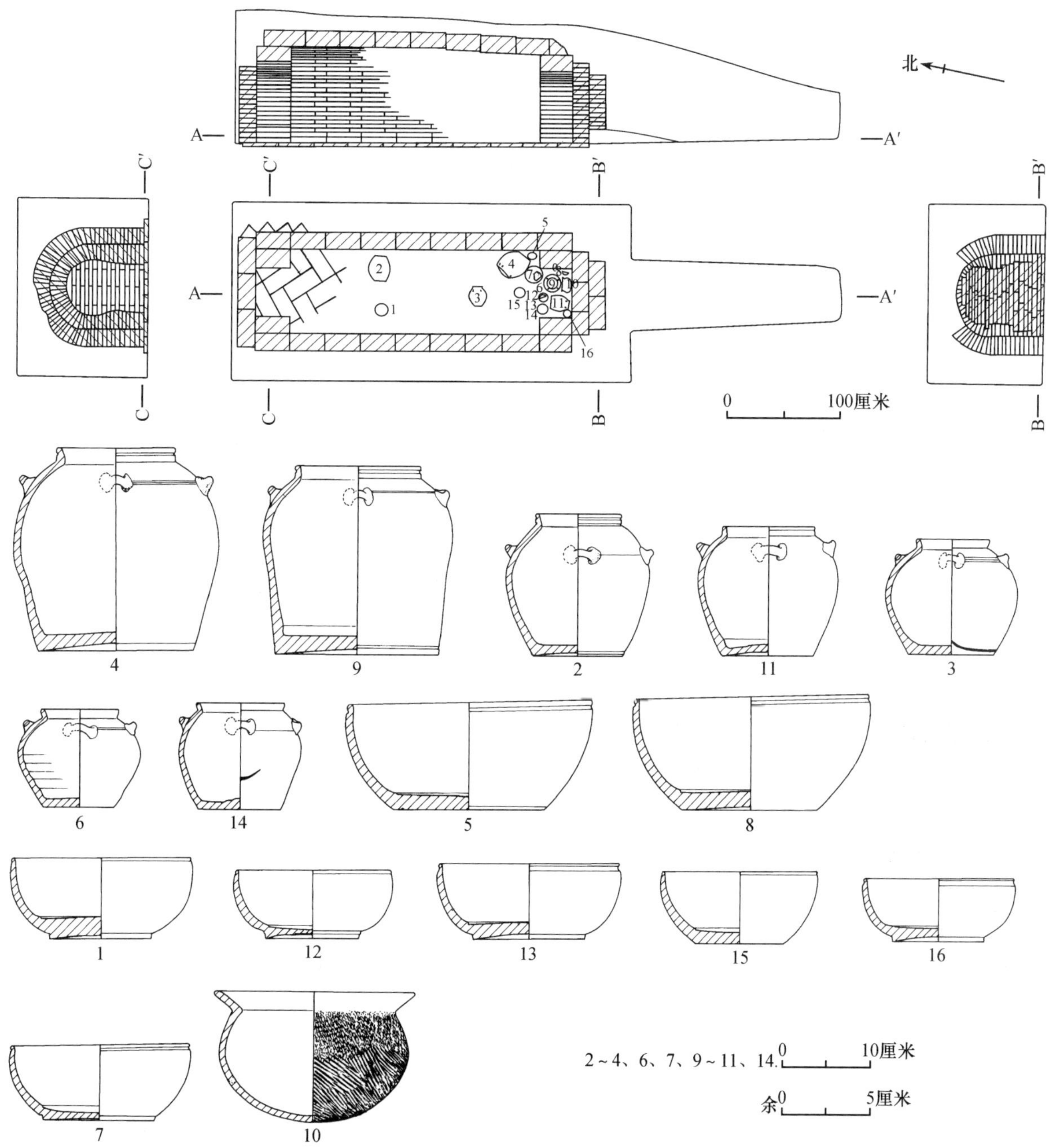

图三二　ⅢM22平、剖面图及出土器物

1、12、13、15、16. BⅢ式瓷碗　2、11. BⅡ式瓷四耳罐　3. CⅡ式瓷四耳罐　4. AⅢ式瓷四耳罐　5、8. AⅢ式瓷碗　6、14. CⅢ式瓷四耳罐　7. B型瓷盂　9. AⅣ式瓷四耳罐　10. 陶釜

内凹。肩部横置对称四泥条耳，口沿外侧饰一道粗弦纹，肩部耳间饰两道细弦纹。内壁下腹部有瓦棱状轮制痕迹。外底凹印略呈方形。口径13、最大腹径22.6、底径17.4、高22厘米（彩版七六，3）。

AⅣ式　1件。ⅢM22：9，灰胎，青绿釉，脱落严重。圆唇，直口微侈，丰肩，上腹略鼓，下腹近直，平底内凹。肩部横置对称的四泥条耳，口沿外侧饰一道粗弦纹，肩部耳间饰一道细弦纹。外壁近底处有明显的接底痕迹。外底有线切痕迹。口径13.8、最大腹径21、底径18.2、高20.4厘米（彩版七六，4）。

BⅡ式　2件。ⅢM22：2，灰胎，青绿釉，脱落严重。圆唇，侈口，溜肩，鼓腹，平底内凹。肩部横置对称四泥条耳，口沿外侧和颈部各饰一道中弦纹，肩部耳间饰一道细弦纹。下腹近底部有凹痕。底部有线切痕迹。口径9.4、最大腹径15.9、底径10、高15.3厘米（彩版七七，1）。ⅢM22：11，灰胎，青绿釉，脱落严重。圆唇，侈口，溜肩，鼓腹，平底内凹。肩部横置对称四泥条耳，口沿外侧饰一道细弦纹，肩部耳间饰一道中弦纹（半圈）。内底下压较深，外壁近底处有两段弧形凹痕。底部有线切痕迹。口径10.4、最大腹径15.8、底径10.4、高14厘米（彩版七七，2）。

CⅡ式　1件。ⅢM22：3，灰胎，青绿釉，脱落严重。圆唇，侈口，溜肩，鼓腹，平底。肩部横置对称四泥条耳，耳间饰两道中弦纹。外壁下腹近底处有两段弧形凹痕。内壁下腹部有瓦棱状轮制痕迹，底部有线切痕迹。口径8.3、最大腹径14.7、底径9.6、高12.5厘米（彩版七七，3）。

CⅢ式　2件。ⅢM22：6，灰胎，青绿釉，脱落严重。圆唇，侈口，溜肩，上腹扁鼓，下腹斜收，平底。肩部横置对称四泥条耳，耳间饰一道中弦纹，沿内饰一道细弦纹。内壁下腹部有瓦棱状轮制痕迹，外底有线切痕迹。口径8.7、最大腹径13.6、底径7.8、高10.6厘米（彩版七七，4）。ⅢM22：14，灰胎，青绿釉，脱落严重。圆唇，侈口，溜肩，鼓腹，下腹一侧明显斜收，平底。肩部横置对称四泥条耳，口沿外侧饰一道较浅细弦纹，肩部耳下饰一道中弦纹。外壁下腹部有两段弧形凹痕。内壁下腹部有瓦棱状轮制痕迹，外底有线切痕迹。口径9.8、最大腹径13.5、底径9.3、高11.5厘米（彩版七七，5）。

瓷碗　7件，分AⅢ和BⅢ式。

AⅢ式　2件。ⅢM22：5，灰胎，青绿釉，脱落严重。圆唇，直口，弧腹，平底。内底下压，外壁口沿下饰一道中弦纹，底部有线切痕迹。口径13.4、底径8.5、高6厘米（彩版七八，1）。ⅢM22：8，灰胎，青绿釉，脱落严重。圆唇，直口，弧腹，平底内凹。内底下压，外壁口沿下饰一道中弦纹。底部有线切痕迹。口径13.2、底径7.6、高6.3厘米（彩版七八，2）。

BⅢ式　5件。ⅢM22：1，灰胎，青绿釉，脱落严重。尖唇，直口，弧腹，饼足内凹。内底下压，外壁口沿下饰一道中弦纹。口径10、底径5.7、高4.4厘米（彩版七八，3）。ⅢM22：12，灰胎，青绿釉，脱落严重。尖唇，直口，弧腹，饼足内凹。内底下压，外壁口沿下与饼足外壁各饰一道中弦纹，足底心略下压。口径8.6、底径5.2、高3.7厘米（彩版七八，4）。ⅢM22：13，灰胎，青绿釉，脱落严重。尖唇，直口微敞，弧腹，饼足内凹。内底下压，外壁口沿下饰一道中弦纹。外壁有细旋痕。口径10、底径6.2、高4.1厘米（彩版七八，5）。ⅢM22：15，灰胎，釉尽脱落。尖唇，直口微敞，弧腹，平底。内底下压，外壁口沿下饰一道中弦纹。底部有线切痕迹。口径8.8、底径5、高3.9厘米（彩版七八，6）。ⅢM22：16，灰胎，青绿釉，脱落严重。尖唇，直口微敞，弧腹，饼足内凹。内底下压，外壁口沿下饰一道中弦纹，足底饰一道凹弦纹。口径8.4、底径5.1、高3.4厘米（彩版七九，1）。

瓷盂　1件，B型。ⅢM22：7，灰胎，青绿釉，脱落严重。圆唇，直口，深弧腹，饼足微凹。内底下压，外壁口沿下饰一道中弦纹，腹与足相接处下压一圈较深凹槽。口径19.8、底径12.4、高8.4厘米（彩版七九，2）。

陶釜　1件。ⅢM22：10，夹细砂灰陶。圆唇，大敞口，外折沿，扁鼓腹，圜底。外壁上腹部饰菱格纹，下腹部拍印篮纹。口径22.2、最大腹径21.2、高14.2厘米（彩版七九，3、4）。

3. ⅢM24

1）墓葬概况

ⅢM24位于Ⅲ区北部山丘南坡中部，所在探方为ⅢTN29E12和ⅢTN30E12，方向158°。由墓道、墓圹、封门和墓室等部分组成。砖室长4.65、宽1.42、高1.55米（图三三；彩版八〇）。

墓道为竖穴长方形，长1.80、宽0.80～0.96、深1.44～1.58米。

墓圹为长方形竖穴土坑，周壁近直，平底。长5.40、宽1.80、深1.80米。

封门双门宽，共两道，砌法“全顺”，内道砌于墓室前端承券内，外道置于墓室外。

墓室平面呈长方形，内长4.20、宽1.12、高1.40米。墓室前、后端各加置一道承券。

侧壁、后壁为长方形砖错缝平铺叠砌，后壁砌于券内，转角相互咬合。侧壁净高0.84米处夹砌楔形砖构筑券顶。墓底为人字形平铺。墓室前部中央有砖砌排水暗沟一条，横贯墓道。暗沟由底砖和侧砖组成，初始处侧砖垂直底砖，剖面呈长方形，该部分长约0.3米；而后侧砖斜置，剖面呈等腰三角形。暗沟长约1.82、宽0.20、深0.18米。

墓砖有长方形和楔形两种，以红砖为主，少量灰砖，常见纹饰为叶脉纹。长方形砖常见规格30×15-5厘米，楔形砖常见规格30×15-5～3厘米。

出土器物16件，皆瓷器，以四耳罐、碗为主，分布散乱，其中ⅢM24：2、ⅢM24：11、ⅢM24：12位于ⅢM24：1内。

2）出土器物

瓷四耳罐　6件，分AⅥ、BⅢ和CⅢ式。

AⅥ式　2件。ⅢM24：6，灰胎，青绿釉，脱落严重。圆唇，直口微侈，丰肩，鼓腹，下腹略收，平底内凹。肩部横置对称四泥条耳，口沿外侧与肩部耳间各饰一道细弦纹。内壁有瓦楞状轮制痕迹，底部有线切痕迹。口径12.8、最大腹径21、底径18、高19.4厘米（彩版八一，1）。ⅢM24：14，灰胎，釉尽脱落。圆唇，侈口，丰肩，鼓腹，下腹略收，平底。肩部横置对称四桥形耳，口沿外侧、颈部各饰一道粗弦纹，肩部耳间饰一道细弦纹。外底有线切痕迹。口径13.8、最大腹径20.6、底径17、高19.4厘米（彩版八一，2）。

BⅢ式　2件。ⅢM24：10，灰胎，釉尽脱落。圆唇，侈口，丰肩，上腹较鼓，下腹斜收，平底。肩部横置对称四泥条耳，口沿外侧、颈部与肩部耳间各饰一道中弦纹。内壁有轮制旋痕，外壁下腹近底处有两段弧形凹印，外底有线切痕迹。口径9.7、最大腹径16、底径10.4、高14.2厘米（彩版八一，3）。ⅢM24：13，灰胎，釉尽脱落。圆唇，侈口，丰肩，鼓腹，下腹略收，平底内凹。肩部横置对称的四泥条耳，口沿外侧与颈部各饰一道粗弦纹，肩部耳间饰两道

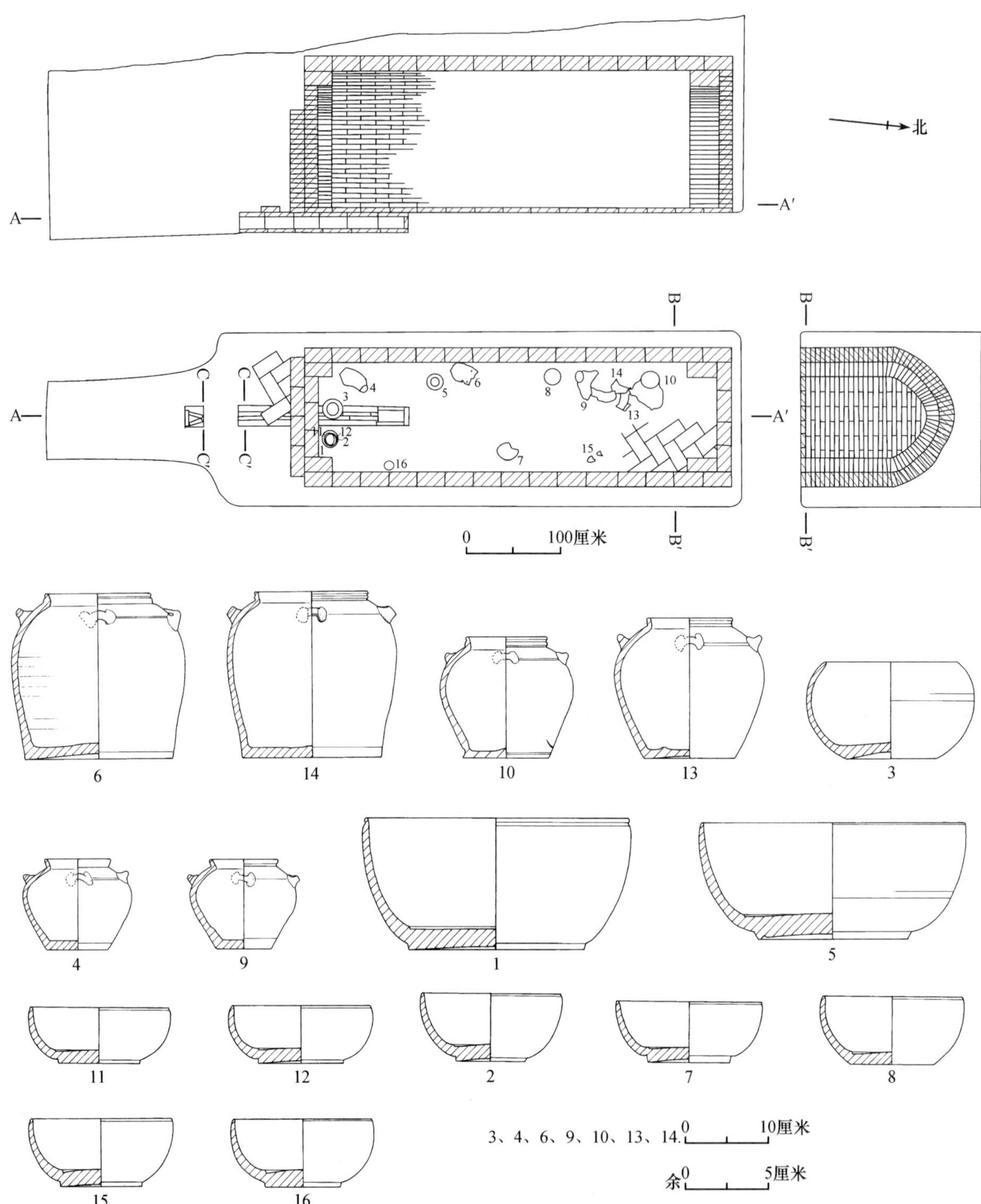

图三三　ⅢM24平、剖面图及出土器物

1、5. AⅢ式瓷碗　2、7、8、15、16. BⅣ式瓷碗　3. A型瓷钵　4、9. CⅢ式瓷四耳罐　6、14. AⅥ式瓷四耳罐　10、13. BⅢ式瓷四耳罐　11、12. BⅢ式瓷碗

细弦纹。底部有线切痕迹。口径10.2、最大腹径18、底径10.8、高16.4厘米（彩版八一，4）。

CⅢ式　2件。ⅢM24：4，灰胎，釉尽脱落。圆唇，侈口，丰肩，上腹扁鼓，下腹斜收，平底。肩部横置对称四泥条耳，耳间饰两道中弦纹。外壁有轮制旋痕，底部有线切痕迹。口径8.1、最大腹径13.2、底径7.6、高10.6厘米（彩版八二，1）。ⅢM24：9，灰胎，青绿釉，脱落严重。圆唇，侈口，丰肩，上腹扁鼓，下腹斜收，平底。肩部横置对称四泥条耳，肩部耳间饰一道粗弦纹。内底下压较深，内壁有瓦棱状轮制旋痕。外底有线切痕迹。口径8.5、最大腹径12.8、底径6.6、高10.4厘米（彩版八二，2）。

瓷碗　9件，分AⅢ、BⅢ和BⅣ式。

AⅢ式　2件。ⅢM24：1，灰胎，青绿釉，脱落严重。尖圆唇，直口略敞，深弧腹，饼足内凹。内底下压，外壁口沿下饰一道中弦纹。口径16、底径10.6、高7.7厘米（彩版八二，3）。ⅢM24：5，灰胎，釉尽脱落。尖唇，直口略敞，深弧腹，假圈足。内底下压，外壁口沿下饰一道细弦纹。口径16、底径9、高6.8厘米（彩版八二，4）。

BⅢ式　2件。ⅢM24：11，灰胎，釉尽脱落。尖唇，直口略敞，弧腹，饼足平底。内底下压，外壁口沿下饰一道中弦纹。口径8.4、底径5、高3.3厘米（彩版八二，5）。ⅢM24：12，灰胎，釉尽脱落。尖圆唇，直口，弧腹，饼足内凹。内底下压一圈，外壁口沿下饰一道中弦纹。口径8.5、底径5.2、高3.4厘米（彩版八二，6）。

BⅣ式　5件。ⅢM24：2，灰胎，青绿釉，脱落严重。尖圆唇，直口略敞，深弧腹，饼足内凹。内底下压，外壁口沿下饰一道细弦纹。外壁腹足相接处下压一圈。口径8.5、底径4.2、高4厘米（彩版八三，1）。ⅢM24：7，灰胎，釉尽脱落。尖圆唇，略敞口，深弧腹，饼足内凹。内底略下压，外壁口沿下饰一道细弦纹。外壁腹足相接处下压一圈。口径8.7、底径4.9、高3.6厘米（彩版八三，2）。ⅢM24：8，灰胎，青绿釉，脱落严重。尖圆唇，直口，深弧腹，平底。内底下压，外壁口沿下饰一道细弦纹。底部有线切痕迹。口径8.4、底径4.9、高4厘米（彩版八三，3）。ⅢM24：15，灰胎，釉尽脱落。尖圆唇，直口，深弧腹，饼足微凹。内底下压一圈，外壁口沿下饰一道细弦纹。口径8.6、底径5、高4厘米。ⅢM24：16，灰胎，釉尽脱落。尖唇，直口略敞，深弧腹，饼足平底。内底下压一圈，外壁口沿下饰一道细弦纹。口径8.5、底径4.6、高4厘米。

瓷钵　1件，A型。ⅢM24：3，灰胎，青绿釉。尖圆唇，敛口，深弧腹，平底内凹。外壁腹中部饰一道细弦纹。口径16、底径11、高11.3厘米（彩版八三，4）。

4. ⅣM12

1）墓葬概况

ⅣM12位于Ⅳ区南部山丘南坡中部，所在探方为ⅣTN3E2和ⅣTN2E2，方向154°。由墓道、墓圹、封门、甬道和墓室等部分组成。砖室长5.26、宽1.54、高1.44米（图三四）。

墓道为长斜坡状，长3.34、宽0.93～1.00、深1.32～2.34米。

墓圹为长方形竖穴土坑，直壁，平底，长5.46、宽1.64、残深2.20～3.10米。

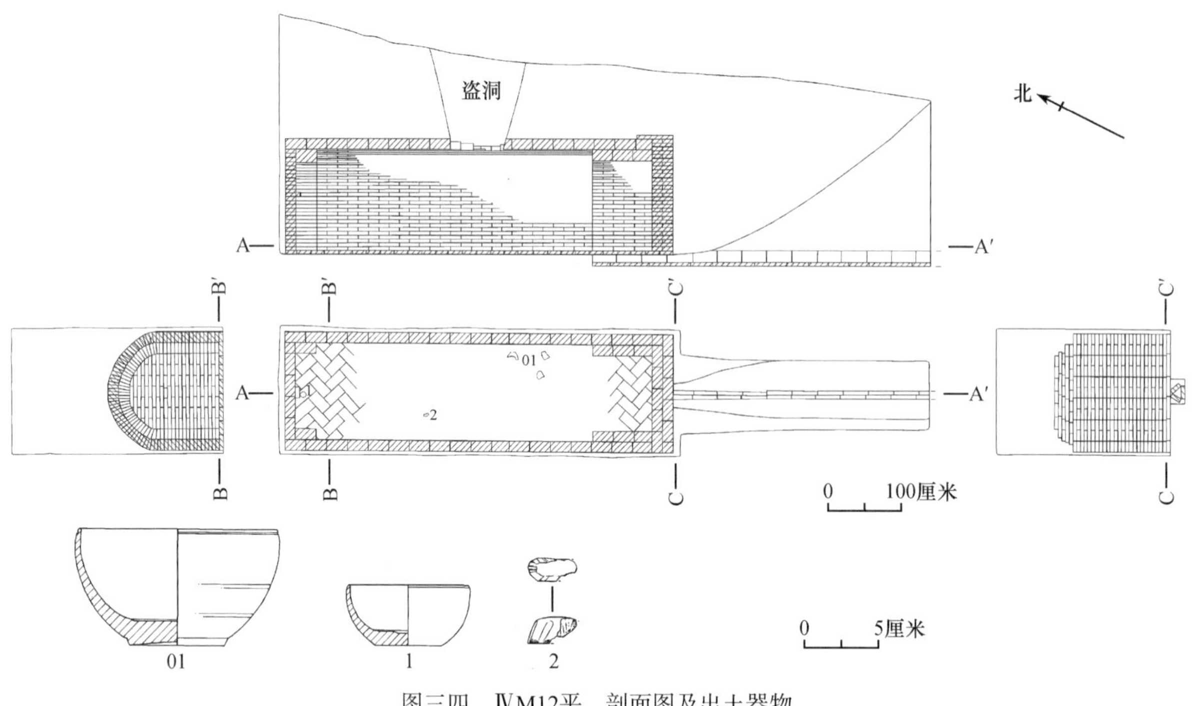

图三四　ⅣM12平、剖面图及出土器物
01. AⅢ式瓷碗　1. BⅣ式瓷碗　2. 滑石猪

封门双门宽，共两道，砌法“一顺一丁”，置于侧壁外。

墓室平面呈长方形，内长4.84、宽1.26、高1.31米。墓内前端加置一道三砖长承券，墓室后端置一道一砖长承券。

侧壁、后壁为错缝平铺叠砌，后壁砌于券内，转角相互咬合，后壁净高0.70米处设一砖托，出后壁0.06、宽0.14米。侧壁净高0.80米处夹砌楔形砖构筑券顶。墓底为人字形平铺，略宽于墓室。墓道中央有砖砌排水暗沟一条，底砖平铺，侧砖斜置于底砖之上，剖面呈等腰三角形，长约18、内宽0.10、深0.11米。

墓砖有长方形和楔形两种，砖色有灰色和红色，灰色稍多，常见纹饰为叶脉纹和四出钱纹+横线格纹、菱格纹等。长方形砖常见规格28×14-5厘米，楔形砖常见规格26×13-4～3厘米。

出土器物仅瓷碗1件与滑石猪1件，瓷碗（ⅣM12：1）位于墓室后端砖托下方。扰土中出土青瓷碗1件，应当为该墓随葬品。

2）出土器物

瓷碗　2件，分AⅢ和BⅣ式。

AⅢ式　1件。ⅣM12：01，灰胎，釉尽脱落。尖圆唇，直口，弧腹，饼足内凹，足壁略内收。内底下压，外壁口沿下饰一道细弦纹。口径13.5、底径6.4、高7.6厘米（彩版八四，1、2）。

BⅣ式　1件。ⅣM12：1，灰胎，釉尽脱落。尖唇，直口略敞，弧腹，平底。内底下压，外壁口沿下饰一道细弦纹。外底有线切痕迹。口径8.2、底径4.6、高3.9厘米（彩版八四，3、4）。

滑石猪　ⅣM12：2，残损严重，仅存躯干后部，后肢浮于体表。残长3.3、宽1.5、高1.7厘米。

（二）长方形前后室墓

ⅣM5

1）墓葬概况

ⅣM5位于Ⅳ区南部山丘南坡中部，所在探方为ⅣTN3E3、ⅣTN3E2和ⅣTN2E3，方向145°。由墓道、墓圹、封门和墓室等部分组成。砖室长4.94、宽1.70、高1.65米（图三五）。

墓道为长斜坡状，揭露部分长1.60、宽1.05、最深1.80米。

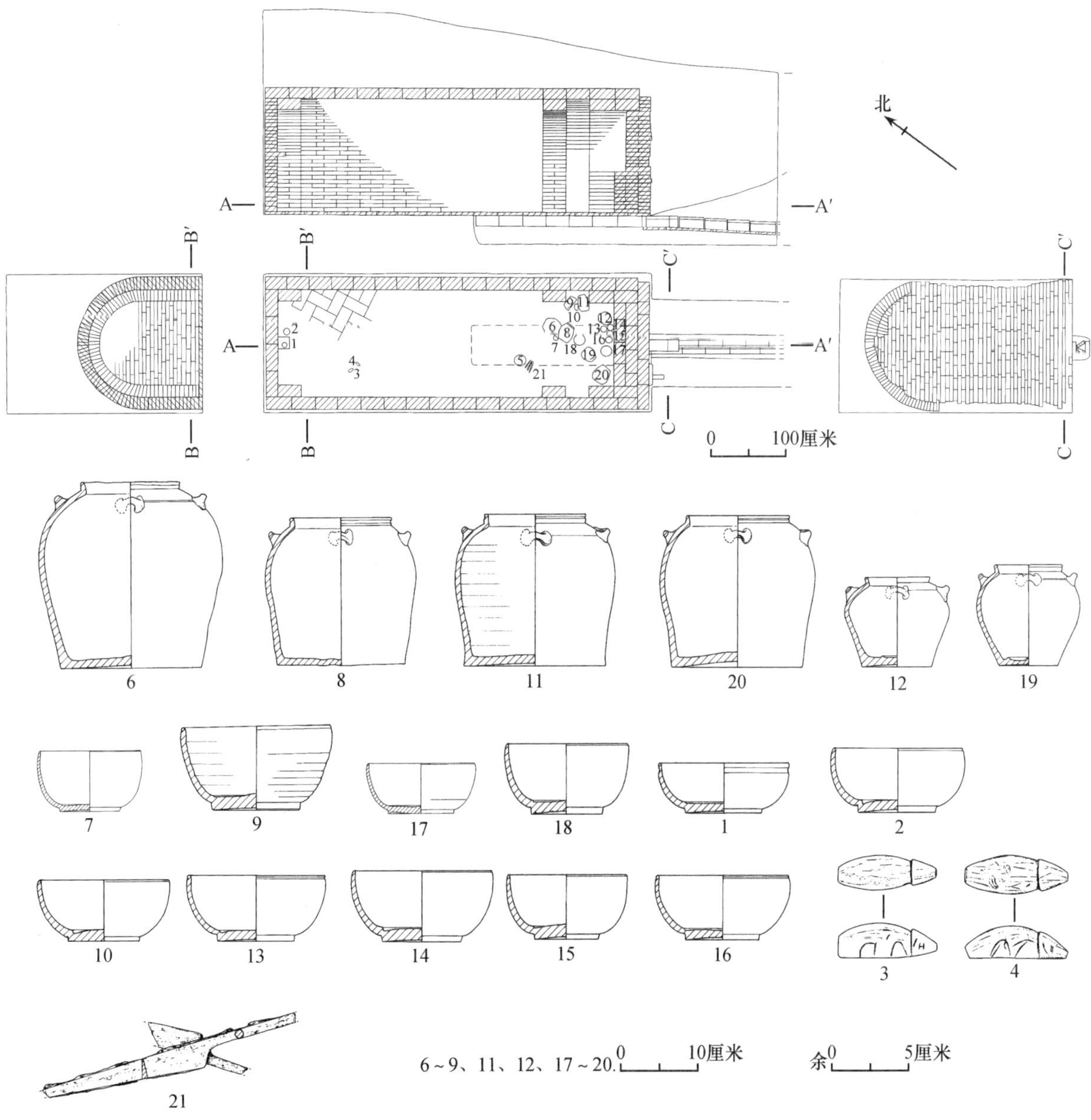

图三五　ⅣM5平、剖面图及出土器物

1. BⅡ式瓷碗　2、10、13～16. BⅣ式瓷碗　3、4. 滑石猪　5. 铜镜　6、8、11、20. AⅥ式瓷四耳罐　7、9、17、18. AⅢ式瓷碗　12、19. CⅢ式瓷四耳罐　21. 铁剪刀

墓圹为长方形竖穴土坑，直壁平底，长4.94、宽1.65、深1.90～2.50米。

封门三门宽，共三道，砌法“一顺一丁”，下部内侧两道交错，上部外侧两道交错，内侧两道砌于侧壁内，外道封于侧壁外。

墓室平面呈长方形，内长4.30、宽1.34、深1.40米。墓室前、后端以及距封门0.6米处各置一道承券，前端承券两砖长，其余两道承券一砖长。

侧壁、后壁为长方形砖错缝平铺叠砌，后壁砌于券内，转角相互咬合。侧壁第7、8层各有两砖丁向嵌入。后壁中部净高0.68米处设一砖托，出后壁0.15、宽0.15米，其上置一瓷碗。侧壁净高0.8米处夹砌楔形砖构筑券顶。墓底为人字形平铺，略宽于墓室。墓室中央有长方形砖砌排水暗沟一条，始于墓室中部，横贯墓道。暗沟于墓室内、外结构略有差异。墓室内部分长约2米，剖面呈方形，两侧长方形砖侧立，底铺两层石块，上层厚约0.2米，石块直径约0.1米，下层以小石子铺垫，厚约0.05米。墓室外暗沟为三角形结构，底砖平铺，侧砖斜置，宽0.3、深0.1米。暗沟总长约15.5米。

墓砖有长方形和楔形两种，以青砖为主，少量红砖，常见纹饰为叶脉纹和叶脉纹+条纹等。长方形砖常见规格30×15-4～5厘米，楔形砖常见规格30×15-4～2厘米。

出土器物21件，瓷器占绝大多数，器形有四耳罐、碗，另有滑石猪、铜镜和铁剪刀等。除滑石猪位于墓室后部外，其余集中分布于墓室前部两道承券处。ⅣM5：1位于砖托处，可确认功用为灯盏。

2）出土器物

瓷四耳罐　6件，分AⅥ和CⅢ式。

AⅥ式　4件。ⅣM5：6，灰白胎，青绿釉，脱落严重。圆唇，侈口，丰肩，上腹较鼓，下腹略呈弧状内收，平底内凹。肩部横置对称四泥条耳，口沿外侧与肩部耳间各饰一道细弦纹。口径12.7、最大腹径23.4、底径18、高23.1厘米。ⅣM5：8，灰白胎，釉尽脱落。圆唇，侈口，丰肩，上腹较鼓，下腹斜收，平底。肩部横置对称四泥条耳，口沿外侧饰一道粗弦纹，颈部饰一道细弦纹。内壁有瓦棱状轮制旋痕，外壁下腹近底有两段弧形凹印，内底有叠烧痕迹，外底有线切痕迹。口径13、最大腹径19.2、底径16.4、高18.2厘米。ⅣM5：11，灰白胎，青绿釉，脱落严重。圆唇，侈口，丰肩，上腹较鼓，下腹略呈弧状内收，平底内凹。肩部横置对称四泥条耳，口沿外侧饰一道粗弦纹，肩部耳间饰一道细弦纹。内壁有瓦棱状轮制旋痕，外底有线切痕迹。口径13、最大腹径20.3、底径18、高19.4厘米。ⅣM5：20，灰白胎，青绿釉，脱落严重。圆唇，直口微侈，丰肩，上腹较鼓，下腹一侧明显弧状内收，平底内凹。肩部横置对称四泥条耳，口沿外侧饰一道粗弦纹。外底有线切痕迹。口径13.4、最大腹径20、底径17、高18.8厘米。

CⅢ式　2件。ⅣM5：12，灰白胎，釉尽脱落。圆唇，侈口，丰肩，上腹较鼓，下腹斜收，平底内凹。内底有一圈凸棱。肩部横置对称四泥条耳，耳间饰一道细弦纹。外壁下腹近底处有两段弧形凹印，底部有线切痕迹。内底有叠烧痕迹。口径8.5、最大腹径13.4、底径9、高11.1厘米。ⅣM5：19，灰白胎，釉尽脱落。圆唇，侈口，溜肩，上腹较鼓，下腹斜收，平底微凹。内底有一圈凸棱。肩部横置对称四泥条耳，口沿外侧与肩部耳间各饰一道细弦纹。底部有线切痕迹。口径8.8、最大腹径13.3、底径7.6、高12.5厘米。

瓷碗　11件，包括AⅢ、BⅡ和BⅣ式。

AⅢ式　4件。ⅣM5：7，灰白胎，青绿釉，脱落严重。尖唇，直口略敛，深弧腹，饼足内凹。内底下压，底心微凸，外壁口沿下饰一道浅细弦纹。足底有垫烧痕迹。口径13、底径7.6、高7.5厘米。ⅣM5：9，灰白胎，青绿釉，脱落严重。圆唇，直口，深弧腹，饼足微凹。内底下压，底心微凸，外壁口沿下饰一道细弦纹。口径19、底径11、高10.6厘米。ⅣM5：17，灰白胎，釉尽脱落。尖唇，直口，深弧腹，假圈足，足底外缘一圈凸棱。内底略下压，外壁口沿下饰一道细弦纹。口径13.6、底径8.4、高6.2厘米。ⅣM5：18，灰白胎，釉尽脱落。尖唇，直口，深弧腹，饼足内凹。内底下压，外壁口沿下饰一道细弦纹，足底饰两道凹弦纹。口径15.4、底径9.1、高8.7厘米。

BⅡ式　1件。ⅣM5：1，灰白胎，青绿釉。圆唇，直口略敞，弧腹，饼足微凹。内底下压，外壁口沿下饰一道粗弦纹。内、外底有垫烧痕迹。口径8.5、底径5、高3.1厘米。

BⅣ式　6件。ⅣM5：2，灰白胎，青绿釉，脱落严重。尖唇，直口，深弧腹，饼足内凹。内底下压一圈，外壁口沿下饰一道细弦纹。口径8.4、底径5、高4厘米。ⅣM5：10，灰白胎，青绿釉，脱落严重。尖唇，侈口略敞，深弧腹，饼足平底。内底下压一圈，外壁口沿下饰一道细弦纹。口径8.4、底径4.6、高3.8厘米。ⅣM5：13，灰白胎，釉尽脱落。圆唇，直口，深弧腹，饼足微凹。内底下压，外壁口沿下饰一道细弦纹。口径8.8、底径4.9、高4.1厘米。ⅣM5：14，灰白胎，青绿釉，脱落严重。尖唇，直口，深弧腹，饼足微凹。内底下压，外壁口沿下饰一道细弦纹。口径8.9、底径5、高4.4厘米。ⅣM5：15，灰白胎，釉尽脱落。尖唇，直口略敞，深弧腹，饼足内凹。内底下压，外壁口沿下饰一道细弦纹。口径7.7、底径4.1、高4厘米。ⅣM5：16，灰白胎，釉尽脱落。圆唇，直口略敛，深弧腹，饼足内凹。内底下压，外壁口沿下饰一道细弦纹。口径8.7、底径4.8、高4厘米。

滑石猪　2件。ⅣM5：3，黄白色。长条形，顶部呈弧形，底部平整，作俯卧状。前部刻槽以分头与躯干，头后部略宽于躯干前部，刻画简单线条象征口、眼、耳及四肢，未刻出尾巴。长6.3、最大宽2、高2厘米。ⅣM5：4，黄白色，近长条形，顶部呈弧形，底部平整，作俯卧状。前部刻槽以分头与躯干，头后部略宽于躯干前部，刻画简单线条象征口、眼、耳、四肢及尾巴。长6.5、最大宽2.3、高1.9厘米。

铜镜　1件。ⅣM5：5，饰兽纹，直径12.3厘米（彩版八四，5）。

铁剪刀　1件。ⅣM5：21，残损、锈蚀严重。双刃交错，中间无轴，尾部残损。刃部截面呈三角形，尾部截面呈圆形。残长16.4厘米。

晚　　段

第四期晚段墓葬共2座，分别为长方形前后室墓和合葬墓。

（一）长方形前后室墓

Ⅱ M4

1）墓葬概况

Ⅱ M4位于Ⅱ区东部，所在探方为Ⅱ TN6E15和Ⅱ TN6E14。方向168°。由墓道、墓圹、封门、甬道和墓室等部分组成。砖室长7.84、宽2.29、高2.74米（图三六；彩版八五～彩版八七）。

墓道为长斜坡状，揭露部分长2.42、宽1.40、深3.00～3.50米。

墓圹为长方形竖穴土坑，直壁平底，长8.50、宽2.60、残深3.50米。

封门两门宽，共两道，内道置于甬道内，砌法“一顺一丁”；外道砌于甬道侧壁外，砌法以“全顺”为主，夹少量丁砖。封门内道上为四重券，外道上为两重券，外道处券顶顶部及两侧以长方形砖错缝平铺叠砌构筑一道挡土墙，砌法为“全顺”。

墓室平面呈长方形，内长7.06、宽1.64、高2.44米。墓室前端设长1.06米的承券作为甬道，双重券，券顶塌毁，甬道后端与墓室承券套接，套接处四重券。中部墓底侧立一排长方形砖，将墓室分为前后两室，后室较前室高8厘米，前室长2.14、后室长4.92 米。

侧壁为长方形砖错缝平铺叠砌，侧壁内加砌一重护墙，护墙上设有承券，承券由长方形砖顺向平铺叠砌而成，间隔4～5厘米，前、后室护墙分别高0.66米和0.54米。承券残高0.12～0.58米不等。后室前、后端于上述承券内再加砌两重承券，呈凸字形。后壁为两道长方形砖错缝平铺叠砌，分别置于券内、券外，内道净高0.54米处设两假窗，窗高0.6、宽约0.05米。后壁前承券中央置一砖柱，砌法“一顺一丁”，与后壁内道咬合。墓底为人字形平铺，略宽于墓室。

墓砖有长方形和楔形两种，砖色有灰色、红色和白色，常见纹饰有大菱格纹和小菱格纹。长方形砖规格34×17～18-6厘米，楔形砖常见规格32×15-6～4厘米。

出土器物为1件瓷碗，出土于墓室后壁处。另有22件器物出土于扰土中，除1件宋碗外，其余器物多集中出土于前室与后室前端的底部，以瓷罐、瓷碗、瓷碟为主，另有滑石猪、铜镜等，可能为该墓随葬品。

2）出土器物

瓷四耳罐　2件，AⅥ式。Ⅱ M4：04，灰胎，釉尽脱落。圆唇，侈口，短颈，丰肩，上腹较鼓，下腹略呈弧状内收，平底内凹。肩部横置对称四泥条耳，口沿外侧、颈部、耳间、外底各饰一道细弦纹。口径11.4、最大腹径18.2、底径14、高18.2厘米（彩版八八，1）。

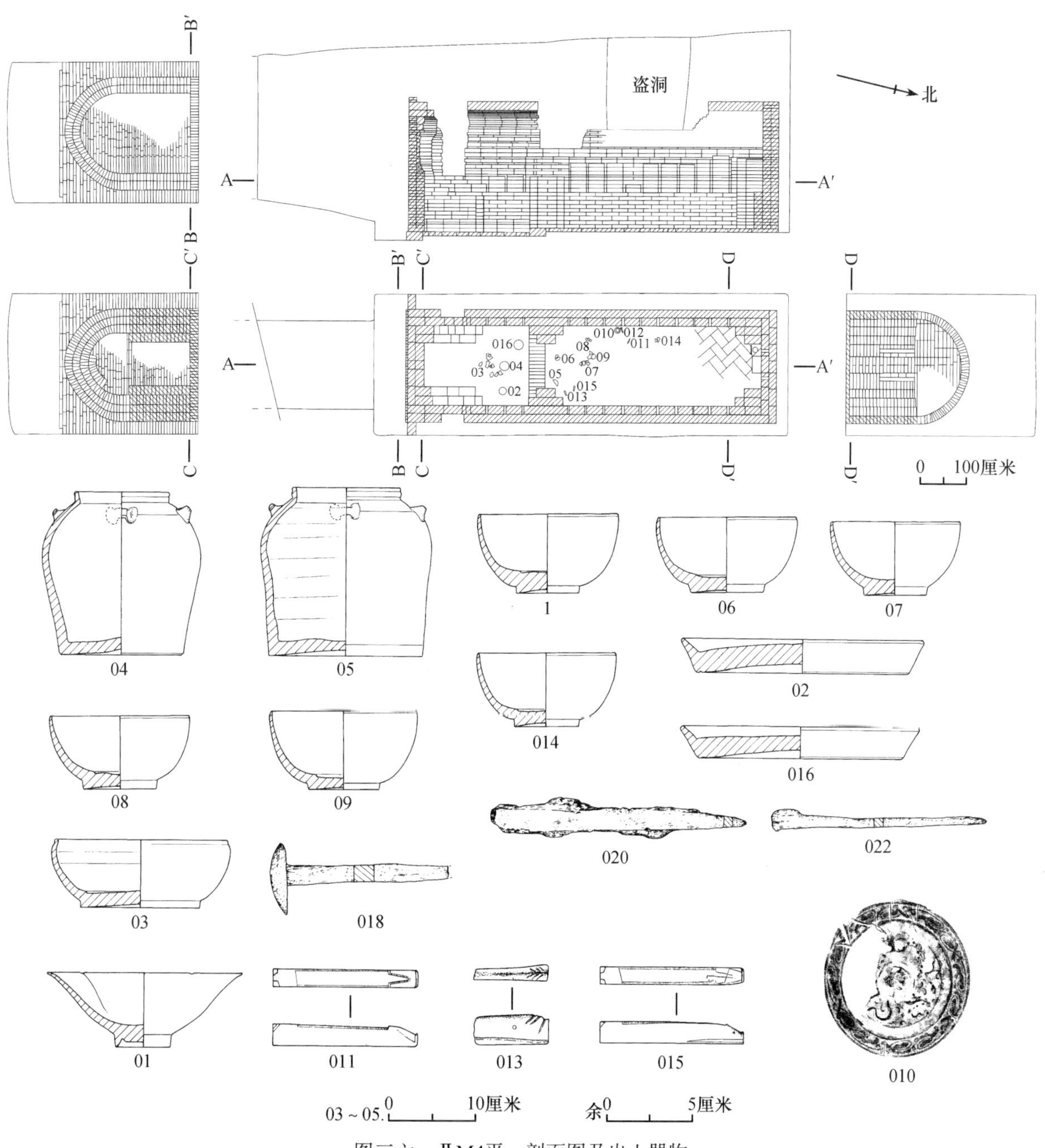

图三六　ⅡM4平、剖面图及出土器物

04、05. AⅥ式瓷四耳罐　1、06 ~ 09、014. BⅤ式瓷碗　02、016. D型瓷碟　03. B型瓷盂　010. 铜镜　011、013、015. 滑石猪　012、017 ~ 019、022. 铁棺钉　01. 宋碗

ⅡM4：05，灰胎，釉尽脱落。圆唇，直口，短颈，丰肩，上腹微鼓，下腹略呈弧状内收，平底内凹。肩部横置对称四泥条耳，口沿外侧、颈部、耳间各饰一道细弦纹。内腹有瓦棱状轮制痕迹，外底有线切痕迹。口径12.4、最大腹径19.5、底径17.6、高18.8厘米（彩版八八，2）。

瓷碗　6件，BⅤ式。ⅡM4：1，灰胎，釉尽脱落。尖唇，敞口，深弧腹，饼足内凹。内底下压一圈，唇外饰一道细弦纹。口径8.1、底径3.6、高4.4厘米（彩版八九，1）。ⅡM4：06，灰胎，青绿釉，脱落严重。尖唇，直口略敞，深弧腹，饼足微凹。内底下压，唇外饰一道细弦纹。口径8、底径4.2、高4.2厘米（彩版八九，2）。ⅡM4：07，灰胎，青绿釉，剥落较少。尖唇，敞口，深弧腹，饼足微凹。唇外饰一道细弦纹。口径7.6、底径3.7、高4.1厘米（彩版八九，3）。ⅡM4：08，灰胎，青绿釉，脱落严重。尖唇，敞口，深弧腹，饼足内凹。内底下压一圈，唇外饰一道细弦纹。口径8、底径4.2、高4.1厘米（彩版八九，4）。ⅡM4：09，灰胎，釉尽脱落。尖唇，敞口，深弧腹，饼足微凹。内底下压，唇外饰一道细弦纹。高8.4、底径4、高4.4厘米（彩版八九，5）。ⅡM4：014，灰胎，青绿釉，脱落严重。尖唇，敞口，深弧腹，饼足内凹。内底下压一圈，唇外饰一道细弦纹。口径8、底径3.7、高4.1厘米（彩版八九，6）。

瓷碟　2件，D型。ⅡM4：02，灰胎，青绿釉，脱落严重。方唇，敞口，浅腹，平底极厚，底略内凹。唇上饰一道细弦纹，外底饰一道凹弦纹。口径14.1、底径12.3、高1.9厘米（彩版八八，3）。ⅡM4：016，灰胎，釉尽脱落。方唇，敞口，浅腹，平底极厚，底略内凹。唇上饰一道细弦纹，外底饰一道凹弦纹。口径13.8、底径11.9、高1.8厘米（彩版八八，4）。

瓷盂　1件，B型。ⅡM4：03，灰胎，青绿釉，仅足外壁残存少许。圆唇，微敛口，弧腹，饼足内凹。内底下压，底心稍隆，外壁口沿下饰一道细弦纹。口径20、底径14、高7.6厘米（彩版八八，5）。

铜镜　1件。ⅡM4：010，残，盘龙纹，直径8.6厘米（彩版九〇，2）。

滑石猪　3件。ⅡM4：011，灰色。长条形，作俯卧状。头部、尾部雕刻生动传神。长8.3、最大宽1、高1.1厘米。ⅡM4：013，灰绿色滑石，石中多杂质。长条状，中部穿孔，前端刻画简易线条象征嘴部。长4.4、宽0.9、高1.7厘米。ⅡM4：015，灰色。长条形，作俯卧状。通体磨制光滑，头部、尾部雕刻生动传神。长8.3、最大宽0.95、高1.1厘米（彩版九〇，1）。

铁棺钉　7件。ⅡM4：012，锈蚀严重，尾部呈圆丘形，钉尖残。残长12.1厘米。ⅡM4：017，锈蚀严重。残长6.8厘米。ⅡM4：018，尾部呈圆丘形，钉身截面呈长方形，钉尖残。残长10.6厘米。ⅡM4：019，残损断裂，钉身截面呈长方形，尾部、钉尖皆残，残长约12.5厘米。ⅡM4：020，锈蚀严重。钉身截面略呈方形。残长14.8厘米。ⅡM4：021，锈蚀严重。钉身截面略呈方形，钉尖残。残长12.6厘米。ⅡM4：022，尾部锈蚀较重，钉身截面呈长方形。长12.5厘米。

宋碗　1件。ⅡM4：01，灰白胎，青白瓷，足底未施釉。尖唇，口沿稍外翻，敞口，斜直腹，圈足。口径11.5、底径3.2、高4.1厘米（彩版九〇，3、4）。

（二）合葬墓

ⅡM2

1）墓葬概况

ⅡM2位于Ⅱ区东部，所在探方为ⅡTN6E16和ⅡTN7E16，方向168°。由墓道、墓圹、封门和墓室等部分组成。砖室长4.66、宽3.22、高2.17米（图三七；彩版九一）。

墓道为长斜坡状，揭露长度0.60、宽3.40～3.60、深2.88～3.00米。

墓圹为长方形竖穴土坑，直壁平底，长5.24、宽3.66、深2.80米。

封门两门宽，共两道，砌法为“全顺”，三室封门贯通置于侧壁外，封门上有挡土墙，挡土墙上置一排半砖作菱形装饰，左室与右室、中室封门有明显的分界，说明埋藏时间较右室、中室略晚。

墓室平面呈长方形，分为东、中、西三个墓室，皆内长4.22、宽0.76、高1.35米。

侧壁、后壁为长方形砖错缝平铺叠砌，后壁置于券外，转角相互咬合。侧壁净高1.0米处夹砌楔形砖构筑券顶。三室中间侧壁设有拱门与十五个窗格，拱门宽0.47、高0.40米，窗格宽0.07、高0.17米。墓底为人字形平铺。

墓砖有长方形和楔形两种，灰色，常见纹饰为叶脉纹。长方形砖常见规格28×14-5厘米，楔形砖常见规格26×13-4～3厘米。

出土器物20件，以瓷四耳罐、瓷碟、瓷碗为主，另有滑石猪等，集中分布于墓室前部，拱门处各置1个瓷碗。

2）出土器物

瓷四耳罐　4件，AⅥ式。ⅡM2：1，灰胎，青绿釉，脱落严重。方圆唇，直口微侈，丰肩，上腹较鼓，下腹弧状内收，平底微凹。肩部横置对称四泥条耳，口沿外侧、颈部与肩部耳间各饰一道粗弦纹。外底有线切痕迹。口径13、最大腹径19.8、底径17.2、高19厘米（彩版九二，1）。ⅡM2：2，灰胎，釉尽脱落。方圆唇，直口微侈，丰肩，上腹较鼓，下腹略呈弧状内收，平底内凹。肩部横置对称四泥条耳，口沿外侧、颈部与肩部耳间各饰一道粗弦纹。外底有凹印和线切痕迹，凹印略呈方形。口径12.2、最大腹径19.1、底径16.3、高18.2厘米（彩版九二，2）。ⅡM2：5，灰胎，青绿釉，釉多脱落。方唇，直口微侈，丰肩，上腹较鼓，下腹略呈弧状内收，平底内凹。肩部横置四对称泥条耳，耳间饰一道细弦纹。外壁近底部有四段弧形凹槽，或为勒痕。内壁有瓦棱状轮制痕迹，外底有线切和垫烧痕迹。口径12.8、最大腹径17.5、底径13.8、高19.6厘米（彩版九二，3）。ⅡM2：10，灰胎，青绿釉。方圆唇，直口，丰肩，上腹较鼓，下腹弧状内收，平底。肩部横置对称的四桥形耳，颈部与肩部耳间各饰一道较粗弦纹。外壁近底部有两段弧形凹槽，内壁有瓦棱状轮制痕迹，外底有线切和垫烧痕迹。口径12.2、最大腹径17.1、底径15.6、高17.6厘米（彩版九二，4）。

瓷碗　3件，BⅤ式。ⅡM2：14，灰胎，青绿釉，脱落严重。尖唇，敞口，弧腹，饼足内凹。内底下压一圈。口径7.6、底径3.4、高3.7厘米（彩版九三，1）。ⅡM2：17，灰胎，青绿釉，脱落严重。尖唇，敞口，弧腹，饼足内凹。内底下压一圈。外壁口沿下饰一道浅细弦纹。口径8.3、底径4、高4.6厘米（彩版九三，2）。ⅡM2：20，灰胎，青绿釉，脱落严重。尖唇，敞口，弧腹，饼足内凹。口径7.9、底径3.4、高4.1厘米（彩版九三，3）。

瓷碟　8件，分C和D型。

C型　4件。ⅡM2：9，灰胎，青绿釉。尖圆唇，敞口，浅腹斜弧，饼足内凹。内底下

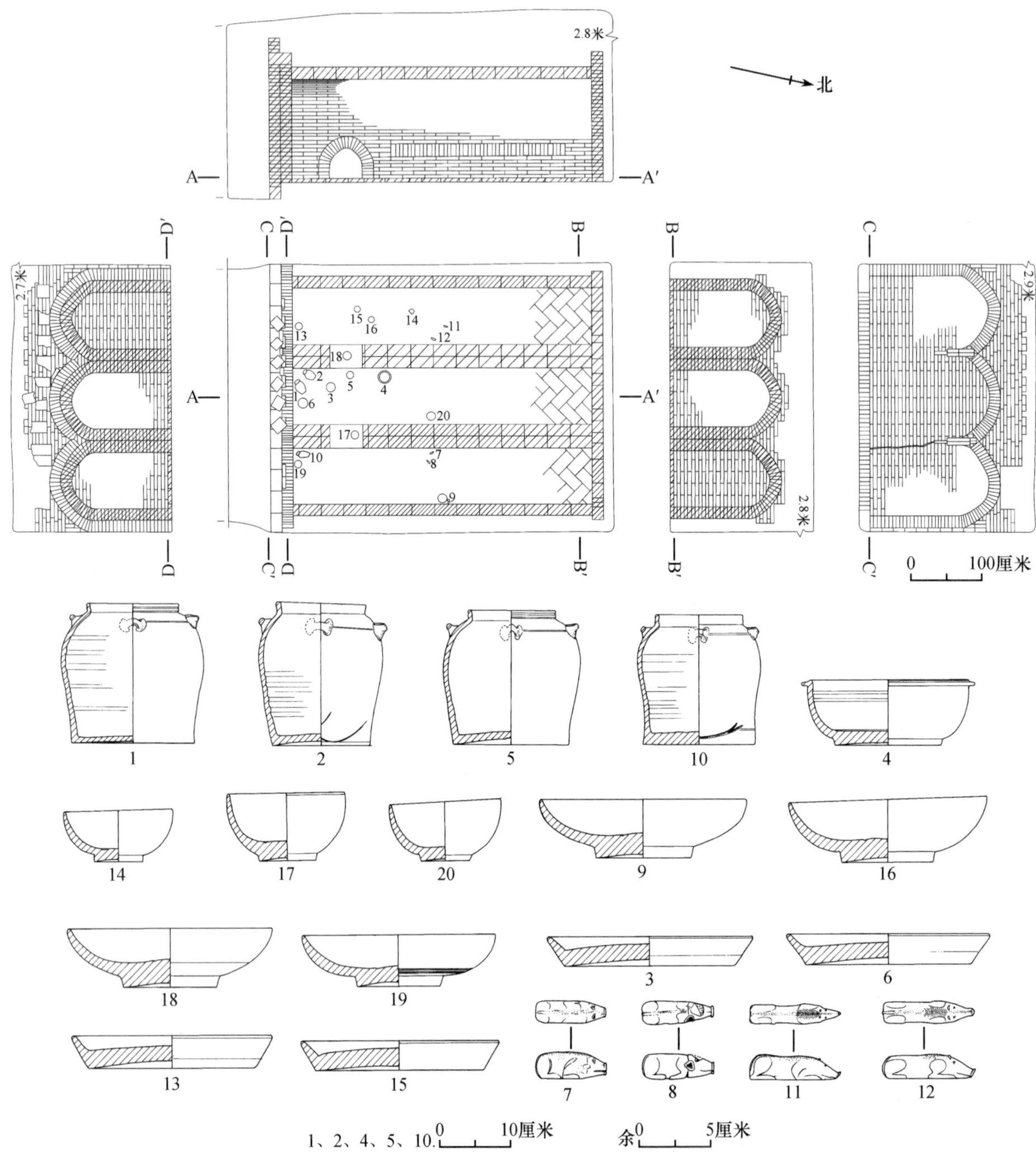

图三七　ⅡM2平、剖面图及出土器物

1、2、5、10. AⅥ式瓷四耳罐　3、6、13、15. D型瓷碟　4. 瓷盆　7、8、11、12. 滑石猪　9、16、18、19. C型瓷碟　14、17、20. BⅤ式瓷碗

压，底心略凸。口径14.5、底径6.7、高4厘米（彩版九四，1）。ⅡM2：16，灰胎，釉尽脱落。尖圆唇，敞口，浅腹斜弧，饼足内凹。内底心下压一圈。口径13.8、底径6.4、高4厘米。ⅡM2：18，灰胎，青绿釉，釉多脱落。尖圆唇，敞口，浅腹斜弧，饼足内凹。内底下压，底心略凸。口径14.4、底径6.6、高4厘米（彩版九四，2）。ⅡM2：19，灰胎，釉尽脱落。尖圆唇，敞口，浅腹斜弧，饼足内凹。内底心下压一圈。口径13.7、底径5.8、高3.5厘米（彩版九四，3）。

D型　4件。ⅡM2：3，灰胎，青绿釉。尖圆唇，敞口，浅腹斜直，平底极厚，外底内凹，内底微凸。口径14.3、底径11.9、高2厘米（彩版九四，4）。ⅡM2：6，灰胎，青绿釉，脱落严重。尖圆唇，敞口，浅腹斜直，平底极厚，外底内凹，内底微凸。口径14.1、底径11.5、高2.1厘米。ⅡM2：13，口略残，灰胎，青绿釉，脱落严重。尖圆唇，敞口，浅腹斜直，平底极厚，外底内凹，内底微凸。口径14、底径11.8、高2.2厘米（彩版九四，5）。ⅡM2：15，口略残，灰胎，青绿釉，脱落严重。尖圆唇，敞口，浅腹斜直，平底极厚，外底内凹，内底微凸。口径14、底径12、高2厘米（彩版九四，6）。

瓷盆　1件，B型。ⅡM2：4，灰胎，青绿釉，脱落严重。方圆唇，外折沿，敞口，弧腹，饼足微凹。内底下压，沿上和内壁各饰一道粗弦纹。口径24.3、底径14.8、高8.9厘米（彩版九三，4）。

滑石猪　4件。ⅡM2：7，灰色。长条形，四肢前屈作匍匐状，头与躯干间刻有凹槽，长咧嘴，圆鼻，大耳垂于眼后，长尾垂至身下。通体磨制光滑。长4.9、宽1.5、高1.8厘米。ⅡM2：8，灰色。长条形，头部略残。后肢前屈，前肢后屈，作跪卧状，头与躯干间刻有凹槽，长咧嘴，圆鼻，大耳垂于眼后，长尾垂至身下。长5、宽1.6、高1.75厘米。ⅡM2：11，灰色。长条形，四肢前屈作匍匐状，长咧嘴，圆鼻两孔，竖耳立于眼后，背上前端刻有鬃毛，长尾垂于身后。长6.3、宽1.4、高1.7厘米。ⅡM2：12，灰色。长条形，四肢前屈作匍匐状，长咧嘴，圆鼻两孔，竖耳立于眼后，背上前端刻有鬃毛，长尾垂于身后。长6.9、宽1.5、高1.7厘米（彩版九三，5）。

第　五　期

第五期墓葬共6座，分别为长方形单室墓、长方形前后室墓和合葬墓。

（一）长方形单室墓

1. ⅡM15

1）墓葬概况

ⅡM15位于Ⅱ区东部，所在探方为ⅡTN1E6，方向155°。由墓道、墓圹、封门和墓室等部分组成。砖室长3.93、宽0.88、高1.55米（图三八；彩版九五）。

墓道为长斜坡状，揭露部分长2.58、宽1.10 ~ 1.18、深1.40 ~ 1.66米。

墓圹为长方形竖穴土坑，直壁平底，长4.14、宽1.20、残深1.70米。

封门双门宽，共两道，砌法“两顺一丁”为主，丁砖为侧立，内道砌于侧壁内，外道封于侧壁外。封门处墓顶加置一券，券顶之上残存三层长方形砖顺向平铺。

墓室平面呈长方形，内长3.48、宽0.58、高1.10米。

侧壁、后壁为长方形砖错缝平铺叠砌，后壁置于侧壁外。侧壁净高0.78米处夹砌楔形砖构筑券顶，券顶常见石片填塞砖缝。墓底为人字形平铺，略宽于墓室。

墓砖有长方形和楔形两种，灰色为主，少量红转，常见纹饰为叶脉纹，长方形砖常见规格31 ~ 32 × 15-5厘米，楔形砖常见规格30 × 15-5 ~ 3厘米。

出土器物11件，除1件滑石猪外皆为瓷器，器形有六耳罐、碗和碟，集中出土于墓室前部。

2）出土器物

瓷六耳罐　2件，AⅦ式。ⅡM15：4，灰白胎，青绿釉，保存较好。方唇，侈口，丰肩，上腹较鼓，下腹弧状内收，平底微凹。肩部饰两组对称的桥形耳，每组中间一耳竖立，两侧耳横置。内壁有轮制旋痕。口径9.2、最大腹径16.4、底径13、高18.4厘米（彩版九六，1）。ⅡM15：11，灰白胎，青绿釉，釉部分剥落。方唇，侈口，丰肩，上腹较鼓，下腹弧状内收，平底微凹。肩部饰两组对称的桥形耳，每组中间一耳竖立，两侧耳横置。肩部耳间饰一道细弦纹。内壁有轮制旋痕。口径9、最大腹径16.2、底径12.8、高16.4厘米（彩版九六，2）。

瓷碗　3件，分AⅣ和BⅤ式。

AⅣ式　1件。ⅡM15：5，灰白胎，青绿釉，保存较好。尖圆唇，直口，深弧腹，高饼足，足底内凹。内底心下压，外底饰一道凹弦纹。口径15.4、底径6.1、高8厘米（彩版九六，3）。

BⅤ式　2件。ⅡM15：2，灰白胎，青绿釉，脱落严重。尖唇，敞口，弧腹，饼足内凹。内底隆起，内底心略下压，外壁口沿下饰一道细弦纹。口径9、底径3.6、高4.4厘米（彩版九六，4）。ⅡM15：3，灰白胎，釉尽脱落。尖唇，敞口，弧腹，饼足平底。内底心下压，足底饰一道凹弦纹。口径8.3、底径3.1、高4厘米（彩版九六，5）。

瓷碟　5件，B型。ⅡM15：6，灰白胎，青绿釉，脱落严重。尖唇，大敞口，浅弧腹近直，平底。内壁口沿下饰一道细弦纹，外底外缘饰一道凹弦纹。口径12.4、底径5、高1.7厘米（彩版九七，1）。ⅡM15：7，灰白胎，青绿釉，脱落严重。尖唇，大敞口，浅弧腹近直，平底微凹。内壁口沿下饰一道细弦纹，外底饰一道凹弦纹。口径11.4、底径5.1、高1.7厘米（彩版九七，2）。ⅡM15：8，灰白胎，青绿釉，脱落严重。尖唇，大敞口，浅弧腹近直，平底微凹。内壁口沿下饰一道细弦纹，外底饰一道凹弦纹。口径11.4、底径5.2、高1.7厘米（彩版九七，3）。ⅡM15：9，灰白胎，青绿釉，脱落严重。尖唇，大敞口，浅弧腹近直，平底微凹。内壁口沿下饰一道细弦纹，外底饰两道凹弦纹。口径11.6、底径6、高1.8厘米（彩版九七，4）。ⅡM15：10，灰白胎，青绿釉，部分剥落。尖唇，大敞口，浅弧腹近直，平底

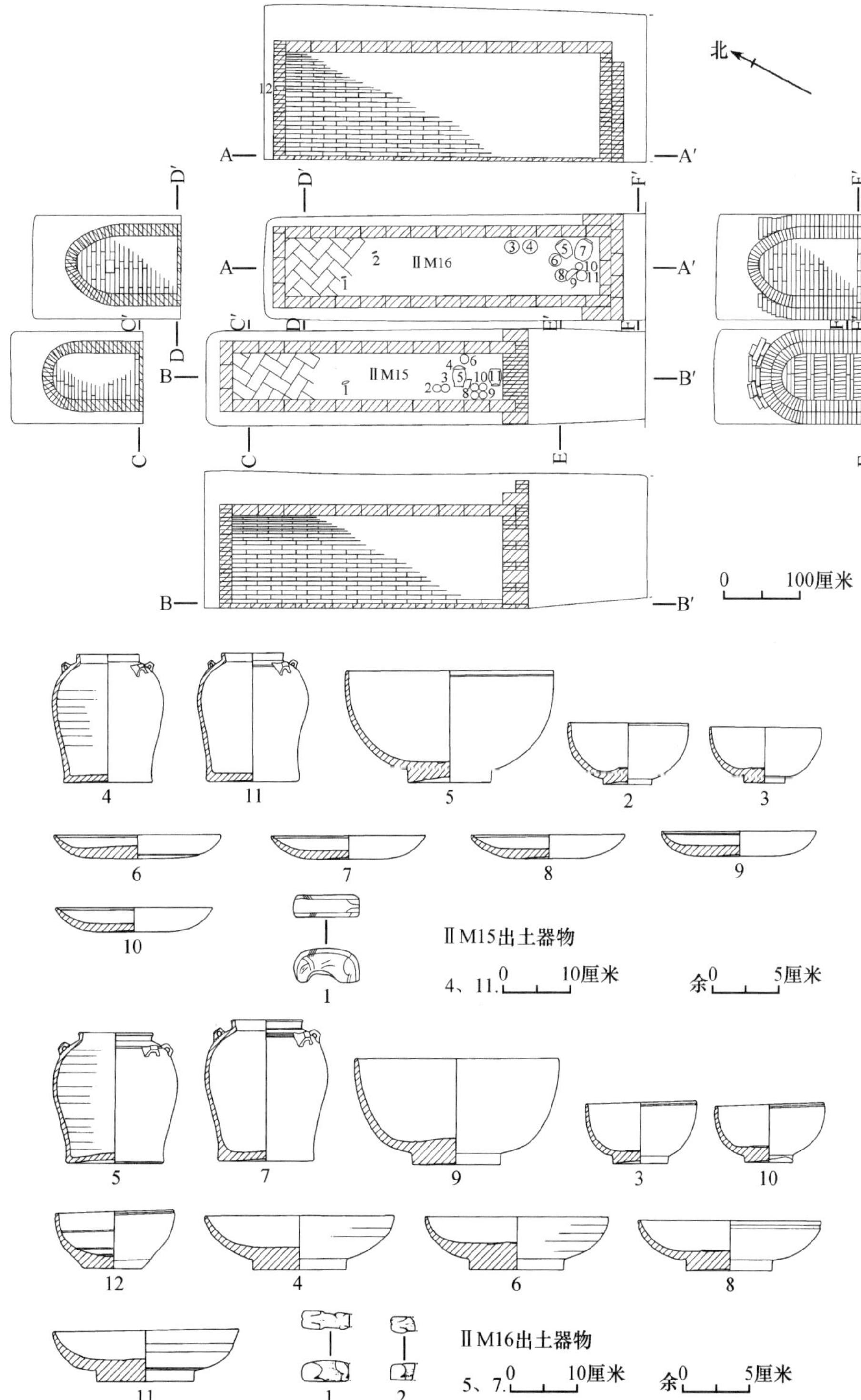

图三八　ⅡM15、ⅡM16平、剖面图及出土器物

ⅡM15出土器物：1. 滑石猪　2、3. BⅤ式瓷碗　4、11. AⅦ式瓷六耳罐　5. AⅣ式瓷碗　6～10. B型瓷碟

ⅡM16出土器物：1、2. 滑石猪　3、10、12. BⅤ式瓷碗　4、6、8、11. C型瓷碟　5、7. AⅦ式瓷六耳罐　9. AⅣ式瓷碗

微凹。内壁口沿下饰一道细弦纹，外底饰一道凹弦纹。口径11.6、底径5.6、高1.8厘米（彩版九七，5）。

滑石猪　1件。ⅡM15：1，灰色滑石，长条形略弧，刻画简单线条象征眼、耳、后肢与尾巴。长4.9、宽1.6、高2.4厘米（彩版九七，6）。

2. ⅡM16

1）墓葬概况

ⅡM16位于Ⅱ区东部，所在探方为ⅡTN1E6，方向158°。由墓道、墓圹、封门和墓室等部分组成。砖室长4.41、宽1.02、高1.44米（图三八；彩版九五）。

墓道为长斜坡状，揭露部分长1.02、宽1.36、深1.92米。

墓圹为长方形竖穴土坑，直壁平底，长4.60、宽1.28～1.36、深1.92米。

封门双门宽，共两道，砌法“全顺”，内道砌于侧壁内，外道封于侧壁外。

墓室平面呈长方形，内长3.96、宽0.72、高1.29米。

侧壁、后壁为长方形砖错缝平铺叠砌，后壁置于侧壁外。后壁净高0.80米处设龛，龛宽0.14～0.16、高0.12、进深0.10米，内置瓷碗。侧壁净高0.80米处夹砌楔形砖构筑券顶，券顶常见石片填塞砖缝。墓底为人字形平铺，略宽于墓室。

墓砖有长方形和楔形两种，灰砖为主，少量红砖，常见纹饰为叶脉纹。长方形砖常见规格30×15-5、32×15-6厘米，楔形砖常见规格30×15-5～3厘米。

出土器物12件，包括瓷六耳罐、瓷碗、瓷碟和滑石猪等，除1件碗（ⅡM16：12）位于后壁龛内，可确认功用为灯盏，余皆出土于墓室前部。

2）出土器物

瓷六耳罐　2件，AⅦ式。ⅡM16：5，灰白胎，青绿釉，保存较好。方唇，直口微侈，丰肩，上腹较鼓，下腹弧状内收，平底微凹。肩部饰两组对称桥形耳，每组中间一耳竖立，两侧耳横置。耳间饰一道弦纹。内腹有瓦棱状轮制痕迹。口径10.8、最大腹径18.3、底径14.3、高18.9厘米（彩版九八，1）。ⅡM16：7，灰白胎，青绿釉，保存较好。方唇，侈口，丰肩，上腹较鼓，下腹弧状内收，平底微凹。肩部饰两组对称桥形耳，每组中间一耳竖立，两侧耳横置。颈部饰一道弦纹，耳间饰两道弦纹。内壁有轮制旋痕。口径10.5、最大腹径18、底径13.8、高20.3厘米（彩版九八，2）。

瓷碗　4件，可分为AⅣ和BⅤ式。

AⅣ式　1件。ⅡM16：9，灰白胎，青绿釉，脱落严重。尖唇，敞口，深弧腹，内底心微凸，饼足平底。内底有一圈凸棱，外底饰一道凹弦纹。口径15.2、底径6.6、高7.6厘米（彩版九八，3）。

BⅤ式　3件。ⅡM16：3，灰白胎，青绿釉，脱落较严重，内满釉外半釉。尖唇，直口略敞，弧腹，饼足内凹。内底有轮制旋痕。口径8.4、底径4.1、高4.5厘米（彩版九八，4）。ⅡM16：10，灰白胎，青绿釉，保存较好，内满釉外半釉。尖唇，直口略敞，弧腹，饼足微凹。

内底有轮制旋痕。口径8.4、底径3.6、高4.3厘米（彩版九八，5）。ⅡM16：12，用作灯盏，灰白胎，釉尽脱落。圆唇，敞口，弧腹，平底。内底有黑色斑点，外壁口沿下饰一道细弦纹。口径8.7、底径4.3、高4.3厘米（彩版九八，6）。

瓷碟 4件，C型。ⅡM16：4，灰白胎，青绿釉，保存较好。尖圆唇，大敞口，浅弧腹，饼足平底。口径14、底径6.9、高3.9厘米（彩版九九，1）。ⅡM16：6，灰白胎，青绿釉，保存较好。尖圆唇，大敞口，浅弧腹，饼足平底。口径13.6、底径7、高3.8厘米（彩版九九，2）。ⅡM16：8，灰白胎，青绿釉，保存较好。圆唇，大敞口，浅弧腹，饼足微凹。外壁口沿下饰一道粗弦纹。口径13.8、底径6.5、高3.6厘米（彩版九九，3）。ⅡM16：11，灰白胎，青绿釉，脱落严重。尖圆唇，大敞口，浅弧腹，饼足平底。内底心稍隆，外底饰一道凹弦纹。口径13.7、底径7.2、高3.8厘米（彩版九九，4）。

滑石猪 2件。ⅡM16：1，头部残缺，乳白色滑石，长条形，四肢浮于体表，前屈作匍匐状。通体磨制光滑，刻画生动传神。残长3.5、最大宽1.3、高1.5厘米。ⅡM16：2，头部及躯干前部残缺，乳白色滑石，长条形，四肢浮于体表，作匍匐状。躯干细节与M16：1相似。磨制光滑，刻画生动传神。残长1.8、最大宽1.2、高1.2厘米（彩版九九，5）。

3. ⅢM7

1）墓葬概况

ⅢM7位于Ⅲ区北部山丘南坡西部，ⅢM8西侧，所在探方为ⅢTN27E3，方向150°。由墓道、墓圹、封门和墓室等部分组成。砖室长4.12、宽1.16、高1.52米（图三九）。

墓道为斜坡状，长0.80、宽0.60～0.70、残深0.80～1.23米。

墓圹为长方形竖穴土坑，直壁平底，长4.80、宽1.61、残深1.61米。

封门双门宽，共两道，砌法为“全顺”，内道砌于墓室前端承券内，外道置于承券外。

墓室平面呈长方形，内长3.75、宽0.90、高1.30米。墓室前部横向对称侧立两块长方形砖，另有一块长方形砖横向平铺于前方。墓室前、后端各加置一道承券。

侧壁、后壁为长方形砖错缝平铺叠砌，后壁置于券内，转角相互咬合，侧壁净高0.70米处加砌楔形砖构筑券顶。墓底为“两横两纵”平铺，较墓室稍宽。

墓砖有长方形和楔形两种，砖色有灰色和红色，常见纹饰有叶脉纹和钱纹。长方形砖常见规格30×15-5厘米，楔形砖常见规格30×15-5～3厘米。

出土器物9件，皆为瓷器，器形有四耳罐、碗和碟，集中分布于墓室前部。

2）出土器物

瓷四耳罐 2件，AⅦ式。ⅢM7：7，灰胎，青绿釉，脱落严重。圆唇，微侈口，丰肩，上腹较鼓，下腹弧状内收，平底内凹。内底心隆起。肩部饰两组对称桥形耳，每组中间一耳竖立，两侧耳横置。肩部耳间和腹下部饰不甚规整的细弦纹。内壁有瓦棱状轮制痕迹。口径8.5、最大腹径14.8、底径11.4、高16.5厘米。ⅢM7：8，灰胎，青绿釉，脱落严重。圆唇，微侈口，丰肩，上腹较鼓，下腹弧状内收，平底内凹。内底心隆起。肩部横置对称四泥条耳。内壁有瓦棱状轮制

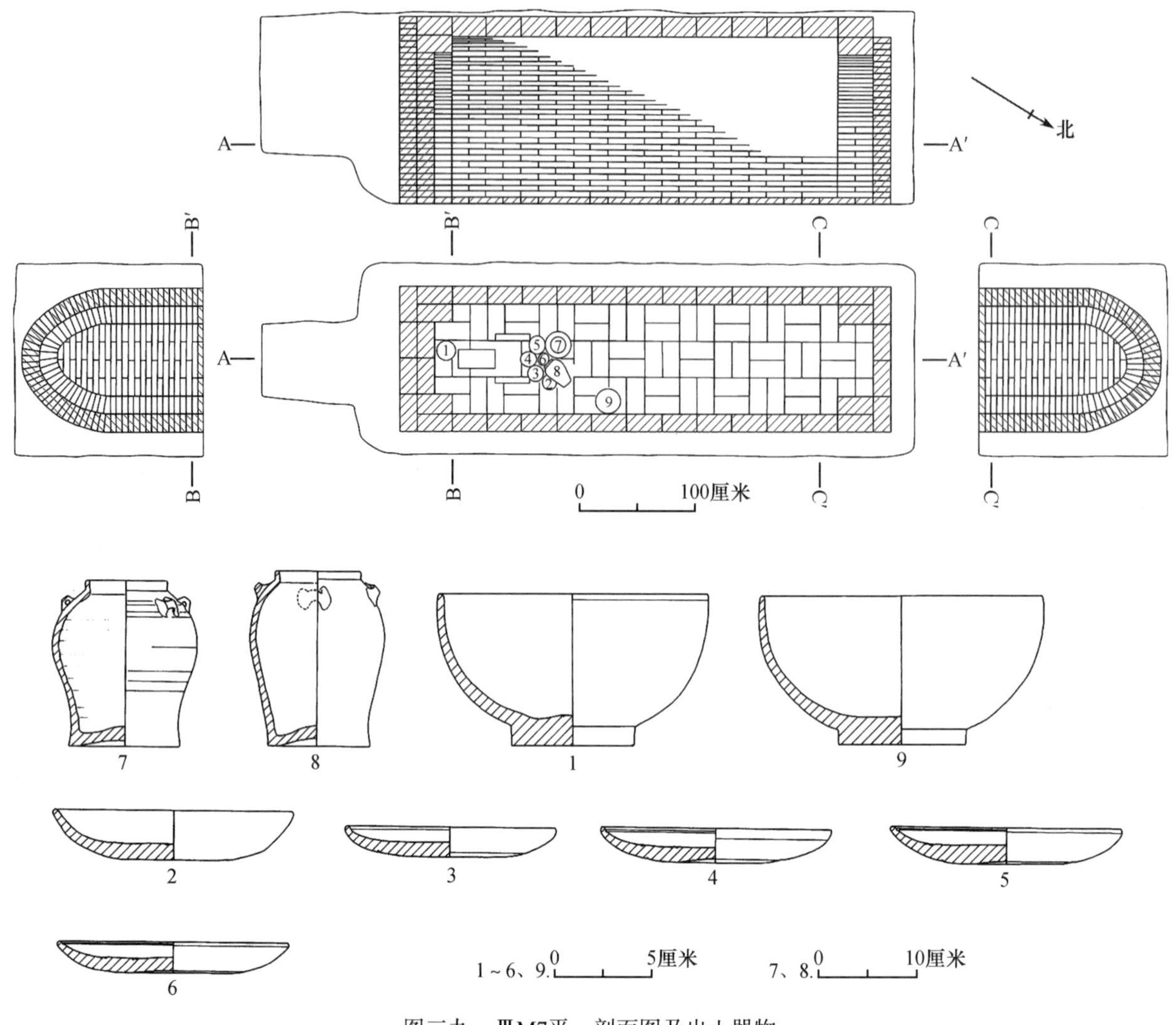

图三九　ⅢM7平、剖面图及出土器物

1、9. AⅣ式瓷碗　2～6. B型瓷碟　7、8. AⅦ式瓷四耳罐

痕迹，外底有方形凹印和线切痕迹。口径9、最大腹径14、底径10.6、高17.5厘米。

瓷碗　2件，AⅣ式。ⅢM7：1，灰胎，釉尽脱落。尖圆唇，直口，弧腹，饼足平底。外壁口沿下饰一道细弦纹。足底有线切痕迹。口径14、底径6.4、高7.6厘米。ⅢM7：9，灰胎，釉尽脱落。尖圆唇，直口略敞，弧腹，饼足平底。外壁有轮制旋痕，足底有线切痕迹。口径14.6、底径6、高7.4厘米。

瓷碟　5件，B型。ⅢM7：2，灰胎，釉尽脱落。圆唇，大敞口，浅弧腹近直，平底。外底有线切痕迹。口径12.5、底径5.6、高2.5厘米。ⅢM7：3，灰胎，青绿釉，脱落严重。方圆唇，敞口，浅弧腹，平底。内壁口沿下饰两道细弦纹，外底饰一道凹弦纹。口径11、底径5.1、高1.5厘米。ⅢM7：4，灰胎，青绿釉，保存较好。方唇，大敞口，浅弧腹近直，平底内凹。内、外壁口沿下各饰一道细弦纹，内底饰两组凹弦纹，外底饰一道凹弦纹，外底中间内凹。口径12、底径5、高1.7厘米。ⅢM7：5，灰胎，青绿釉，保存较好。方唇，大敞口，浅弧腹近直，平底内凹。内壁口沿下饰一道细弦纹，内底饰两组凹弦纹，外底饰一道凹弦纹。口径12、底径

5.5、高1.8厘米。ⅢM7：6，灰胎，青绿釉，保存较好。方唇，大敞口，浅弧腹近直，平底微凹。内壁口沿下饰一道细弦纹，内底饰两组凹弦纹，外底饰一道凹弦纹。口径12、底径5.8、高1.6厘米。

4. ⅢM8

1）墓葬概况

ⅢM8位于Ⅲ区北部山丘南坡西部，ⅢM7东侧，所在探方ⅢTN27E4，方向173°。由墓道、墓圹、封门和墓室等部分组成。砖室长3.28、宽0.82、高1.12米（图四〇；彩版一〇〇，1、2）。

墓道为斜坡状，长1.20、宽0.80、残深0.20～0.80米。

墓圹为长方形竖穴土坑，周壁近直，平底，长3.96、宽1.04～1.10、残深1.05米。

封门双门宽，共两道，砌法为“全顺”，内道砌于侧壁内，外道置于侧壁外。封门处墓外加置一券，形成两道券。

墓室平面呈长方形，内长2.86、宽0.54、高0.98米。墓室前端侧立两块长方形砖，与东侧

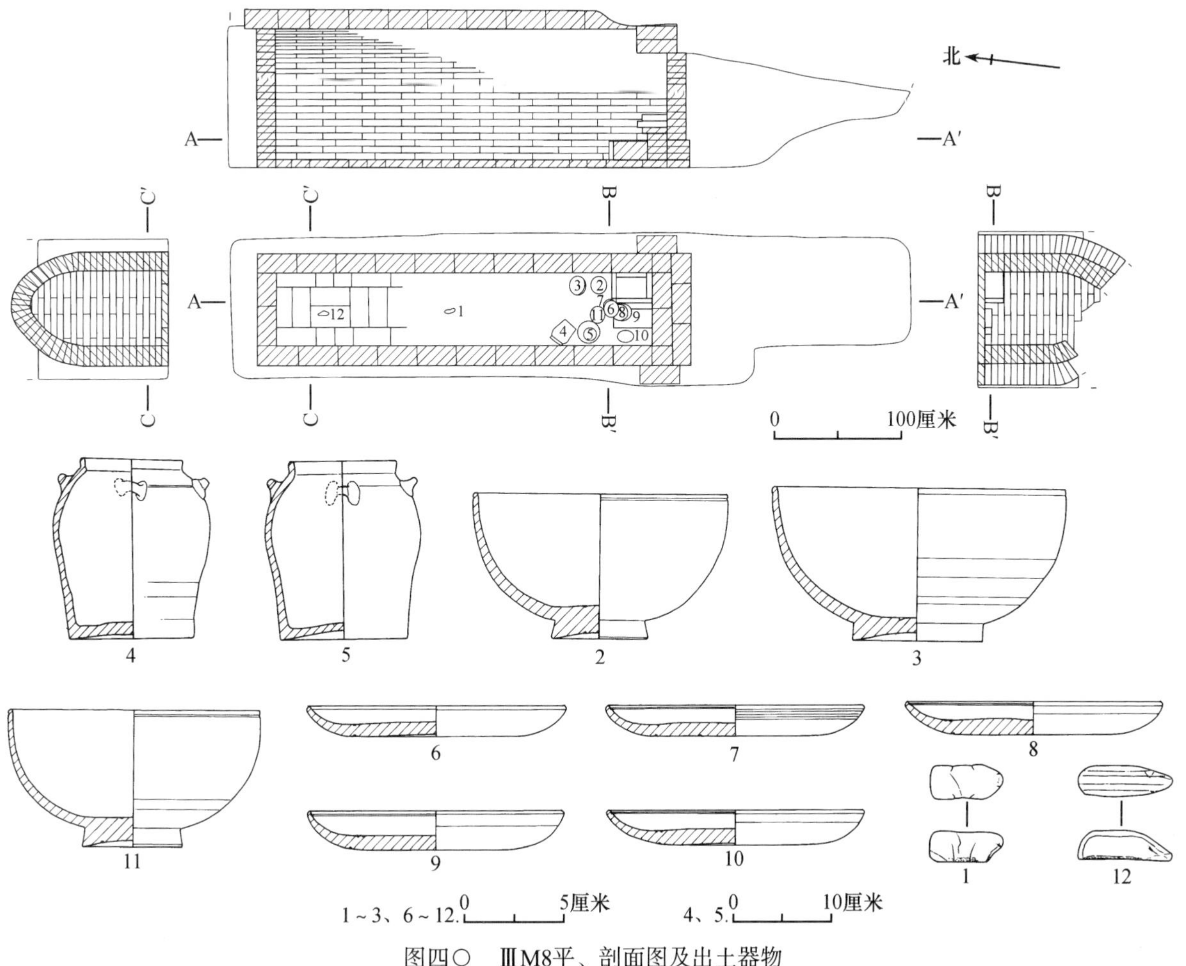

图四〇　ⅢM8平、剖面图及出土器物

1、12. 滑石猪　2、3、11. AⅣ式瓷碗　4、5. AⅦ式瓷四耳罐　6～10. B型瓷碟

壁和封门围合成方形“天井”。“天井”西侧平置一块长方形砖。

侧壁、后壁为长方形砖错缝平铺叠砌，后壁置于券内，砌法为“全顺”，转角相互咬合。侧壁净高0.46米处夹砌楔形砖构筑券顶。墓底为“两横两纵”平铺。

墓砖有长方形和楔形两种，砖有灰砖和红砖，常见纹饰有叶脉纹和钱纹。长方形砖常见规格30×14-4厘米，楔形砖常见规格30×14-4～2厘米。

出土器物12件，除2件滑石猪外皆为青瓷器，器形有碗、碟和四耳罐，集中分布于墓室前部。

2）出土器物

瓷四耳罐　2件，AⅦ式。ⅢM8：4，灰胎，青绿釉，脱落严重。方唇，微侈口，丰肩，上腹较鼓，下腹弧状内收，平底内凹。肩部横置对称四泥条耳，耳间饰一道中弦纹。内壁颈、肩相接处折棱明显，内、外壁腹部有瓦棱状轮制痕迹，底部有线切痕迹和叠烧痕迹。口径10.8、最大腹径15.4、底径12.6、高17.2厘米（彩版一〇〇，3）。ⅢM8：5，灰胎，青绿釉，脱落严重。方圆唇，微侈口，丰肩，上腹较鼓，下腹弧状内收，平底微凹。肩部横置对称四泥条耳，耳间饰一道中弦纹。内底心隆起，外底有线切痕迹和垫烧痕迹。口径10.4、最大腹径15.6、底径12.4、高17.5厘米（彩版一〇〇，4）。

瓷碗　3件，AⅣ式。ⅢM8：2，灰胎，釉尽脱落。圆唇，直口略敞，弧腹，高饼足外撇，足底内凹。内底心下压，外壁口沿下饰一道细弦纹，足底饰一道凹弦纹。口径12.7、底径4.8、高7厘米（彩版一〇一，1）。ⅢM8：3，灰胎，釉尽脱落。圆唇，直口略敞，弧腹，高饼足外撇，足底内凹。内底心下压，外壁口沿下饰一道细弦纹，弦纹几不可见。外壁有浅细轮制旋痕。口径14.8、底径6.6、高7.4厘米（彩版一〇一，2）。ⅢM8：11，灰胎，釉尽脱落。圆唇，直口，弧腹，饼足内凹，足壁外撇。内底心下压，外壁口沿下饰一道细弦纹，足底饰一道凹弦纹。外壁有浅细轮制旋痕。口径12.6、底径5、高6.6厘米（彩版一〇一，3）。

瓷碟　5件，B型。ⅢM8：6，灰胎，釉尽脱落。斜方唇，大敞口，浅弧腹近直，平底微凹。内底饰一组两道凹弦纹，内壁口沿下饰一道细弦纹，外底饰一道凹弦纹。口径12.8、底径8、高1.5厘米（彩版一〇二，1）。ⅢM8：7，灰胎，青绿釉，脱落严重。斜方唇，大敞口，浅弧腹近直，平底。内底饰一组两道凹弦纹，内壁口沿下饰一道细弦纹，外壁口沿下饰一道浅粗弦纹，外底饰一道凹弦纹。底部有浅细旋痕。口径12.8、底径8、高1.5厘米（彩版一〇二，2）。ⅢM8：8，灰胎，釉尽脱落。斜方唇，大敞口，浅弧腹近直，平底。内底饰一组两道凹弦纹，内壁口沿下饰一道细弦纹，外壁口沿下饰一道浅粗弦纹，外底饰一道凹弦纹。口径12.8、底径8、高1.6厘米（彩版一〇二，3）。ⅢM8：9，灰胎，青绿釉，脱落严重。斜方唇，大敞口，浅弧腹近直，平底。内底饰一组两道凹弦纹，内壁口沿下饰一道细弦纹，外壁口沿下饰一道浅粗弦纹，外底饰一道凹弦纹。口径12.6、底径7、高1.9厘米（彩版一〇二，4）。ⅢM8：10，灰胎，釉尽脱落。斜方唇，大敞口，浅弧腹近直，平底。内底饰一组两道凹弦纹，内壁口沿下饰一道细弦纹，外壁口沿下饰一道浅粗弦纹，外底饰一道凹弦纹。口径12.8、底径7.7、高1.7厘米（彩版一〇二，5、6）。

滑石猪　2件。ⅢM8：1，乳白色滑石，长条形，头部残缺。四肢略浮于体表，前屈作匍匐状。器表粗糙。长3.7、宽1.7、高1.5厘米。ⅢM8：12，乳白色滑石，长条形，头部略残。四肢未表，呈匍匐状。器表粗糙，制作简单。长4.75、宽1.5、高1.5厘米（彩版一〇一，4）。

（二）长方形前后室墓

ⅢM1

1）墓葬概况

ⅢM1位于Ⅲ区南部山丘南坡中部，所在探方为ⅢTN2E7，方向171°。由墓道、墓圹、封门和墓室等部分组成。砖室长6.32、宽1.90、高1.45米（图四一；彩版一〇三，1）。

墓道为长斜坡状，长1.80、宽0.50、深0.40～0.90米。

墓圹为长方形竖穴土坑，直壁平底，长6.54、宽2.07、残深约1.72米。

封门双门宽，共两道，砌法为“全顺”，内道位于侧壁内，外道位于墓外。

墓室平面呈长方形，内长6.03、宽1.60、高1.36米。前室加券构成甬道，长1.80、宽1.30米。后室两侧各置对称的7道承券，间隔0.30～0.35米。墓室后端中部砌一砖柱。

侧壁、后壁为长方形砖错缝平铺叠砌，后壁置于侧壁内。侧壁上部与券顶残毁。墓底为人字形平铺，墓底有排水沟直通墓外。排水沟底砖平铺，侧砖斜搭，剖面呈三角形，上部用平砖覆顶，长31.6米。

墓砖有长方形和楔形两种，灰色，常见纹饰为叶脉纹。长方形砖常见规格30×15-6厘米，

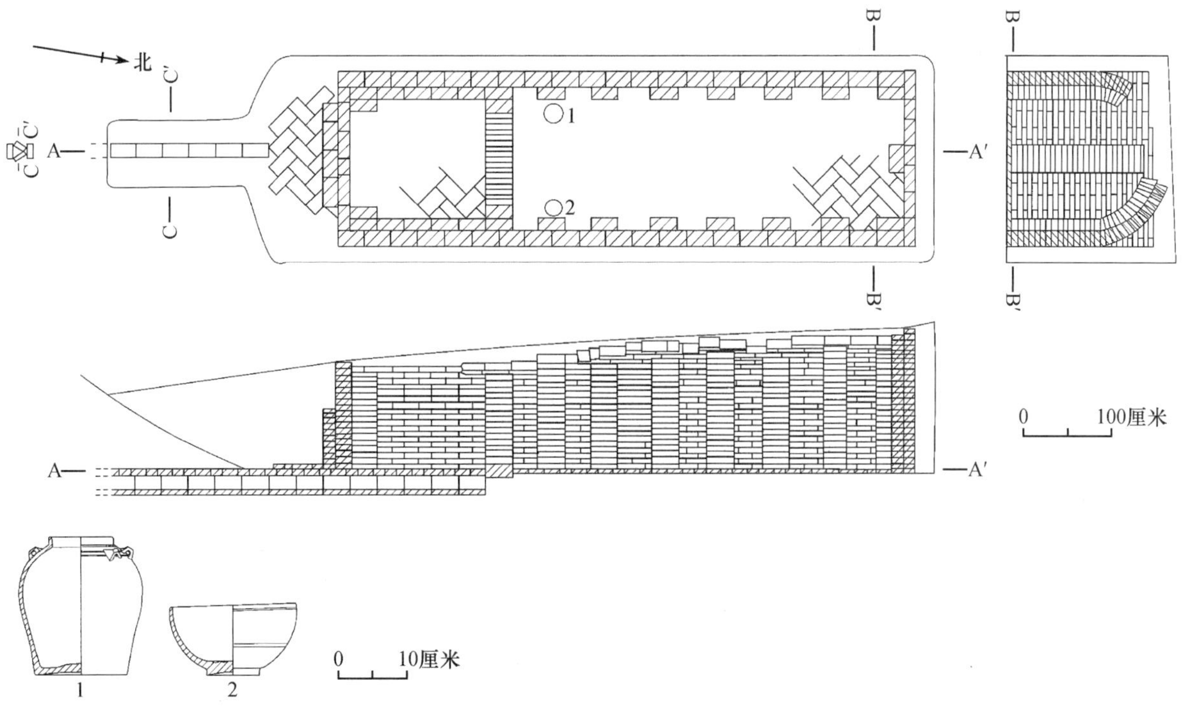

图四一　ⅢM1平、剖面图及出土器物

1. AⅦ式瓷六耳罐　2. AⅣ式瓷碗

楔形砖常见规格30×15-6～3厘米。

器物残存青瓷六耳罐与青瓷碗各一件，皆位于墓室前部。

2）出土器物

瓷六耳罐　1件，AⅦ式。ⅢM1：1，灰胎，青绿釉，保存较好。尖圆唇，直口微侈，丰肩，上腹较鼓，下腹弧状内收，平底微凹。肩部饰两组对称桥形耳，每组中间一耳竖立，两侧耳横置。耳间饰两道细弦纹。口沿内外有轮制旋痕，内壁下腹有瓦棱状轮制痕迹，内底心凸起。口径9.4、最大腹径18、底径13.4、高19.6厘米（彩版一〇三，2）。

瓷碗　1件，AⅣ式。ⅢM1：2，灰胎，青绿釉，保存较好。圆唇，直口略敞，深弧腹，平底内凹。外壁口沿下饰一道凹弦纹。外底有垫烧痕迹。口径18.4、底径7.7、高10.2厘米（彩版一〇三，3）。

（三）合葬墓

ⅢM10

1）墓葬概况

ⅢM10位于Ⅲ区北部山丘南坡中部，所在探方为ⅢTN29E10、ⅢTN29E9、ⅢTN30E10和ⅢTN30E9。打破ⅢM11，被ⅢM9（清墓）打破，方向160°。由墓道、墓圹、封门和墓室（分左、右两室）等部分组成。砖室长5.12、宽2.10、高1.34米（图四二）。

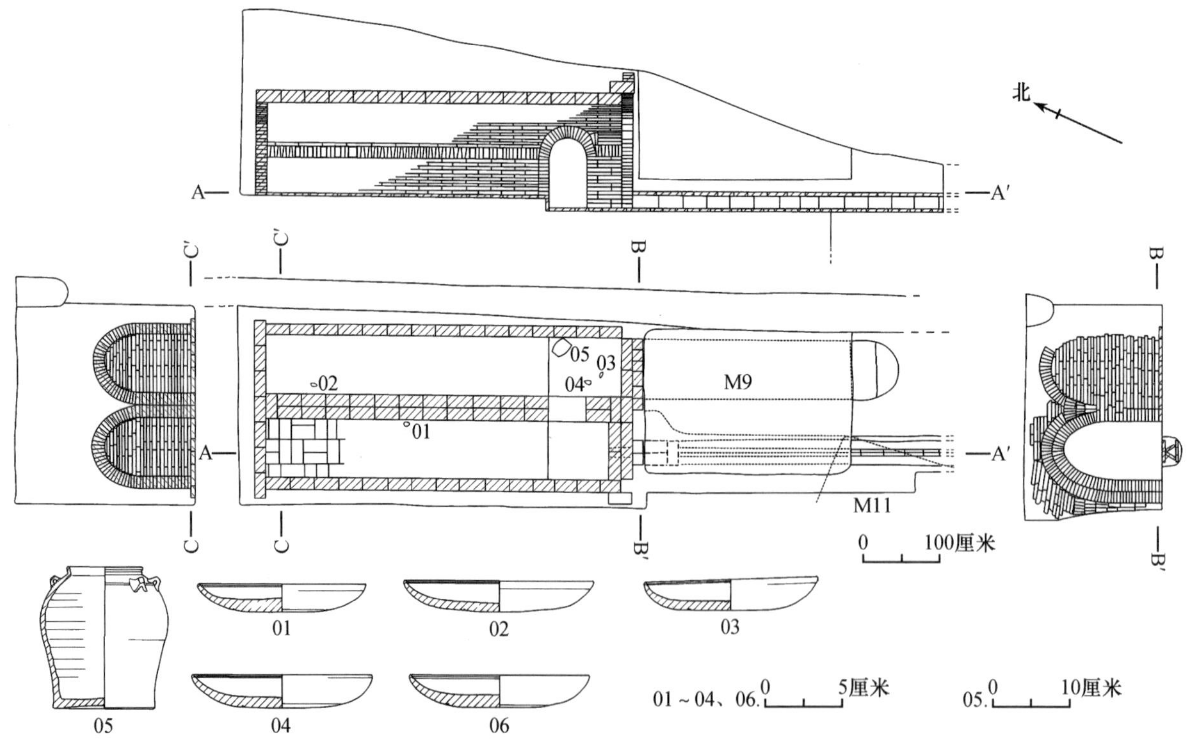

图四二　ⅢM10平、剖面图及出土器物

01～04、06. B型瓷碟　05. AⅦ式瓷六耳罐

左右两室各有墓道，皆呈长斜坡状，左室墓道被ⅢM9打破，残长3.50、宽0.74、最深1.40米，右室墓道长3.34、宽0.74、最深1.40米。

墓圹为长方形竖穴土坑，周壁近直，平底，长5.40、宽2.50、深1.80～2.30米。

左右两室封门皆为双门宽，封门处墓外各加置一券，出侧壁约0.16米，形成券门。左室封门砌法为“一顺一丁”，内道置于侧壁外、券门内，外道置于券门外。右室封门残毁严重，仅存底部，较左室封门多出一道砌于墓室侧壁内，砌法不明。

左右两室平面皆呈长方形，右室封门较左室向内多出一道。左室内长4.70、右室内长4.54、皆宽0.74、高1.14米。左右两室前端各筑一天井，较墓室低0.10米，左右两室天井分别长0.96、0.80米。两室天井处设一拱门，宽0.50、高0.90、进深0.32米。

侧壁、后壁为长方形砖错缝平铺叠砌，后壁置于侧壁外。两室内侧壁净高0.46米处设一排窗格，窗格为两道楔形砖丁向侧立，间隔约0.10米。侧壁净高约0.64米处夹砌楔形砖构筑券顶。墓底为“两横两纵”平铺。右室封门底部留出长方形砖缝，连接墓道底部砖砌排水暗沟。暗沟剖面略呈等腰三角形，长8.20、宽0.32、深0.15米。

墓砖有长方形和楔形两种，以红砖为主，少量青砖，常见纹饰有叶脉纹或圆圈+十字纹的组合纹饰。长方形砖常见规格32×15-4～5厘米，楔形砖常见规格32×15-4～2厘米。

扰土中出土器物6件，皆瓷器，有六耳罐和碟，集中分布于天井和通门处，可能为该墓随葬品。

2）出土器物

瓷六耳罐　1件，AⅦ式。ⅢM10：05，灰胎，釉尽脱落。圆唇，侈口，丰肩，上腹较鼓，下腹弧状内收，平底微凹。肩部有两组对称桥形耳，每组中间一耳竖立，两侧耳横置。口沿外侧饰一道粗弦纹，肩部耳间饰一道中弦纹。内壁有瓦棱状轮制痕迹，外底有轮制旋痕。口径10、最大腹径16.6、底径12.8、高18厘米。

瓷碟　5件，B型。ⅢM10：01，灰胎，青绿釉，内满釉外半釉。尖圆唇，大敞口，浅弧腹近直，平底。内壁口沿下饰一道细弦纹，外底饰一道凹弦纹。内底有支烧痕迹。口径11.1、底径5、高1.8厘米。ⅢM10：02，灰胎，青绿釉，保存较好。尖圆唇，大敞口，浅弧腹近直，平底略圜。内壁口沿下饰一道细弦纹，外底饰两道凹弦纹。外底有支烧痕迹。口径12.6、底径3、高2厘米。ⅢM10：03，略残。灰胎，青绿釉，脱釉严重。尖圆唇，大敞口，浅弧腹，平底。内壁口沿下饰一道细弦纹，外底饰一道凹弦纹。内底有支烧痕迹。口径11.4、底径6、高2.2厘米。ⅢM10：04，灰胎，青绿釉，内满釉外半釉，保存较好。尖圆唇，大敞口，浅弧腹近直，平底。内壁口沿下饰一道细弦纹，外底饰一道凹弦纹。内底有支烧痕迹。口径12、底径4、高2.1厘米。ⅢM10：06，灰胎，青绿釉，内满釉外半釉，保存较好。尖圆唇，大敞口，浅弧腹近直，平底。内壁口沿下饰一道细弦纹，外底饰一道凹弦纹。内底、外底均有支烧痕迹。口径12、底径5、高2.1厘米。

第二阶段

第　六　期

第六期墓葬共5座，皆为长方形单室墓。

1. ⅢM5

1）墓葬概况

ⅢM5位于Ⅲ区南部山丘南坡中部，ⅢM6东侧，所在探方为ⅢTN5E8，方向157°。由墓道、墓圹、封门和墓室等部分组成。砖室长3.66、宽1.06、残高0.65米（图四三；彩版一〇五，1）。

墓道为长斜坡状，残长1.55、宽0.64～0.74、残深0.10～0.44米。

墓圹为长方形竖穴土坑，直壁平底，长3.94、宽1.50、残深0.44～0.74米。

封门双门宽，共两道，砌法为“多顺一丁”，内道置于墓室侧壁内，外道封于侧壁外。

墓室平面呈长方形，内长3.25、宽0.78、残高0.50米。墓室前端侧立两块长方形砖与东壁、封门围成长方形，构成“天井”，长0.24、宽0.16、高0.14米。墓室后端置枕砖（彩版一〇五，2）。

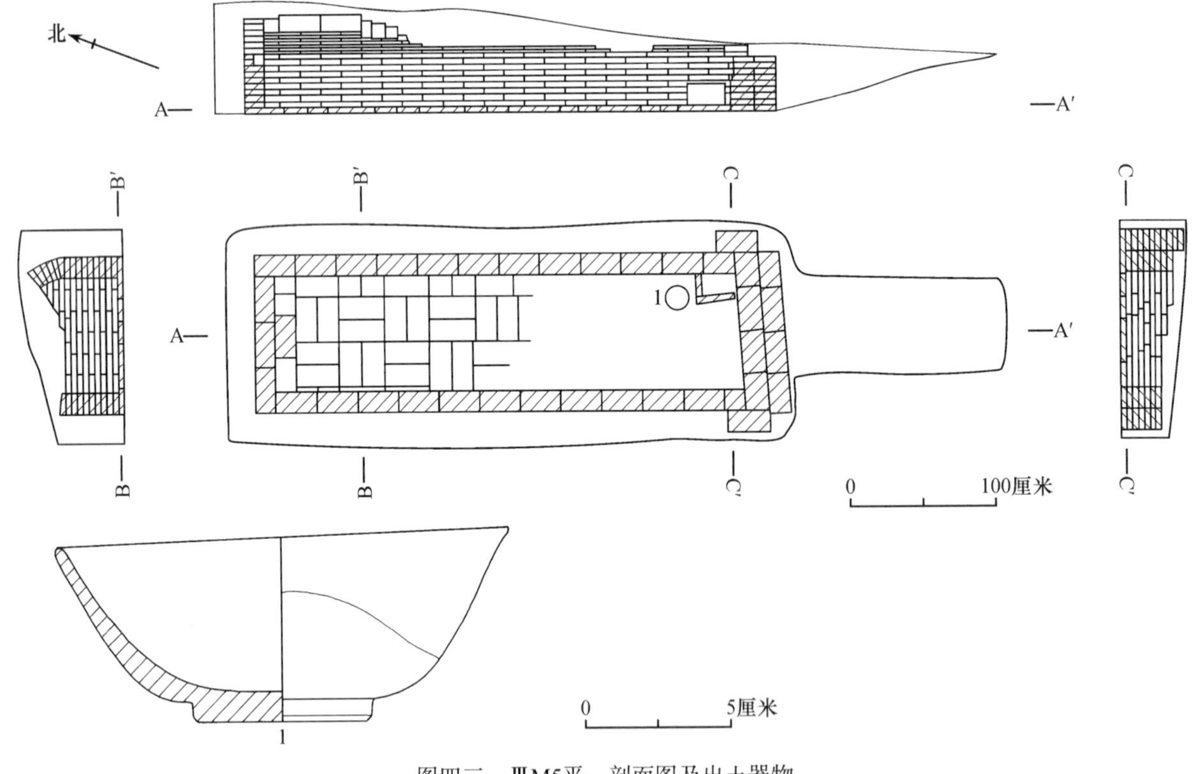

图四三　ⅢM5平、剖面图及出土器物

1. AⅠ式瓷敞口碗

侧壁、后壁为长方形砖错缝平铺叠砌，后壁置于侧壁内，转角相互咬合，侧壁净高0.36米处夹砌楔形砖构筑券顶，券顶无存。后壁净高0.28米处设一壁龛，龛宽0.16、高0.12、进深0.08米。墓底为“两横两纵”平铺。

墓砖有长方形和楔形两种，灰色，皆素面。长方形砖常见规格30×14-4厘米，楔形砖常见规格30×14-4～2厘米。

出土器物仅有瓷敞口碗1件，位于墓室前部。

2）出土器物

瓷敞口碗　1件，AⅠ式。ⅢM5：1，灰胎，青绿釉，内满釉外半釉。圆唇，大敞口，斜直腹略弧，饼足平底。内底有支烧痕迹。口径15.6、底径5.8、高6.4厘米（彩版一〇五，3）。

2. ⅢM6

1）墓葬概况

ⅢM6位于Ⅲ区南部山丘南坡中部，ⅢM5西侧，所在探方为ⅢTN5E7和ⅢTN5E8，方向160°。由墓道、墓圹、封门和墓室等部分组成。砖室长3.42、宽1.04、残高0.63米（图四四；彩版一〇四，1）。

墓道为长斜坡状，长0.36、最宽1.26、残深0.38～0.62米。

墓圹为长方形竖穴土坑，直壁平底，长4.16、宽1.12～1.48、深0.68米。

封门双门宽，共两道，砌法为“多顺一丁”。封门处墓外加置一券。

墓室平面呈长方形，内长3.00、宽0.76、残高0.60米。墓室前部侧立一砖垂直于西壁，可能为“天井”残迹。墓室后端置枕砖。

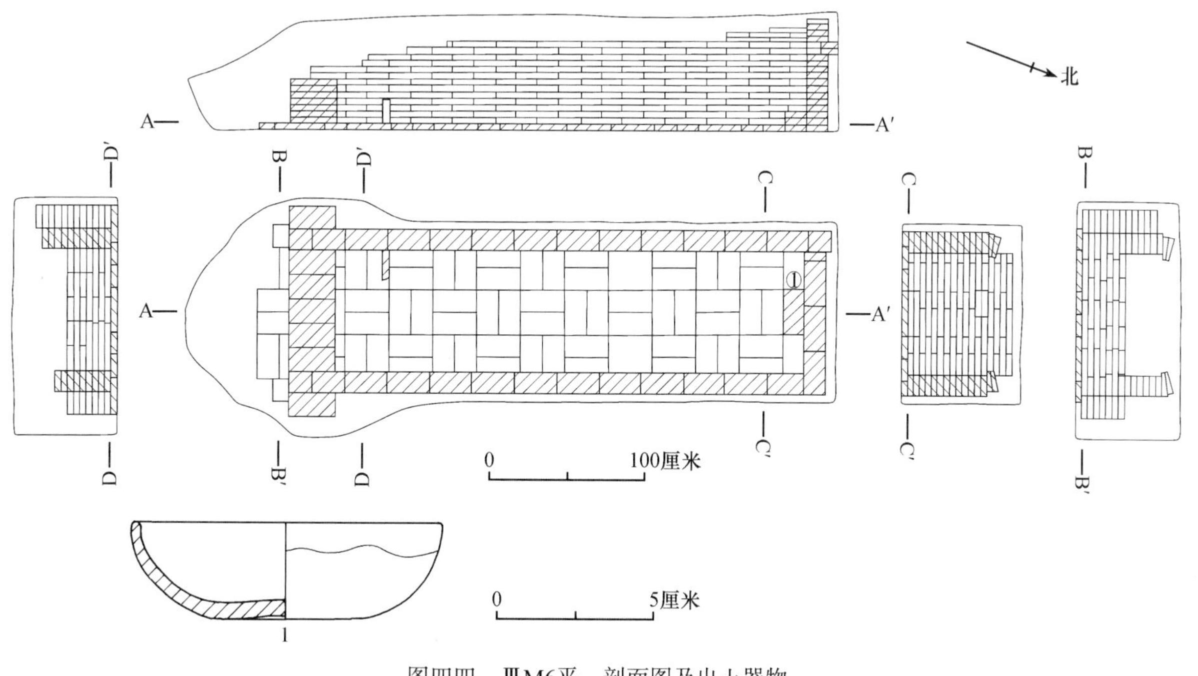

图四四　ⅢM6平、剖面图及出土器物

1. 瓷钵形碗

侧壁、后壁为长方形砖错缝平铺叠砌，后壁置于侧壁内，转角相互咬合。侧壁净高0.40米处夹砌楔形砖构筑券顶，券顶无存。后壁净高0.40米处设一壁龛，龛宽0.16、高0.08、进深0.10米。墓底为“两横两纵”平铺（彩版一〇四，2）。

墓砖有长方形和楔形两种，灰色，素面。长方形砖常见规格28×14-4厘米，楔形砖常见规格31×15.5-4～3/2厘米。

出土器物仅有瓷钵形碗1件，位于墓室后壁处。

2）出土器物

瓷钵形碗　1件。ⅢM6∶1，灰胎，青绿釉，内满釉外半釉。圆唇，直口微敛，弧腹，平底微凹。底部有线切痕迹。口径10、底径5、高3厘米（彩版一〇四，3）。

3. ⅢM12

1）墓葬概况

ⅢM12位于Ⅲ区北部山丘南坡中部偏西，ⅢM15东侧，所在探方为ⅢTN28E8，方向156°。由墓圹、封门和墓室等部分组成。砖室长4.05、宽1.04、残高0.90米（图四五；彩版一〇六，1）。

墓圹为长方形竖穴土坑，直壁平底，长4.26、宽1.36、深0.74～1.66米。

封门双门宽，残毁严重，仅存底部三层，砌法为“两顺一丁”。

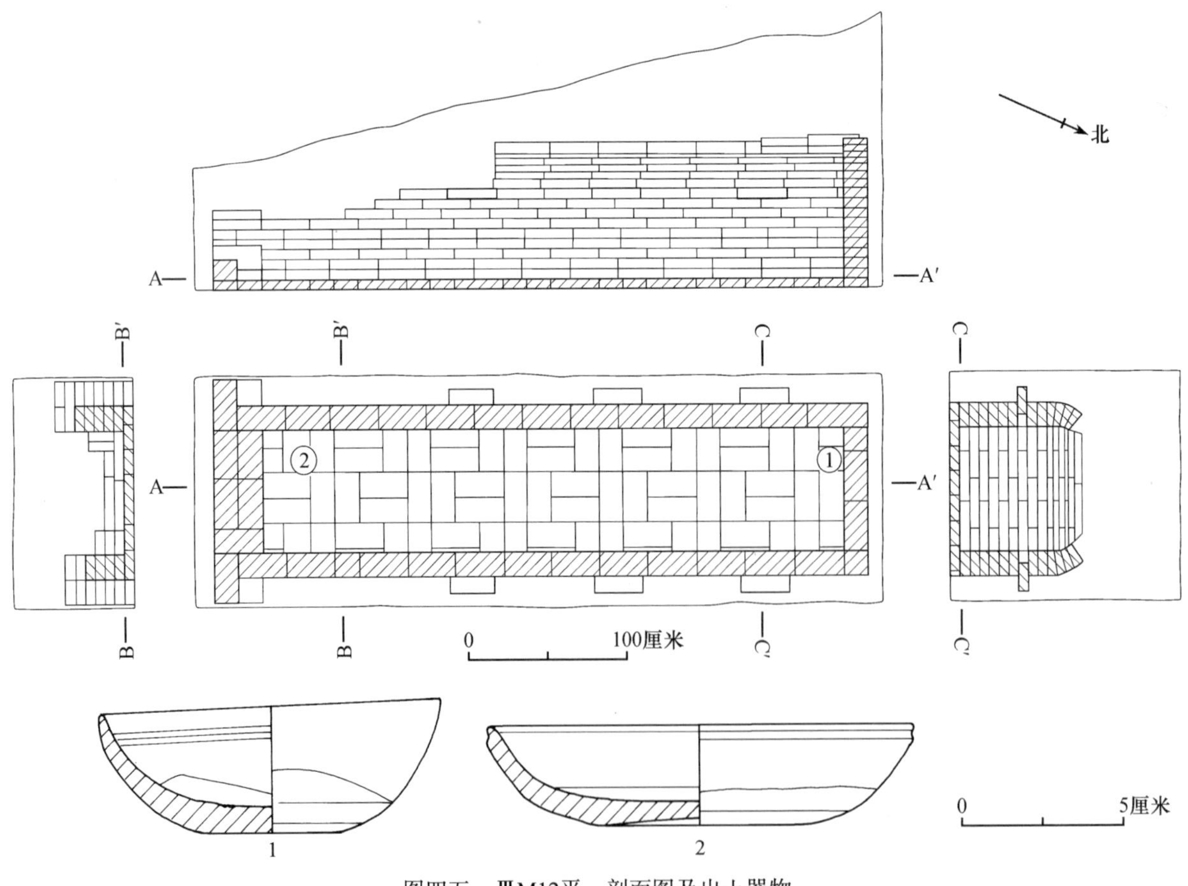

图四五　ⅢM12平、剖面图及出土器物

1. 瓷钵形碗　2. E型瓷碟

墓室平面呈长方形，内长3.63、宽0.76、残高0.76米。

侧壁、后壁为长方形砖错缝平铺叠砌，后壁置于券内，转角相互咬合。侧壁净高0.66米处夹砌楔形砖构筑券顶，两侧壁净高约0.48米处各设对称假窗三个，北端假窗距后壁0.32米，两窗间隔0.60米，窗宽0.30、高0.06、进深0.07米。墓底为“两横两纵”平铺。

墓砖有长方形和楔形两种，红色，素面。长方形砖常见规格30×14-6厘米，楔形砖常见规格30×14-6～4厘米。

出土瓷钵形碗与瓷碟各1件，分别位于墓室前部和后部。

2）出土器物

瓷钵形碗　1件。ⅢM12：1，灰胎，内外皆半釉，脱落严重。尖圆唇，敞口，弧腹，平底。内、外壁有轮制旋痕。口径10.8、底径4.1、高4厘米（彩版一〇六，2）。

瓷碟　1件，E型。ⅢM12：2，灰胎，内满釉外半釉，脱落严重。尖圆唇，大敞口，浅弧腹，平底内凹。内壁口沿下与腹下部各饰一道浅细弦纹，外沿饰一道粗弦纹。外底有线切痕迹。口径13.2、底径6.4、高3厘米（彩版一〇六，3）。

4. ⅢM15

1）墓葬概况

ⅢM15位于Ⅲ区北部山丘南坡中部偏西，ⅢM12西侧，所在探方为ⅢTN28E7，方向164°。由墓道、墓圹、封门和墓室等部分组成。砖室长3.25、宽0.86、高0.86米（图四六；彩版一〇七，1）。

墓道为长斜坡状，长1.78、宽0.75、深0.20～0.80米。

墓圹为长方形竖穴土坑，直壁平底，长4.17、宽1.20～1.30、残深0.86～1.27米。

封门双门宽，共两道，铺法为底部3层“全丁”、上部“一顺一丁”，内道置于墓室侧壁内，外道置于加券内。封门处墓外加砌一券。

墓室平面呈长方形，内长2.80、宽0.56、高0.71米。墓室前端侧立四块长方形砖围合成“天井”，其上东部侧立三块长方形砖作顶。

侧壁、后壁为长方形砖错缝平铺叠砌，后壁置于券内，转角相互咬合。侧壁净高0.40米处夹砌楔形砖构筑券顶。墓底为“两横两纵”平铺。

墓砖有长方形和楔形两种，红色，常见纹饰为叶脉纹。长方形砖常见规格30×14-4厘米，楔形砖常见规格30×15-5～3厘米。

出土器物3件，皆为瓷器，有敞口碗、钵形碗。其中1件钵形碗出土于墓室东北角，另两件位于墓室前部。

2）出土器物

瓷敞口碗　1件，AⅠ式。ⅢM15：1，灰胎，内满釉外半釉，脱落严重。圆唇，敞口，浅腹斜弧略直，矮饼足，足底微凹。内壁口沿下饰一道细弦纹。内、外壁有轮制旋痕，足底有线切痕迹。口径15.8、底径6.2、高5.7厘米（彩版一〇七，2）。

瓷钵形碗　2件。ⅢM15：2，灰胎，青绿釉，内外皆半釉，保存较好。圆唇，敞口，深弧

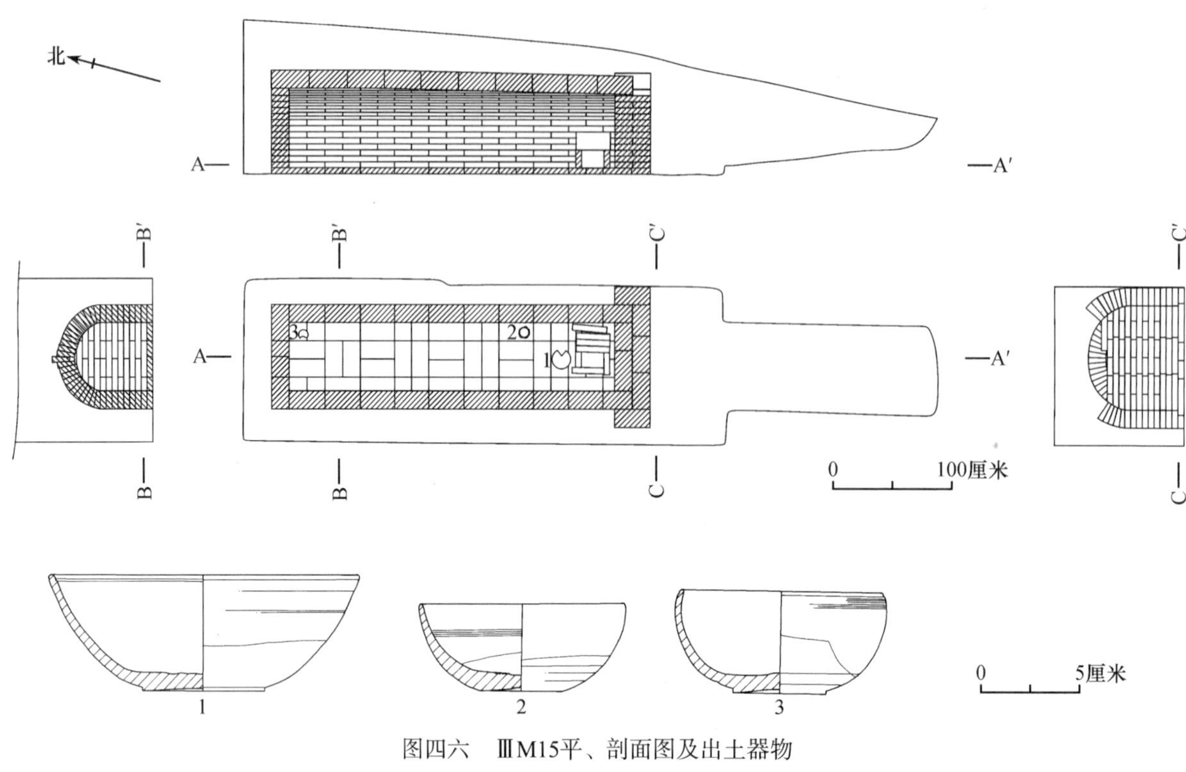

图四六　ⅢM15平、剖面图及出土器物

1. AⅠ式瓷敞口碗　2、3. 瓷钵形碗

腹，平底内凹。内、外壁有轮制旋痕。口径10.6、底径4.2、高4.4厘米（彩版一〇七，3）。ⅢM15：3，灰胎，内满釉外半釉，脱落严重。圆唇，敛口，深弧腹，矮饼足，足底内凹。外壁口沿下饰一道浅细弦纹。内、外壁有轮制旋痕，外底有线切痕迹。有较明显接底痕迹。口径10.2、底径4.8、高5厘米（彩版一〇七，4）。

5. ⅣM10

1）墓葬概况

ⅣM10位于Ⅳ区南部山丘南坡中部，所在探方为ⅣTN1E3，方向156°。由墓圹、墓室等部分组成。砖室长3.34、宽1.10、残高0.48米（图四七）。

墓圹为长方形竖穴土坑，直壁平底，长4.90、宽1.30、残深0.50～1.14米。

封门塌毁，形制不明，残存底部一层砖，为长方形砖横置或纵置的不规则排列。

墓室平面呈长方形，内长2.92、宽0.82、残高0.45米。

侧壁、后壁为长方形砖错缝平铺叠砌，后壁置于侧壁内，转角处相互咬合。券顶无存，墓壁残毁严重。墓底为“两横两纵”平铺。

墓砖仅见长方形一种，灰色，素面，常见规格25×14-3.5厘米。

出土器物仅存瓷碟、陶钵形碗各1件，皆位于墓室前部。

2）出土器物

瓷碟　1件，E型。ⅣM10：02，黄白胎，釉尽脱落。圆唇，大敞口，浅腹斜直略弧，平底

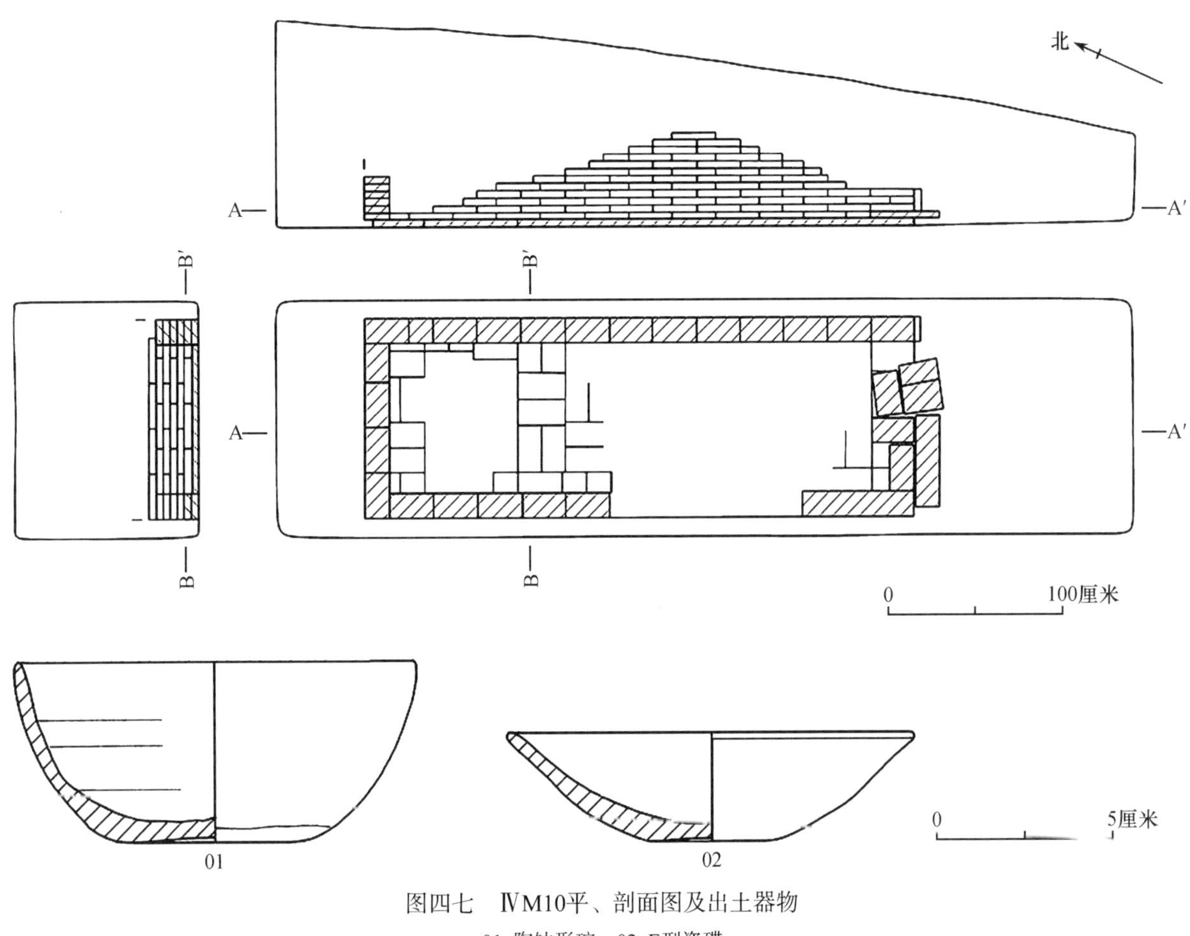

图四七　ⅣM10平、剖面图及出土器物
01. 陶钵形碗　02. E型瓷碟

微凹。口径11.4、底径3.4、高3.1厘米。

陶钵形碗　1件。ⅣM10∶01，泥质灰陶。圆唇，敞口，深弧腹，平底内凹。内、外壁有轮制旋痕。口径11.4、底径5、高5厘米。

第　七　期

第七期墓葬共13座，可分早、晚两段，皆为长方形单室墓，其中早段5座，晚段8座。

（一）早段

1. ⅠM2

1）墓葬概况

ⅠM2位于Ⅰ区东南部。所在探方为ⅠTN13E18，方向79°。由墓道、墓圹、封门和墓室等部分组成。砖室长3.52、宽1.10、高0.52米（图四八；彩版一〇八，1）。

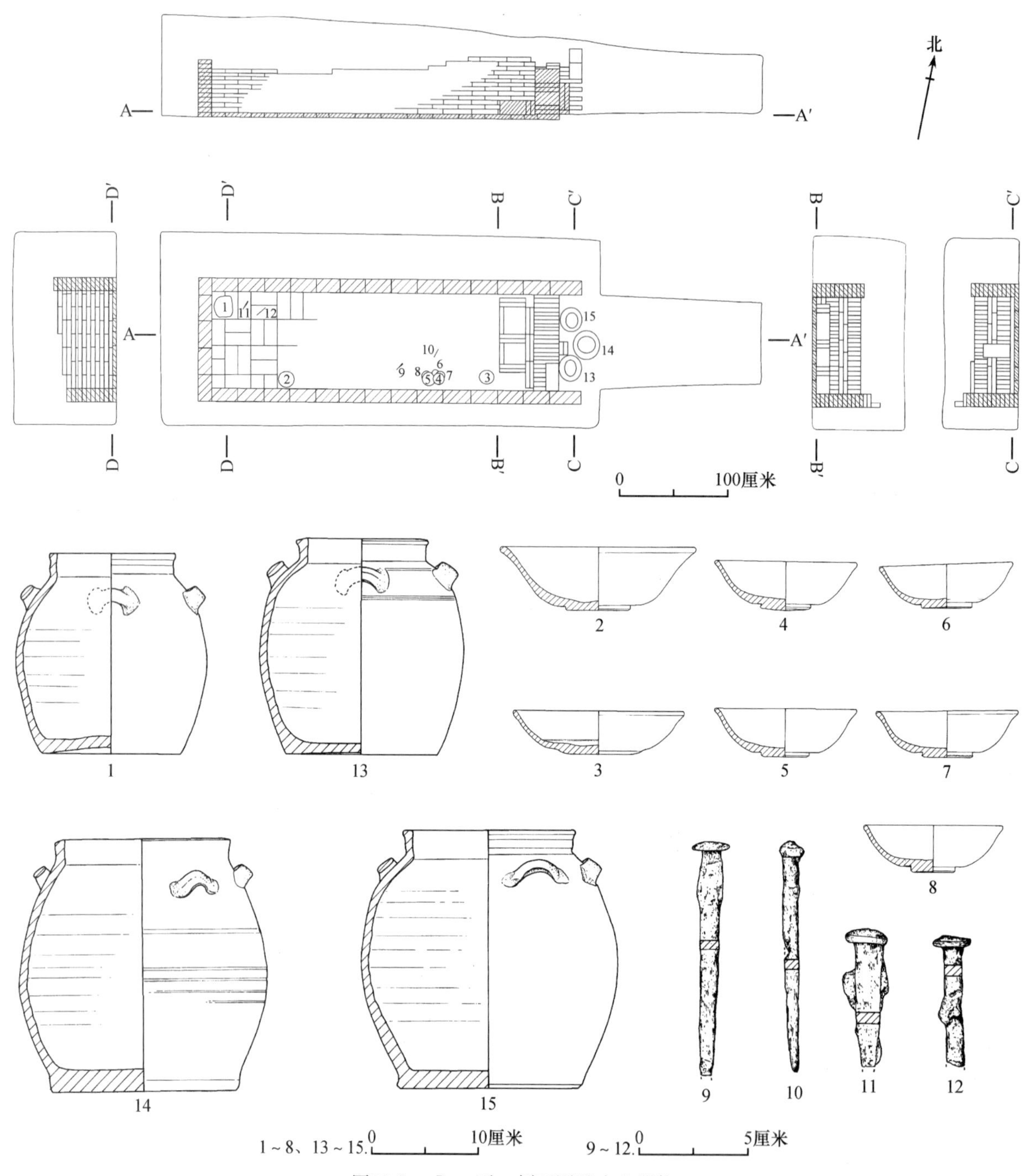

图四八　ⅠM2平、剖面图及出土器物

1、13. B型瓷宽耳罐　2 ~ 8. AⅠ式瓷敞口碗　9 ~ 12. 铁棺钉　14、15. 陶宽耳罐

墓道为竖穴长方形，长1.76、宽0.72～0.86、深0.44～0.70米。

墓圹为长方形竖穴土坑，直壁平底，长5.50、宽1.70、残深0.44～0.92米。

封门双门宽，共两道，砌法为“两顺一丁”，丁砖为侧立。封门位于侧壁内。

墓室平面呈长方形，内长3.10、宽0.86、高0.49米。墓室前端以长方形砖侧立围合成两个相邻的正方形，构成“天井”，通长0.72、宽0.24、高0.12米。

侧壁、后壁为长方形砖错缝平铺叠砌，后壁置于侧壁外。券顶无存，墓壁残毁较严重。墓底为“两横两纵”平铺。

墓砖仅见长方形一种，灰色，皆素面，常见规格24×12-4厘米。

出土器物15件，包括瓷宽耳罐、瓷敞口碗、陶宽耳罐和铁棺钉，其中1件瓷宽耳罐和1件瓷敞口碗位于墓室后部，6件瓷敞口碗位于墓室前部，另有1件瓷宽耳罐和2件陶宽耳罐位于墓道处（彩版一〇八，2、3）。

2）出土器物

瓷宽耳罐　2件，B型。ⅠM2：1，灰胎，釉尽脱落。方唇，直口微敛，短颈，溜肩，鼓腹，平底内凹。肩部横置对称四条形宽耳，口沿外侧饰一道粗弦纹。口径11.8、最大腹径17.6、底径12.8、高17.9厘米（彩版一〇九，1）。ⅠM2：13，灰胎，青绿釉，脱落严重，器表有较多点状黑色积釉。方唇，直口，溜肩，鼓腹，平底微凹。肩部横置对称四条形宽耳，口沿外侧及耳上下各饰一道细弦纹。器表有轮制痕迹。口径13.2、最大腹径19、底径14、高19.2厘米（彩版一〇九，2）。

瓷敞口碗　7件，AⅠ式。ⅠM2：2，青绿釉，脱落严重。圆唇，敞口，微弧腹，饼足平底。外壁口沿下饰一道细弦纹。口径17.9、底径5.3、高5.7厘米（彩版一一〇，1）。ⅠM2：3，灰胎，青绿釉，脱落严重。圆唇，敞口。微弧腹，平底。口径15.6、底径5.3、高3.9厘米（彩版一一〇，2）。ⅠM2：4，灰胎，青绿釉，脱落严重。圆唇，敞口，弧腹，饼足微凸。口径13、底径4.5、高4.4厘米（彩版一一〇，3）。ⅠM2：5，灰胎，青绿釉，脱落严重。圆唇，敞口，弧腹，饼足平底。口径13.1、底径4、高4.3厘米（彩版一一〇，4）。ⅠM2：6，灰胎，青绿釉，脱落严重。圆唇，敞口，弧腹，饼足微凹，碗口烧制略变形。口径12.2、底径4.2、高4.2厘米（彩版一一〇，5）。ⅠM2：7，灰胎，青绿釉，脱落严重。圆唇，敞口，弧腹，饼足平底。外壁口沿下饰一道细弦纹，饼足饰一圈水波纹。口径13、底径4.2、高4.3厘米（彩版一一〇，6）。ⅠM2：8，灰胎，青绿釉，脱落严重。圆唇，敞口，弧腹，饼足微凹。口径12.7、底径3.7、高4.2厘米（彩版一〇九，5）。

陶宽耳罐　2件。ⅠM2：14，泥质灰陶，通体施褐色陶衣。方唇，直口，溜肩，鼓腹，平底。肩部横置六个条形宽耳，三个一组，互相对称。口沿外侧及腹部饰细弦纹。口径16.3、最大腹径22.7、底径17.1、高22.5厘米（彩版一〇九，3）。ⅠM2：15，泥质灰陶，通体施褐色陶衣。方唇，直口，溜肩，鼓腹，平底。肩部横置六个条形宽耳，三个一组，互相对称。口沿外侧与颈部各饰一道粗弦纹。口径16、最大腹径23.4、底径16.6、高23厘米（彩版一〇九，4）。

铁棺钉　4件。尾部扁平呈圆形，钉身截面为长方形。ⅠM2：9，钉尖稍残，残长10.4厘米。ⅠM2：10，长10.2厘米。ⅠM2：11，锈蚀较严重，钉尖残，残长6.2厘米。ⅠM2：12，锈蚀较严重，钉尖残。残长5.8厘米。

2. ⅢM18

1）墓葬概况

ⅢM18位于Ⅲ区北部山丘南坡中部，所在探方为ⅢTN31E10，方向157°。由墓道、墓圹、封门和墓室等部分组成。砖室长3.28、宽1.06、高1.05米（图四九；彩版一一一）。

墓道为长斜坡状，长1.76、宽0.90、残深0.20～1.10米。

墓圹为长方形竖穴土坑，直壁平底，长3.85、宽1.70、残深1.10～1.45米。

封门双门宽，共两道，砌法为“顺丁混铺”，底部丁砖为平铺，中、上部各有一道丁砖侧立。封门位于侧壁内。

墓室平面呈长方形，内长2.88、宽0.80、高0.92米。墓室后端置枕砖。

侧壁、后壁为长方形砖错缝平铺叠砌，后壁置于券内，转角相互咬合，侧壁净高0.48米处夹砌楔形砖构筑券顶。后壁净高0.48米处设一壁龛，宽0.16、高0.08、进深0.10米。底铺“两横两纵”砖。

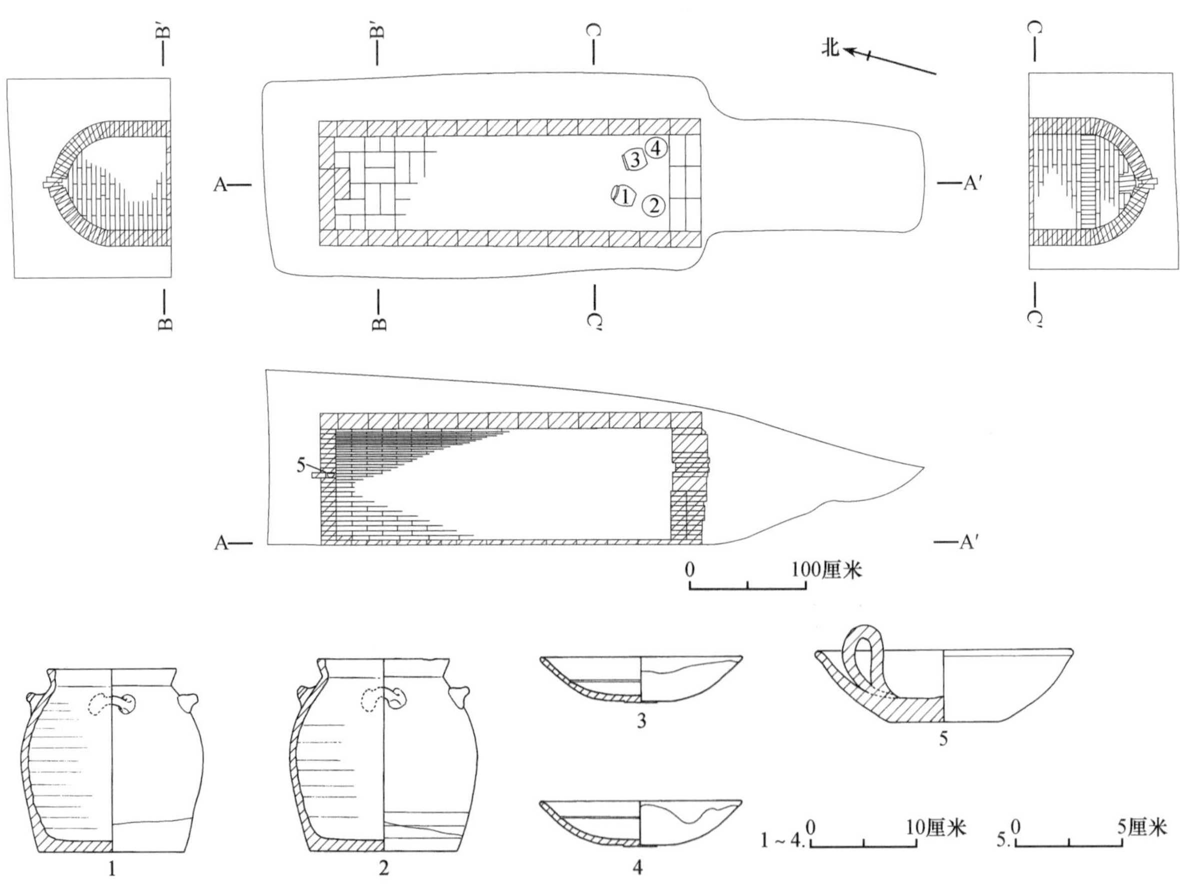

图四九　ⅢM18平、剖面图及出土器物

1、2. B型瓷宽耳罐　3、4. BⅠ式瓷敞口碗　5. B型瓷灯盏

墓砖有长方形和楔形两种，灰色，素面。长方形砖常见规格26×13-4厘米，楔形砖常见规格26×13-4～2厘米。

出土器物5件，为瓷宽耳罐、瓷碟和瓷灯盏。除1件灯盏置于后壁龛内，余皆位于墓室前部。

2）出土器物

瓷宽耳罐　2件，B型。ⅢM18：1，深灰胎，青黄釉，内壁施釉至上腹，外至下腹，保存较好。方唇，直口微侈，溜肩，鼓腹，平底。肩部横置对称四泥条宽耳。内壁有瓦棱状轮制痕迹，外壁有轮制旋痕。口径12.4、最大腹径17.4、底径14、高16.8厘米（彩版一一二，1）。ⅢM18：2，深灰胎，青黄釉，保存较好。方唇，侈口，外溜肩，鼓腹，平底。肩部横置对称四泥条宽耳。内壁有瓦棱状轮制痕迹，外壁有轮制旋痕。口径12.7、最大腹径18、底径14.2、高17.7厘米（彩版一一二，2）。

瓷敞口碗　2件，BⅠ式。ⅢM18：3，黄白胎，内满釉外半釉，脱落严重。圆唇，大敞口，浅腹斜直略弧，底部旋削成小饼足，饼足矮小不规整。腹内壁饰一道中弦纹。外壁有轮制旋痕。口径19.2、底径2.8、高4.2厘米（彩版一一二，3）。ⅢM18：4，黄白胎，青绿釉，内满釉外半釉，脱落严重。圆唇，大敞口，浅腹斜直略弧，底部旋削成小饼足，饼足矮小不规整。腹内壁饰一道中弦纹。外壁有轮制旋痕。口径19.2、底径3、高4.2厘米（彩版一一二，4）。

瓷灯盏　1件，B型。ⅢM18：5，深灰胎，青黄釉，釉色见有窑变，内满釉外半釉，脱落严重。圆唇卷沿，大敞口，浅腹斜弧，平底。内壁贴一环形泥条。底部有线切痕迹。口径12.2、底径5.2、高3.3厘米（彩版一一二，5）。

3. ⅢM19

1）墓葬概况

ⅢM19位于Ⅲ区北部山丘南坡中部，所在探方为ⅢTN31E10，方向157°。由墓道、墓圹、封门和墓室等部分组成。砖室长3.43、宽1.11、高1.14米（图五〇）。

墓道为长斜坡状，长1.08、宽0.99～1.05、残深0.20～1.23米。

墓圹为长方形竖穴土坑，直壁平底，长3.95、宽1.66～1.80、残深1.23～1.62米。

封门双门宽，共两道，砌法为“一顺一丁”，丁砖为侧立。封门位于侧壁内。

墓室平面呈长方形，内长3.03、宽0.85、高1.01米。墓室后端置枕砖。

侧壁、后壁为长方形砖错缝平铺叠砌，后壁置于券内，转角相互咬合。侧壁净高0.56米处夹砌楔形砖构筑券顶。后壁净高0.60米处设一壁龛，宽0.14、高0.08、净深0.10米。墓底为“两横两纵”平铺。

墓砖有长方形和楔形两种，灰色，素面。长方形砖常见规格26×13-4厘米，楔形砖常见规格26×13-4～2厘米。

出土器物8件，瓷器有罐、碟、灯盏等5件，另有2件铜钱与1件铁棺钉。除灯盏置于后壁龛内、棺钉位于墓室后部外，余皆位于墓室中前部。

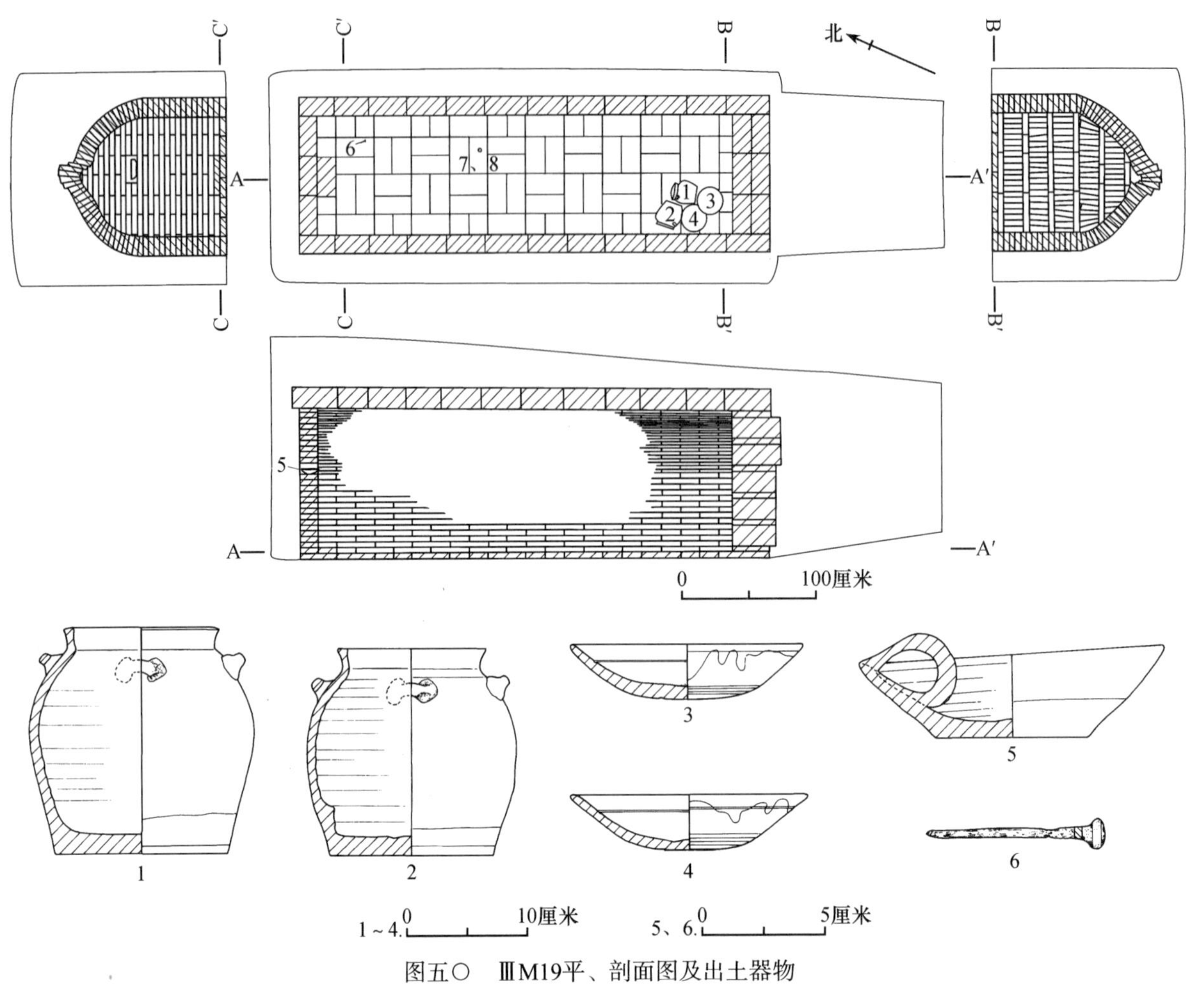

图五〇　ⅢM19平、剖面图及出土器物

1、2. B型瓷宽耳罐　3、4. BⅠ式瓷敞口碗　5. B型瓷灯盏　6. 铁棺钉　7、8. 铜钱

2）出土器物

瓷宽耳罐　2件，B型。ⅢM19：1，深灰胎，青黄釉，内壁施釉至沿下，外壁施釉至下腹近底处，保存较好。方唇，侈口，溜肩，鼓腹，平底。肩部横置对称四泥条宽耳。内壁有瓦棱状轮制痕迹，外壁有轮制旋痕。口径12.8、最大腹径18.3、底径14.2、高18厘米（彩版一一三，1）。ⅢM19：2，深灰胎，内壁施釉至沿下，外壁施釉至下腹近底处，脱落严重。方唇，侈口，溜肩，鼓腹，平底。肩部横置对称四泥条宽耳。内、外壁有瓦棱状轮制痕迹。口径12.3、最大腹径17.4、底径13.6、高16.5厘米（彩版一一三，2）。

瓷敞口碗　2件，BⅠ式。ⅢM19：3，灰胎，青绿釉，内满釉外半釉，脱落严重。圆唇，大敞口，浅腹斜直，圜底略平。内壁饰一道中弦纹。外底有轮制旋痕，外底中间有旋削作小饼足的痕迹但未制成。口径19、高4.4厘米（彩版一一三，3）。ⅢM19：4，灰胎，青绿釉，内满釉外半釉，脱落严重。圆唇，大敞口，浅腹斜直，底部旋削成小饼足，饼足矮小不规整且不明显。内壁饰一道中弦纹。外壁口沿下有接口痕迹，下腹及底有轮制旋痕。口径19.4、底径4、高4.4厘米（彩版一一三，4）。

瓷灯盏　1件，B型。ⅢM19：5，灰胎，青绿釉，内满釉外半釉，保存较好。尖圆唇，大敞口，浅腹斜直略弧，平底。内壁贴一环形泥条。底部有线切痕迹。口径12.4、底径6.2、高3.7厘米（彩版一一三，5）。

铁棺钉　1件。ⅢM19：6，尾部呈覆斗形，钉身截面呈长方形。钉中部偏上处磨损严重。长7.3厘米。

铜钱　2件。ⅢM19：7、ⅢM19：8，粘连一起，锈蚀严重，皆“开元通宝”。

4. ⅣM2

1）墓葬概况

ⅣM2位于Ⅳ区南部山丘南坡中部，ⅣM3东侧，所在探方为ⅣTN4E3和ⅣTN5E3，方向165°。由墓道、墓圹、封门和墓室等部分组成。砖室长3.76、宽1.06、高1.02米（图五一；彩版一一四，1）。

墓道为竖穴长方形，长0.56、宽0.80、残深0.60～1.07米。

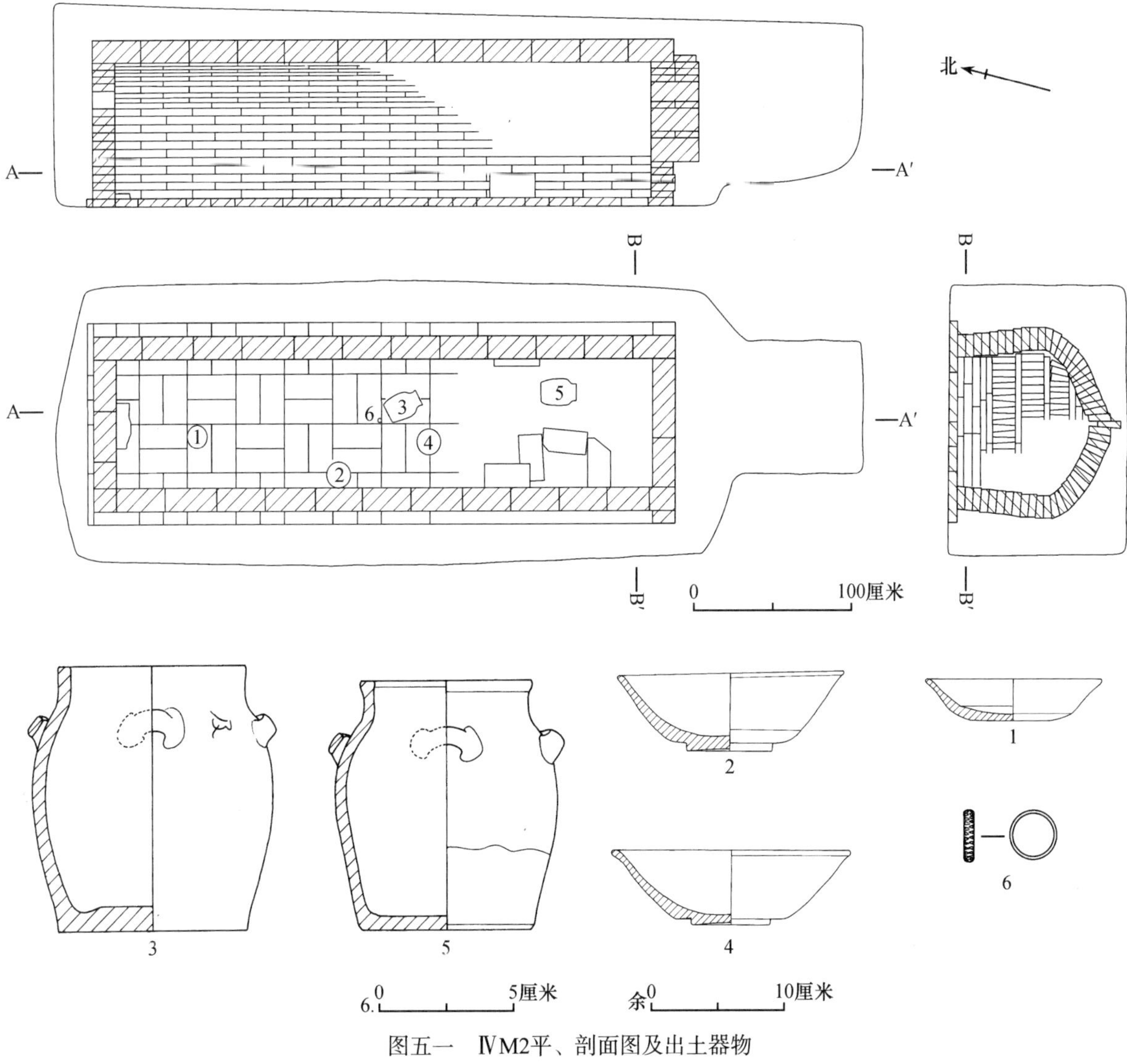

图五一　ⅣM2平、剖面图及出土器物

1. E型瓷碟　2、4. AⅡ式瓷敞口碗　3、5. B型瓷宽耳罐　6. 金指环

墓圹为长方形竖穴土坑，直壁平底，长4.20、宽1.72、残深1.21米。

封门双门宽，共两道，砌法为底部5层“全顺”、上部“一顺一丁”，丁砖为侧立。封门位于侧壁内。

墓室平面呈长方形，内长3.32、宽0.78、高0.82米。墓室前端平置三块长方形砖与西壁围合近矩形，应为“天井”倒塌。墓室前部两侧各置长方形砖一块，东壁处侧置，西壁处平置。墓室后端置枕砖。

侧壁、后壁为长方形砖错缝平铺叠砌，后壁置于券内，转角相互咬合。侧壁净高0.55米处夹砌楔形砖构筑券顶。后壁净高0.55米处设一壁龛，宽0.12～0.14、高0.10米。墓底为“两横两纵”平铺。

墓砖有长方形和楔形两种，灰色，素面。长方形砖常见规格30×14-5厘米，楔形砖常见规格30×14-5～3厘米。

出土器物6件，瓷器有宽耳罐、敞口碗和碟等5件，另有金指环1件。除1件瓷碟出土于墓室后部外，余皆位于墓室中前部（彩版一一四，2）。

2）出土器物

瓷宽耳罐　2件，B型。ⅣM2：3，灰白胎，青绿釉，保存较好。方唇，直口，溜肩，微鼓腹，下腹略弧收，平底。肩部横置对称四泥条宽耳，肩部一侧两耳之间横向刻印一“及”字，字在釉下，为烧制前刻印。底部有垫烧痕迹。口径14.1、最大腹径18、底径14.2、高19.2厘米（彩版一一五，1～3）。ⅣM2：5，灰白胎，青绿釉，内满釉外半釉，脱落严重。方唇，口沿稍凸，直口，溜肩，微鼓腹，下腹略弧收，平底。肩部横置对称四泥条宽耳。口径12.8、最大腹径16.5、底径12.8、高18厘米。

瓷敞口碗　2件，AⅡ式。ⅣM2：2，灰白胎，青绿釉，内满釉外半釉，脱落严重。圆唇，大敞口，浅腹斜直略弧，饼足微凹。外壁下腹部施釉边缘饰一道细弦纹。碗口烧制略变形。口径17、底径6.5、高5.9厘米。ⅣM2：4，灰白胎，青绿釉，内满釉外半釉，脱落严重。圆唇略卷沿，大敞口，浅腹斜直略弧，饼足内凹。足底有同心圆状旋痕。口径18、底径6、高5.4厘米。

瓷碟　1件，E型。ⅣM2：1，灰白胎，青黄釉，内满釉外半釉，脱落严重。圆唇，大敞口，浅腹斜直略弧，平底。内底下压，底心下凹。口径13.2、底径6、高3厘米。

金指环　1件。ⅣM2：6，环体扁平状，外壁饰上下对称的两圈三角形凹印纹。直径1.85、器身宽0.4、厚0.1厘米。

5. ⅣM3

1）墓葬概况

ⅣM3位于Ⅳ区南部山丘南坡中部，ⅣM2西侧，所在探方为ⅣTN4E3和ⅣTN5E3，方向165°。由墓道、墓圹、封门和墓室等部分组成。砖室长3.48、宽1.06、高1.00米（图五二；彩版一一四，1）。

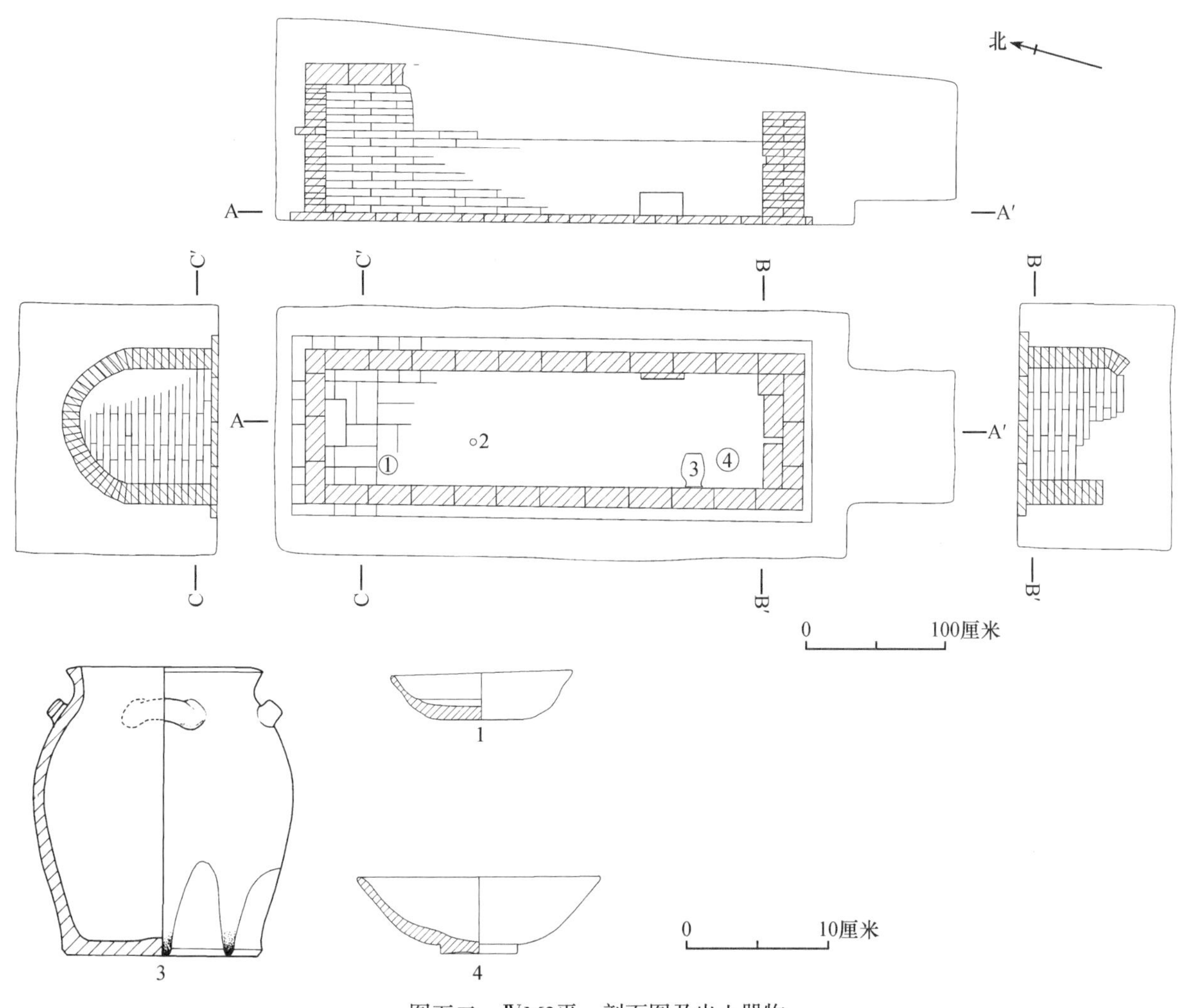

图五二　ⅣM3平、剖面图及出土器物

1. E型瓷碟　2. 铜钱　3.B型瓷宽耳罐　4. AⅡ式瓷敞口碗

墓道为竖穴长方形，长0.40、宽0.82～0.88、残深0.88～0.94米。

墓圹为长方形竖穴土坑，直壁平底，长4.00、宽1.60～1.78、残深1.10～1.35米。

封门双门宽，共两道，砌法“全顺”，封门置于侧壁内。

墓室平面呈长方形，内长3.04、宽0.78、高0.86米。墓室前部东壁侧立长方形砖一块，应当是“天井”残存。墓室后端置枕砖。

侧壁、后壁为长方形砖错缝平铺叠砌，后壁置于券内，转角相互咬合。侧壁净高0.55米处夹砌楔形砖构筑券顶。后壁净高0.55米处设一壁龛，宽0.14～0.16、高0.10、进深0.08米。墓底为“两横两纵”平铺。

墓砖有长方形和楔形两种，灰色，素面。长方形砖常见规格30×14-5厘米，楔形砖常见规格30×14-5～3厘米。

出土器物4件，有瓷宽耳罐、瓷敞口碗和瓷碟各1件，另有铜钱1组共3枚，保存较差。瓷宽耳罐和瓷敞口碗位于墓室前端，瓷碟与铜钱出土于墓室后部（彩版一一四，3）。

2）出土器物

瓷宽耳罐　1件，B型。ⅣM3：3，灰白胎，青绿釉，内满釉外半釉，脱落严重。方唇，直口略敞，溜肩，微鼓腹，下腹略弧收，平底。肩部横置对称四泥条宽耳。口径13.8、最大腹径18、底径13.4、高19.6厘米。

瓷敞口碗　1件，AⅡ式。ⅣM3：4，灰白胎，青黄釉，内满釉外半釉，脱落严重。圆唇，大敞口，浅腹斜直略弧，饼足微凹。内底心下凹。口径17、底径5.4、高5.2厘米。

瓷碟　1件，E型。ⅣM3：1，灰白胎，青绿釉，内施满釉外半釉，保存较好。圆唇，大敞口，浅腹斜弧，平底。内底下压。口径12.7、底径6、高3.4厘米（彩版一一五，4、5）。

铜钱　1组。ⅣM3：2，3枚，残损严重。

（二）晚段

1. ⅡM7

1）墓葬概况

ⅡM7位于Ⅱ区东部，ⅡM8西侧，所在探方为ⅡTN10E17，方向200°。由墓圹、封门和墓室等部分组成。砖室长3.34、宽1.06、高1.03米（图五三；彩版一一六，1）。

墓圹为长方形竖穴土坑，直壁平底，长3.80、宽1.10、残深0.90～1.20米。

封门双门宽，共两道，砌法“一顺一丁”，丁砖为侧立，内道置于侧壁内，外道封于侧壁外。

墓室平面呈长方形，内长2.94、宽0.80、高0.90米。墓室前部两侧对称侧立长方形砖两块构成简易“天井”。

侧壁、后壁为长方形砖错缝平铺叠砌，后壁置于券内，转角相互咬合。侧壁净高0.45米处夹砌楔形砖构筑券顶。墓底为“两横两纵”平铺。

墓砖有长方形和楔形两种，灰色，素面。长方形砖常见规格26×14-3厘米，楔形砖常见规格26×14-3～2厘米。

出土器物4件，瓷梭腹罐与陶盖碗各2件，皆位于墓室前端（彩版一一六，2）。

2）出土器物

瓷梭腹罐　2件。ⅡM7：1，深灰胎，内不施釉外半釉，脱落严重。斜方唇，口沿凸出，直口，溜肩，平底。内、外壁有瓦棱状轮制痕迹。口径8.4、最大腹径15.2、底径10.2、高18.4厘米（彩版一一七，1）。ⅡM7：3，深灰胎，内不施釉外半釉，脱落严重。斜方唇，口沿凸出，直口，溜肩，平底。内壁有瓦棱状轮制痕迹。口径8、最大腹径15.1、底径10.3、高18.6厘米（彩版一一七，2）。

陶盖碗　2件，A型。ⅡM7：2，夹砂灰陶。圆唇，敞口，斜直腹，平底。内、外壁有轮制旋痕。口径11.3、底径4.7、高4.5厘米（彩版一一七，3）。ⅡM7：4，夹砂灰陶。圆唇，敞口，斜直腹，平底。外底饰两道浅细凹旋纹。口径11.4、底径4.2、高4.4厘米（彩版一一七，4）。

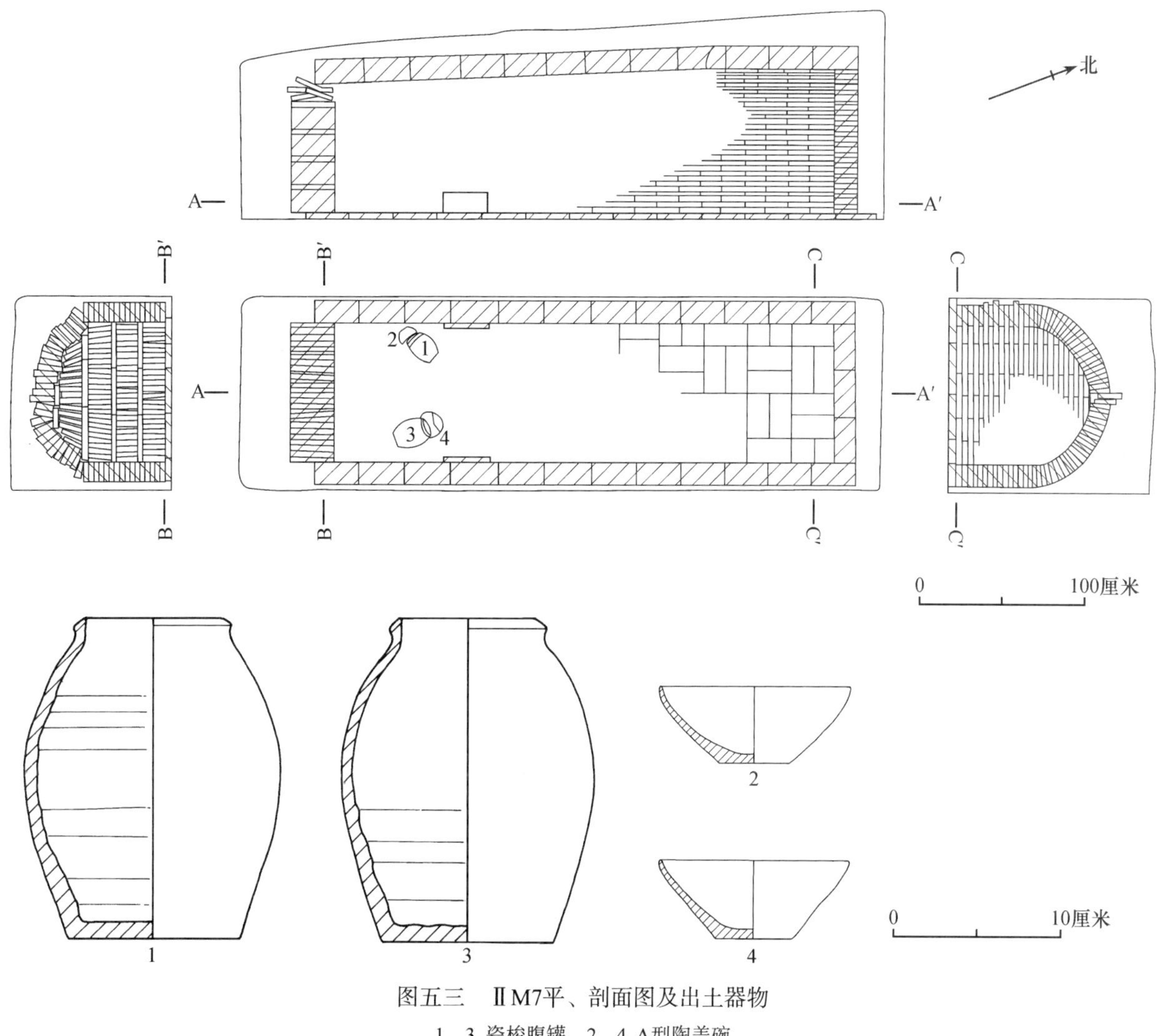

图五三　ⅡM7平、剖面图及出土器物
1、3. 瓷梭腹罐　2、4. A型陶盖碗

2. ⅡM8

1）墓葬概况

ⅡM8位于Ⅱ区东部，ⅡM7东侧，所在探方为ⅡTN10E18，方向198°。由墓圹、封门和墓室等部分组成。砖室长3.34、宽1.06、高1.03米（图五四；彩版一一六，1）。

墓圹为长方形竖穴土坑，直壁平底，长3.80、宽1.08、残深1.24米。

封门双门宽，共两道，砌法为“一顺一丁”，丁砖为侧立，内道置于侧壁内，外道封于侧壁外。

墓室平面呈长方形，内长2.94、宽0.80、高0.90米。墓室前部两侧对称侧立长方形砖两块。

侧壁、后壁为长方形砖错缝平铺叠砌，后壁置于券内，转角相互咬合。侧壁净高0.50米处夹砌楔形砖构筑券顶。墓底为“两横两纵”平铺。

墓砖有长方形和楔形两种，灰色，素面。长方形砖常见规格26×14-3厘米，楔形砖常见规

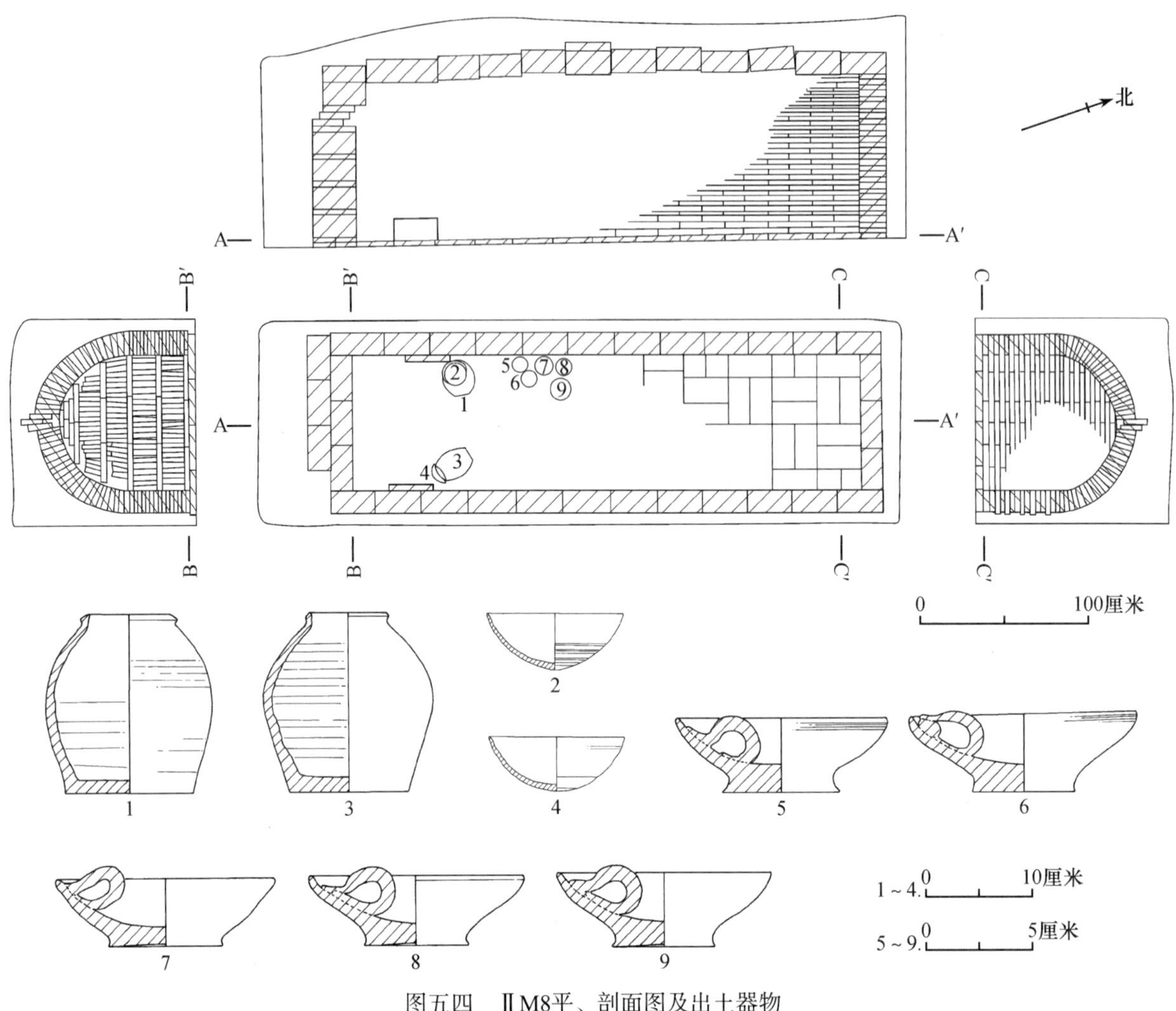

图五四　ⅡM8平、剖面图及出土器物

1、3. 瓷梭腹罐　2、4. B型陶盖碗　5～9. A型瓷灯盏

格26×14-3～2厘米。

出土器物9件，包括瓷梭腹罐2件、瓷灯盏5件和陶盖碗2件，陶盖碗覆于瓷梭腹罐口上，皆位于墓室前部。

2）出土器物

瓷梭腹罐　2件。ⅡM8：1，深灰胎，内不施釉外半釉，脱落严重，外壁无釉处施褐色化妆土。斜方唇，口沿凸出，直口略敛，溜肩，梭腹，平底。内、外壁有瓦棱状轮制痕迹，外底有垫烧痕迹。口径7.6、最大腹径15.7、底径12.2、高16.4厘米（彩版一一八，1）。ⅡM8：3，深灰胎，内不施釉外半釉，脱落严重，外壁无釉处施褐色化妆土。斜方唇，口沿凸出，直口微侈，溜肩，梭腹略鼓，平底。内壁有瓦棱状轮制痕迹。口径7.8、最大腹径16.2、底径11.6、高16.4厘米（彩版一一八，2）。

瓷灯盏　5件，A型。ⅡM8：5，深灰胎，青绿釉，内满釉外半釉，脱落严重。圆唇，敞口，浅腹略弧，足底较平，内壁贴一环状泥条。口径9.9、底径5.4、高3.4厘米（彩版一一九，1）。ⅡM8：6，深灰胎，青绿釉，内满釉外半釉，外壁无釉处局部见有褐色化妆土，脱落严重。圆唇，敞口，浅腹略弧，足底较平，内壁贴一环状泥条。足底微凹。口径10.7、底径4.8、高3.6厘米（彩版一一九，2）。ⅡM8：7，深灰胎，青绿釉，内满釉外半釉，脱落严重。圆唇，敞口，浅腹略弧，足底微凹，内壁贴一环状泥条。足底微凹。口径10.4、底径5.4、高3.1厘米（彩版一一九，3）。ⅡM8：8，深灰胎，青绿釉，内满釉外半釉，外壁无釉处局部见有褐色陶衣，脱落严重。圆唇，敞口，浅腹略弧，足底较平，内壁贴一环状泥条。足底微凹。口径10.3、底径5、高3.2厘米（彩版一一九，4）。ⅡM8：9，深灰胎，青绿釉，内满釉外半釉，外壁无釉处局部见有褐色陶衣，脱落严重。圆唇，敞口，浅腹略弧，足底较平，内壁贴一环状泥条。足底微凹。口径10.2、底径4.9、高3.4厘米（彩版一一九，5）。

陶盖碗　2件，B型。夹砂灰陶。圆唇，敞口，斜弧腹。外壁有轮制旋痕。ⅡM8：2，圜底略尖。口径13、高5.2厘米（彩版一一八，3）。ⅡM8：4，略残，圜底。口径13、高5厘米（彩版一一八，4）。

3. ⅢM20

1）墓葬概况

ⅢM20位于Ⅲ区北部山丘南坡中部偏东，ⅢM21西侧，所在探方为ⅢTN28E12，方向172°。由墓道、墓圹、封门和墓室等部分组成。砖室长3.18、宽1.07、高1.04米（图五五）。

墓道为竖穴长方形，长1.90、宽0.70、残深0.70～1.00米。

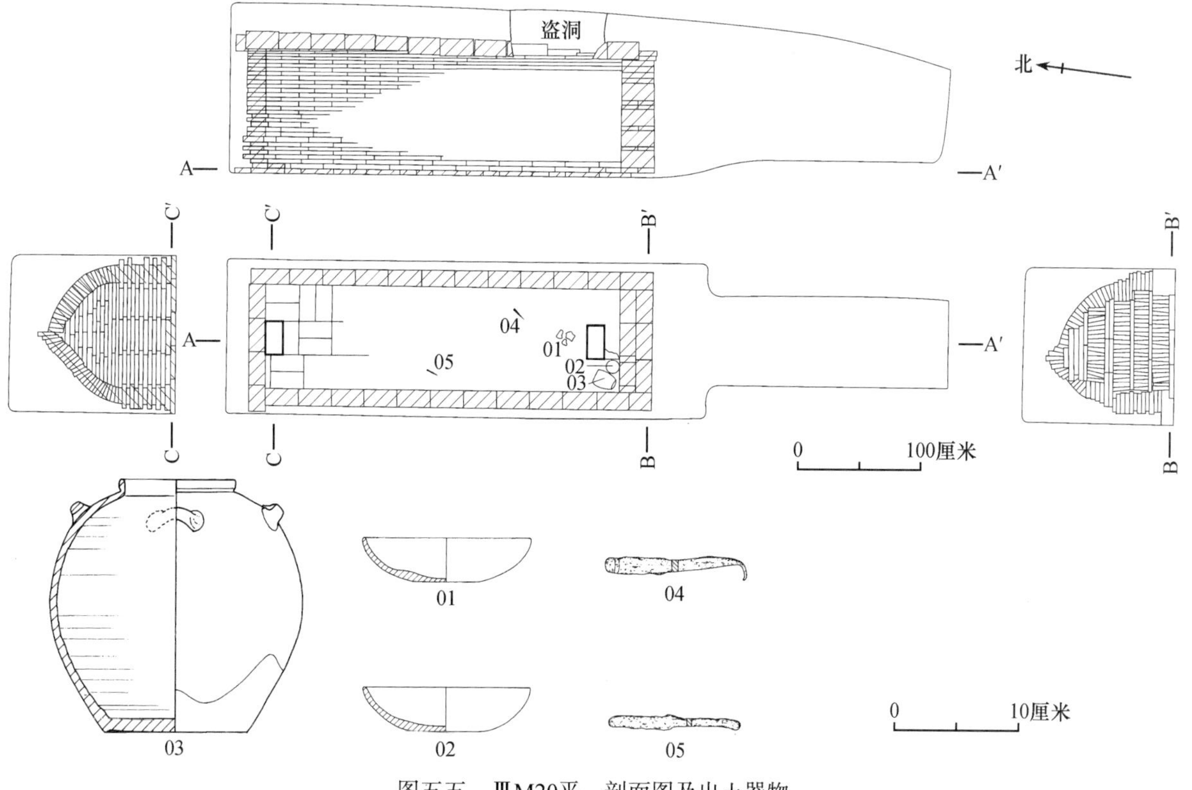

图五五　ⅢM20平、剖面图及出土器物

01、02. E型瓷碟　03. A型瓷宽耳罐　04、05.铁棺钉

墓圹为长方形竖穴土坑，直壁平底，长3.80、宽1.20、残深1.20～1.28米。

封门双门宽，共两道，砌法为“顺丁混铺”，下层为“一顺一丁”，上层为“多顺一丁”，丁砖为侧立，内道置于侧壁内，外道伸入墓道中。

墓室平面为长方形，内长2.78、宽0.80、深0.90米。墓室后端置枕砖。

侧壁、后壁为长方形砖错缝平铺叠砌，后壁置于券内，转角相互咬合。侧壁净高0.40米处夹砌楔形砖构筑券顶。墓底为“两横两纵”平铺。

墓砖有长方形和楔形两种，灰色，素面。长方形砖常见规格26×13.5-3～4厘米，楔形砖常见规格26×13.5-4～2厘米。

扰土中出土器物5件，包括瓷宽耳罐、瓷碟和铁棺钉。

2）出土器物

瓷宽耳罐　1件，A型。ⅢM20：03，略残。灰胎，青绿釉，内满釉外半釉，保存较好。圆唇，直口，短颈，溜肩，圆鼓腹，平底。肩部横置对称四泥条宽耳，颈部饰一道中弦纹。内壁腹部有轮制旋痕。口径9.2、最大腹径20.1、底径11.6、高19.4厘米（彩版一二〇，1、2）。

瓷碟　2件，E型。ⅢM20：01，底略残。灰胎，青绿釉，内满釉外半釉，内壁施釉不均匀，保存较好。圆唇，大敞口，浅腹斜弧，平底。内、外壁均有支烧痕迹。口径13.3、底径4.8、高3.4厘米。ⅢM20：02，灰胎，青绿釉，内满釉外半釉，保存较好。圆唇，大敞口，浅腹斜弧，平底。外壁腹部有支烧痕迹。口径13.2、底径5.2、高3.4厘米。

铁棺钉　2件，锈蚀严重，钉身截面呈长方形。ⅢM20：04，钉尾与钉尖弯曲，长11.2厘米。ⅢM20：05，钉尾与钉尖皆残，残长10.5厘米。

4. ⅢM21

1）墓葬概况

ⅢM21位于Ⅲ区北部山丘南坡中部偏东，ⅢM20东侧，所在探方为ⅢTN28E12，方向170°。由墓道、墓圹、封门和墓室等部分组成。砖室长3.38、宽1.05、残高0.82米（图五六）。

墓道为竖穴长方形，长2.00、宽0.80、残深0.40～0.60米。

墓圹为长方形竖穴土坑，直壁平底，长3.80、宽1.16、残深1.10米。

封门双门宽，共两道，砌法为“两顺一丁”，丁砖为侧立，内道置于侧壁内，外道伸入墓道中。

墓室平面呈长方形，内长2.98、宽0.78、残高0.70米。

侧壁、后壁为长方形砖错缝平铺叠砌，后壁置于券内，转角相互咬合。侧壁净高0.46米处夹砌楔形砖构筑券顶，券顶部残毁。墓底为“两横两纵”平铺。

墓砖有长方形和楔形两种，灰色，素面。长方形砖常见规格26×13.5-4厘米，楔形砖常见规格26×13.5-4～2厘米。

出土器物4件，包括瓷梭腹罐1件、陶盖碗2件和铁棺钉1件，皆位于墓室前部。

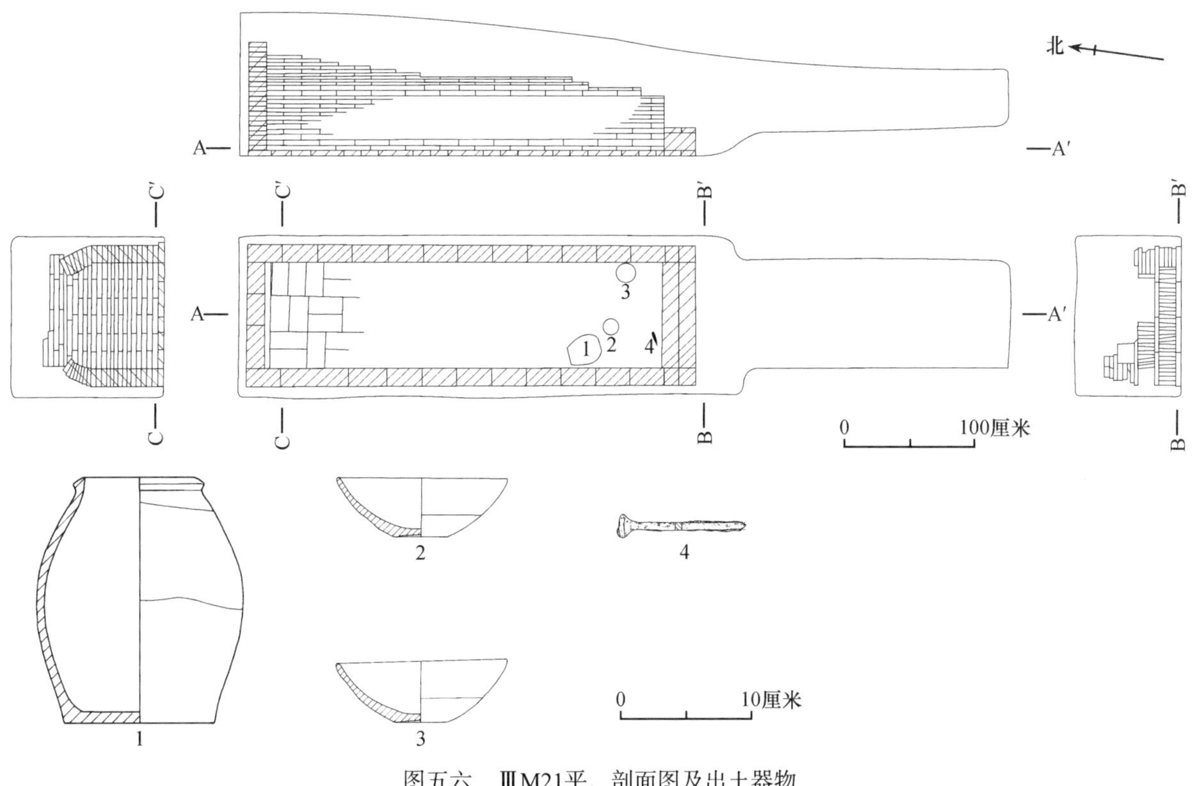

图五六　ⅢM21平、剖面图及出土器物
1. 瓷梭腹罐　2、3. A型陶盖碗　4. 铁棺钉

2）出土器物

瓷梭腹罐　1件。ⅢM21：1，灰胎，内不施釉，外施半釉，釉尽脱落。方唇外斜，直口微敛，溜肩，梭腹，平底。内壁有轮制痕迹。口径8.4、最大腹径15.4、底径11.4厘米。

陶盖碗　2件，A型。ⅢM21：2，泥质灰陶。圆唇，敞口，斜直腹略弧，平底内凹。外壁有轮制痕迹。口径12.8、底径4、高4.3厘米。ⅢM21：3，泥质灰陶。器形、制作痕迹与ⅢM21：2相同。口径12.8、底径3.8、高4.7厘米。

铁棺钉　1件。ⅢM21：4，锈蚀严重，尾部呈覆斗形，钉身截面呈正方形，钉尖残。残长9.9厘米。

5. ⅢM23

1）墓葬概况

ⅢM23位于Ⅲ区北部山丘南坡中部，所在探方为ⅢTN30E11和ⅢTN31E11，方向158°。由墓道、墓圹、封门和墓室等部分组成。砖室长3.06、宽0.93、高0.88米（图五七）。

墓道为竖穴长方形，长1.30、宽0.90、深约0.80米。

墓圹为长方形竖穴土坑，直壁平底，长约4.00、宽1.60、残深1.10米。

封门三门宽，共三道，内道位于墓室侧壁内，砌法为“一顺一丁”，丁砖为侧立，外道伸入墓道中，砌法为“全顺”。

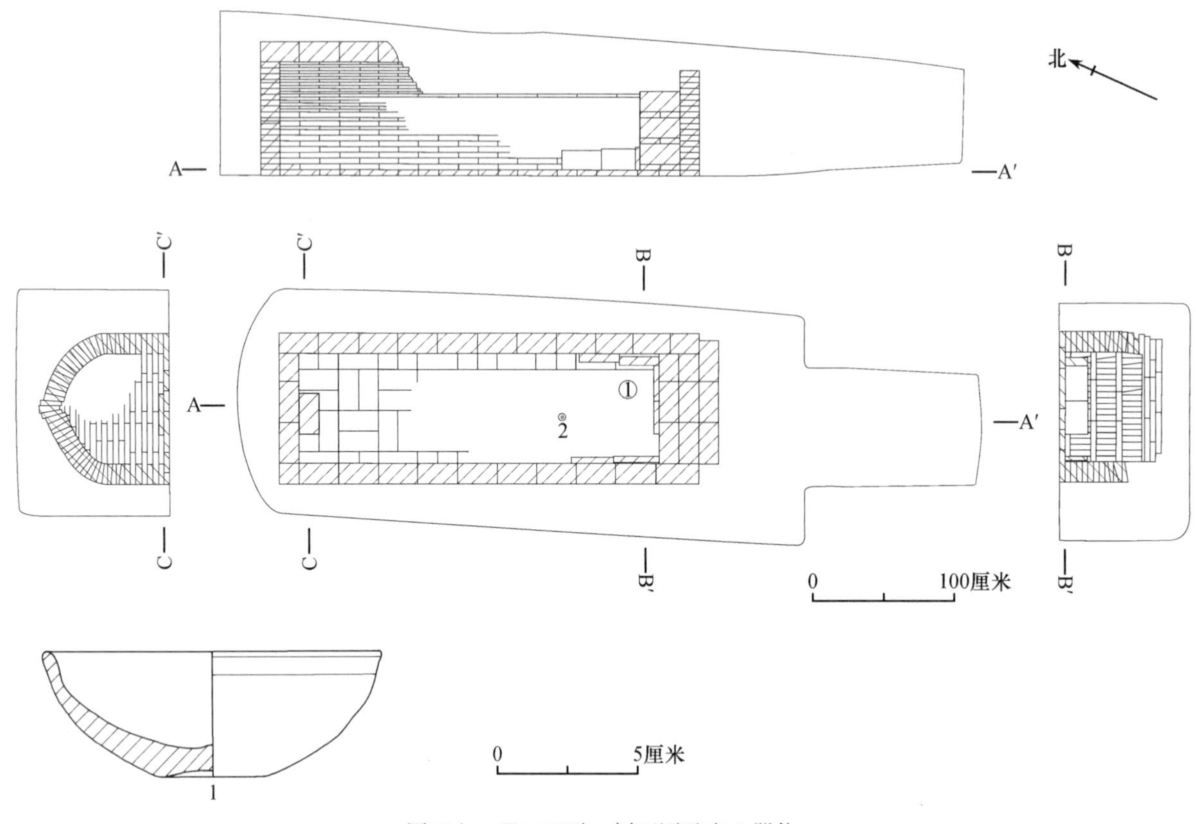

图五七　ⅢM23平、剖面图及出土器物

1. B型陶盖碗　2. 铜钱

墓室平面呈长方形，内长2.50、宽0.65、高0.74米。墓室前部两侧各侧立一块长方形砖构成简易天井，墓室后端置枕砖。

侧壁、后壁为长方形砖错缝平铺叠砌，后壁置于券内，转角相互咬合。侧壁净高0.40米处夹砌楔形砖构筑券顶。券顶部及部分侧壁残毁。墓底为“两横两纵”平铺。

墓砖有长方形和楔形两种，灰色，素面。长方形砖常见规格28×14-4厘米，楔形砖常见规格28×14-4～2厘米。

出土器物仅存陶盖碗、铜钱各1件，皆位于墓室前部。

2）出土器物

陶盖碗　1件，B型。ⅢM23：1，夹粗砂灰陶。圆唇，敞口，弧腹，平底内凹。外壁腹部有轮制旋痕。口径12、底径3.6、高4.3厘米（彩版一二〇，3、4）。

铜钱　1件。ⅢM23：2，保存较好，圆形方孔，面文隶书“开元通宝”，光背，钱文清晰，铸造规整。钱径2.4、孔径0.7、厚约0.1厘米（彩版一二〇，5）。

6. ⅢM26

1）墓葬概况

ⅢM26位于Ⅲ区南部山丘南坡中部，ⅢM27西侧，所在探方为ⅢTN3E5、ⅢTN3E6和

ⅢTN4E5，方向159°。由墓道、墓圹、封门和墓室等部分组成。砖室长3.46、宽1.06、残高0.52米（图五八）。

墓道为竖穴长方形，长0.88、宽0.80、残深0.84米。

墓圹为长方形竖穴土坑，直壁平底，长3.80、宽1.50、残深0.84～1.50米。

封门双门宽，共两道，砌法为“一顺一丁”，丁砖为侧立，内道置于侧壁内，外道伸入墓道中。

墓室平面呈长方形，内长3.04、宽0.78、残高0.48米。墓室前部两侧各侧立一块长方形砖构成简易“天井”。墓室后端置枕砖。

侧壁、后壁为长方形砖错缝平铺叠砌，后壁置于券内，转角相互咬合，侧壁、后壁上部残毁。券顶尽毁。墓底为“两横两纵”平铺，略宽于墓室。

墓砖仅见长方形砖一种，青灰色，皆素面。常见规格28×14-4厘米。

出土器物8件，皆为瓷器，器形有梭腹罐、敞口碗和灯盏，皆位于墓室前部。

2）出土器物

瓷梭腹罐　1件。ⅢM26：7，深灰胎，青黄釉，釉色泛白，内壁施釉至口沿或沿下，外半釉，釉多剥落。方唇外斜，直口微侈，溜肩，梭腹，平底。肩部横置对称四泥条宽耳。内壁

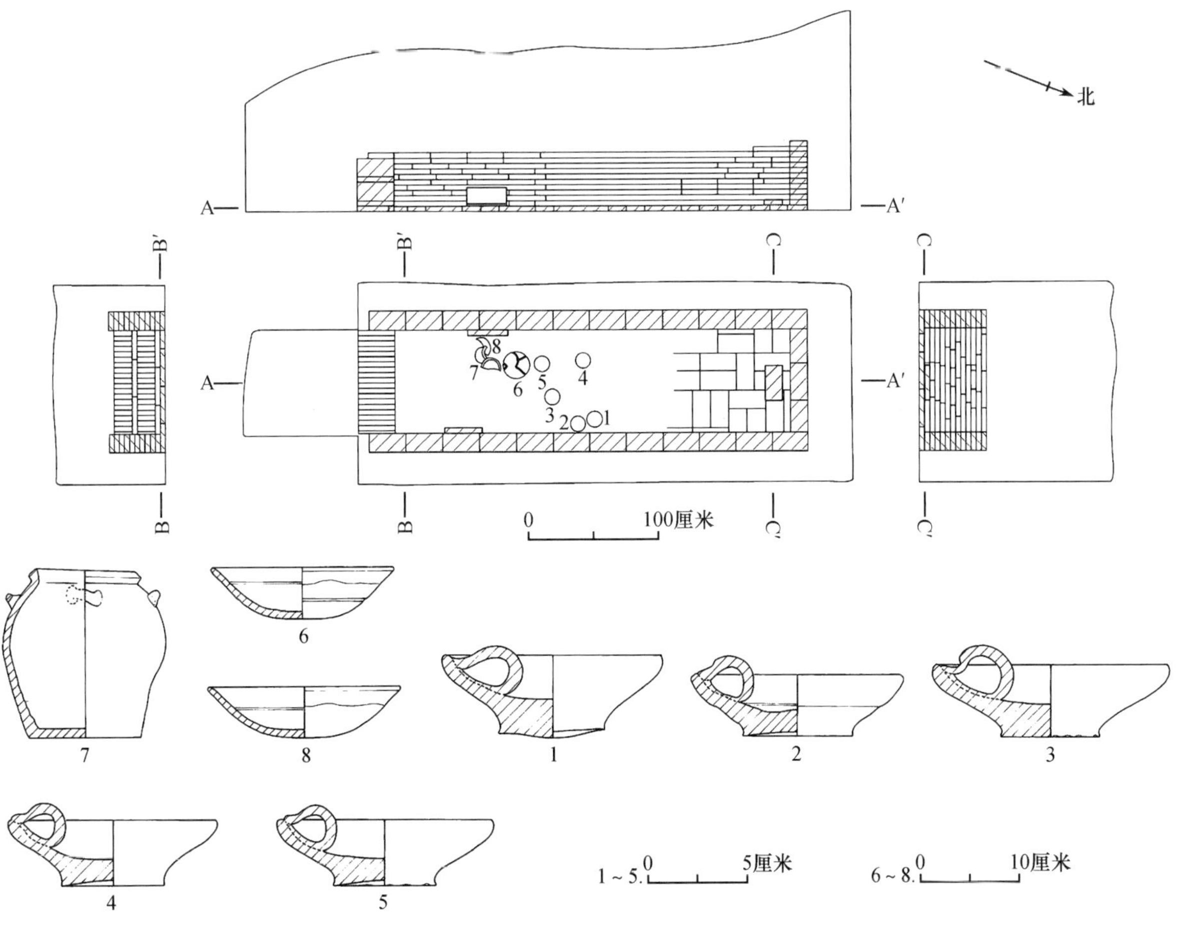

图五八　ⅢM26平、剖面图及出土器物

1～5. 瓷灯盏　6、8. BⅡ式瓷敞口碗　7. 瓷梭腹罐

下腹有瓦棱状轮制痕迹。罐口与下腹烧制变形。口径9.8、最大腹径16.2、底径11.2、高16.4厘米。

瓷敞口碗　2件，BⅡ式。ⅢM26：6，灰白胎，内满釉外半釉，脱落严重。圆唇，敞口，斜直腹，小平底近圜，腹、底无明显分界。内壁饰一道中弦纹，外壁饰一道粗弦纹。口径18.2、高5厘米。ⅢM26：8，灰白胎，青绿釉，内满釉外半釉，脱落严重。圆唇，敞口，斜直腹，小平底近圜，腹、底无明显分界。内壁饰一道中弦纹，外壁沿下饰一道细弦纹。口径19.2、高4.8厘米。

瓷灯盏　5件，A型。ⅢM26：1，深灰胎，青绿釉，内满釉外半釉，保存较好。圆唇，敞口，斜弧腹略直，饼足外凸，足不规整。内壁贴一环形泥条。口径10.8、底径5.4、高4厘米。ⅢM26：2，深灰胎，釉尽脱落。方圆唇，敞口，斜弧腹略直，饼足内凹，足不规整。内壁贴一环形泥条，唇上饰一道细弦纹，内底饰一道凹旋纹。口径10.4、底径5.5、高3厘米。ⅢM26：3，深灰胎，青黄釉，内满釉外半釉，脱落严重。圆唇，敞口，斜弧腹略直，饼足平底，足不规整。内壁贴一环形泥条。口径11.6、底径5、高3.5厘米。ⅢM26：4，深灰胎，内满釉外半釉，脱落严重。圆唇，敞口，斜直腹，饼足内凹，足不规整。内壁贴一环形泥条。口径10.4、底径5.1、高3.2厘米。ⅢM26：5，深灰胎，釉尽脱落。圆唇，敞口，斜弧腹，饼足内凹，足不规整。内壁贴一环形泥条，内底心略下压。口径10.6、底径5.1、高3.2厘米。

7. ⅢM27

1）墓葬概况

ⅢM27位于Ⅲ区南部山丘南坡中部、ⅢM26东侧，所在探方为ⅢTN3E6和ⅢTN4E6，方向159°。由墓道、墓圹、封门和墓室等部分组成。砖室长3.46、宽1.06、高1.02米（图五九；彩版一二一，1）。

墓道为竖穴长方形，长1.50、宽0.80、残深0.84米。

墓圹为长方形竖穴土坑，直壁平底，长3.80、宽1.50、残深0.84～1.50米。

封门双门宽，共两道，砌法为“一顺一丁”，丁砖为侧立，内道置于侧壁内，外道伸入墓道中。

墓室平面呈长方形，内长3.04、宽0.78、高0.88米。墓室前部两侧对称侧立两块长方形砖构成简易“天井”，墓室后端置枕砖。

侧壁、后壁为长方形砖错缝平铺叠砌，后壁置于券内，转角相互咬合。侧壁净高0.44米处夹砌楔形砖构筑券顶。后壁净高0.54米处设一壁龛，龛宽0.24、高0.08、进深0.08米。墓底为“两横两纵”平铺，略宽于墓室。

墓砖有长方形和楔形两种，灰色，素面。长方形砖常见规格28×14-4厘米，楔形砖常见规格28×14-4～2厘米。

出土器物16件，瓷器为主，器形有梭腹罐、敞口碗和灯盏，另有铜钱和铁棺钉等。2件瓷梭腹罐和2件瓷敞口碗位于墓室前部，其余器物位于墓室中部附近（彩版一二一，2）。

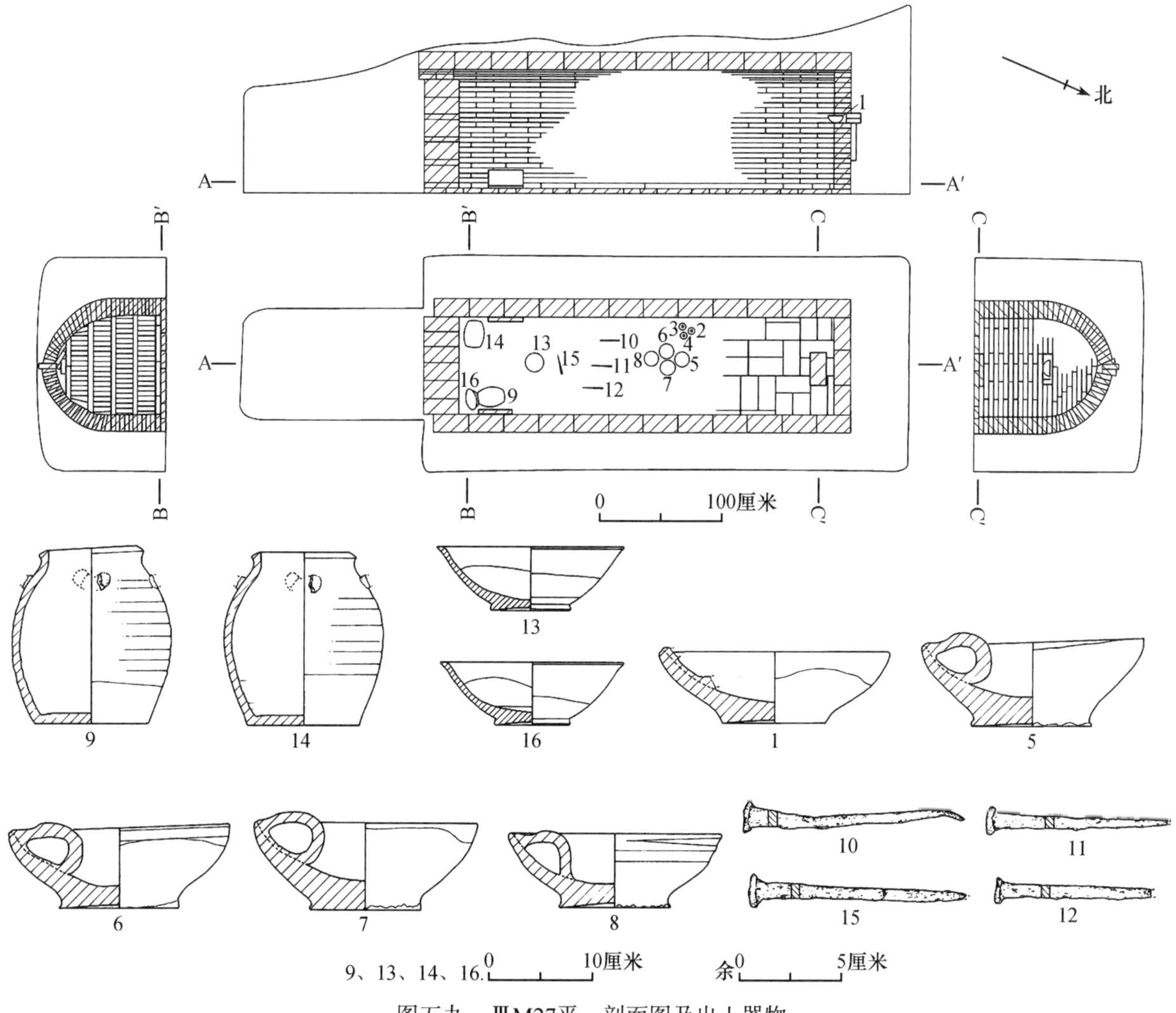

图五九　ⅢM27平、剖面图及出土器物

1、5～8. A型瓷灯盏　2～4. 铜钱　9、14. 瓷梭腹罐　10～12、15. 铁棺钉　13、16. AⅢ式瓷敞口碗

2）出土器物

瓷梭腹罐　2件。ⅢM27：9，灰胎，青黄釉，内壁施釉至沿下，外壁施釉至下腹，保存较好。方唇外斜，直口，溜肩，梭腹，平底。肩部横置四泥条宽耳，耳皆残，内、外壁有瓦棱状轮制痕迹。罐口烧制变形。口径8.6、最大腹径15.4、底径11.2、高16.8厘米（彩版一二二，1）。ⅢM27：14，灰胎，青黄釉，内壁施釉至沿下，外壁施釉至下腹，保存较好。方唇外斜，直口，溜肩，梭腹，平底。肩部横置四泥条宽耳，耳皆残。内、外壁有瓦棱状轮制痕迹，外底有接底痕迹。口径8.6、最大腹径15.4、底径11、高16.4厘米（彩版一二二，2）。

瓷敞口碗　2件，AⅢ式。ⅢM27：13，深灰胎，青黄釉，内外皆半釉，脱落严重。尖唇折沿，斜直腹略弧，饼足内凹，足壁外撇。外壁口沿下饰一道细弦纹。外壁有浅细轮制旋痕。口径18.1、底径7.8、高6厘米（彩版一二二，3）。ⅢM27：16，深灰胎，青黄釉，内外皆半釉，脱落严重。尖唇折沿，斜直腹略弧，饼足内凹，足壁外撇。内底外缘下压一圈，外壁有浅细轮制旋痕。口径17.8、底径7.4、高6厘米（彩版一二二，4）。

瓷灯盏　5件，A型。ⅢM27：1，灰胎，青黄釉，内满釉外半釉，脱落严重。圆唇，敞口，斜直腹略弧，饼足微凹，足底外缘不甚规整。内壁泥条残。口径11.3、底径5、高3.4厘米（彩版一二三，1）。ⅢM27：5，灰胎，内满釉外半釉，脱落严重。尖圆唇，敞口，斜直腹略弧，饼足微凹，足壁不规整。内壁贴一环形泥条。口径11、底径5.8、高4.2厘米（彩版一二三，2）。ⅢM27：6，灰胎，青黄釉，内满釉外半釉，脱落严重。尖圆唇，敞口，斜直腹略弧，饼足微凹，足壁不规整。内壁贴一环形泥条。外壁口沿下饰一道粗弦纹。口径10.8、底径5.8、高4厘米（彩版一二三，3）。ⅢM27：7，灰胎，青黄釉，内满釉外半釉，脱落严重。圆唇，敞口，斜直腹略弧，饼足平底，足壁不规整。内壁贴一环形泥条。口径10.9、底径5.4、高4.1厘米（彩版一二三，4）。ⅢM27：8，灰胎，通体施釉，脱落严重。圆唇，敞口，斜直腹略弧，饼足内凹，足底外缘凹凸不规整。内壁贴一环形泥条。口径10.4、底径5.4、高3.5厘米（彩版一二三，5、6）。

铜钱　3件。ⅢM27：2，圆形方孔，面文“开元通宝”。钱径2.4、孔径0.6、厚约0.15厘米。ⅢM27：3、ⅢM27：4，残碎，难以辨认。

铁棺钉　4件。锈蚀较严重，钉尾扁平，钉身截面呈长方形。ⅢM27：10，钉尖稍弯，长10.9厘米。ⅢM27：11，钉尖稍残，残长9厘米。ⅢM27：12，钉尖残，残长7.8厘米。ⅢM27：15，长10.8厘米。

8. ⅣM11

1）墓葬概况

ⅣM11位于Ⅳ区南部山丘南坡中部，所在探方为ⅣTN1E3，方向157°。由墓道、墓圹、封门和墓室等部分组成。砖室长3.56、宽1.07、残高0.75米（图六〇）。

墓道为长斜坡状，长1.95、宽0.95～1.05、残深0.15～0.60米。

墓圹为长方形竖穴土坑，直壁平底，长4.05、宽1.62、残深约0.91米。

封门双门宽，共两道，砌法为“多顺一丁”，丁砖为侧立，内道置于侧壁内，外道伸入墓道中。

墓室平面呈长方形，内长3.16、宽0.80、残高0.69米。

侧壁、后壁为长方形砖错缝平铺叠砌，后壁置于券内，转角相互咬合。侧壁净高约0.40米处夹砌楔形砖构筑券顶。侧壁、墓底残毁严重，券顶基本不存。墓底为“两横两纵”平铺。

墓砖有长方形和楔形两种，灰色，素面。长方形砖常见规格27×13-3.5厘米，楔形砖常见规格27×13-3.5～2厘米。

出土器物仅陶盖碗1件，位于墓室前端。

2）出土器物

陶盖碗　1件，B型。ⅣM11：1，夹细砂灰陶。圆唇，敞口，斜弧腹，圜底。内、外壁各饰一道细弦纹，有明显轮制旋痕。口径11.6、高3.7厘米。

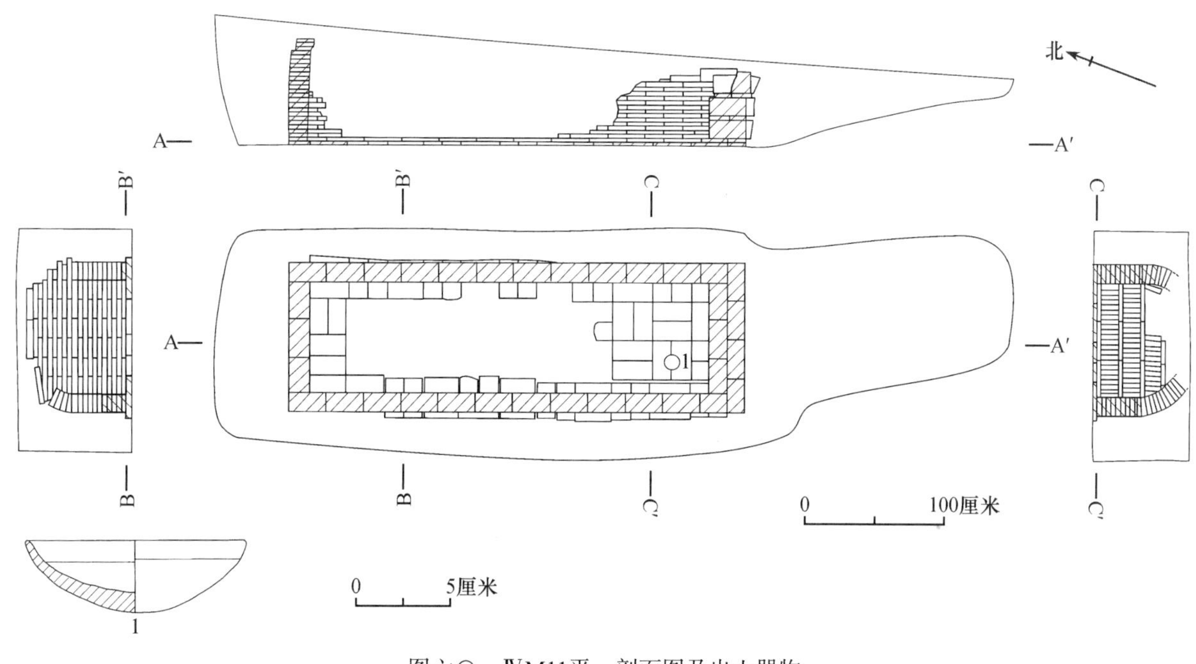

图六〇 ⅣM11平、剖面图及出土器物
1. B型陶盖碗

第 八 期

第八期墓葬共4座，皆长方形单室墓。

1. ⅡM1

1）墓葬概况

ⅡM1位于Ⅱ区西部，所在探方为ⅡTN14E1，方向204°。由墓圹、封门和墓室等部分组成。砖室长3.25、宽0.95、残高0.54米（图六一；彩版一二四，1）。

墓圹为长方形竖穴土坑，直壁平底，长3.32、宽1.04、残深0.56～0.68米。

封门双门宽，砌法为“一顺一丁”，以长方形砖两道纵向平置和横向侧立叠砌，置于侧壁外。

墓室平面呈长方形，内长2.83、宽0.67、残高0.51米。墓室前部两侧对称侧立两块长方形砖构成简易“天井”（彩版一二四，2）。

侧壁、后壁为长方形砖错缝平铺叠砌，后壁置于券内，转角相互咬合，砌法为“全顺”。侧壁净高0.45米处夹砌楔形砖构筑券顶，券顶基本无存。墓底为“两横两纵”平铺，略宽于墓室。

墓砖有长方形和楔形两种，灰色，素面。长方形砖常见规格27×14-3厘米，楔形砖常见规格27×14-3～2厘米。

出土器物4件，瓷梭腹罐和瓷敞口碗各2件，皆位于墓室前端。

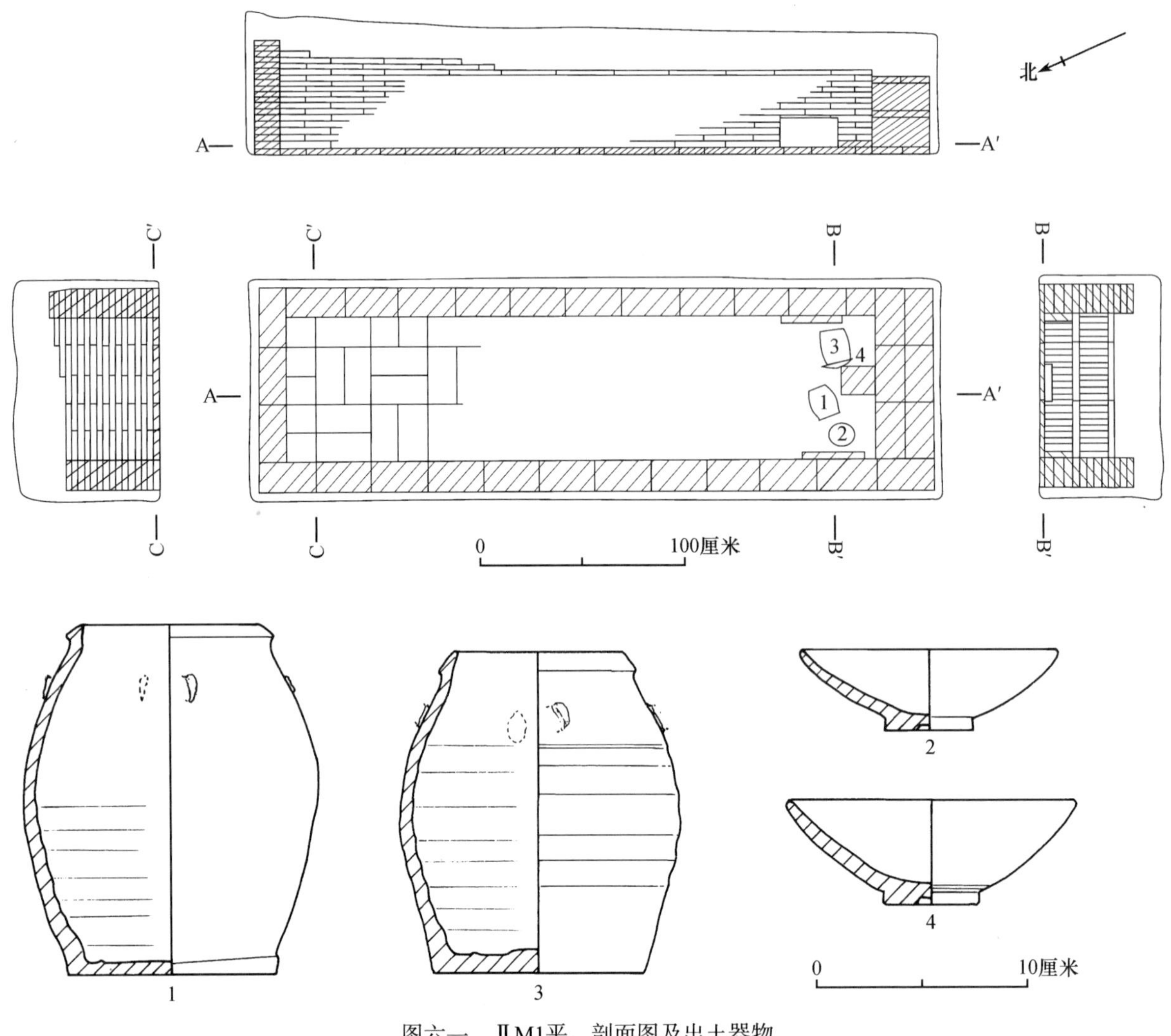

图六一　ⅡM1平、剖面图及出土器物
1、3. 瓷梭腹罐　2、4. AⅣ式瓷敞口碗

2）出土器物

瓷梭腹罐　2件。ⅡM1∶1，灰胎，内不施釉外半釉，脱落严重。方唇外斜，口沿凸出，直口，溜肩，梭腹，平底。肩部横置对称四泥条耳，四耳皆残。内、外壁有轮制旋痕。口径8.7、最大腹径14.4、底径10.3、高16.4厘米（彩版一二五，1）。ⅡM1∶3，灰胎，内不施釉外半釉，脱落严重。方唇外斜，微敛口，溜肩，梭腹，平底。四耳皆残。耳下饰一道细弦纹。内、外壁有瓦棱状轮制痕迹。口径8.4、最大腹径13.6、底径10.3、高15厘米（彩版一二五，2）。

瓷敞口碗　2件，AⅣ式。ⅡM1∶2，灰胎，青绿釉，内满釉外半釉，脱落严重。尖圆唇，浅腹斜直，饼足玉璧底。口径12.4、底径4.4、高3.8厘米（彩版一二五，3）。ⅡM1∶4，灰胎，青绿釉，内施满釉外半釉，脱落严重。尖圆唇，浅腹斜直，饼足玉璧底。口径13.4、底径4.7、高4.9厘米（彩版一二五，4）。

2. ⅢM28

1）墓葬概况

ⅢM28位于Ⅲ区南部山丘南坡东南部，所在探方为ⅢTS2E16，方向146°。由墓道、墓圹、封门和墓室等部分组成。砖室长3.00、宽0.98、残高0.72米（图六二）。

墓道为竖穴长方形，残长0.70、宽1.00、残深0.80米。

墓圹为长方形竖穴土坑，直壁平底，长3.45、宽1.52、残深0.80米。

封门双门宽，砌法为“一顺一丁”，以长方形砖两道纵置平铺和横置侧立叠砌，内道置于侧壁内，外道伸入墓道中。

墓室平面呈长方形，内长2.60、宽0.70、残高0.68米。墓室前部两侧对称侧立两块长方形砖构成简易“天井”，墓室后端置枕砖。

侧壁、后壁为长方形砖错缝平铺叠砌，后壁置于券内，转角相互咬合。侧壁净高0.39米处加砌楔形砖构筑券顶，券顶部残毁。墓底为“两横两纵”平铺，略宽于墓室。

墓砖有长方形和楔形两种，灰色，素面。长方形砖常见规格26×14-3厘米，楔形砖常见规格26×14-3～2厘米。

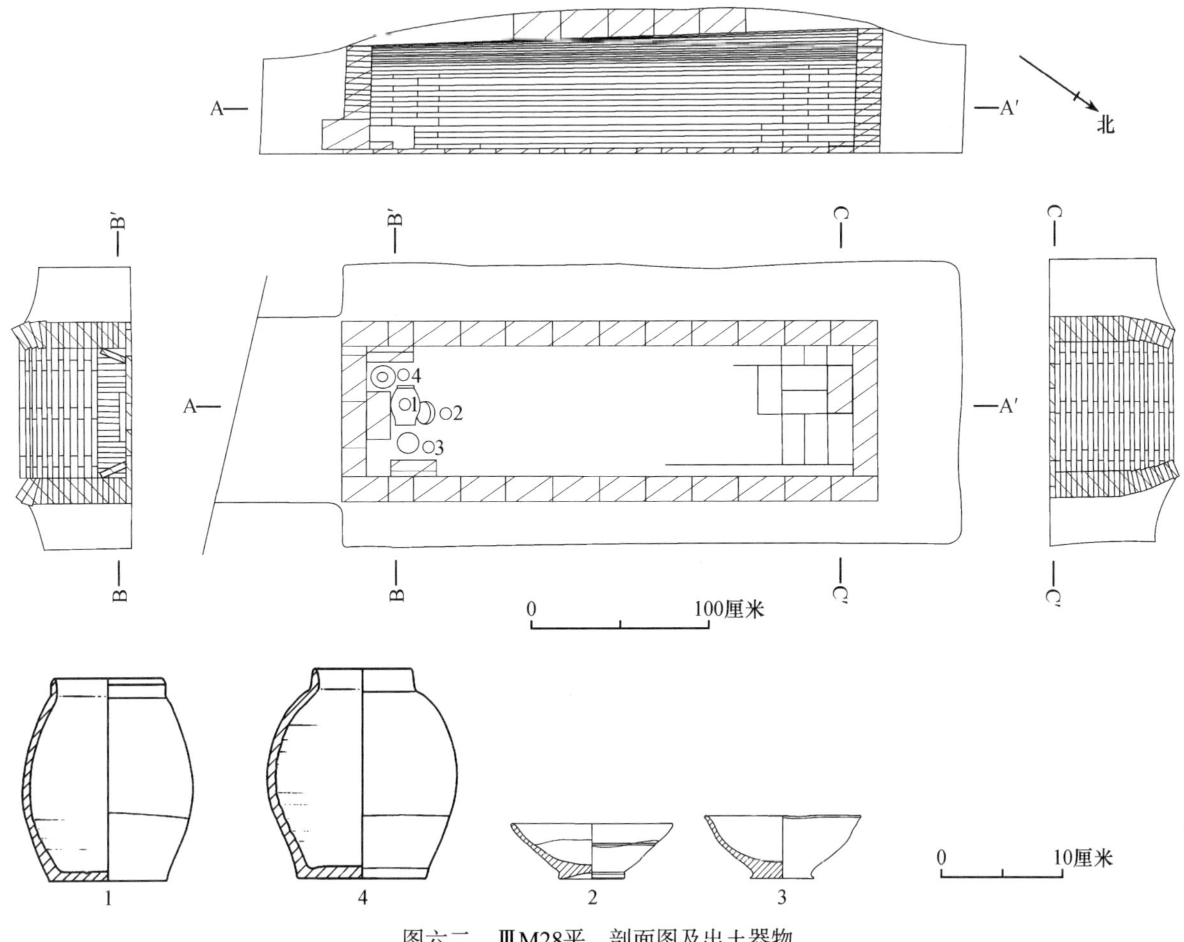

图六二　ⅢM28平、剖面图及出土器物

1、4. 瓷梭腹罐　2、3. AⅢ式瓷敞口碗

出土器物4件，瓷梭腹罐、瓷敞口碗各2件，皆位于墓室前部。

2）出土器物

瓷梭腹罐　2件。ⅢM28：1，灰胎，青黄釉，内壁施釉至沿下，外壁至下腹，脱落严重。尖唇，直口，溜肩，梭腹，平底。内壁有轮制旋痕。口径9.2、最大腹径14.1、底径9.8、高16.4厘米（彩版一二六，1）。ⅢM28：4，灰胎，内无釉外半釉，脱落严重。尖圆唇，直口微侈，溜肩，梭腹，下腹略收，平底。颈、肩相接处下压一圈。内壁有瓦棱状轮制痕迹，外壁有细密轮制旋痕。口径8.3、最大腹径15.9、底径10.8、高16.9厘米（彩版一二六，2）。

瓷敞口碗　2件，AⅢ式。ⅢM28：2，深灰胎，青黄釉，内外皆半釉，脱落严重。圆唇，敞口，斜直腹，饼足内凹，足壁略外撇。外壁腹中部饰一道粗弦纹。口径13.4、底径5.4、高4.5厘米（彩版一二六，3）。ⅢM28：3，深灰胎，釉尽脱落。圆唇，敞口，斜弧腹，饼足平底，足壁外撇，足底外缘凸出不规整。口径13.2、底径5.4、高5.1厘米（彩版一二六，4）。

3. ⅣM1

1）墓葬概况

ⅣM1位于Ⅳ区南部山丘南坡东部，ⅣM13西侧，所在探方为ⅣTN5E7，方向160°。由墓道、墓圹、封门和墓室等部分组成。砖室长3.24、宽1.12、高1.00米（图六三）。

墓道为长斜坡状，残长2.20、宽0.80、残深0.20～0.80米。

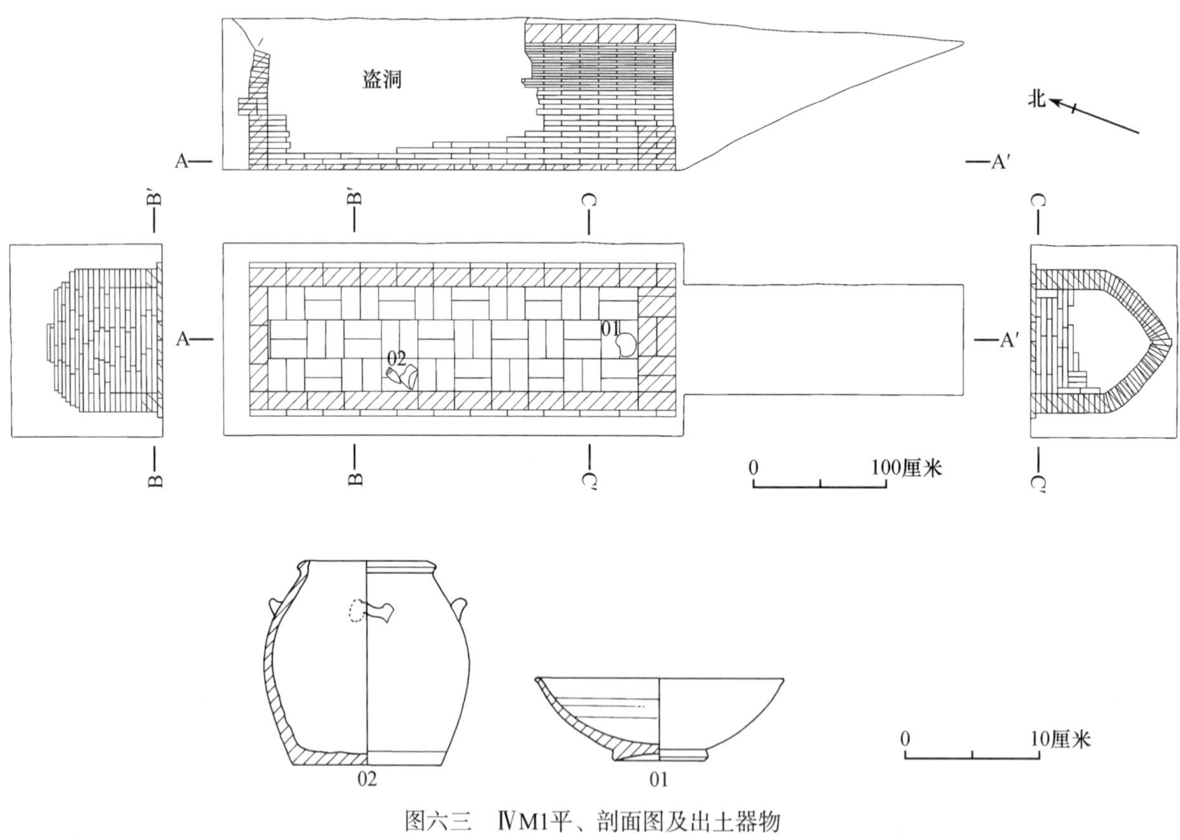

图六三　ⅣM1平、剖面图及出土器物

01. AⅢ式瓷敞口碗　02. 瓷梭腹罐

墓圹为长方形竖穴土坑，直壁平底，长3.50、宽1.40、残深1.14米。

封门双门宽，残毁严重，残存部分以长方形砖两道纵置平铺叠砌，置于侧壁内。

墓室平面呈长方形，内长2.82、宽0.84、高0.86米。

侧壁、后壁为长方形砖错缝平铺叠砌，后壁置于券内，转角相互咬合。侧壁净高0.48米处夹砌楔形砖构筑券顶。后壁净高0.40米处设一壁龛，龛宽0.24、高0.12、进深0.08米。券顶、侧壁仅墓室前端保存稍好，余皆残毁严重。墓底为“两横两纵”平铺。

墓砖有长方形和楔形两种，灰色，素面。长方形砖常见规格28×14-4厘米，楔形砖常见规格28×14-4～3厘米。

扰土中出土瓷梭腹罐、瓷敞口碗各1件，可能为该墓随葬品。

2）出土器物

瓷梭腹罐　1件。ⅣM1：02，灰胎，青黄釉，内壁施釉至沿下，外至下腹，保存较好。方唇外斜，直口，梭腹略鼓，平底。肩部横置对称四泥条宽耳。内壁有瓦棱状轮制痕迹。口径8.8、腹径15.6、底径11.4、高14.8厘米。

瓷敞口碗　1件，AⅢ式。ⅣM1：01，口略残，深灰胎，青黄釉，内外皆半釉，脱落严重。圆唇，大敞口，浅腹斜弧，饼足内凹，足壁略外撇。口径18.8、底径6.6、高6厘米。

4. ⅣM13

1）墓葬概况

ⅣM13位于Ⅳ区南部山丘南坡东部、ⅣM1东侧，所在探方为ⅣTN5E7、ⅣTN5E8、ⅣTN6E7和ⅣTN6E8，方向164°。由墓道、墓圹、封门和墓室等部分组成。砖长3.08、宽1.04、高1.11米（图六四；彩版一二七，1）。

墓道为竖穴长方形，残长1.24、宽0.90、残深0.54～0.80米。

墓圹为长方形竖穴土坑，直壁平底，长3.90、宽1.48、残深1.18米。

封门双门宽，砌法为“一顺一丁”和“顺丁混铺”，以长方形砖两道纵向平铺和横向侧立叠砌，置于侧壁内，顶部稍倾出券外。

墓室平面呈长方形，内长2.66、宽0.76、高0.80米。墓室前端两侧对称构筑两处简易“天井”，“天井”以四块长方形砖围成方形，封门处砖侧立，侧壁处砖竖立，另两侧砖平铺。

侧壁、后壁为长方形砖错缝平铺叠砌，后壁置于券内，转角相互咬合。侧壁净高0.54米处夹砌楔形砖构筑券顶。墓底为“两横两纵”平铺，较墓室稍宽。

墓砖有长方形和楔形两种，灰色，素面。长方形砖常见规格28×14-4厘米，楔形砖常见规格28×14-4～2.5厘米。

出土器物6件，2件瓷梭腹罐和3件瓷敞口碗位于墓室前部，铜钱1串置于墓室中部（彩版一二七，2）。

2）出土器物

瓷梭腹罐　2件。ⅣM13：3，灰胎，青绿釉，内壁施釉至沿下，外壁至下腹，脱落严重。

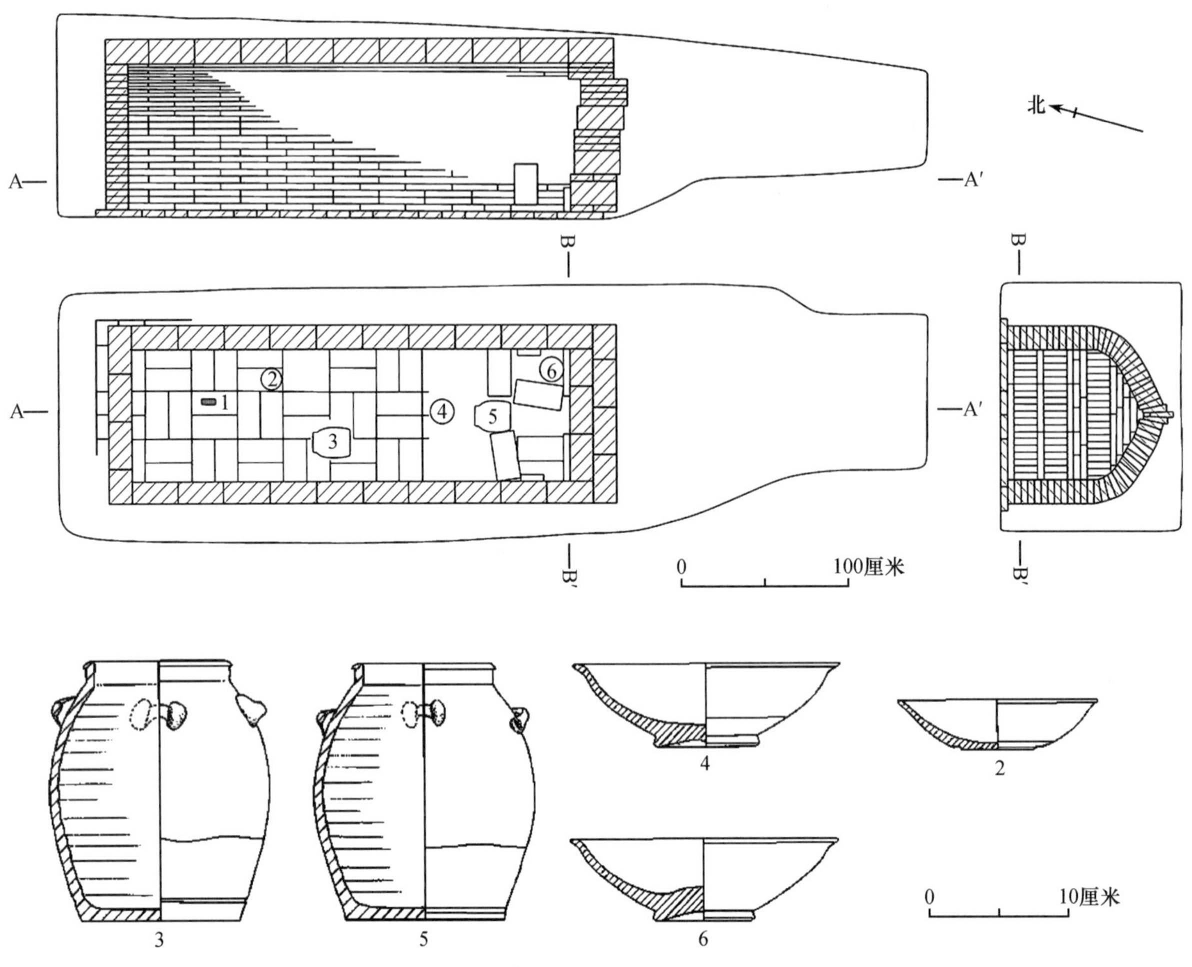

图六四　ⅣM13平、剖面图及出土器物

1. 铜钱　2. AⅣ式瓷敞口碗　3、5. 瓷梭腹罐　4、6. AⅢ式瓷敞口碗

方圆唇外斜，口沿略凸，直口，溜肩，梭腹，平底。肩部横置对称四泥条耳。内壁有瓦棱状轮制痕迹。口径10.4、最大腹径16、底径11.6、高18厘米（彩版一二八，1）。ⅣM13：5，灰胎，青绿釉，内壁施釉至沿下，外壁至下腹，脱落严重。方圆唇外斜，口沿略凸，直口，溜肩，梭腹，平底。肩部横置对称四泥条耳。内壁有瓦棱状轮制痕迹。口径10.8、最大腹径16、底径11.4、高18.2厘米（彩版一二八，2）。

瓷敞口碗　3件，分AⅢ式和AⅣ式。

AⅢ式　2件。ⅣM13：4，灰胎，内满釉外半釉，脱落严重。圆唇，口沿外翻，浅腹斜弧，饼足内凹，足壁外撇，足底心下压一圈。外壁有旋痕。口径19.2、底径7、高5.8厘米（彩版一二八，3、4）。ⅣM13：6，灰胎，内外皆半釉，脱落严重。圆唇，口沿外翻，浅腹斜直略弧，饼足内凹，足壁外撇。内底心隆起，外壁施釉下缘饰一道细弦纹。外壁有叠烧痕迹。口径19.2、底径6.8、高5.7厘米（彩版一二八，5、6）。

AⅣ式　1件。ⅣM13：2，灰胎，内满釉，外壁施釉至沿下或腹中部，脱落严重。圆唇，大敞口，浅腹斜直，饼足玉璧底。外壁有旋痕。口径14.3、底径5.6、高3.5厘米（彩版一二九，1、2）。

铜钱　1串。ⅣM13：1，共21枚，残损严重。以绳贯穿，少量绳残存，圆形方孔，钱文见有“开元通宝”、“乾元重宝”（彩版一二九，3、4）。

无随葬品墓葬

无随葬品墓葬共7座，其中第一阶段1座，第二阶段6座。

（一）第一阶段

第一阶段墓葬共1座，为土坑铺底砖室墓。

ⅣM6

ⅣM6位于Ⅳ区南部山丘南坡中部，土坑铺底砖室墓，所在探方为ⅣTN2E5，方向150°（图六五）。

墓口距地表0.16～0.20米。平面呈长方形，长3.14、宽0.94、深0.40米。

墓圹平面近长方形，直壁平底，长3.14、宽0.93、残深0.40米。

墓底灰色残砖平铺。

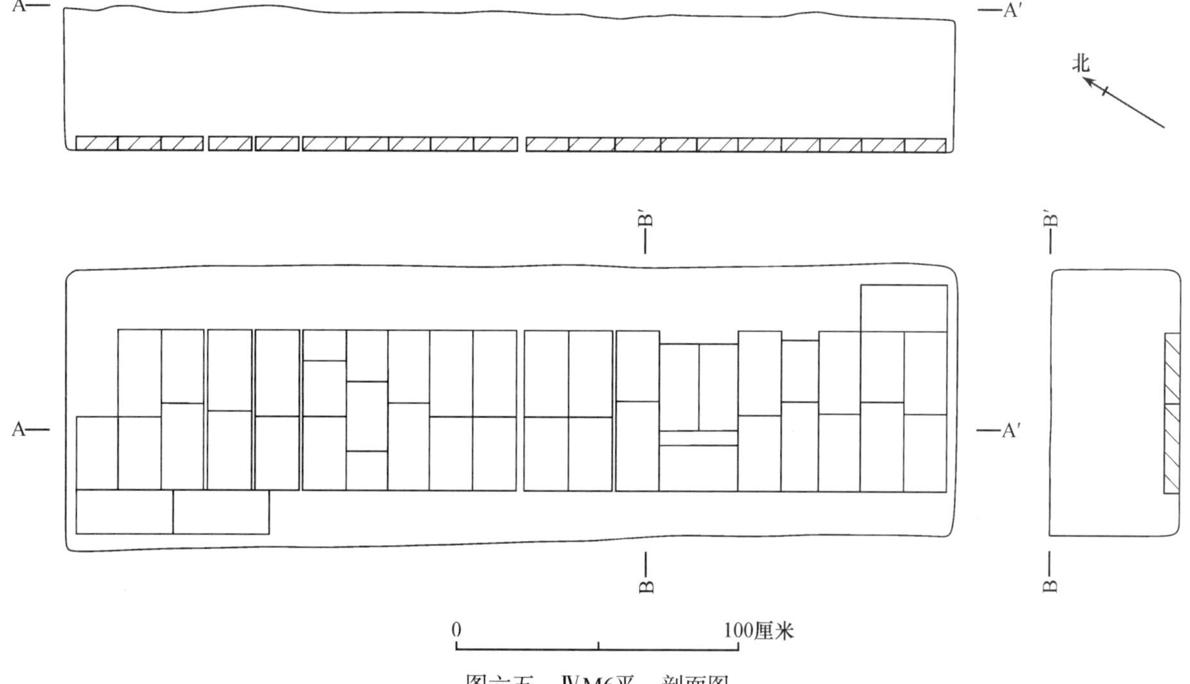

图六五　ⅣM6平、剖面图

（二）第二阶段

第二阶段墓葬共6座，皆为长方形单室墓。

1. ⅢM13

ⅢM13位于Ⅲ区北部山丘南坡中部，所在探方为ⅢTN28E8和ⅢTN29E8，方向169°。由墓圹、墓室等部分组成。砖室长3.18、宽1.08、残高0.68米（图六六）。

墓圹为长方形竖穴土坑，周壁近直，平底，长4.00、宽1.36、残深1.02米。

封门仅存底部一层，以一道长方形砖纵置平铺于侧壁外。

墓室平面呈长方形，内长2.90、宽0.80、残高0.63米。

侧壁、后壁为长方形砖错缝平铺叠砌，转角相互咬合。侧壁净高0.44米处夹砌楔形砖构筑券顶，券顶基本无存。墓底为“两横两纵”平铺，较墓室稍宽。

墓砖有长方形和楔形两种，灰色，素面。长方形砖常见规格28×14-4厘米，楔形砖常见规格28×14-4～2.5厘米。

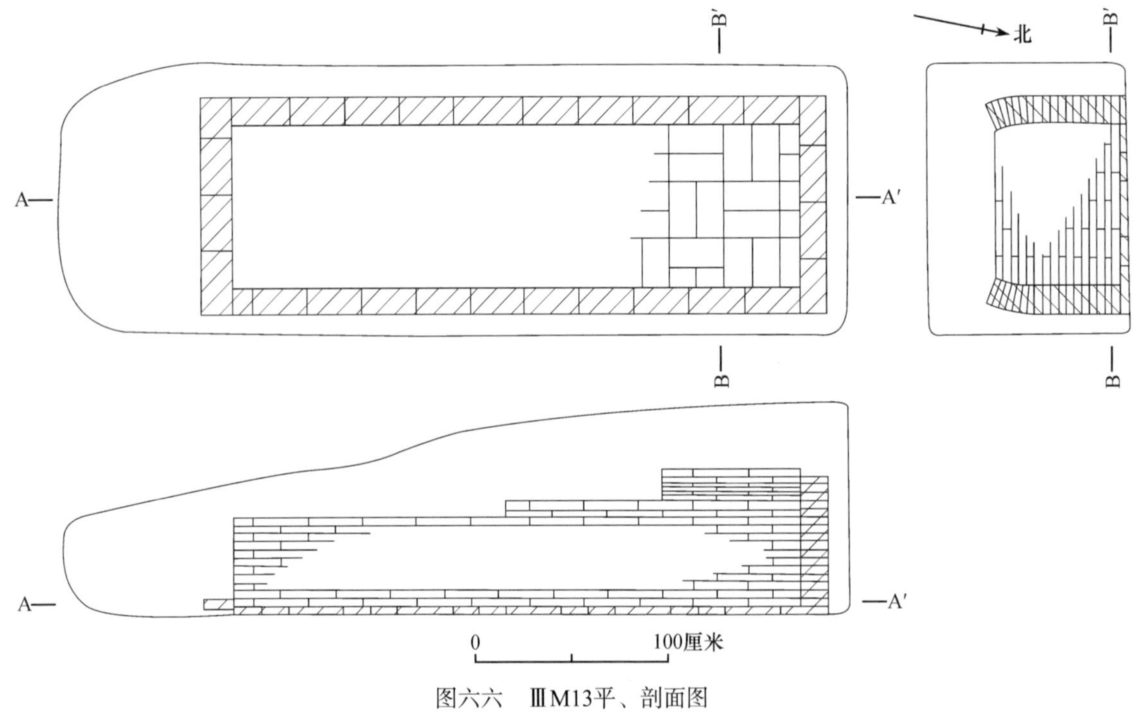

图六六　ⅢM13平、剖面图

2. ⅢM14

ⅢM14位于Ⅲ区南部山丘南坡东部，所在探方为ⅢTN3E10，方向150°。由墓道、墓圹、封门和墓室等部分组成。砖室长3.18、宽0.90、残高0.68米（图六七）。

墓道为长斜坡状，长0.94、宽0.52～0.97、最深0.86米。

墓圹为长方形竖穴土坑，直壁平底，长3.24、宽1.08、残深0.94米。

封门双门宽，共两道，砌法为“全顺”，内道砌于侧壁内，外道位于侧壁外。

墓室平面呈长方形，内长2.66、宽0.62、残高0.64米。墓室前部两侧对称侧立两块长方形砖构成简易“天井”，墓室后端置枕砖。

侧壁、后壁为长方形砖错缝平铺叠砌，后壁置于券外，转角相互咬合。侧壁净高0.36米处夹砌楔形砖构筑券顶，券顶基本无存。墓底为“两横两纵”平铺，略宽于墓室。

墓砖有长方形和楔形两种，灰色，素面。长方形砖常见规格28×14-4厘米，楔形砖常见规格28×14-4～2.5厘米。

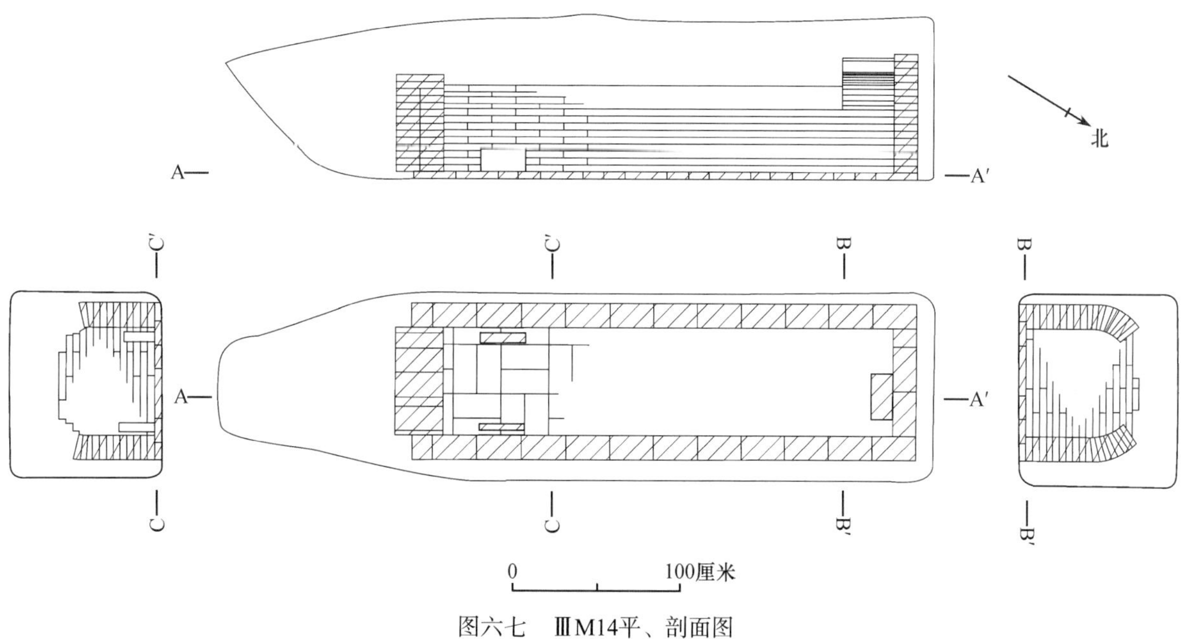

图六七　ⅢM14平、剖面图

3. ⅢM25

ⅢM25位于Ⅲ区北部山丘南坡东部，所在探方为ⅢTN28E14和ⅢTN28E15，方向228°。由墓道、墓圹和墓室等部分组成。砖室长3.25、宽0.95、残高0.70米（图六八）。

墓道为长斜坡状，长1.26、宽0.70、残深0.20～0.50米。

墓圹为长方形竖穴土坑，直壁平底，长3.38、宽1.00、残深0.70～1.00米。

封门双门宽，共两道，砌法为“一顺一丁”，丁砖为侧立，内道置于侧壁内，外道伸入墓道中。

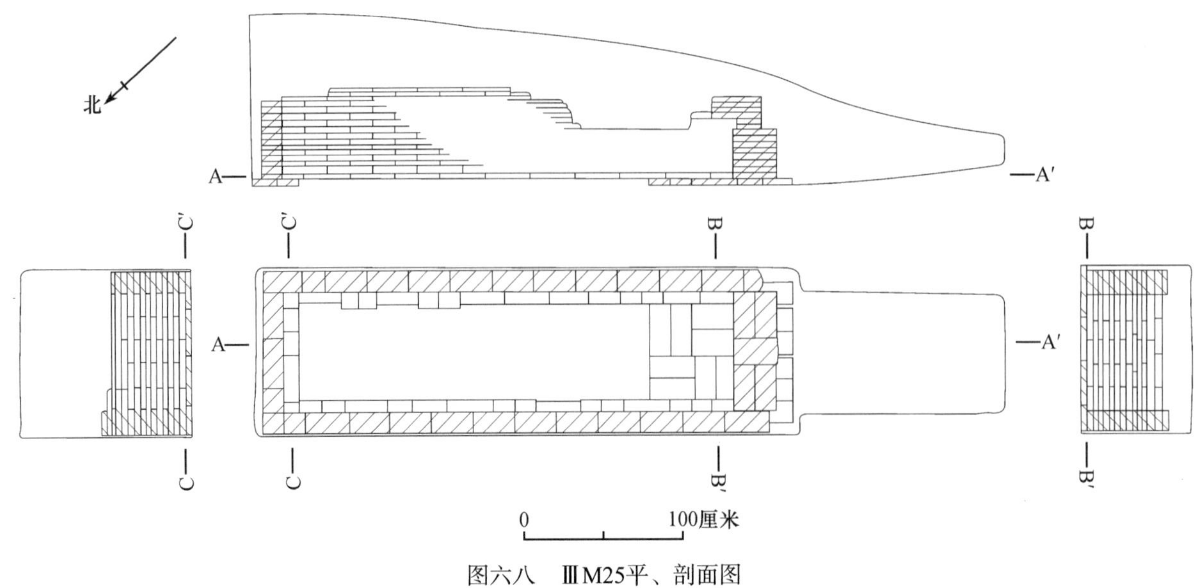

图六八　ⅢM25平、剖面图

墓室平面呈长方形，内长2.98、宽0.78、残高0.65米。

侧壁、后壁为长方形砖错缝平铺叠砌，后壁置于券外，转角相互咬合。侧壁净高0.46米处夹砌楔形砖构筑券顶，券顶基本无存。墓底为“两横两纵”平铺，略宽于墓室。

墓砖有长方形和楔形两种，灰色，素面。长方形砖常见规格26×13.5-4厘米，楔形砖常见规格26×13.5-4～2厘米。

4. ⅣM7

ⅣM7位于Ⅳ区南部山丘南坡近山脚处，所在探方为ⅣTN1E8，方向157°。由墓道、墓圹、封门和墓室等部分组成。砖室长3.32、宽0.96、高1.05米（图六九）。

墓道为竖穴长方形，长1.55、宽0.64～0.74、残深0.17～0.40米。

墓圹为长方形竖穴土坑，直壁平底，长3.76、宽1.60、残深0.95米。

封门残毁严重，仅存一道长方形砖砌于侧壁外，残存两层，底层顺向平铺，上层仅存两端为丁向侧置。

墓室平面呈长方形，内长3.06、宽0.70、高0.87米。

侧壁、后壁为长方形砖错缝平铺叠砌，后壁置于券内，转角相互咬合。侧壁净高0.38米处夹砌楔形砖构筑券顶，券顶仅存墓室北端少部。墓底为斜向平铺，略宽于墓室。

墓砖有长方形和楔形两种，灰色，素面。长方形砖常见规格26×13-3.5厘米，楔形砖常见规格26×13-3.5～2厘米。

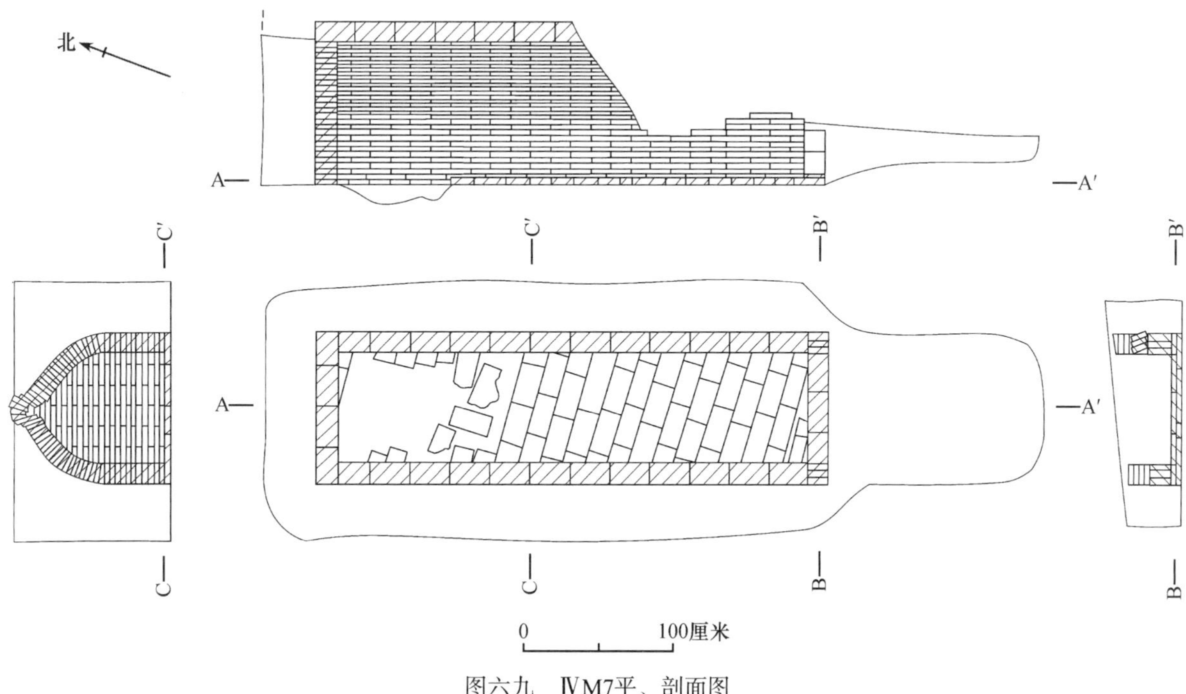

图六九　ⅣM7平、剖面图

5. ⅣM8

ⅣM8位于Ⅳ区北部山丘东南坡东部，ⅣM9西南侧，所在探方为ⅣTN37W17，方向117°。由墓圹、封门和墓室等部分组成。砖室长2.38、宽0.70、高0.66米（图七〇）。

墓圹为长方形竖穴土坑，直壁平底，长2.94、宽1.23、残深0.87米。

封门双门宽，共两道，下部砌法为“一顺一丁”，丁砖为侧立，上部为“全顺”，内道位于侧壁内，外道深入墓道中。封门处两侧墓外各竖立一块长方形砖。

墓室平面呈长方形，内长1.98、宽0.44、高0.53米。墓室后端对称侧立两块长方形砖。

侧壁、后壁为长方形砖错缝平铺叠砌，后壁置于券内，转角相互咬合。侧壁净高0.27米处夹砌楔形砖构筑券顶。底铺“两横两纵”，较墓室稍宽。

墓砖有长方形和楔形两种，灰色，素面。长方形砖常见规格26×13-3～4厘米，楔形砖常见规格26×13-4～3厘米。

6. ⅣM9

ⅣM9位于Ⅳ区北部山丘东南坡东部，ⅣM8东北侧，所在探方为ⅣTN38W17，方向121°。由墓圹、封门和墓室等部分组成。砖室长2.35、宽0.71、高0.76米（图七一）。

墓圹为长方形竖穴土坑，直壁平底，长2.89、宽1.20、残深1.00米。

封门双门宽，共两道，底部砌法为“一顺一丁”，丁砖侧立，顶部“全顺”，置于侧壁内。

墓室平面呈长方形，内长1.96、宽0.45、高0.63米。墓室后端对称侧立两块长方形砖。

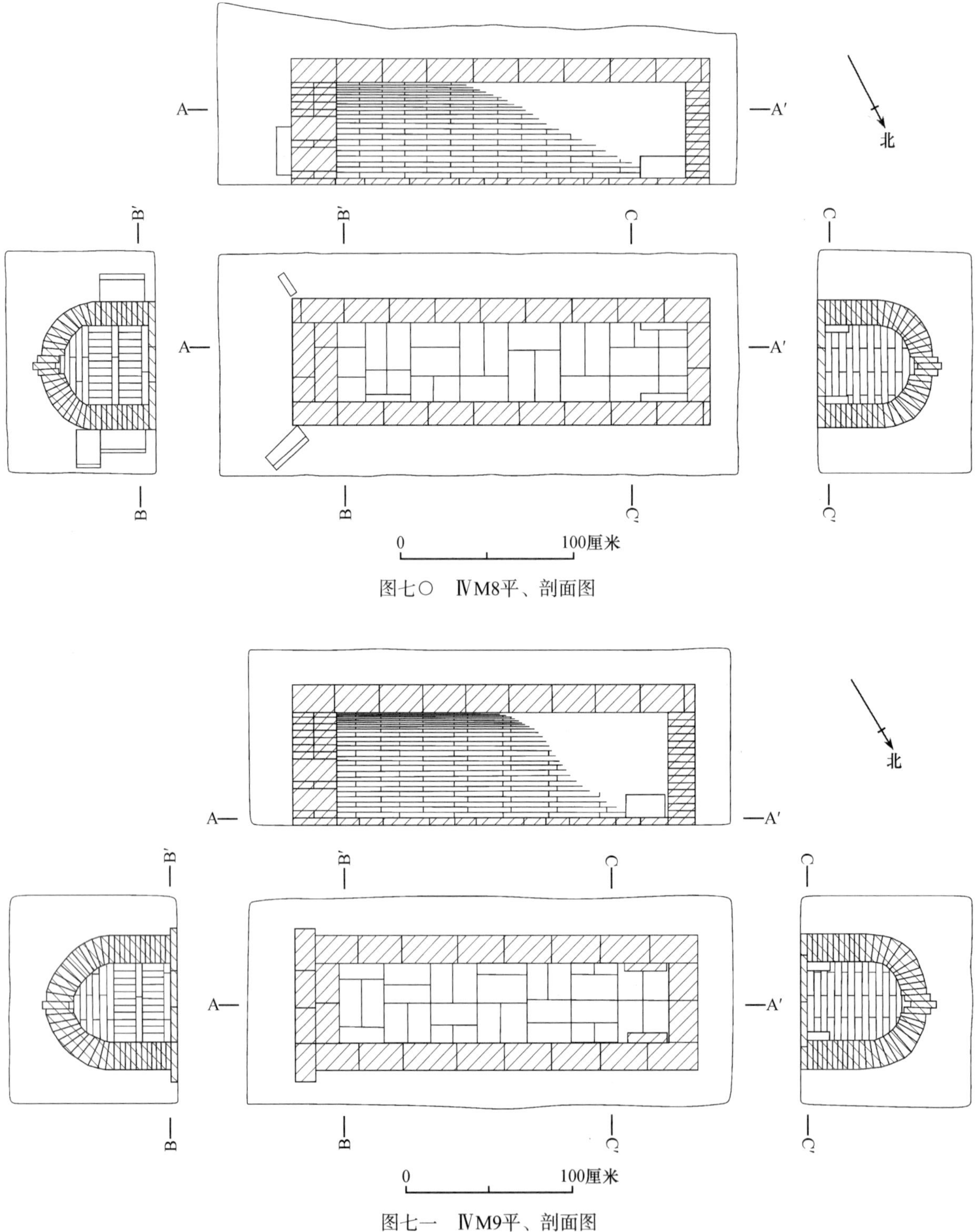

图七〇　ⅣM8平、剖面图

图七一　ⅣM9平、剖面图

侧壁、后壁为长方形砖错缝平铺叠砌，后壁置于券内，转角相互咬合。侧壁净高0.30米处夹砌楔形砖构筑券顶。底铺“两横两纵”砖，较墓室稍宽。

墓砖有长方形和楔形两种，灰色，素面。长方形砖常见规格26×13-3～4厘米，楔形砖常见规格26×13-4～3厘米。

第四章　结　　语

第一节　墓葬年代

第一期有纪年砖墓三座，分别为ⅡM11“元康元年”（291年）、ⅢM2“元康五年”（295年）和ⅣM4“太安二年”（303年），三座墓葬器物组合关系相近，器型具有同类型特征，此外，可归为同一时期的有ⅢM16和ⅢM11。与第二期相比，本期最大特征为器类丰富，其中尤以陶器比例较高，流行陶模型器，仅见于本期的器物有BⅠ式、E型瓷四耳罐，AⅠ式瓷碗，瓷小罐，A型陶四耳罐，陶模型器，瓷篮，瓷盘口壶等，典型器物器物有AⅠ、CⅠ式瓷四耳罐、瓷虎子、陶水波纹罐和B型陶四耳罐等，年代为西晋时期。

本期可对比纪年砖墓材料（墓葬中有多个纪年仅取最晚纪年，部分纪年款有通用现象，如太兴与大兴、太宁与泰宁等，本文依原报告文字，不做统一处理）有韶关西河太康七年墓[①]（286年）、广州沙河顶太熙元年墓[②]（290年）、黄埔姬堂M2永嘉元年墓[③]（307年）、皇帝岗永嘉三年墓[④]（309年）、桂花岗永嘉五年墓[⑤]（311年）、孖岗永嘉七年墓[⑥]（313年）、狮子岗建兴四年墓[⑦]（316年）、清远佛冈民安建始元年墓[⑧]（301年）、连州龙口永嘉六年墓[⑨]（312年）等。

由于材料有限，纪年砖墓出土器物可供比较的不多。AⅠ式瓷四耳罐、BⅠ式瓷碗和A型盂

---

① 广东省博物馆、香港中文大学文物馆：《广东出土晋至唐文物》，香港中文大学文物馆，1985年；何露：《简谈广东韶关出土的两件晋代耕作模型及其意义》，《农业考古》2001年第3期。

② 广州市文物管理委员会考古组：《广州沙河顶西晋墓》，《考古》1985年第9期。该墓年代断定有争议，年代为西晋晚期至东晋早期阶段当无问题。

③ 广州市文物考古研究所：《广州晋代考古的重要发现——黄埔姬堂晋墓》，《广州文物考古集》，文物出版社，1998年。

④ 区泽：《广州西郊发现晋墓》，《考古通讯》1957年第6期。

⑤ 广州市文物管理委员会：《广州市西北郊晋墓清理简报》，《考古通讯》1955年第5期。

⑥ 麦英豪、黎金：《广州西郊晋墓清理报导》，《文物参考资料》1955年第3期。

⑦ 广州市文物管理委员会：《广州沙河镇狮子冈晋墓》，《考古》1961年第5期。

⑧ 广东省文物考古研究所：《广州佛冈县民安晋墓发掘简报》，《华南考古·2》，文物出版社，2008年。

⑨ 徐恒彬：《简谈广东连县出土的西晋犁田耙田模型》，《文物》1976年第3期；广东省博物馆、香港中文大学文物馆：《广东出土晋至唐文物》，香港中文大学文物馆，1985年。

与佛冈民安建始元年墓出土器物基本相同，A型瓷盂、瓷簋、瓷盒、E型瓷罐、瓷小罐、陶水波纹罐等器物与广州孖岗永嘉七年墓出土器物相似。尽管沙河顶元熙元年墓、狮子岗建兴四年墓年代相对较晚，但于莱山出土的瓷碗、陶模型器等仍有可对比之处。此外，ⅡM11出土的陶模型器在广州黄埔姬堂、韶关西河、连州龙口等晋墓都有发现。

第二期纪年砖墓有ⅢM3“永昌元年”（322年）、ⅡM12“咸和二年”（327年）、ⅡM3“咸和七年”（332年）、ⅡM5“咸和七年”（332年）、ⅡM17“泰和二年”（367年），器物组合、器类相似的墓葬还有ⅢM17和ⅡM14。本期瓷器比例较高，陶器比例明显下降。主要特征为AⅡ、CⅠ、CⅡ式瓷四耳罐，B型陶四耳罐，瓷虎子，A型瓷盂等器物在本期依然流行，AⅢ、AⅣ、CⅡ式和D型瓷四耳罐，AⅡ式瓷碗为新出现器型，不见陶模型器。典型器物有AⅢ、CⅡ式瓷四耳罐，AⅡ、BⅠ、BⅡ式瓷碗，A型瓷盂，陶釜等。年代为东晋早期。

广东见于该期纪年砖墓葬较多。韶关有65韶、五、劳M1咸康三年墓（337年），65韶、西、狗未编号咸康八年墓（342年），65韶、西、狗M4永和三年墓（347年），66韶、西、狗M4永和四年墓（348年）①，小茶山M3太兴三年墓（319年），M1泰宁二年墓（324年）②，韶关咸和二年墓（327年）③，S.S.G-M10建元元年墓（343年）④，曲江河边厂M1建元元年墓（343年）⑤，糖寮村建元二年墓（344年）⑥，东岗岭永和三年墓（347年）⑦，医疗器械厂隆和元年墓（362年）⑧，始兴老虎岭M1建元元年（343年）⑨，赤东M13，赤西M7，皇沙M5建元二年墓（344年），赤西M12泰和六年墓（371年），赤土岭M13建元二年墓（344年）⑩，乳源老虎头M3永和十一年墓（355年）⑪，泽桥山ⅠM2泰和三年墓（368年）⑫；广州有流花桥太兴二年墓（319年）⑬、大刀山太宁二年墓（324年）⑭；深圳有铁仔山M6大兴二年墓（319年）、M19太宁二年墓（324年）、M195太宁二年墓（324年）⑮；肇庆有坪石泰宁三年墓（325

① 杨豪：《广东韶关市郊的晋墓》，《考古学集刊·1》，中国社会科学出版社，1981年。

② 广东省文物考古研究所、广东韶关市曲江区马坝人遗址博物馆：《广东韶关市小茶山墓葬群发掘简报》，《南方文物》2008年第2期。

③ 毛茅：《韶关东晋墓出土文物简介》，《广东文物》2002年第1期。

④ 广东省博物馆：《广东韶关市郊古墓发掘报告》，《考古》1961年第8期。

⑤ 广东省文物管理委员会：《广东曲江东晋、南朝墓简报》，《考古》1959年第9期。

⑥ 毛根能：《韶关市武江区糖寮村东晋墓清理简报》，《韶关文博论丛》，广州出版社，2011年。

⑦ 广东省文物考古研究所、韶关市博物馆：《广东韶关东岗岭墓地M1发掘简报》，《四川文物》2008年第4期。

⑧ 罗伟德：《韶关医疗器械厂汉至晋代墓葬发掘简报》，《韶关文博论丛》，广州出版社，2011年。

⑨ 始兴县博物馆：《广东始兴县老虎岭古墓清理简报》，《考古》1990年第12期。

⑩ 广东省博物馆：《广东始兴晋—唐墓发掘报告》，《考古学集刊·2》，中国社会科学出版社，1982年。

⑪ 《乳源老虎岭南朝墓》，该墓年代判断有误。

⑫ 广东省文物考古研究所：《乳源泽桥山六朝隋唐墓》，文物出版社，2006年。

⑬ 广州市文物管理处：《广州晋墓清理简报》，《文物资料丛刊·8》，文物出版社，1983年。

⑭ 黄花考古学院：《考古学杂志》（创刊号），1932年。

⑮ 深圳市文物管理委员会：《深圳铁仔山古墓葬发掘简报》，《华南考古·2》，文物出版社，2008年。

年）[①]、德庆咸和六年墓（331年）[②]等。

莱山墓葬出土的AⅡ、AⅢ、AⅣ式瓷四耳罐均见于韶关小茶山墓葬，BⅡ、CⅡ式瓷四耳罐在韶关小茶山、东岗岭墓葬中均有发现，BⅠ、BⅡ式瓷碗与韶关糖寮村、小茶山、东岗岭、肇庆坪石、广州流花桥墓葬相似。A型瓷盆见于肇庆坪石墓、广州流花桥墓、始兴赤土岭M13等墓葬。瓷虎子见于肇庆坪石墓，A型盂见于韶关小茶山（原文称碗）、东岗岭（原文称钵）等墓葬。

第三期未见纪年砖墓，出土器物特征与第二期有明显延续，并具有第四期特征，BⅠ式瓷碗在本期依然流行，新出现了AⅤ式瓷四耳罐，AⅢ、BⅢ式瓷碗，C型陶四耳罐。流行于第二段的AⅡ、AⅢ、AⅣ、D、E型瓷罐，B型陶罐，AⅡ、BⅠ、BⅡ式瓷碗，虎子在本期未有发现，不见金银器。

本期所见的AⅣ式瓷四耳罐，C型陶四耳罐，AⅢ、BⅠ和BⅢ式瓷碗，D型瓷碟等器物皆见于泽桥山第一期（不含ⅠM12），其中泽桥山ⅠM16为太元十八年墓（393年）[③]。此外，有纪年砖墓材料但缺乏对比材料的有65韶、西、黄M1太元二年墓（377年）[④]，赤东M13太元二年墓（377年）[⑤]。故该期为东晋晚期。

第四期未发现纪年砖墓，依据器物类型特征和周边遗址纪年砖墓材料，初步判断为南朝早期墓葬，并可以分为早晚两段。

早段出土器物AⅢ、BⅡ、BⅢ、CⅡ和CⅢ式瓷四耳罐，BⅡ式瓷碗皆见于第二期，AⅥ式瓷四耳罐，BⅢ式瓷碗在本段出现。BⅣ式瓷碗仅见于本段，AⅢ式瓷碗比例增多。可对比材料如下：AⅢ、AⅥ式瓷四耳罐，AⅢ、BⅣ式瓷碗见泽桥山第三期，其中泽桥山ⅠM51为元嘉九年墓（432年），ⅠM38、ⅠM56为元嘉十年墓（433年）[⑥]，AⅢ、AⅥ式瓷四耳罐，AⅢ式瓷碗，B型瓷盆等器物见于新兴元嘉十二年墓（435年）[⑦]，BⅣ式瓷碗在广州中星小学元嘉廿九年墓（450年）[⑧]有发现。此外，同时期纪年砖墓但缺乏对比材料的还有曲江河边厂M3永初二年墓（421年）[⑨]、南华寺景平元年墓（423年）、元嘉十八年墓（441年）[⑩]，鹤山市大冈元嘉

① 广东省文物考古研究所、肇庆市博物馆：《广东肇庆市坪石岗东晋墓》，《华南考古·1》，文物出版社，2004年。

② 尚杰：《德庆县东晋墓葬清理简报》，《广东文博》1986年第1、2期。

③ 广东省文物考古研究所：《乳源泽桥山六朝隋唐墓》，文物出版社，2006年。发掘者认为ⅠM12年代较第一期略早。

④ 杨豪：《广东韶关市郊的晋墓》，《考古学集刊·1》，中国社会科学出版社，1981年。

⑤ 广东省博物馆：《广东始兴晋—唐墓发掘报告》，《考古学集刊·2》，中国社会科学出版社，1982年。

⑥ 广东省文物考古研究所：《乳源泽桥山六朝隋唐墓》，文物出版社，2006年。

⑦ 古运泉：《广东新兴县南朝墓》，《文物》1990年第8期。

⑧ 广州市文物考古研究所：《广州市淘金东路中星小学南朝墓发掘报告》，《羊城考古发现与研究（一）》，文物出版社，2005年。

⑨ 广东省文物管理委员会：《广东曲江东晋、南朝墓简报》，《考古》1959年第9期。

⑩ 广东省博物馆：《广东曲江南华寺古墓发掘简报》，《考古》1983年第7期。

十二年墓（435年）[①]等。该段可判断为南朝宋时期。

晚段器类较早段单一，出土器物AⅥ式瓷四耳罐保持本期早段特征，C型瓷碟见于泽桥山第三期，BⅤ式瓷碗在本段出现，并流行于第五期。可对比材料包括AⅥ式瓷四耳罐、C型瓷碟、BⅤ式瓷碗与泽桥山ⅠM39大明三年墓（459年）[②]、英德浛洸永元元年（499年）[③]、揭阳大明四年墓（460）[④]相近，为南朝齐时期墓葬。同时期纪年砖墓但缺乏对比材料的有仁化建武二年墓（495年）[⑤]、德庆马墟大明墓[⑥]。该段可判断为南朝齐时期。

第五期未发现纪年砖墓。其中BⅤ式瓷碗、C型瓷碟均见于第四期晚段，AⅦ式瓷四（六）耳罐为新出现器型，主要流行BⅤ式瓷碗、B型瓷碟。器物组合关系见于泽桥山第四期[⑦]、和平HPDM7～M12[⑧]、始兴赤东M11[⑨]、乐昌梅花头M20[⑩]、肇庆康乐中路M1[⑪]、罗定鹤咀山[⑫]等南朝晚期墓葬中，AⅦ式罐比韶关大业六年墓（610年）[⑬]、英德[⑭]、封开[⑮]、乳源泽桥山98M2[⑯]等地隋墓本期发现的凤字形罐、AⅦ式罐更具原始性，与凤字形罐有明显区别。该期大致为南朝晚期梁陈时期。

第六期未发现纪年砖墓。主要特征与前五期发生明显变化，AⅠ式瓷敞口碗、瓷钵形碗、E型瓷碟均不见于前期各阶段。莱山遗址出土瓷钵形碗与泽桥山第五期ⅠM42、第六期ⅠM10[⑰]、广州执信中学M79：4（原文称盏）[⑱]、韶关大业六年墓（610年）[⑲]、英德浛洸[⑳]、封

---

① 广东省文物考古研究所：《广东鹤山市大冈发现东晋南朝墓》，《考古》1999年第8期。

② 广东省文物考古研究所：《乳源泽桥山六朝隋唐墓》，文物出版社，2006年。

③ 广东省文物管理委员会、华南师范学院历史系：《广东英德、连阳南齐和隋唐古墓的发掘》，《考古》1961年第3期。

④ 广东省博物馆、汕头地区文化局、揭阳县博物馆：《广东揭阳东晋南朝唐墓发掘简报》，《考古》1984年第10期。

⑤ 张安娜：《仁化县清理一座南朝墓》，《韶关文博论丛》，广州出版社，2011年。

⑥ 古运泉：《德庆县马圩公社古墓葬发掘简报》，《广东文博》1985年第1期。

⑦ 广东省文物考古研究所：《乳源泽桥山六朝隋唐墓》，文物出版社，2006年。

⑧ 广东省文物考古研究所、和平县博物馆：《广东和平县晋至五代墓葬的清理》，《考古》2000年第6期。

⑨ 广东省博物馆：《广东始兴晋—唐墓发掘报告》，《考古学集刊·2》，中国社会科学出版社，1982年。

⑩ 丘卫平：《广东乐昌市梅花头山晋至唐代墓葬的考古收获》，《岭南考古研究·7》，中国评论学术出版社，2008年。

⑪ 广东省文物考古研究所：《肇庆古墓》，科学出版社，2008年。

⑫ 罗定县博物馆：《广东罗定县鹤咀山南朝墓》，《考古》1994年第3期。

⑬ 广东省文物管理委员会：《广东韶关六朝隋唐墓葬清理简报》，《考古》1965年第5期。

⑭ 徐恒彬：《广东英德浛洸镇南朝隋唐墓发掘》，《考古》1963年第9期。

⑮ 广东省文物管理委员会：《广东封开县江口汉墓及封川隋墓发掘简报》，《文物资料丛刊·1》，文物出版社，1997年。

⑯ 广东省文物考古研究所：《乳源泽桥山六朝隋唐墓》，文物出版社，2006年。

⑰ 广东省文物考古研究所：《乳源泽桥山六朝隋唐墓》，文物出版社，2006年。

⑱ 广州市考古研究所：《执信中学隋唐墓发掘简报》，《羊城考古发现与研究（一）》，文物出版社，2005年。

⑲ 广东省文物管理委员会：《广东韶关六朝隋唐墓葬清理简报》，《考古》1965年第5期。

⑳ 徐恒彬：《广东英德浛洸镇南朝隋唐墓发掘》，《考古》1963年第9期。

开隋墓[①]等特征相似。E型瓷碟、AⅠ式瓷敞口碗见于泽桥山第五期ⅢM17和第六期ⅠM18[②]。故该期年代定为隋至唐初。

第七期未发现纪年砖墓，流行瓷宽耳罐、瓷梭腹罐和瓷敞口碗，根据出土器物和对比材料可分为早晚两段。

早段B型瓷宽耳罐在乳源泽桥山第七期ⅠM34、ⅠM48[③]，韶关张九龄墓[④]，广州太和岗墓M4[⑤]，始兴赤南M10[⑥]皆有发现；AⅡ式瓷敞口碗与泽桥山Ⅰ式敞口碗[⑦]、张九龄墓[⑧]、太和岗早段（M3/M4）墓[⑨]有发现；BⅠ式瓷敞口碗与张九龄墓[⑩]、始兴赤南M15[⑪]相似。张九龄墓有墓志出土，故该段为盛唐至中唐早段时期。

晚段A型瓷宽耳罐与广州执信中学M24[⑫]、始兴赤南M13[⑬]器型接近，A型灯盏与广州太和岗M2相似，BⅡ式瓷敞口碗在广州太和岗M1依然有见，“开元通宝”、“乾元重宝”钱具有唐中期特点，其中广州太和岗M2有开成五年（840年）墓志[⑭]。故该段为中唐晚段时期。

第八期未发现纪年砖墓。流行瓷梭腹罐和AⅢ式、AⅣ式瓷敞口碗，瓷梭腹罐与第七期无明显区别，未发现B型瓷宽耳罐。AⅢ式瓷敞口碗见于泽桥山第八期[⑮]，AⅣ式瓷敞口碗对比材料有乳源泽桥山第八期[⑯]、四会南田水库晚唐墓[⑰]、梅县水车2号窑[⑱]、始兴晚唐墓赤南M25[⑲]、和平HDZM1[⑳]等。年代为唐晚期。

以上各期典型器物型式及器物组合关系见图七二。

---

① 广东省文物管理委员会：《广东封开县江口汉墓及封川隋墓发掘简报》，《文物资料丛刊·1》，文物出版社，1997年。

② 广东省文物考古研究所：《乳源泽桥山六朝隋唐墓》，文物出版社，2006年。

③ 广东省文物考古研究所：《乳源泽桥山六朝隋唐墓》，文物出版社，2006年。

④ 广东省文物管理委员会、华南师范学院历史系：《唐代张九龄墓发掘简报》，《文物》1961年第6期。

⑤ 广州市文物考古研究所：《广州太和岗唐墓发掘简报》，《羊城考古发现与研究（一）》，文物出版社，2005年。

⑥ 广东省博物馆：《广东始兴晋—唐墓发掘报告》，《考古学集刊·2》，中国社会科学出版社，1982年。

⑦ 广东省文物考古研究所：《乳源泽桥山六朝隋唐墓》，文物出版社，2006年。

⑧ 广东省文物管理委员会、华南师范学院历史系：《唐代张九龄墓发掘简报》，《文物》1961年第6期。

⑨ 广州市文物考古研究所：《广州太和岗唐墓发掘简报》，《羊城考古发现与研究（一）》，文物出版社，2005年。

⑩ 广东省文物管理委员会、华南师范学院历史系：《唐代张九龄墓发掘简报》，《文物》1961年第6期。

⑪ 广东省博物馆：《广东始兴晋—唐墓发掘报告》，《考古学集刊·2》，中国社会科学出版社，1982年。

⑫ 广州市文物考古研究所：《执信中学隋唐墓发掘简报》，《羊城考古发现与研究（一）》，文物出版社，2005年。

⑬ 广东省博物馆：《广东始兴晋—唐墓发掘报告》，《考古学集刊·2》，中国社会科学出版社，1982年。

⑭ 广州市文物考古研究所：《广州太和岗唐墓发掘简报》，《羊城考古发现与研究（一）》，文物出版社，2005年。

⑮ 广东省文物考古研究所：《乳源泽桥山六朝隋唐墓》，文物出版社，2006年。

⑯ 广东省文物考古研究所：《乳源泽桥山六朝隋唐墓》，文物出版社，2006年。

⑰ 广东省文物考古研究所：《肇庆古墓》，科学出版社，2008年。

⑱ 广东省博物馆、香港中文大学文物馆：《广东出土晋至唐文物》，香港中文大学文物馆，1985年。

⑲ 广东省博物馆：《广东始兴晋—唐墓发掘报告》，《考古学集刊·2》，中国社会科学出版社，1982年。

⑳ 广东省文物考古研究所、和平县博物馆：《广东和平县晋至五代墓葬的清理》，《考古》2000年第6期。

第二节　墓葬形制特征

57座墓葬中有7座年代无法判断和1座形制不明（第一期ⅢM11），其余49座墓葬情况如下：

第一期4座，皆为凸字形墓葬，其中凸字形单室墓3座，凸字形前后室墓1座。

第二期7座，其中凸字形前后室墓4座，长方形前后室墓2座，土坑铺底砖墓1座。

第三期3座，分别为长方形单室墓和合葬墓。

第四期7座，早段墓葬5座中4座为长方形单室墓，1座为长方形前后室墓，晚段2座分别为长方形前后室墓和合葬墓。

第五期6座，4座为长方形单室墓，1座为长方形前后室墓，1座合葬墓。

第六至八期22座，墓葬全部为长方形单室墓。

墓葬结构特征如下：

第一阶段流行大型砖，并可以细化为三个小段。

第一段包括第一、二期，流行凸字形墓。墓葬面积最大，第一期平均面积7.30m^2，第二期平均面积7.53m^2，封门结构多样，其中人字形结构仅见于第一期，丁砖流行平铺。侧、后壁有明显的咬土砖结构。铺地形制多样，包括丁向平铺、顺向平铺、人字形等。流行纹饰砖和铭文砖，纹饰以叶脉纹为主，几何纹+网纹+车轮纹和几何纹+太阳纹是第一期常见纹饰，第二期则以绹纹为代表。

第二段包括第三、四期，凸字形墓葬消失，流行长方形墓葬，其中长方形单室墓最多。墓葬面积较第一段明显变小，第三期平均面积6.15m^2，第四期平均面积6.34m^2。封门结构流行“顺丁混铺”，人字形结构不见。侧、后壁咬土砖消失。流行人字形铺地。未发现铭文砖，主要纹饰依然以叶脉纹为主，第三期网格纹较为常见，第四期多见钱纹。

第三段为第五期，流行长方形墓，墓室前部承券结构有变短的趋势，墓葬面积较第二段明显变小，平均面积为4.32m^2，然而除去ⅢM1（长方形前后室墓）和ⅢM10（合葬墓）外，其余四座墓葬平均面积仅为2.45m^2，与第二阶段墓葬面积相似。封门中丁砖侧立、室内出现天井、铺地砖采用“两横两纵”等结构特征开始出现，并在第二阶段广泛流行。墓砖纹饰与第四期区别不大，可以说该期具有明显的过渡特点。

第二阶段多为小型砖，流行长方形墓。墓葬面积较小，平均面积2.28m^2，其中第六期平均面积2.31m^2、第七期平均面积2.35m^2、第八期平均面积2.03m^2。墓室前部的承券结构消失，流行天井和枕砖结构，封门结构流行“顺丁混铺”，丁砖包括平铺和侧立两种。铺地砖流行“两横两纵”。整体而言，天井结构出现由方形/矩形向侧壁立砖进行简化的趋势，此外壁龛在第六、七期前段流行，而七期后段和第八期很少见。

凸字形墓常见的咬土砖无疑与墓葬结构稳定性有关，伴随着长方形墓葬的出现，墓葬长宽比发生了明显增加，墓葬更显瘦长，部分规模较大的长方形墓葬中增加了承券的数量，这些措施有效地分散了墓顶及墓壁的压力，由此，咬土砖也就逐渐失去了稳固墓葬的意义，其消失也就成为必然。在第一阶段第二段出现的长方形单室葬主要特征为承券逐渐缩短直至消失、墓葬面积由大到小，第三段墓葬结构具有第一阶段第二段和第二阶段的特征，明显具有过渡性质。

莱山墓葬结构变化趋势可归结为墓砖由大变小；墓葬长宽比逐渐变大，面积逐渐变小；壁龛逐渐取代砖托，又逐渐消失；铺地砖由纵、横为主逐渐向人字形再向“两纵两横”转变几个特点。

第三节　墓葬分布特点

莱山遗址墓地互不相邻、独立存在。Ⅰ区仅一座唐墓。Ⅱ区以六朝时期为主。Ⅲ、Ⅳ区以唐墓居多，六朝墓葬数量少且较为分散。

六朝墓葬墓向基本与等高线垂直。

Ⅱ区墓葬规模大，排列规整，成排分布，间距多在3～5米，自东向西分别为ⅡM10、ⅡM6、ⅡM2、ⅡM4、ⅡM13、ⅡM11、ⅡM12、ⅡM5、ⅡM3、ⅡM17、ⅡM14、ⅡM16、ⅡM15，年代连续性好，自西晋至南朝晚期，整体以ⅡM11为中心，其中西侧为东晋早期时期（ⅡM15、ⅡM16除外），东侧为东晋晚期、南朝早期阶段。

Ⅲ区南侧自西向东分别为ⅢM2、ⅢM3、ⅢM4、ⅢM1，墓葬年代自西晋至南朝晚期由早向晚排列；Ⅲ区北侧一处打破关系，南朝晚期墓ⅢM10打破M11，自东向西分别为ⅢM24、ⅢM22、ⅢM16、ⅢM10、ⅢM11、ⅢM8、ⅢM7，墓群ⅢM16/M11为中心，东侧为南朝早期，西侧为南朝晚期，晚期墓（ⅢM7、M8）远离墓葬中心区。

Ⅳ区3座六朝时期墓葬，分别为ⅣM4、ⅣM5、ⅣM12，整体呈现东侧墓葬早于西侧，但极为分散，墓葬距离远。

隋唐墓葬垂直等高线分布，除ⅠM1、ⅡM1、ⅢM28、ⅣM8、ⅣM9相对孤立外，其余墓葬相对集中分布在Ⅲ区北侧、Ⅲ区南侧、Ⅳ区，围绕六朝墓葬分布，在六朝墓葬东、南、北3个方向。从墓葬排列看，隋唐墓葬流行两个一组的排列方式，典型墓葬包括ⅡM7/M8、ⅢM5/M6、ⅢM18/M19、ⅢM20/M21、ⅢM26/M27、ⅣM1/M13、ⅣM2/M3、ⅣM8/M9共8组16座，占隋唐墓葬（共28座）的57%。

各区墓葬分期分布情况详见表五。

表五　六朝隋唐墓葬分期、分布统计表

时代 \ 区、类		分类统计							Ⅰ区	Ⅱ区					Ⅲ区						Ⅳ区		
		凸单	凸前后室	长单	长前后室	双合	三合	土坑	长单	凸前后室	长单	长前后室	双合	三合	凸单	凸前后室	长单	长前后室	双合	土坑	凸单	长单	长前后室
西晋时期	墓数	3	1							1					2						1		
	分类比例	100	100							100					66.6						33.3		
	小计/比例	4/100								1/25					2/50						1/25		
	分布比例	墓数/各区墓数								6.2					8.7						11.1		
东晋早期	墓数		4		2			1		3		2				1				1			
	分类比例		100		100			100		75		100				25				100			
	小计/比例	7/100								5/71.4					2/28.6								
	分布比例	墓数/各区墓数								31.3					8.7								
东晋晚期	墓数			2		1					2		1										
	分类比例			100		100					100		100										
	小计/比例	3/100								3/100													
	分布比例	墓数/各区墓数								18.8													
南朝早期	墓数			4	2		1					1		1			3					1	1
	分类比例			100	100		100					50		100			75					25	50
	小计/比例	7/100								2/28.6					3/42.9						2/28.6		
	分布比例	墓数/各区墓数								12.5					13						22.2		
南朝晚期	墓数			4	1	1					2						2	1	1				
	分类比例			100	100	100					50						50	100	100				
	小计/比例	6/100								2/33.3					4/66.7								
	分布比例	墓数/各区墓数								12.5					17.4								

续表

时代	区、类	分类统计							Ⅰ区	Ⅱ区					Ⅲ区						Ⅳ区		
		凸单	凸前后室	长单	长前后室	双合	三合	土坑	长单	凸前后室	长单	长前后室	双合	三合	凸单	凸前后室	长单	长前后室	双合	土坑	凸单	长单	长前后室
隋至初唐	墓数			5													4					1	
	分类比例			100													80					20	
	小计/比例	5/100													4/80						1/20		
	分布比例	墓数/各区墓数													17.4						11.1		
盛唐中唐	墓数			13					1		2						7					3	
	分类比例			100					7.7		15.4						53.9					23.1	
	小计/比例	13/100							1/7.7	2/15.4					7/53.9						3/23.1		
	分布比例	墓数/各区墓数								12.5					30.4						33.3		
晚唐	墓数			4							1						1					2	
	分类比例			100							25						25					50	
	小计/比例	4/100							1/25						1/25						2/50		
	分布比例	墓数/各区墓数							6.2						4.3						22.2		
隋唐其他	墓数			7													3					4	
	分类比例			100													42.9					57.1	
	小计/比例	7/100													3/42.9						4/57.1		
	分布比例	墓数/各区墓数																					

说明：

1）除ⅢM11因残毁形制不明外，本表统计六朝隋唐墓56座。

2）分布比例中各区墓数不包括隋唐其他墓，只计时代明确的49座，其中Ⅰ区1座，Ⅱ区16座，Ⅲ区23座，Ⅳ区9座。

第四节　相关问题的探讨

一、墓 地 属 性

本次发现的可辨识的文字材料六朝时期有ⅡM12有“陈”盆、ⅡM17“平子”砖和ⅣM5有“潭氏立”墓砖，唐时期的ⅣM2宽耳罐有“及”字。“陈”盆、“及”宽耳罐可能为工匠或制器者记号、墓主或与墓主相关的人记号等多种可能，不具备判断墓主身份基本条件。ⅡM17“平子”砖在韶关地区[①]多有发现，但未有文献相关记载。“潭”姓在韶关东岗岭墓地发现了“潭长寿”[②]、医疗器械厂发现有“潭氏”[③]、西郊晋墓有“覃氏立”砖[④]、始兴赤土岭有“潭”字砖[⑤]，据《姓氏考略》转引《桂阳太守周憬碑》，“武陵蛮姓：粤之曲江亦有潭姓”，可以确认潭姓在韶关地区广泛存在，但若依此前提下，在无法不排除“潭氏立”是制砖者铭文或墓砖作为一类资源存在粤北流通的可能的前提下就将ⅣM5或Ⅳ区六朝墓地视为与潭姓家族有关则太显得贸然，正如在广州、梧州发现的西晋“永嘉陈造”[⑥]一样。由此，以上资料暂时还不能作为判断墓地家族属性的直接证据。

二、墓葬的埋藏学观察

广东六朝墓葬整体保存不好，尸骨、随葬器物等诸多信息多有缺失，莱山墓葬相对较好的埋藏环境、较为完整的随葬品组合关系为深入探讨墓主头向、埋葬人数以及葬俗等问题的判断提供了可能。

关于墓主头向的认识。①ⅡM11，尽管该墓保存状况一般，但出土器物组合关系基本完整，出土情况来看，前室只有少数四耳罐、碗有位移现象，后室出土铁刀、铜镜、虎子、篦等器物没有明显位移，从铁刀（ⅡM11：12）方向来看，刀柄向为墓门，刀尖向为后壁，整体方向应当与墓主身份同向，即头向为墓门。②ⅡM17为本次发掘墓葬中保存最为完好的之一，从

---

① “平子”砖见于罗伟德：《韶关医疗器械厂汉至晋代墓葬发掘简报》，《韶关文博论丛》，广州出版社，2011年。

② 广东省文物考古研究所、韶关市博物馆：《广东韶关东岗岭墓地M1发掘简报》，《四川文物》2008年第4期。

③ 杨豪：《广东韶关市郊的晋墓》，《考古学集刊·1》，中国社会科学出版社，1981年。

④ 广东省文物考古研究所：《广东韶关东岗岭墓地M1发掘简报》，《四川文物》2008年第4期。

⑤ 广东省博物馆：《广东始兴晋—唐墓发掘报告》，《考古学集刊·2》，中国社会科学出版社，1982年。

⑥ 梧州富民坊M1出土有广州同类型铭文砖，见广西梧州市博物馆：《梧州市晋墓、南朝墓发掘简报》，《文物资料丛刊·8》，文物出版社，1983年。

出土器物看，包括棺钉、金银器在内的后室出土器物有明显的向西位移现象，但出土金银器全部位于后室前部，大致相当于人体上半身位置，在发掘过程中未发现此处有装敛器迹象，可确认这些金银器为墓主身上的佩戴器，由此可以得出该墓与ⅡM11相同的结论，墓主头向为墓门方向。

关于墓葬埋藏人数的推断。由于缺乏人骨资料，推断主要依靠保存较好的墓葬中出土滑石猪数量以及墓葬宽度。第一期中缺少滑石猪证据，但墓葬宽度来看有埋葬双人或多人的可能。第二期中多数墓葬与第一期相同，而ⅡM17颇为特殊，该墓发现有4件滑石猪，9件不同材质的棺钉，从出土位置来看，铜棺钉多位于铁棺钉西北侧，有两个棺材的可能，墓葬宽度上也符合这一条件，进一步而言，墓主是双人的可能性较大。第三期及其之后的墓葬常见1至2件滑石猪或墓室宽度不满足埋葬双人的情况，如ⅡM10、ⅡM15、ⅡM16、ⅢM4、ⅢM7、ⅢM8等极可能是单人墓。进入隋唐阶段，从墓葬宽度来看，各墓内埋藏人数为单人的可能较大。

三、葬俗演变

莱山墓葬以瓷四耳罐和瓷碗构成了六朝时期的基本器物组合，但各期仍有自身特点。第一期由瓷（陶）四耳罐、瓷碗、瓷（陶）水波纹罐、陶釜以及陶模型器为主要组合，瓷四耳罐和瓷碗的随葬数量没有明确的规律。第二期由瓷四耳罐、瓷碗、瓷盂（钵）和陶釜构成主要组合，瓷四耳罐和瓷碗的随葬数量多少不一，从几件到十几件不等，而ⅡM14和ⅡM17出土瓷四耳罐数量相对稳定，全部为5件。第三期流行瓷四耳罐和瓷碗，而数量上ⅡM10与ⅡM13（左室）全部随葬2件瓷四耳罐。第四期流行瓷四耳罐、瓷碗和瓷碟，而瓷四耳罐的数量多为6～8件，瓷碗在7～10件不等。第五期依然流行瓷四耳罐、瓷碗与瓷碟的组合关系，瓷四耳罐多为2件，瓷碟多为5件，瓷碗数量仅有3～5件。进入隋唐时期，第六至八期长期流行宽耳罐/梭腹罐和敞口碗/钵形碗，这一特征是第一至第五期所不见的。可以说莱山墓葬出土随葬品体现了由繁至简、器物组合更加稳定的过程，尤其是西晋时期以陶模型器为代表的大多数陶器的消失，侧面说明岭南地区丧葬观念发生了巨大变化，正是由厚葬向薄葬转变的重要阶段。

以Ⅱ区为代表的六朝时期墓葬群具有成排分布的特点，聚族而葬是最为合理的解释（Ⅲ、Ⅳ区不如Ⅱ区明显，是否同样为聚族而葬我们暂不予以讨论，但是有聚族而葬的可能）。结合墓葬埋藏人数的推断，第一、二期为双人或多人合葬一墓，东晋晚期出现了合葬墓（ⅡM13）和异穴合葬现象（ⅡM10、ⅡM6），并在南朝时期异穴合葬进一步明显（如ⅢM22、ⅢM24，ⅡM15、ⅡM16），进入隋唐阶段，两个一组的异穴合葬现象成为墓葬基本定式。从东侧墓葬随葬品数量明显要多于西侧这一普遍现象，异穴合葬墓主人关系可能为夫妻。可以说从六朝时期的莱山墓葬所体现的是以家族为核心的埋葬重心，逐渐向家庭为重心进行转变，至隋唐阶段，家庭完全取代家族成为埋葬的重心，即族葬制度逐渐减弱。

四、文化特征

六朝时期，广东六朝墓葬可分为南北两个区域，南区包括粤西–珠三角–粤东区，包括广州、云浮、肇庆、云浮、阳江、深圳、河源、惠州、梅州等市；北区为粤北区，包括北江流域的韶关、清远两市①。莱山墓地的发掘与以往粤北地区发现六朝墓葬在器类特征、墓葬形制具有明显的共性。莱山六朝时期墓葬所反映的文化因素有两个方面：一方面是岭南汉文化基础上的继承与发展。从随葬器物来看，岭南出土的陶模型器集中分布于粤北、珠三角及桂东、桂东北这一区域，年代从西汉一直到两晋阶段，而本次出土的包括陶屋、囷、碾米房、牛耕田在内的陶模型器都可以在这一区域找到相同的因素，是对岭南汉文化陶模型器的继承与发展。另一方面是与长江流域关系密切。莱山大量瓷器的出现与南方六朝的发展密不可分，尤其是ⅢM2出土的扁壶作为一类特殊器物在岭南首次发现，与江苏邳州煎药庙M5②、南京甘家巷前头山M1③、峨眉岭、浙江上虞西晋墓④以及湖南攸县⑤等地出土器物极为相似。从墓葬形制来看，东晋以来出现的长方形单室墓和多室合葬墓可能直接受到荆湘地区⑥的影响，与广州地区汉晋以来的合葬墓形制有明显区别。可以说，莱山六朝墓葬所反映的即是对以长江流域为代表的南方政权的广泛认同与遵循，但又在一定程度上保持着自身特色。

进入隋唐时期，岭南地区文化面貌发生了新的变化。一方面，以宽耳罐、大敞口碗为基本的器物组合关系构成了岭南唐墓最主要的特点，与长江流域、赣江、福建等区域形成较为明显的区别⑦。另一方面，依据文化特征可将岭南唐墓分为东、西、南三个区域，东区包括粤东、粤北和珠江三角洲区域，主要发现有韶关、广州和肇庆等地，粤西的电白霞洞唐墓⑧也属于这一类，除个别墓葬规模较大，结构复杂外，如韶关张九龄家族墓地，其余墓葬多为合葬墓和长方形墓，合葬墓与六朝时期特征基本相同，具有明显的延续性。长方形墓流行枕砖、天井等结构。器物以宽耳罐/梭腹罐、大敞口碗为主要组合；西区为广西北部和东北部，以桂林、贺州、梧州最为丰富，砖室墓形制多样，主要为长方形和凸字形，也有一定数量的竖穴土坑墓，整体而言，墓葬规模偏小，除宽耳罐、大敞口碗外，器物组合多见盘口壶和双唇罐，与湖南、江西具有更多的相似性；南区为环北部湾地区，大体包括粤西和桂南区域，墓葬风格既有钦州

---

① 广东省文物考古研究所：《乳源泽桥山六朝隋唐墓》，文物出版社，2006年。

② 南京博物院、徐州博物馆、邳州市博物馆：《江苏邳州煎药庙西晋墓地发掘》，《考古学报》2019年第2期。

③ 金琦：《南京甘家巷和童家山六朝墓》，《考古》1963年第6期。

④ 袁胜文、李钰：《陶瓷扁壶的类型与分期》，《南方文物》2012年第3期。

⑤ 陈少华：《湖南攸县出土东吴窖藏文物》，《考古》1990年第2期。

⑥ 南京大学历史系考古专业、湖北省文物考古研究所、鄂州市博物馆：《鄂城六朝墓》，科学出版社，2007年。

⑦ 权奎山：《中国南方隋唐墓的分区分期》，《考古学报》1992年第2期。

⑧ 广东省博物馆、电白县文化局：《广东电白县霞洞墟唐墓简报》，《考古》1986年第1期。

宁氏家族这类常见于东区的长方形墓和双室墓形制①，也有粤西地区发现少数民族特征的瓮棺葬②，随葬器物由水波纹陶罐和陶钵构成了本区域的主要特色，体现了汉俚杂糅的现象。与六朝相比，隋唐时期粤北与珠三角联系更为紧密。

五、结 语

由此，我们认为本次发掘的意义有以下几点。

（1）莱山遗址六朝至唐时期墓葬年代关系完整，时间跨度大，尤以集中发现的两晋纪年砖墓对完善岭南六朝至唐时期的考古学器物谱系具有重要意义。

（2）莱山遗址墓葬保存状况好，结构特征多样，为进一步认识岭南六朝至唐时期墓葬结构具有重要作用。

（3）该批墓葬出土器物丰富，种类繁多，组合关系完整，舆轿、扁壶、砚滴等器物在广东地区以往发掘中未见或罕见，进一步丰富了广东地区考古学文化内涵。

（4）以莱山墓葬为代表的广东六朝隋唐墓葬从属于整个南方地区文化体系，在一定程度上逐渐形成了自身特色，是“北人南迁”、“岭南开发”等重要历史事件的直接体现。

① 广西壮族自治区文物工作队：《广西壮族自治区钦州隋唐墓》，《考古》1984年第3期。

② 广东省文物考古研究所：《高州市亚公山隋唐遗址》，《中国考古学年鉴·2008》，文物出版社，2009年。

附　　表

附表一　墓葬登记表

墓号	探方号	墓葬保存状况	型式	墓葬尺寸			墓向	结构						出土器物	分期
				砖室：总长×宽-高（cm）	室内：长×宽-高（cm）	室内面积（㎡）		墓道	封门	墓底	券顶	墓壁	其他		
ⅠM1	ⅠTN15W14/ⅠTN15W15	完整	砖室墓	总267×106-82	室231×76-75	1.76	35°							1件。青花碗1	清代
ⅠM2	ⅠTN13E18	有破坏	长方形单室墓	总352×110-52（残）	室310×86-49（残）	2.66	79°	竖穴	双门宽	两横两纵	残缺	错缝平铺叠砌	天井	15件。瓷宽耳罐B2，陶宽耳罐2，瓷敞口碗AⅠ7，铁棺钉4	第七期
ⅡM1	ⅡTN14E1	有破坏	长方形单室墓	总325×95-54（残）	室283×67-51（残）	1.89	204°	无墓道	双门宽	两横两纵	残缺	错缝平铺叠砌	天井	4件。瓷梭腹罐2，瓷敞口碗AⅣ2	第八期
ⅡM2	ⅡTN6E16/ⅡTN7E16	有破坏	合葬墓	总466×322-217	单室422×76-135	9.62（单室3.20）	168°	长斜坡	双门宽	人字形	单券	错缝平铺叠砌	拱门、窗格	20件。瓷四耳罐AⅥ4，瓷碗BⅤ3，瓷碟C4、D4，瓷盆B1，滑石猪4	第四期
ⅡM3	ⅡTN4E11/ⅡTN5E11	完整	凸字形前后室墓	总700×162-206	室468×136-186 甬道140×86-160	7.46	178°	长斜坡	四门宽	人字形	单券	错缝平铺叠砌	承券、砖托	16件。瓷四耳罐AⅢ1、BⅡ1、CⅡ4、CⅢ2，瓷碗BⅠ3，瓷碟A1，瓷盂A1，陶釜1，铁片2	第二期

续表

墓号	探方号	墓葬保存状况	型式	墓葬尺寸			墓向	结构						出土器物	分期
				砖室：总长×宽-高（cm）	室内：长×宽-高（cm）	室内面积（㎡）		墓道	封门	墓底	券顶	墓壁	其他		
ⅡM4	ⅡTN6E14/ⅡTN6E15	破坏严重	长方形前后室墓	总784×229-274	室706×164-244	11.58	168°	长斜坡	双门宽	人字形	单券	错缝平铺叠砌	护墙、承券、假窗	23件。瓷四耳罐AⅥ2，瓷碗BⅤ6，瓷碟D2，瓷盂B1，铜镜1，滑石猪3，铁棺钉7，宋碗1	第四期
ⅡM5	ⅡTN4E12/ⅡTN5E12	破坏严重	凸字形前后室墓	总620×178-176	室474×152-157 甬道112×82-36（残）	8.12	177°	长斜坡	双门宽	前室顺向平铺、后室丁向平铺	单券	错缝平铺叠砌；咬土砖	承券、排水沟	33件。瓷四耳罐AⅢ3、CⅡ4、D1，瓷碗AⅡ2、BⅠ1、BⅡ14，瓷碟A4，瓷盂A1，陶釜1，铁片1（残），宋碗1	第二期
ⅡM6	ⅡTN7E17	破坏严重	长方形单室墓	总558×159-216	室498×135-190	8.87	174°	长斜坡	双门宽	人字形	单券	错缝平铺叠砌	护墙、承券、排水沟	9件。瓷碗BⅢ1，滑石猪3，铜棺钉5	第三期
ⅡM7	ⅡTN10E17	完整	长方形单室墓	总334×106-103	室294×80-90	2.35	200°	无墓道	双门宽	两横两纵	单券	错缝平铺叠砌	天井	4件。瓷梭腹罐2，陶盖碗A2	第七期
ⅡM8	ⅡTN10E18	完整	长方形单室墓	总334×108-103	室294×80-90	2.35	198°	无墓道	双门宽	两横两纵	单券	错缝平铺叠砌	天井	9件。瓷梭腹罐2，瓷灯盏A5，陶盖碗B2	第七期
ⅡM9	ⅡTN6E14	完整	砖室墓	总254×114-50	室234×93-50	1.31	175°							无	清代

续表

墓号	探方号	墓葬保存状况	型式	墓葬尺寸			墓向	结构						出土器物	分期
				砖室：总长×宽-高（cm）	室内：长×宽-高（cm）	室内面积（㎡）		墓道	封门	墓底	券顶	墓壁	其他		
ⅡM10	ⅡTN7E16/ⅡTN7E17	完整	长方形单室墓	总365×88-135	室320×56-102	1.98	170°	长斜坡	双门宽	人字形	单券	错缝平铺叠砌		7件。瓷四耳罐AⅤ2，瓷碗BⅢ3，陶四耳罐C2	第三期
ⅡM11	ⅡTN5E13/ⅡTN6E13	有破坏	凸字形前后室墓	总648×204-158（残）	室486×176-160（残） 甬道94×112-136（残）	9.61	172°	长斜坡	三门宽	纵向平铺	单券	顺丁砖混；咬土砖	砖托；排水沟	47件。瓷四耳罐AⅠ1、BⅠ2，瓷碗AⅠ5、BⅠ3，瓷簋1，瓷盒2，瓷虎子1，瓷盘口壶1，陶四耳罐A1、B9，陶水波纹罐6，陶灯1，陶屋模型1，陶井模型1，陶囷模型1，陶碾米房模型1，陶舆轿模型1，陶耕田模型1，陶禽圈模型1，陶牛圈模型1，银簪2，铁刀3，铜镜1	第一期
ⅡM12	ⅡTN4E13/ⅡTN5E12/ⅡTN5E13	破坏严重	凸字形前后室墓	总672×212-142（残）	室526×178-102（残） 甬道123×94-127（残）	10.52	160°	长斜坡	双门宽	人字形	残缺	错缝平铺叠砌	承券、排水沟	16件。瓷四耳罐BⅡ1、CⅡ3、E1，瓷碗AⅡ5，瓷钵B1，瓷盂A1，瓷盆A1，瓷盒1，瓷异形器1，陶四耳罐B1	第二期
ⅡM13	ⅡTN6E14	完整	合葬墓	总450×246-140	单室422×90-126	7.60（单室面积3.80）	158°	长斜坡	双门宽	人字形	单券	错缝平铺叠砌	拱门	16件。瓷四耳罐AⅤ2，瓷碗AⅢ4、BⅠ1、BⅢ6，瓷碟D1，滑石猪2	第三期

续表

墓号	探方号	墓葬保存状况	型式	墓葬尺寸			墓向	结构						出土器物	分期
				砖室：总长×宽-高（cm）	室内：长×宽-高（cm）	室内面积（㎡）		墓道	封门	墓底	券顶	墓壁	其他		
ⅡM14	ⅡTN2E8/ⅡTN3E8	完整	长方形前后室墓	总586×166-180	室544×136-164	7.40	166°	长斜坡	双门宽	人字形	单券	错缝平铺叠砌；咬土砖	承券、砖托、排水沟	13件。瓷四耳罐AⅣ3、CⅡ2，瓷碗BⅠ1、BⅡ3，瓷钵A1、B1，陶釜1，陶三足盘1	第二期
ⅡM15	ⅡTN1E6	完整	长方形单室墓	总393×88-155	室348×58-110	2.02	155°	长斜坡	双门宽	人字形	单券	错缝平铺叠砌		11件。瓷六耳罐AⅦ2，瓷碗AⅣ1、BⅤ2，瓷碟B5，滑石猪1	第五期
ⅡM16	ⅡTN1E6	完整	长方形单室墓	总441×102-144	室396×72-129	2.85	158°	长斜坡	双门宽	人字形	单券	错缝平铺叠砌	壁龛	12件。瓷六耳罐AⅦ2，瓷碗AⅣ1、BⅤ3，瓷碟C4，滑石猪2	第五期
ⅡM17	ⅡTN3E10	完整	长方形前后室墓	总628×182-180	室583×152-165	7.45	168°	长斜坡	双门宽	人字形	单券	错缝平铺叠砌	承券、砖托、棺床、排水沟	50件。瓷四耳罐AⅢ2、AⅣ3，瓷碗AⅡ2、BⅡ9，瓷盆A1，瓷钵A1，金钗1，金指环3，金串珠2，银镯3，铜镜1，铜釜1，铜鐎斗1，铁剪刀1，滑石猪4，玻璃串珠6，铜棺钉5，铁棺钉4	第二期

续表

墓号	探方号	墓葬保存状况	型式	墓葬尺寸			墓向	结构						出土器物	分期
				砖室：总长×宽-高（cm）	室内：长×宽-高（cm）	室内面积（㎡）		墓道	封门	墓底	券顶	墓壁	其他		
ⅢM1	ⅢTN2E7	破坏严重	长方形前后室墓	总632×190-145（残）	603×160-136	9.64	171°	长斜坡	双门宽	人字形	单券	错缝平铺叠砌	承券、排水沟	2件。瓷六耳罐AⅦ1，瓷碗AⅣ1	第五期
ⅢM2	ⅢTN1E3	有破坏	凸字形单室墓	总516×182-88（残）	室330×152-88（残） 甬道110×124-70（残）	6.38	168°	长斜坡	四门宽	丁向平铺	残缺	错缝平铺叠砌；咬土砖	承券、腰坑	17件。瓷四耳罐AⅠ1，瓷小罐1，瓷碗AⅠ2、BⅠ8，瓷扁壶1，瓷砚滴1，陶四耳罐B1，陶水田模型1，石器1	第一期
ⅢM3	ⅢTN1E4	破坏严重	凸字形前后室墓	总606×196-178	室466×164-162 甬道120×96-150	8.79	160°	长斜坡	四门宽	丁顺相间	单券	错缝平铺叠砌；咬土砖	承券	20件。瓷四耳罐AⅡ1、AⅢ1、AⅣ1、CⅡ4、CⅢ1，瓷碗BⅡ2，瓷碟A2，瓷盂A1，瓷虎子1，瓷三足盘1，陶釜1，铁棺钉4	第二期
ⅢM4	ⅢTN2E5/ⅢTN3E5	完整	长方形单室墓	总452×142-147	室428×115-126	4.92	170°	长斜坡	双门宽	人字形	单券	错缝平铺叠砌	承券、排水沟	24件。瓷四耳罐AⅥ5、BⅡ1、CⅢ2，瓷碗AⅢ3、AⅣ1、BⅣ6，瓷盆B1，铁剪1，铜器2（残），滑石猪2	第四期

续表

墓号	探方号	墓葬保存状况	型式	墓葬尺寸			墓向	结构						出土器物	分期
				砖室：总长×宽-高（cm）	室内：长×宽-高（cm）	室内面积（㎡）		墓道	封门	墓底	券顶	墓壁	其他		
ⅢM5	ⅢTN5E8	破坏严重	长方形单室墓	总366×106-65（残）	室325×78-50（残）	2.55	157°	长斜坡	双门宽	两横两纵	单券	错缝平铺叠砌	天井，壁龛、枕砖	1件。瓷敞口碗AⅠ1	第六期
ⅢM6	ⅢTN5E7/ⅢTN5E8	破坏严重	长方形单室墓	总342×104-63（残）	室300×76-60（残）	2.28	160°	长斜坡	双门宽	两横两纵	残缺	错缝平铺叠砌	天井，壁龛、枕砖	1件。瓷钵形碗1	第六期
ⅢM7	ⅢTN27E3	完整	长方形单室墓	总412×116-152	室375×90-130	3.38	150°	竖穴	双门宽	两横两纵	单券	错缝平铺叠砌	承券	9件。瓷四耳罐AⅦ2，瓷碗AⅣ2，瓷碟B5	第五期
ⅢM8	ⅢTN27E4	完整	长方形单室墓	总328×82-112	室286×54-98	1.54	173°	长斜坡	双门宽	两横两纵	单券	错缝平铺叠砌	天井	12件。瓷四耳罐AⅦ2，瓷碗AⅣ3，瓷碟B5，滑石猪2	第五期
ⅢM9	ⅢTN29E9/ⅢTN29E10/ⅢTN30E9/ⅢTN30E10	破坏严重	土坑墓	总254×176（残）-50（残）										无	清代
ⅢM10	ⅢTN29E9/ⅢTN29E10/ⅢTN30E9/ⅢTN30E10/	破坏严重	合葬墓	总512×210-134	左室470×74-114；右室454×74-114	6.84（3.36+3.48）	160°	长斜坡	双门宽	两横两纵	单券	错缝平铺叠砌	天井、拱门、窗格、排水沟	6件。瓷六耳罐AⅦ1，瓷碟B5	第五期
ⅢM11	ⅢTN29E9/ⅢTN29E10	破坏严重	砖室破坏无存	总500×220-210			165°							1件。瓷水波纹罐1	第一期

续表

墓号	探方号	墓葬保存状况	型式	墓葬尺寸			墓向	结构						出土器物	分期
				砖室：总长×宽-高（cm）	室内：长×宽-高（cm）	室内面积（㎡）		墓道	封门	墓底	券顶	墓壁	其他		
ⅢM12	ⅢTN28E8	破坏严重	长方形单室墓	总405×104-90（残）	室363×76-76（残）	2.76	156°	无墓道	双门宽	两横两纵	单券	错缝平铺叠砌	假窗	2件。瓷钵形碗1，瓷碟E1	第六期
ⅢM13	ⅢTN28E8/ⅢTN29E8	破坏严重	长方形单室墓	总318×108-68（残）	室290×80-63（残）	2.32	169°	无墓道	无残存	两横两纵	单券	错缝平铺叠砌		无	第二阶段
ⅢM14	ⅢTN3E10	完整	长方形单室墓	总318×90-68（残）	室266×62-64（残）	1.65	150°	长斜坡	双门宽	两横两纵	单券	错缝平铺叠砌	天井、枕砖	无	第二阶段
ⅢM15	ⅢTN28E7	完整	长方形单室墓	总325×86-86	室280×56-71	1.57	164°	长斜坡	双门宽	两横两纵	单券	错缝平铺叠砌	天井	3件。瓷敞口碗AⅠ1，瓷钵形碗2	第六期
ⅢM16	ⅢTN29E11/ⅢTN30E11	有破坏	凸字形单室墓	453×170-109（残）	室312×141-104（残） 甬道85×110-90（残）	5.24	165°	长斜坡	三门宽	断砖平铺	单券	错缝平铺叠砌；咬土砖	排水沟	15件。瓷四耳罐BⅠ2、E1，瓷水波纹罐2，瓷碗BⅠ2，瓷盂A1，瓷虎子1，陶四耳罐B2，陶水波纹罐1，陶釜1，金镯1，银器1	第一期
ⅢM17	ⅢTN31E10	完整	土坑铺底砖墓	总269×117-70		3.01	166°	无墓道		断砖平铺				6件。瓷四耳罐BⅡ1、CⅠ1，陶四耳罐B1，瓷碗AⅡ2，陶釜1	第二期

续表

墓号	探方号	墓葬保存状况	型式	墓葬尺寸			墓向	结构						出土器物	分期
				砖室：总长×宽-高（cm）	室内：长×宽-高（cm）	室内面积（㎡）		墓道	封门	墓底	券顶	墓壁	其他		
ⅢM18	ⅢTN31E10	完整	长方形单室墓	总328×106-105	室288×80-92	2.30	157°	长斜坡	双门宽	两横两纵	单券	错缝平铺叠砌	壁龛、枕砖	5件。瓷宽耳罐B2，瓷敞口碗BⅠ2，瓷灯盏B1	第七期
ⅢM19	ⅢTN31E10	完整	长方形单室墓	总343×111-114	室303×85-101	2.57	157°	长斜坡	双门宽	两横两纵	单券	错缝平铺叠砌	壁龛、枕砖	8件。瓷宽耳罐B2，瓷敞口碗BⅠ2，瓷灯盏B1，铜钱2，铁棺钉1	第七期
ⅢM20	ⅢTN28E12	有破坏	长方形单室墓	总318×107-104	室278×80-90	2.22	172°	竖穴	双门宽	两横两纵	单券	错缝平铺叠砌	枕砖	5件。瓷宽耳罐A1，瓷碟E2，铁棺钉2	第七期
ⅢM21	ⅢTN28E12	有破坏	长方形单室墓	总338×105-82（残）	室298×78-70（残）	2.32	170°	竖穴	双门宽	两横两纵	单券	错缝平铺叠砌		4件。瓷梭腹罐1，陶盖碗A2，铁棺钉1	第七期
ⅢM22	ⅢTN29E11/ⅢTN30E11	完整	长方形单室墓	总320×100-95	室270×70-80	1.89	167°	竖穴	双门宽	人字形	单券	错缝平铺叠砌	承券	16件。瓷四耳罐AⅢ1、AⅣ1、BⅡ2、CⅡ1、CⅢ2，瓷碗AⅢ2、BⅢ5，瓷盂B1，陶釜1	第四期
ⅢM23	ⅢTN30E11/ⅢTN31E11	有破坏	长方形单室墓	总306×93-88	室250×65-74	1.62	158°	竖穴	三门宽	两横两纵	单券	错缝平铺叠砌	天井、枕砖	2件。陶盖碗B1，铜钱1	第七期

续表

墓号	探方号	墓葬保存状况	型式	墓葬尺寸			墓向	结构						出土器物	分期
				砖室：总长×宽-高（cm）	室内：长×宽-高（cm）	室内面积（㎡）		墓道	封门	墓底	券顶	墓壁	其他		
ⅢM24	ⅢTN29E12/ⅢTN30E12	完整	长方形单室墓	总465×142-155	室420×112-140	4.70	158°	竖穴	双门宽	人字形	单券	错缝平铺叠砌	承券、排水沟	16件。瓷四耳罐AⅥ2、BⅢ2、CⅢ2，瓷碗AⅢ2、BⅢ2、BⅣ5，瓷钵A1	第四期
ⅢM25	ⅢTN28E14/ⅢTN28E15	破坏严重	长方形单室墓	总325×95-70（残）	室295×78-65（残）	2.30	228°	长斜坡	双门宽	两横两纵	单券	错缝平铺叠砌		无	第二阶段
ⅢM26	ⅢTN3E5/ⅢTN3E6/ⅢTN4E5	破坏严重	长方形单室墓	总346×106-52（残）	室304×78-48（残）	2.37	159°	竖穴	双门宽	两横两纵	残缺	错缝平铺叠砌	天井、枕砖	8件。瓷梭腹罐1，瓷灯盏A5，瓷敞口碗BⅡ2	第七期
ⅢM27	ⅢTN3E6/ⅢTN4E6	完整	长方形单室墓	总346×106-102	室304×78-88	2.37	159°	竖穴	双门宽	两横两纵	单券	错缝平铺叠砌	天井、壁龛、枕砖	16件。瓷梭腹罐2，瓷敞口碗AⅢ2，瓷灯盏A5，铜钱3，铁棺钉4	第七期
ⅢM28	ⅢTS2E16	完整	长方形单室墓	总300×98-72	室260×70-68	1.82	146°	竖穴	双门宽	两横两纵	单券	错缝平铺叠砌	天井、枕砖	4件。瓷梭腹罐2，瓷敞口碗AⅢ2	第八期
ⅣM1	ⅣTN5E7	破坏严重	长方形单室墓	总324×112-100	室282×84-86	2.37	160°	长斜坡	双门宽	两横两纵	单券	错缝平铺叠砌	壁龛	2件。瓷梭腹罐1，瓷敞口碗AⅢ1	第八期
ⅣM2	ⅣTN4E3/ⅣTN5E3	有破坏	长方形单室墓	总376×106-102	室332×78-82	2.59	165°	竖穴	双门宽	两横两纵	单券	错缝平铺叠砌	天井、壁龛、枕砖	6件。瓷宽耳罐B2，瓷敞口碗AⅡ2，瓷碟E1，金指环1	第七期

续表

墓号	探方号	墓葬保存状况	型式	墓葬尺寸			墓向	结构						出土器物	分期
				砖室：总长×宽-高（cm）	室内：长×宽-高（cm）	室内面积（㎡）		墓道	封门	墓底	券顶	墓壁	其他		
ⅣM3	ⅣTN4E3/ⅣTN5E3	完整	长方形单室墓	总348×106-100	室304×78-86	2.37	165°	竖穴	双门宽	两横两纵	单券	错缝平铺叠砌	天井、壁龛、枕砖	4件。瓷宽耳罐B1，瓷敞口碗AⅡ1，瓷碟E1，铜钱1组	第七期
ⅣM4	ⅣTN2E5/ⅣTN3E5	破坏严重	凸字形单室墓	总478×222-84（残）	室362×190-84（残） 甬道100×112-66（残）	7.99	165°	长斜坡	四门宽	混铺	残缺	错缝平铺叠砌；咬土砖	砖托	7件。瓷四耳罐AⅡ1、CⅠ3，陶釜1，瓷虎子1，铁棺钉1	第一期
ⅣM5	ⅣTN2E3/ⅣTN3E2/ⅣTN3E3	完整	长方形前后室墓	总494×170-165	室430×134-130	5.59	145°	长斜坡	三门宽	人字形	单券	错缝平铺叠砌	承券、砖托、排水沟	21件。瓷四耳罐AⅥ4、CⅢ2，瓷碗AⅢ4、BⅡ1、BⅣ6，铜镜1，滑石猪2，铁剪刀1	第四期
ⅣM6	ⅣTN2E5	破坏严重	土坑铺底砖墓	总314×94-40（残）		3.20	150°	无墓道		断砖平铺				无	第一阶段
ⅣM7	ⅣTN1E8	破坏严重	长方形单室墓	总332×96-105	室306×70-87	2.14	157°	竖穴	无残存	斜向平铺	单券	错缝平铺叠砌		无	第二阶段
ⅣM8	ⅣTN37W17	完整	长方形单室墓	总238×70-66	室198×44-53	0.87	117°	无墓道	双门宽	两横两纵	单券	错缝平铺叠砌		无	第二阶段

续表

墓号	探方号	墓葬保存状况	型式	墓葬尺寸			墓向	结构						出土器物	分期
				砖室：总长×宽-高（cm）	室内：长×宽-高（cm）	室内面积（㎡）		墓道	封门	墓底	券顶	墓壁	其他		
ⅣM9	ⅣTN38W17	完整	长方形单室墓	总235×71-76	室196×45-63	0.88	121°	无墓道	双门宽	两横两纵	单券	错缝平铺叠砌		无	第二阶段
ⅣM10	ⅣTN1E3	破坏严重	长方形单室墓	总334×110-48（残）	室292×82-45（残）	2.39	156°	无墓道	残缺不明	两横两纵	残缺	错缝平铺叠砌		2件。瓷碟E1，陶钵形碗1	第六期
ⅣM11	ⅣTN1E3	破坏严重	长方形单室墓	总356×107-75（残）	室316×80-69（残）	2.52	157°	长斜坡	双门宽	两横两纵	单券	错缝平铺叠砌		1件。陶盖碗B1	第七期
ⅣM12	ⅣTN2E2/ⅣTN3E2	破坏严重	长方形单室墓	总526×154-144	室484×126-131	6.10	154°	长斜坡	双门宽	人字形	单券	错缝平铺叠砌	承券、砖托、排水沟	3件。瓷碗AⅢ1、BⅣ1，滑石猪1	第四期
ⅣM13	ⅣTN5E7/ⅣTN5E8/ⅣTN6E7/ⅣTN6E8	完整	长方形单室墓	总308×104-111	室266×76-80	2.02	164°	竖穴	双门宽	两横两纵	单券	错缝平铺叠砌	天井	6件。瓷梭腹罐2，瓷敞口碗AⅢ2、AⅣ1，铜钱1串	第八期

附表二 随葬品统计表

第一阶段

期别	器类及型式 / 墓号	瓷四（六）耳罐															陶四耳罐			瓷碗									瓷碟					瓷盆		瓷钵		瓷盂		滑石猪	瓷器	陶器	其他
		A							B			C			D	E	A	B	C	A				B					A	B	C	D	E	A	B	A	B	A	B				
		Ⅰ	Ⅱ	Ⅲ	Ⅳ	Ⅴ	Ⅵ	Ⅶ	Ⅰ	Ⅱ	Ⅲ	Ⅰ	Ⅱ	Ⅲ						Ⅰ	Ⅱ	Ⅲ	Ⅳ	Ⅰ	Ⅱ	Ⅲ	Ⅳ	Ⅴ															
第一期	ⅡM11	1							2								1	9		5				3																	瓷虎子1、瓷簋1、瓷盒1、瓷盘2、瓷盘口壶1、瓷唾壶1	陶水波纹罐6、陶灯1、陶屋模型1、陶井模型1、陶囷模型1、陶禽圈模型1、陶碾米房模型1、陶舆轿模型1、陶牛圈模型1、陶耕田模型1	银簪2、铁刀3、铜镜1
	ⅢM2	1																1		2				8																	瓷小罐1、瓷扁壶1、瓷砚滴1	陶水田模型1	石器1
	ⅢM16								2							1		2						2														1			瓷水波纹罐2、瓷虎子1	陶水波纹罐1、陶釜1	金镯1、银器1
	ⅢM11																																								瓷水波纹罐1		
	ⅣM4		1									3																													瓷虎子1	陶釜1	铁棺钉1

续表

期别	器类及型式 / 墓号	瓷四（六）耳罐															陶四耳罐			瓷碗									瓷碟					瓷盆		瓷钵		瓷盂		滑石猪	瓷器	陶器	其他
		A							B			C			D	E	A	B	C	A				B					A	B	C	D	E	A	B	A	B	A	B				
		Ⅰ	Ⅱ	Ⅲ	Ⅳ	Ⅴ	Ⅵ	Ⅶ	Ⅰ	Ⅱ	Ⅲ	Ⅰ	Ⅱ	Ⅲ						Ⅰ	Ⅱ	Ⅲ	Ⅳ	Ⅰ	Ⅱ	Ⅲ	Ⅳ	Ⅴ															
第二期	ⅢM17									1		1						1			2																					陶釜1	
	ⅢM3		1	1	1								4	1											2				2									1			瓷虎子1、瓷三足盘1	陶釜1	铁棺钉4
	ⅡM12									1			3			1		1			5													1			1	1			瓷盒1、瓷异形器1		瓷盒1、异形器1
	ⅡM3			1						1			4	2										3					1									1				陶釜1	铁片2
	ⅡM5			3									4		1						2			1	14				4									1				陶釜1	铁片1、宋碗1
	ⅡM17			2	3																2				9									1		1				4			铜鐎斗1、铜釜1、铜镜1、金钗1、金指环3、金串珠2、银镯3、铁剪刀1、玻璃串珠6、铜棺钉5、铁棺钉4
	ⅡM14				3								2											1	3											1	1					陶釜、陶三足盘	
第三期	ⅡM13					2																4		1		6						1								2			
	ⅡM10					2													2							3																	
	ⅡM6																									1														3			铜棺钉5

续表

期别	器类及型式 / 墓号	瓷四（六）耳罐															陶四耳罐			瓷碗									瓷碟					瓷盆		瓷钵		瓷盂		滑石猪	瓷器	陶器	其他
		A							B			C			D	E	A	B	C	A				B					A	B	C	D	E	A	B	A	B	A	B				
		I	II	III	IV	V	VI	VII	I	II	III	I	II	III						I	II	III	IV	I	II	III	IV	V															
第四期早段	ⅢM22			1	1					2			1	2								2				5													1			陶釜1	
	ⅢM24						2				2			2								2				2	5									1							
	ⅣM5						4							2								4			1		5													2			铜镜1、铁剪刀1
	ⅢM4						5			1				2								3	1				6								1					2			铁剪刀1、铜器2
	ⅣM12																					1					1													1			
第四期晚段	ⅡM2						4																					3			4	4			1					4			
	ⅡM4						2																					6				2							1	3			铜镜1、宋碗1、铁棺钉4
第五期	ⅡM15							2															1					2		5										1			
	ⅡM16							2															1					3			4									2			
	ⅢM1							1															1																				
	ⅢM7							2															2							5													
	ⅢM8							2															3							5										2			
	ⅢM10							1																						5													

第二阶段

期别	器类及型式 / 墓号	瓷宽耳罐		陶宽耳罐	瓷梭腹罐	瓷敞口碗						陶盖碗		瓷灯盏		瓷碟	瓷钵形碗	其他
						A				B								
		A	B			Ⅰ	Ⅱ	Ⅲ	Ⅳ	Ⅰ	Ⅱ	A	B	A	B	E		
第六期	ⅢM15					1											2	
	ⅢM6																1	
	ⅢM5					1												
	ⅢM12															1	1	
	ⅣM10															1	1	
第七期早段	ⅢM18		2							2					1			
	ⅢM19		2							2					1			铜钱2、铁棺钉1
	ⅠM2		2	2	7													铁棺钉4
	ⅣM2		2				2									1		金指环1
	ⅣM3		1				1									1		铜钱1
第七期晚段	ⅢM21				1							2						铁棺钉1
	ⅢM20	1														2		铁棺钉2
	ⅡM7				2							2						
	ⅡM8				2								2	5				
	ⅣM11												1					
	ⅢM23												1					铜钱1
	ⅢM26				1						2			5				
	ⅢM27				2			2						5				铜钱3、铁棺钉4
第八期	ⅢM28				2			2										
	ⅣM1				1			1										
	ⅣM13				2			2	1									铜钱1串
	ⅡM1				2				2									

*此表中各器类下所列数字除标明单位者外其余单位皆为“件”。

附表三　墓砖纹饰统计表

墓号	墓砖			
	规格（cm）	砖色	纹饰	铭文
Ⅰ M2	长24×12-4	灰色	素面	
Ⅱ M1	长27×14-3，楔27×14-3～2	灰色	素面	
Ⅱ M2	长28×14-5，楔26×13-4～3	灰色	同向叶脉纹；同向叶脉纹+钱纹；分向叶脉纹+分割线；分向叶脉纹+车轮纹；对向叶脉纹+分割线	
Ⅱ M3	长32×15-5、36×17-6，楔32×15-6～4	灰色、白色	几何纹+太阳纹+绹纹；叶脉纹+绹纹；菱格+太阳纹；双太阳纹（丁头）	元康七年七月廿日宜平嘉；咸和七年壬辰岁六月□□立作；咸和七年壬辰岁□□□□□□立；□太岁在丙戌七月廿□日立；三年一□
Ⅱ M4	长34×17～18-6，楔32×15-6～4	灰色、红色、白色	大菱格纹（长方形）；小菱格纹+“π”+“三”（楔形）	
Ⅱ M5	长32×15-5，楔28×13-5～4	灰色	同向叶脉纹+米纹；同向叶脉纹	绹纹+□；咸和七年太岁
Ⅱ M6	长30×15-5，楔26×13-4～3	灰色、红色	同向叶脉纹+横线格纹；网格纹；双排网格纹；叶脉纹（陡板）	
Ⅱ M7	长26×12～14-3，楔26×14-3～2	灰色	素面	
Ⅱ M8	长26×12～14-3，楔26×14-3～2	灰色	素面	
Ⅱ M10	长30×15-5，楔26×13-4～3	灰色、红色	同Ⅱ M6	
Ⅱ M11	长34×15-6，楔34×15-6～4	灰色	同向叶脉纹；菱格纹+太阳纹	元康元年七月八日；宜尔家室子孙大吉
Ⅱ M12	长32×16-6	灰色	同向叶脉纹；大菱格纹	咸和二年七月廿日作；泰宁二年八月十日立作；太兴二年六月廿日作；“咸和二年七月廿日作”丁头有“五十枚”、“五百”
Ⅱ M13	长30×14-5，楔30×14-5～4	灰色、红色	同向叶脉纹；双排网格纹	
Ⅱ M14	长32～34×16-4～6，楔32×16-4～2	灰色、红色	同向叶脉纹	

续表

墓号	墓砖			
	规格（cm）	砖色	纹饰	铭文
ⅡM15	长31～32×15-5，楔30×15-5～3	灰色、红色	对向叶脉纹+米纹；对向叶脉纹+横线格纹	
ⅡM16	长30×15-5、32×15-6，楔30×15-5～3	灰色、红色	同ⅡM15	□（未辨识）
ⅡM17	长30～32×15-4.5～5，楔30×15-4.5～3	灰色、红色	同向叶脉纹；纵向叶脉纹；菱格+太阳纹+绹纹；斜纹+太阳纹	隆和二年七月廿日大子孙；宜子孙（丁头）；隆和二年七月廿日大子；泰和二年七月十日；□□十年□□□□□吉；平子；七
ⅢM1	长30×15-6，楔30×15-6～3	灰色	对向叶脉纹+横线格纹+分向叶脉纹；交错叶脉纹	
ⅢM2	长30×15-6，楔30×15-6～3	灰色	几何纹+车轮纹	元康五年作壁；□封侯拜史□□□
ⅢM3	长32×16-5，楔32×16-5～3	灰色	同向叶脉纹；双绹纹	永昌元年七月十三日；太兴二年太岁□□□□；太兴三年七月二日立作；□□□□六月甲寅□廿二
ⅢM4	长30×15-4，楔30×15-4～2	灰色、红色	对向叶脉纹；对向叶脉纹+车轮纹	
ⅢM5	长30×14-4，楔30×14-4～2	灰色	素面	
ⅢM6	长28×15-4，楔31×15.5-4～3	灰色	素面	
ⅢM7	长30×15-5，楔30×15-5～3	灰色、红色	对向叶脉纹；钱纹+弧形纹	
ⅢM8	长30×14-4，楔30×14-4～2	灰色、红色	同ⅢM7	
ⅢM10	长32×15-4～5，楔32×15-4～2	灰色、红色	对向叶脉纹、圆圈+十字纹	
ⅢM11	长30×15-6	灰色		□封侯拜史□□□（同ⅢM2）
ⅢM12	长30×14-6，楔30×14-6～4	红色	素面	
ⅢM13	长28×14-4，楔28×14-4～2.5	灰色	素面	
ⅢM14	长28×14-4，楔28×14-4～2.5	灰色	素面	
ⅢM15	长30×14-4，楔30×15-5～3	红色	叶脉纹	
ⅢM16	长30～32×15-6，楔32×15-6～4	灰色	几何纹+网纹+车轮纹	□封侯拜史□□□（同ⅢM2、同ⅢM11）；大封侯拜史□□□

续表

墓号	墓砖			
	规格（cm）	砖色	纹饰	铭文
ⅢM17	长26×13-4，楔26×13-4～2	灰色	素面	
ⅢM18	长26×13-4，楔26×13-4～2	灰色	素面	
ⅢM19	长26×13-4，楔26×13-4～2	灰色	素面	
ⅢM20	长26×13.5-3～4，楔26×13.5-4～2	灰色	素面	
ⅢM21	长26×13.5-4，楔26×13.5-4～2	灰色	素面	
ⅢM22	长30×15-4，楔30×15-4～2	灰色、红色	对向叶脉纹	
ⅢM23	长28×14-4，楔28×14-4～2	灰色	素面	
ⅢM24	长30×15-5，楔30×15-5～3	灰色、红色	对向叶脉纹	
ⅢM25	长26×13.5-4，楔26×13.5-4～2	灰色	素面	
ⅢM26	长28×14-4	灰色	素面	
ⅢM27	长28×14-4，楔28×14-4～2	灰色	素面；三角凸点纹（陡板）	
ⅢM28	长26×14-3，楔26×14-3～2	灰色	素面	
ⅣM1	长28×14-4，楔28×14-4～3	灰色	素面	
ⅣM2	长30×14-5，楔30×14-5～3	灰色	素面	
ⅣM3	长30×14-5，楔30×14-5～3	灰色	素面	
ⅣM4	长36×16-6，楔36×16-6～4	灰色	米格纹+车轮纹+绹纹	大安元年七月十四日立作
ⅣM5	长30×15-4～5，楔30×15-4～2	灰色、红色	同向叶脉纹；叶脉纹+条纹；三角纹	十年七月；潭氏立
ⅣM6	长30×15-5	灰色	素面	
ⅣM7	长26×13-3.5，楔26×13-3.5～2	灰色	素面	
ⅣM8	长26×13-3～4，楔26×13-4～3	灰色	素面	

续表

墓号	墓砖			
	规格（cm）	砖色	纹饰	铭文
ⅣM9	长26×13-3～4，楔26×13-4～3	灰色	素面	
ⅣM10	长25×14-3.5	灰色	素面	
ⅣM11	长27×13-3.5，楔27×13-3.5～2	灰色	素面	
ⅣM12	长28×14-5，楔26×13-4～3	灰色、红色	同向叶脉纹；四出钱纹+横线格纹；菱格纹	
ⅣM13	长28×14-4，楔28×14-4～2.5	灰色	素面	

* “规格”中“长”指长方形砖、“楔”指楔形砖。

附　　录

附录一　乳源莱山遗址窑址发掘简报

叶　龙

（广东省文物考古研究所，广州，510080）

一、概　　况

乳源莱山遗址共清理窑址8座，分别为Ⅰ区的Y1～Y6，以及Ⅳ区的Y1、Y2。其中ⅠY1出土遗物包括陶瓦、瓷碗等器物若干。各窑址的发掘情况分述如下。

二、主 要 发 现

ⅠY1　位于ⅠTN1E1东北角，接近山丘顶部的东坡。开口于①层下，打破生土，方向110°。Y1由操作间、通风道、窑室组成（图1；彩版一三〇）。操作间平面近圆形，直径约2.70米；斜壁，略平底，内填灰黑色黏土，土质较疏松，含大量破碎瓦片，深约0.24米。操作间和窑室之间为通风道，底部较操作间低约0.20米，呈圆筒形，直径约0.30米，内填黑红色黏土，土质较疏松，含大量红烧土块和少量陶瓷片。窑室平面近圆形，直径约1.00米，内填黑色黏土，土质较疏松，含炭粒和红烧土块；斜壁，窑壁被烧结成厚约0.10米的黄褐色硬面，略圜底。

ⅠY1共出土器物标本9件，其中1～8出土于操作间，9出土于通风道内。

罐口沿　2件。ⅠY1：1，红陶胎，釉剥落。圆唇，近直口，高领，弧腹，肩部饰耳，耳残。残高7.1厘米（图2-1）。ⅠY1：3，深灰陶。方圆唇，卷沿，腹部轮制痕迹明显，肩部饰泥条耳。残高5.6厘米（图2-3）。

碗底　4件。ⅠY1：2，灰胎，青黄釉，外施釉不及底，内满釉，釉较薄。外腹饰划纹，

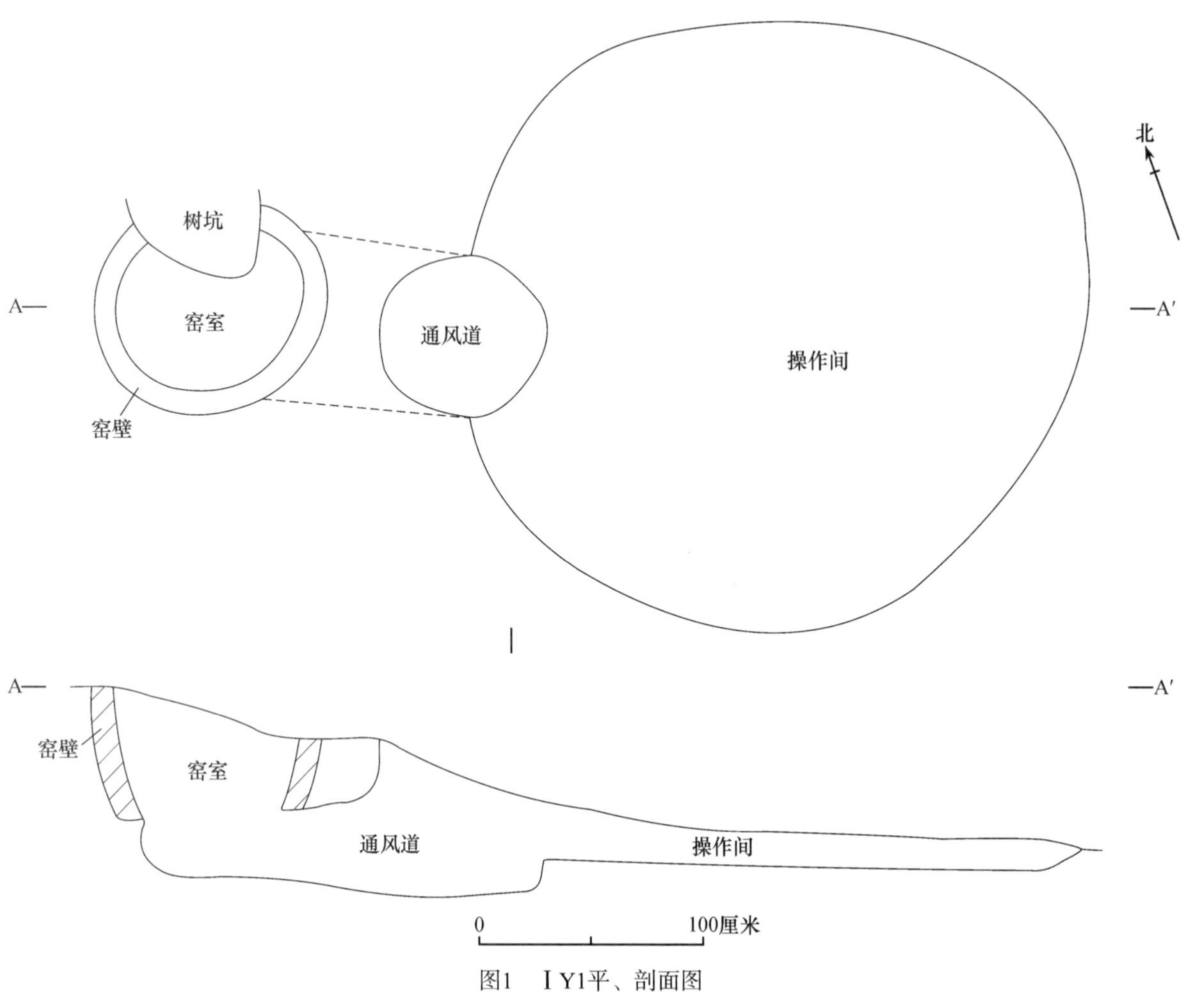

图1　ⅠY1平、剖面图

外底有一圆形凹窝，内底饰弦纹两圈，并模印反“攻”字。底径3.8、残高2.1厘米（图2-2）。ⅠY1：4，红胎，青黄釉，釉下施浅黄色化妆土。外施半釉，内满釉。圈足，外底有一圆形凹窝，内底有三处支钉痕迹，饰弦纹一圈，底模印人像纹饰。底径5、残高2.3厘米（图2-4）。ⅠY1：5，灰胎，灰色釉，有冰裂。外施半釉，内满釉。矮圈足，底径4.4、残高2.4厘米（图2-5）。ⅠY1：6，深灰胎，青黄釉，有冰裂。外施半釉，内满釉。圈足，外底有一圆形凹窝，内底有四处支钉痕迹。底径5.2、残高1.5厘米（图2-6）。

罐底　1件。ⅠY1：7，灰陶，施褐色化妆土。底内凹。底径17.2、残高5.6厘米（图2-7）。

碗　2件。ⅠY1：8，青白胎，灰白釉夹杂黑色，有冰裂。尖圆唇，敞口，斜弧腹，高圈足。圈足内外无釉，外底无釉墨书“寿”字。内底涩圈。口径11.4、底径4.4、高4.5厘米（图2-8）。ⅠY1：9，灰胎，青黄釉，外施半釉，内满釉，着釉差，外腹积釉。圆唇，折沿，斜弧腹，矮圈足。内底饰弦纹，且有五处支钉痕迹。外底有一圆形凹窝。口径5.4、底径6、高6厘米（图2-9）。

ⅠY2　位于TN3E3西北部，半山腰的东坡。开口于①层下，距地表0.33～0.40米，打破生

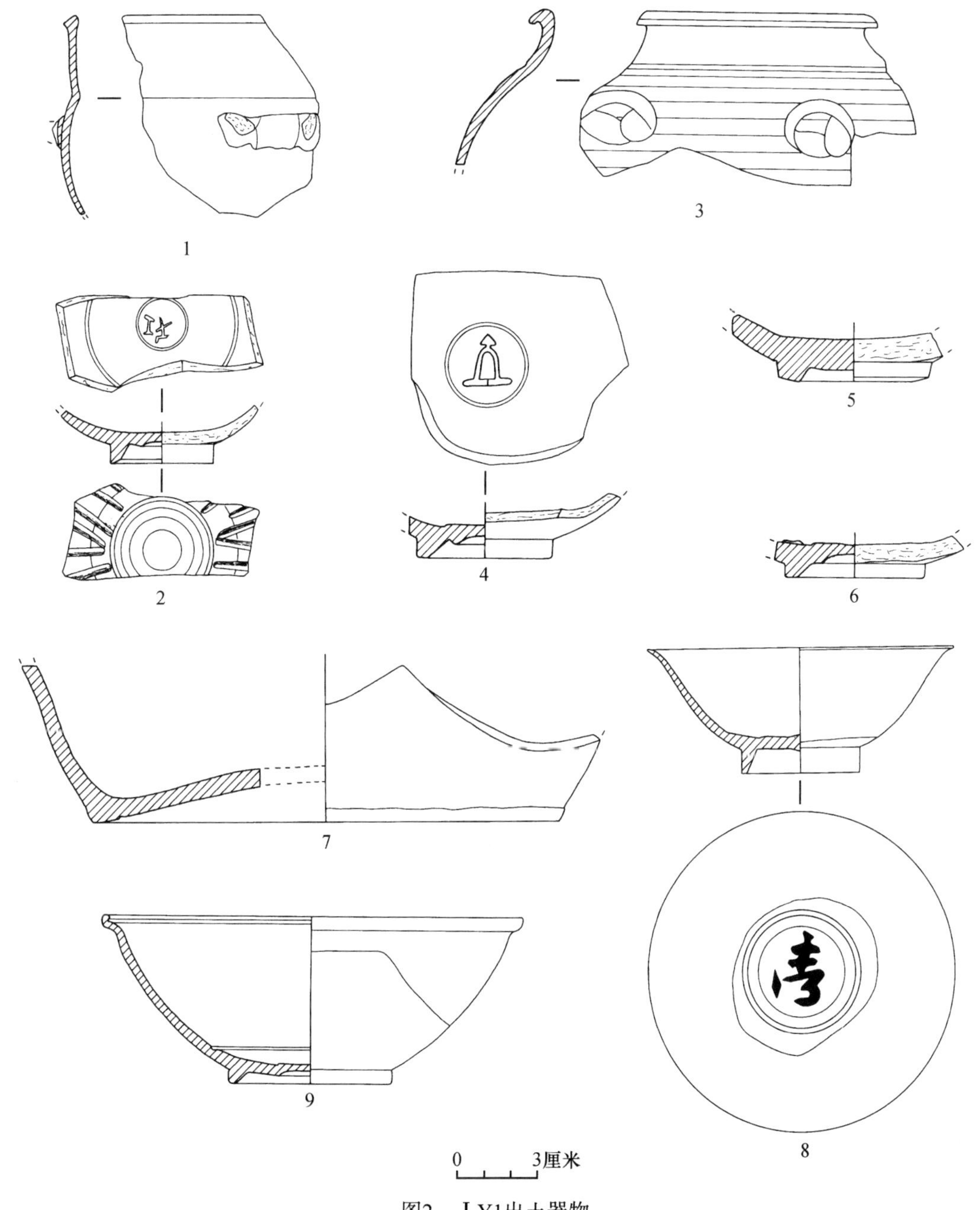

图2　ⅠY1出土器物

1、3. 罐口沿（ⅠY1：1、ⅠY1：3）　2、4～6 碗底（ⅠY1：2、ⅠY1：4、ⅠY1：5、ⅠY1：6）　7. 罐底（ⅠY1：7）　8、9. 碗（ⅠY1：8、ⅠY1：9）

土，方向30°。Y2由操作间、火门、窑室和烟囱组成。窑室平面近圆形，最大径为1.64、残深0.54～0.62米，底面中部较四周稍高，窑壁周围烧结层厚0.12～0.22米。操作间平面形状近圆形，最大径1.72、深0.57～0.70米，西部被破坏，斜弧壁，底部中东部较深。烟囱残深0.34米（图3；彩版一三一，1）。

窑室内堆积分为四层：第①层为黄灰色细砂土，含少量炭粒和红烧土，厚0.24～0.34米；第②层为灰黑色积灰，厚0.02～0.03米；第③层是窑顶倒塌堆积，为大块红色烧土，厚

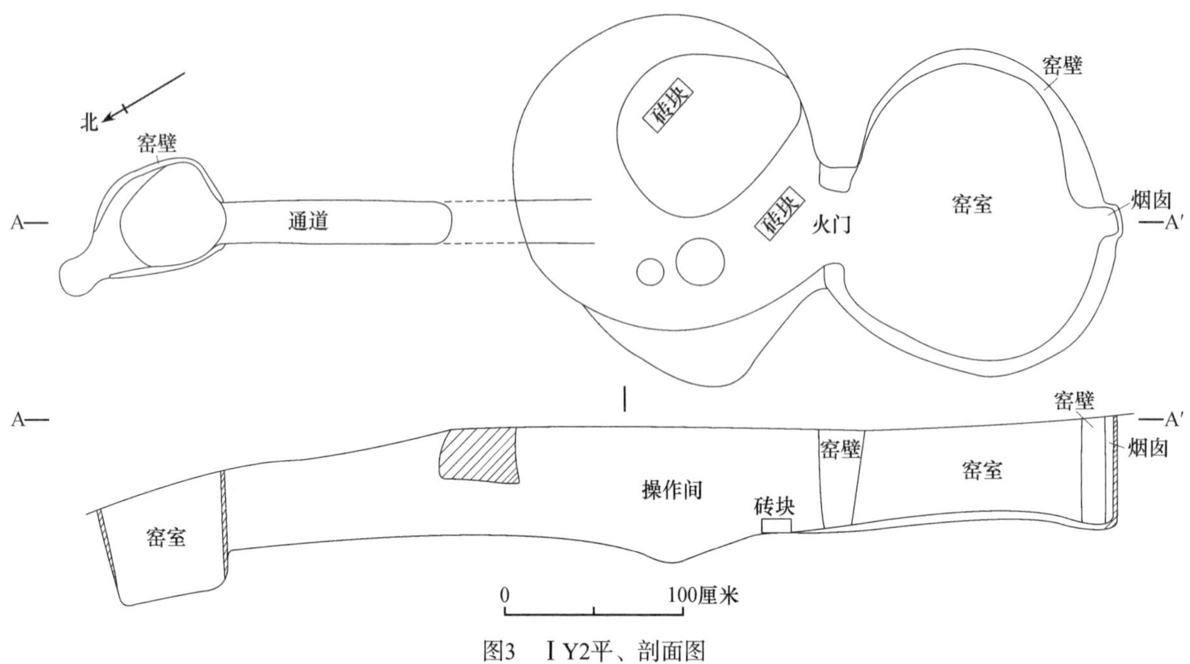

图3　Ⅰ Y2平、剖面图

0.20～0.30米；第④层为一层白色砂土，厚0.02～0.03米。操作间堆积分两层：第①层与窑室内①层堆积性质相同，厚0.27～0.39米；第②层与窑室内第②层堆积性质相同，厚0.17～0.46米，底部有两块长方形砖，其中一块位于火门前，尺寸均为30×12-8厘米。烟囱内为灰黑色填土，夹杂积灰，厚0.28～0.30米（彩版一三一，2）。

北侧有一小窑室，平面呈不规则形，最大径约为1.00米，斜直壁、斜底，壁上有厚约0.03米的烧结层，深0.58～0.64米。与Y2之间有一直径约0.30米的狭窄通道，通道内无烧火痕迹，内填黄灰色细砂土。小窑室内堆积分为两层：第①层为黄灰色细砂土，含少量炭粒和红烧土，厚0.24～0.34米；第②层为灰黑色土烧灰，厚0.02～0.03米。其与Y2之间的关系尚不清晰，有待日后更多类似发现来考证。

Ⅰ Y3　位于TN4E3北部，半山腰东坡。开口①层下，打破生土，方向90°。Ⅰ Y3由窑室、通风道构成。窑室平面呈不规则椭圆形，长径为1.84、短径1.20、残深0.32米。近直壁，底较平，窑壁周围烧结层厚0.08～0.13米。通风道平面为长条形，长2.00米，残存最宽处0.74米，部分被现代树坑打破，斜弧壁，斜底，深0.40～0.57米（图4）。

窑内堆积分为两层：第①层为窑顶倒塌堆积，为大块红烧土，厚0.18～0.28米；第②层为灰黑色细砂土，夹杂大量灰黑色积灰，厚0.12～0.14米。通风道内堆积与窑室内第②层相同，厚0.12～0.34米。

Ⅰ Y4　位于TN17E18和TN17E19处，接近山丘顶部的南坡。开口于①层下，打破生土层，方向129°。Ⅰ Y4由窑室、窑门、烟囱、通风道组成，窑室顶部被现代植被破坏无存，底部平面呈圆形，口略小于底，口径2.01、底径2.10、残深0.80～0.90米，窑壁呈弧形，内壁涂抹有一层厚0.02～0.03米的耐火泥，已烧结成青灰色，质地坚硬，壁面光滑平整，外壁因高温所致形成一周红烧土，红烧土厚约0.10米，窑底中间微高于四周，底部除近窑门处未见烧结面，余则

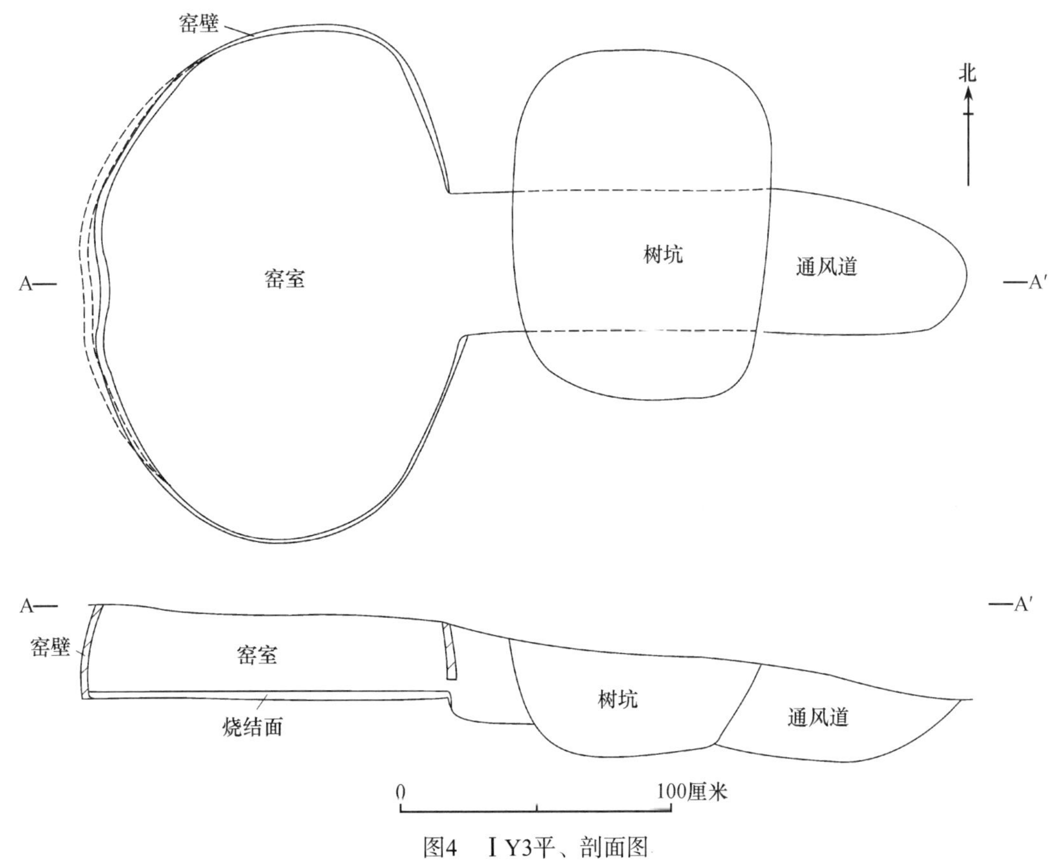

图4　ⅠY3平、剖面图

皆有一层0.03米厚的青灰烧结面，中间位置见有一圆形小洞，直径0.20、深0.16米，内填土为灰黑色，土质松散，含大里炭灰。窑门开于窑室的南壁，与通风道相接，宽0.82米，顶部坍塌结构不详。烟囱位于窑室后壁，上部与窑壁间隔有19厘米的生土，口部近方形，东西0.21、南北0.22、深1.09米，后壁向内倾斜，底略低于窑室底，下部与窑室相通的出烟孔高约0.60米，烟囱周壁及底烧结成青灰色。通风道位于窑室南端，未完全揭露，已知平面呈长条状，南北长1.31、宽0.87、深0.41～0.92米，口部规整，直壁，底部起伏不平，整体南高北低（图5；彩版一三二）。

窑室内填土为窑顶坍塌后的堆积，土色为灰褐色，土质疏松，含大量红烧土块。通风道内为深灰色填土，土质松虚，含炭粒，出土少量灰砖碎块、板瓦残片等遗物。

ⅠY5　位于TN16E19南部，接近山丘顶部的南坡，开口于①层下，打破生土层，方向168°。ⅠY5由窑室、窑门、通风道组成，整体南北长4.27米。窑室位于北部，平面为圆形，口略小于底，口径1.98、底径2.30、残深0.50米，窑壁呈弧形，内壁沫有一层厚约0.03米的耐火泥，已烧结成青灰色，质地坚硬，壁面光滑平整，外壁因高温所致形成一周红烧土，红烧土厚0.06～0.10米，窑底中间较四周微高，底部除近窑门处未见烧结面，余则皆有一层约0.03米厚的青灰色烧结面。窑门开于窑室的南壁，与通风道相接，宽0.50米，顶部坍塌结构不详。通风道位于窑室南端，平面呈长条状，南北长2.14、宽0.75～0.90、深0.20～0.60米，口部不规整，南壁内收为斜直壁，东、西两壁近直，底部南端呈缓坡状，中间内凹（图6；彩版一三三）。

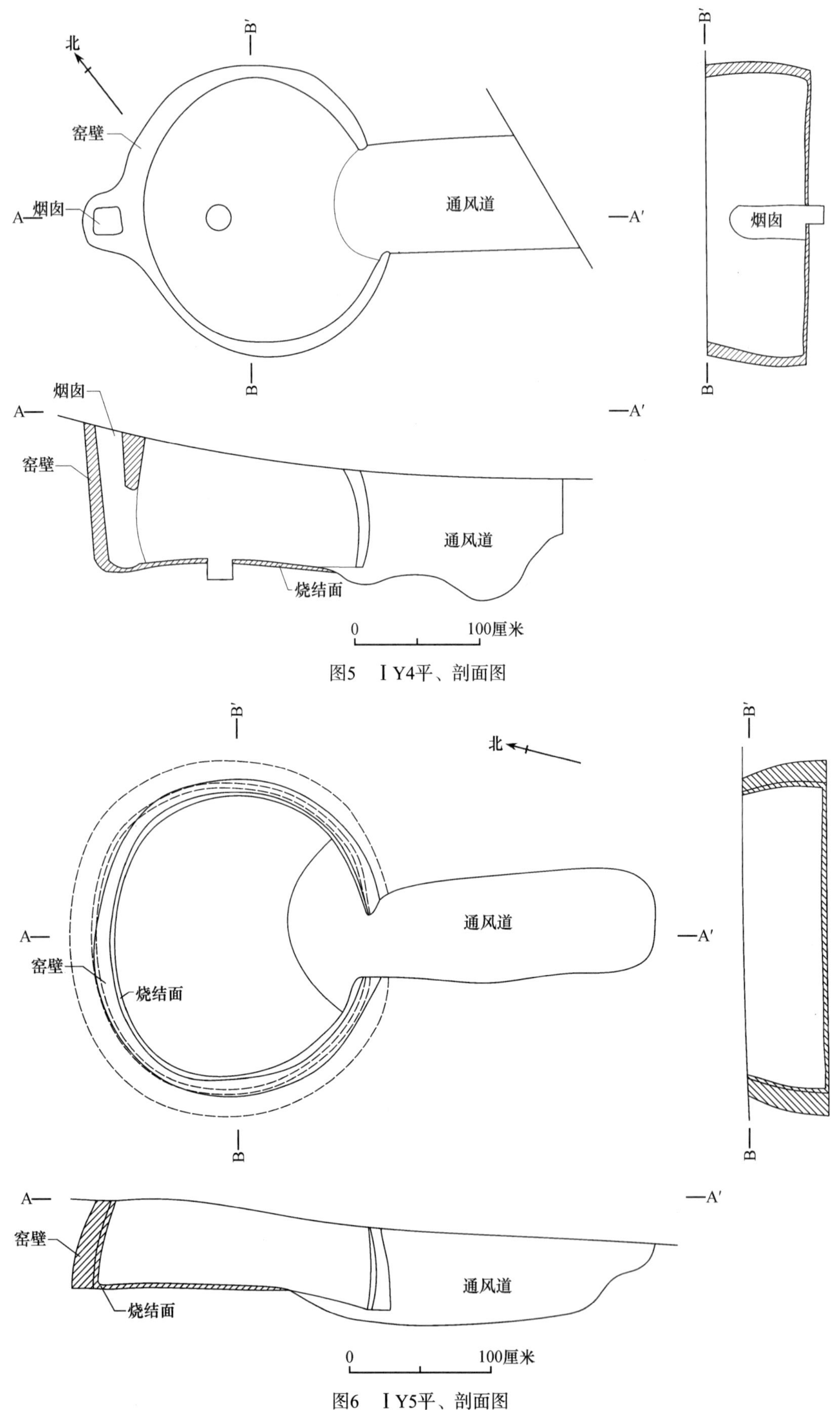

图5　ⅠY4平、剖面图

图6　ⅠY5平、剖面图

窑室内填土为窑顶坍塌后的堆积，土色为灰褐色，土质疏松，含大量红烧土块，出土少量青灰色碎砖块。通风道内为深灰土填土，土质松虚，含大量炭灰及少量的红烧土颗粒。

ⅠY6 位于TN16E19北部，接近山丘顶部的南坡，开口于①层下，打破生土层，方向166°，开中距地表0.15～0.25米。ⅠY6由窑室、窑门、通风道组成，整体南北长3.78米。窑室位于北部，平面为圆形，口略小于底，口径约1.90、底径2.03、残深0.57米，窑壁呈弧形，内壁沫有一层厚约0.03米的耐火泥，已烧结成青灰色，质地坚硬，壁面光滑平整，外壁因高温所致形成一周红烧土，红烧土厚约0.06～0.10米，窑底青灰色烧结面厚约0.03米，底平坦，近窑门处向南略倾斜。窑门开于窑室的南壁，与通风道相接，宽0.42米，顶部坍塌结构不详。通风道位于窑室南端，平面呈长条状，南北长1.96米，宽0.56～0.67米，深0.20～0.62米，口部南端略宽，南壁内收为斜直壁，东、西两壁近直，底部南端呈缓坡状，中间内凹（图7）。

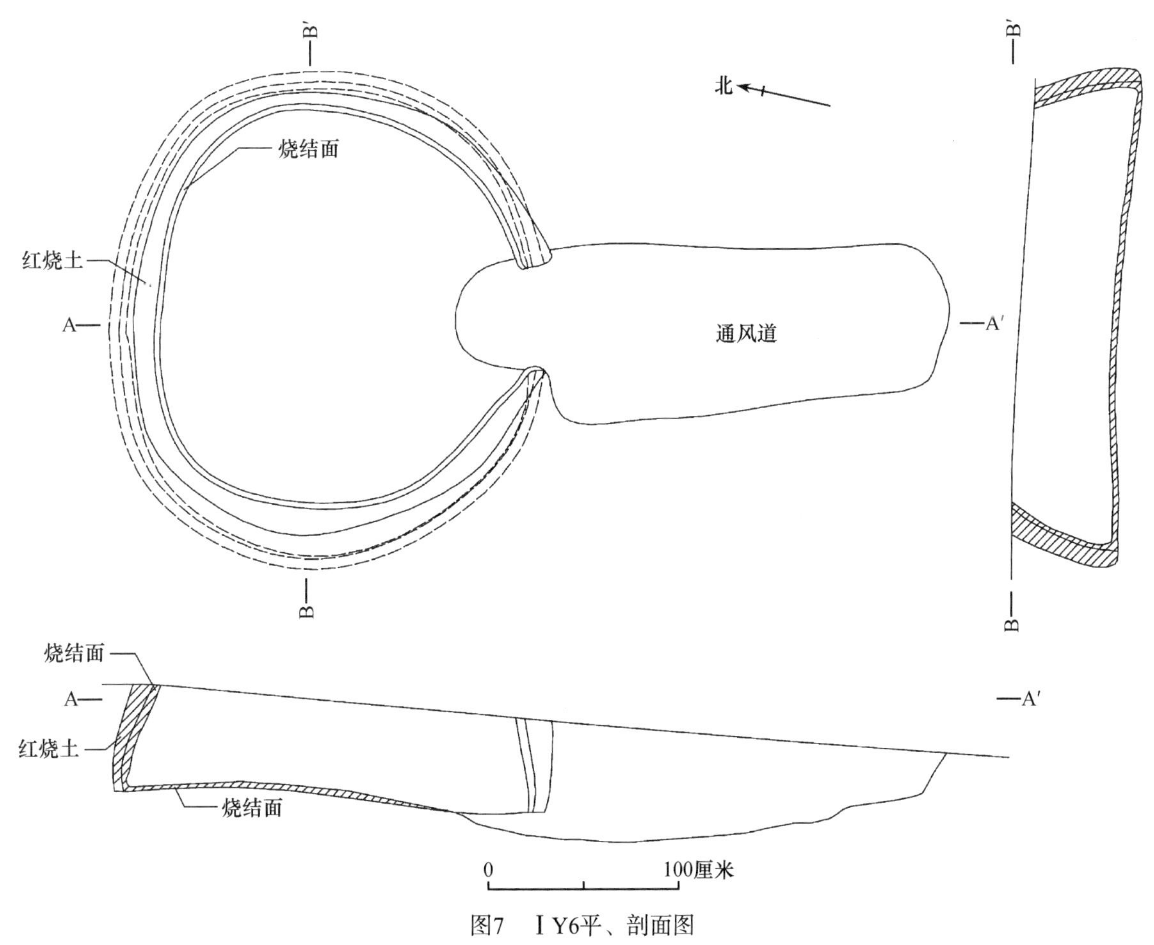

图7 ⅠY6平、剖面图

窑室内填土为窑顶坍塌后的堆积，土色为灰褐色，土质疏松，含大量红烧土块。通风道内填深灰土，土质松虚，含大量炭灰及少量的红烧土颗粒。

ⅣY1 位于TN43W19东部，接近山丘顶部的北坡，开口①层下，打破生土层，方向165°。整体保存较差，窑顶塌毁，后室受现代沟破坏严重，现存窑室、窑门、烟囱、窑前工作区等部分（图8；彩版一三四，1、2）。

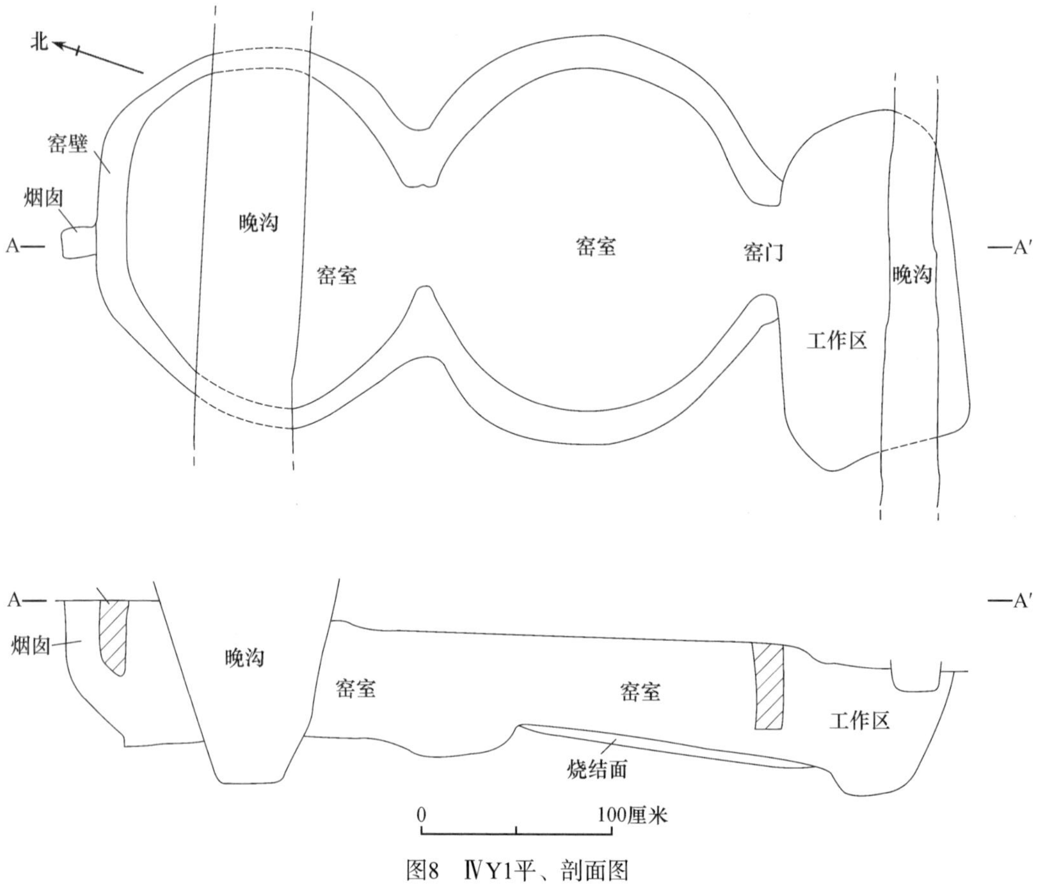

图8　ⅣY1平、剖面图

窑室平面呈葫芦形，分前后两室，前室略大于后室，前室直径约1.74、残深0.45～0.64米，后室直径约1.56、残深0.56～0.74米。窑壁较直，内壁涂抹一层灰色耐火泥，质地坚硬，壁面光滑平整，厚0.02～0.03米，外壁因高温炙烤形成一周红烧土，厚0.10～0.14米。前室窑底为灰黑色烧结面，厚约0.03米，质地坚硬，略呈南高北低斜坡状，近前后室相接处窑底未见烧结面且低洼呈坑状。后室中部被现代沟破坏无存，现存窑底呈灰黑色，夹较多木炭，厚0.02～0.03米，未见烧结面。窑门位于窑室南壁，顶部塌毁结构不详，宽0.44、残高0.60米。烟囱设于窑后室后壁，口部近长方形，接后壁外侧，烟道上部较直，下部倾斜接窑底，出烟孔处以灰色板瓦堵塞。烟囱周壁为灰色烧结面，口部烧结较差，略呈红色；烟囱深约0.70、口部长0.18、宽0.14～0.16米。

窑前工作区设于窑室南侧，与窑门相接，为土坑，平面略呈不规则矩形；斜直壁，除西北侧壁稍外弧，其余坑壁均向内倾斜；底部中间较高，东西两侧低洼；坑壁及底均为生土；东西长约1.80、南北宽约0.94、深0.52～0.66米。

窑室内填土主要为窑顶坍塌堆积，土色灰褐，土质疏松，包含大量红烧土块与木炭。窑前工作区内为黄褐色填土，土质疏松，包含较多红烧土块。

ⅣY2　位于TN43W18西部，接近山丘顶部位置，开口①层下，打破生土层，方向168°。窑址整体保存较差，窑顶塌毁，烟囱受现代沟破坏严重，现存窑室、窑门、烟囱、窑前工作区等部分（图9；彩版一三四，1、3）。

窑室平面略呈圆形，直径1.70～1.80、残深0.58～0.68米。窑壁较直，内壁为一层灰色耐火泥，质地坚硬，壁面光滑平整，厚0.02～0.03米，外壁因高温炙烤形成一周红烧土，厚0.08～0.14米。窑底为灰黑色烧结面，厚约0.03米，质地坚硬，略呈南高北低斜坡状，靠近窑门处窑底未见烧结面。窑门位于窑室南壁，顶部塌毁结构不详，宽0.46、残高0.66米。烟囱设于窑室后壁，残存下部结构，斜向上。后壁出烟孔处以灰色板瓦堵塞，烟囱底部略低于窑室，内壁为灰黑色烧结面；长约0.20、宽0.14～0.18米。窑前工作区设于窑室南侧，与窑门相接，为土坑，南侧被现代沟破坏，平面略呈圆形，斜直壁倾斜约70°，底部较平，近窑门处略向下倾斜。窑前工作区直径1.16、残深0.49～0.56米。

窑室内填土大致可分两层：第①层为灰色，土质疏松，夹较多木炭与小块泛黄色烧土；第②层土色灰褐，土质疏松，含较多木炭与大块红褐色烧土。窑室内填土为窑顶坍塌堆积。烟囱内为黄褐色填土，土质疏松。窑前工作区内为灰褐色填土，土质疏松，含大量木炭、炭灰与少量小块红烧土。

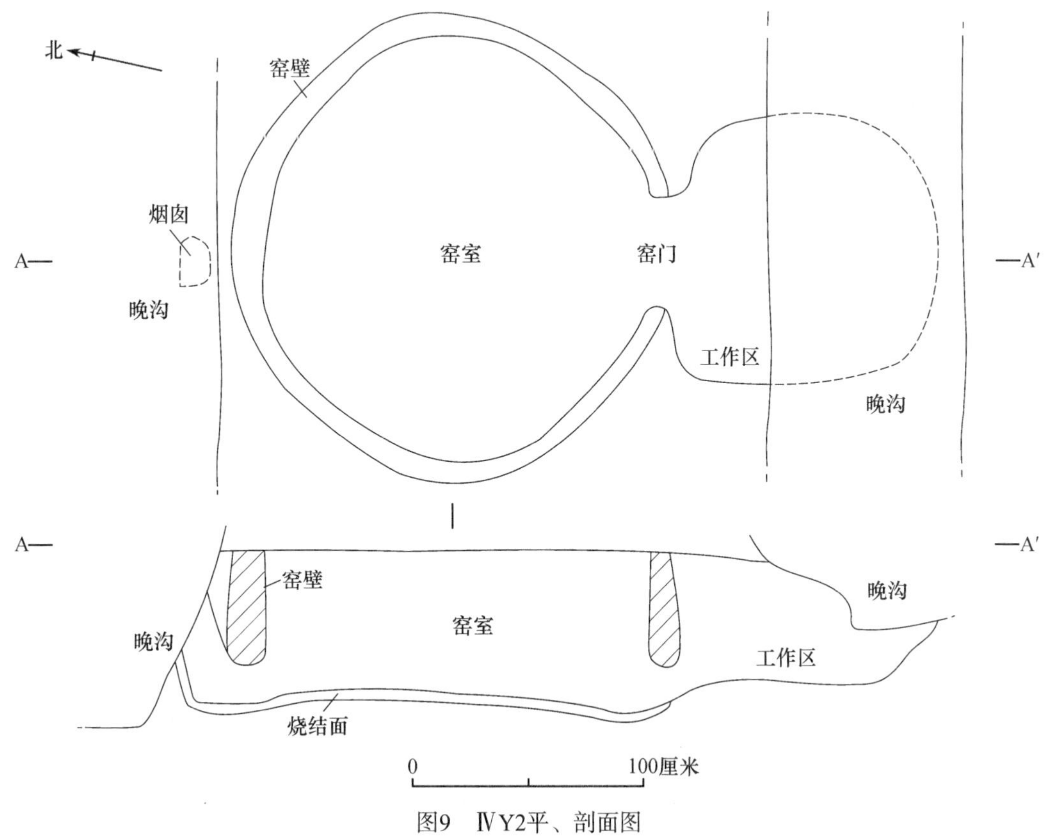

图9　ⅣY2平、剖面图

三、结　语

关于窑的命名，目前主流的有四种分类法。第一种是依据窑的外形，分为馒头窑、马蹄窑、龙窑等；第二种是根据火焰的流动方向，刘振群先生将陶窑分为升焰窑、半倒焰窑、平焰窑和全倒焰窑四种[1]；第三种根据窑室与火膛的相对位置，分为横穴窑、同穴窑等；第四种是在第二种的基础上，结合第三种，分为升焰横穴窑、升焰竖穴窑等[2]。由于第一种分类方法仅参考窑的外部形态，无法表明其内部结构，且根据其名称也无法确认内部火焰流动情况，甚至造成误解，例如馒头窑一般认为是半倒焰窑，但有时升焰窑也被称为馒头窑，故不采用。本文采用杨洋先生提到的第四种分类方法，将本次发掘的8座窑址可以分为两类，分别是ⅠY1、ⅠY3、ⅠY5和ⅠY6，由通风道（或操作间）和窑室构成的升焰同穴窑；以及ⅠY2、ⅠY4、ⅣY1和ⅣY2，由操作间、窑室和烟囱构成的半倒焰同穴窑。

ⅠY1出土的器物标本ⅠY1：8，敞口、斜直腹、圈足、灰白釉碗，同南宋中晚期至明初的闽清下窑岗一号窑址Y2出土C型T10②：02碗相似[3]，故推测ⅠY1应不晚于明初。其余窑址由于未出土可作为断代参考的器物标本，年代无法确认。

目前考古所见的陶瓷窑址，在窑内以及窑址周围均会分布大量的烧制废弃物堆积。本次发掘窑址除ⅠY1操作间的填土中出土数件残瓷器和较多瓦片外，其他几座窑址出土遗物极少，窑址周围也都未发现相关遗物堆积。其中ⅠY1操作间出土瓷器皆为实用器，并非烧造的半成品，较多瓦片应是操作间上部建筑倒塌所致。其余7座窑内底部堆积多保留有较多炭粒和烧灰，结合烟囱底部出烟处都被板瓦堵塞、窑内及附近未发现其他废弃物堆积等因素分析，其烧制木炭的可能性较大。2019年，笔者就烧炭方式对黑龙江省的数位烧炭工进行了走访，其中一位老烧炭工介绍一种较为原始的挖穴烧炭的方法：先进行竖穴挖洞（窑室）和横向挖出过人通道（通风口），然后投入炭料和引燃物，也有从通风口处引燃的情况，待到炭料燃烧到一定程度则封闭窑室。这种烧炭方式较为原始，烧造技术要求高，产炭率非常低，近三十余年已经无人使用。从描述情况来看，其与本次发现的窑址多有相似之处。

注　释

［1］ 刘振群：《窑炉的改进和我国古陶瓷发展的关系》，《中国古陶瓷论文集》，文物出版社，1982年。

［2］ 杨洋：《关于早期陶窑命名的讨论》，《中国文物报》2013年3月29日006版。

［3］ 福建博物院、闽清县博物馆：《闽清下窑岗一号窑址发掘简报》，《福建文博》2018年第2期。

附录二 乳源莱山遗址出土陶瓷片物理化学测试报告

周亦超

（广东省文物考古研究所，广州，510080）

一、引 言

2018～2019年，广东省文物考古研究所为配合韶关机场建设联合乳源瑶族自治县民族博物馆对莱山遗址进行了发掘。2020年，广东省文物考古研究所委托景德镇陶瓷大学对莱山遗址出土的15个陶瓷标本进行了理化测试。测试内容包括烧成温度，弯抗强度和硬度，胎釉化学组成，色度，吸水率、体积密度和显气孔率，岩相共6项。

按照包含所有分期、所属时代明确，不影响后期文物修复及器物组合的完整，形状、大小、厚度符合测试要求等选样原则，标本包含了西晋、东晋、南朝和唐四个朝代八个期别的样品，共计15个样品（表1；彩版一三五～彩版一三七），其中，西晋时期标本有RLC1-4，皆来自于ⅡM11；东晋早期标本有RLC8、RLC10和RLC12，分别来自ⅡM5、ⅡM12：1和ⅡM17：15；东晋晚期的标本有RLC7，来自ⅡM6；南朝早期的有RLC5和RLC6，分别来自ⅡM2、ⅡM4；南朝晚期的标本有RLC9和 RLC14，分别来自ⅢM10：3和ⅢM7：7；隋至唐初阶段的标本有RLC15，来自ⅢM12；唐中期的标本有RLC13，来自ⅢM26：8；唐晚期的标本为RLC11，来自ⅣM1：1。

表1 乳源莱山遗址出土陶瓷片测试样品登记表

序号	样品编号	取样位置	描述	照片
1	RLC1	ⅡM11	陶	

续表

序号	样品编号	取样位置	描述	照片
2	RLC2	ⅡM11	陶	
3	RLC3	ⅡM11	陶	
4	RLC4	ⅡM11	带少量釉	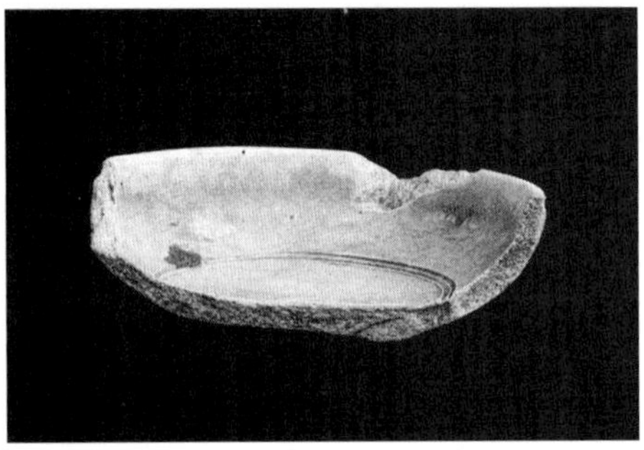
5	RLC5	ⅡM2	带少量釉	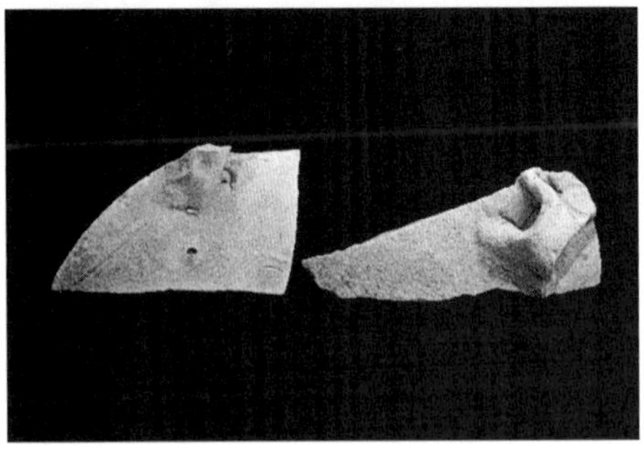

续表

序号	样品编号	取样位置	描述	照片
6	RLC6	ⅡM4：21	釉保存较多	
7	RLC7	ⅡM6	釉保存较多，其中一片有化妆土	
8	RLC8	ⅡM5	釉保存较多，釉下有化妆土	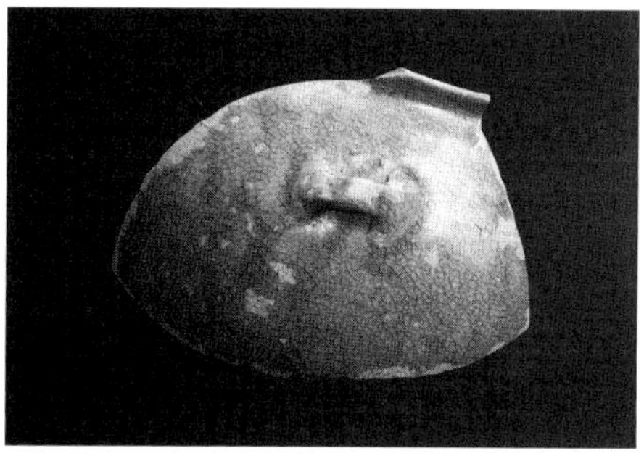
9	RLC9	ⅢM10：3	釉保存较多	

续表

序号	样品编号	取样位置	描述	照片
10	RLC10	ⅡM12：1	带少量釉	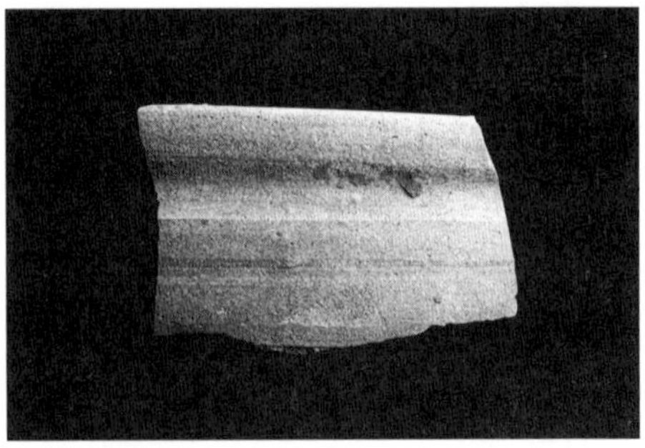
11	RLC11	ⅣM1：1	釉无存，有化妆土，一侧有石膏和胶粘接痕迹	
12	RLC12	ⅡM17：15	带少量釉	
13	RLC13	ⅢM26：8	带少量釉	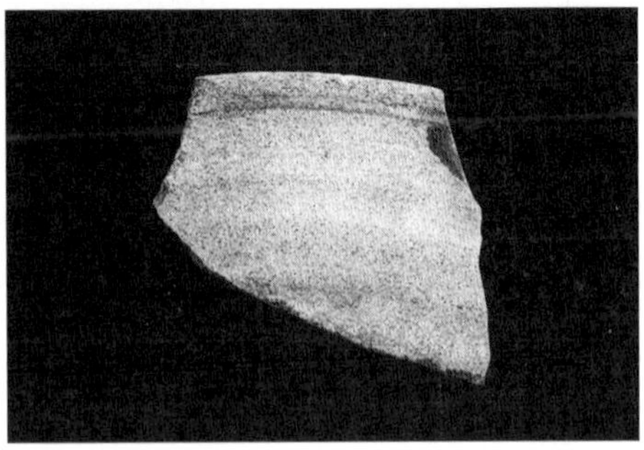

续表

序号	样品编号	取样位置	描述	照片
14	RLC14	ⅢM7：7	带少量釉，有化妆土	
15	RLC15	ⅢM12	釉无存，有化妆土	

二、测试内容与结果

测试内容包括烧成温度，弯抗强度和硬度，胎釉化学组成，色度，吸水率、体积密度和显气孔率，岩相共6项。

1. 烧成温度

使用德国耐驰热膨胀仪DIL 402C测试样品烧成温度。样品的烧成温度测试通过热膨胀法进行，共测试了RLC1、RLC2、RLC3、RLC4、RLC5、RLC6、RLC7、RLC8、RLC10、RLC13、RLC14、RLC15共12个样品，RLC9、RLC11、RLC12受到样品尺寸的限制，无法进行热膨胀法测试（表2，图1～图12）。

表2　样品烧成温度表

序号	样品编号	烧成温度（℃）
1	RLC1	1143.0
2	RLC2	999.2
3	RLC3	1089.1
4	RLC4	1080.3

续表

序号	样品编号	烧成温度（℃）
5	RLC5	1169.5
6	RLC6	1171.2
7	RLC7	1127.3
8	RLC8	1166.5
9	RLC10	1111.5
10	RLC13	1129.0
11	RLC14	1127.3
12	RLC15	1094.3

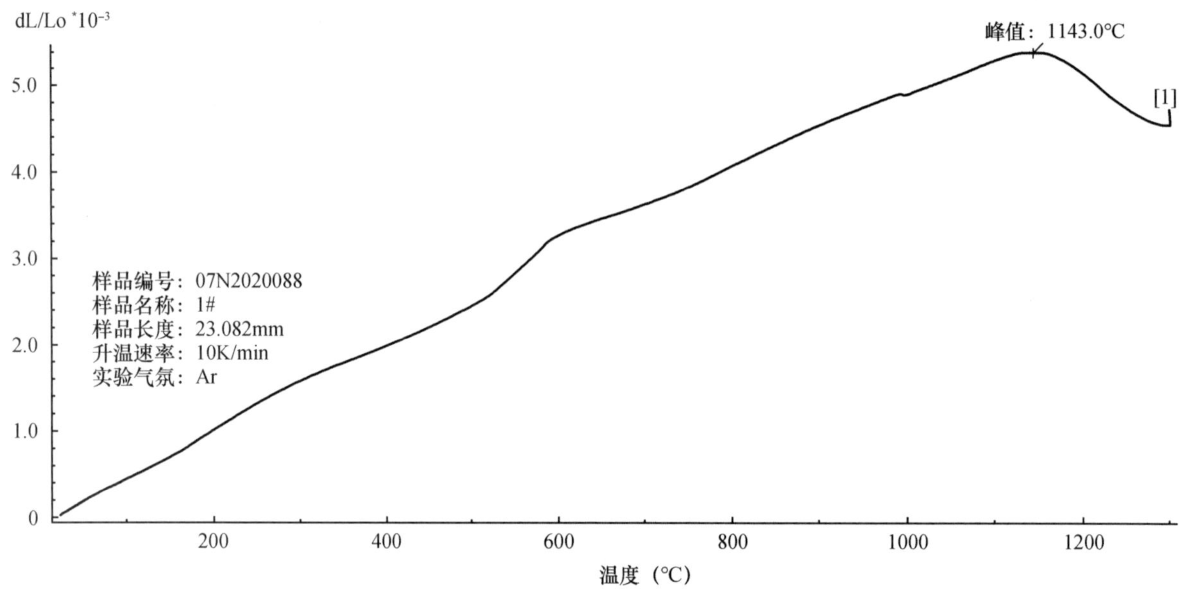

图1　RLC1热膨胀法测试检测图

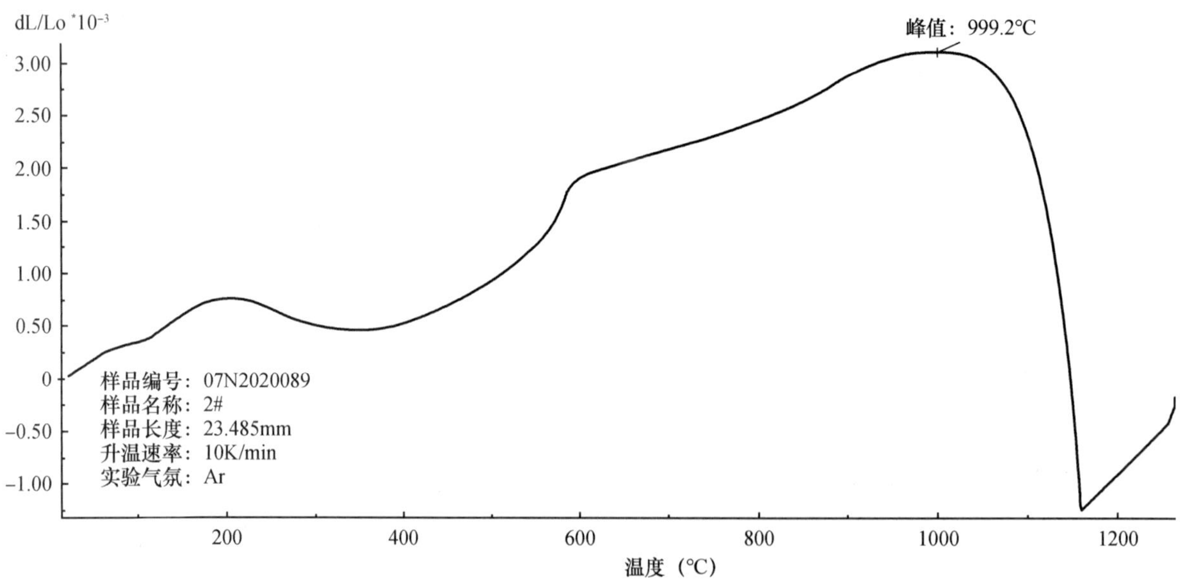

图2　RLC2热膨胀法测试检测图

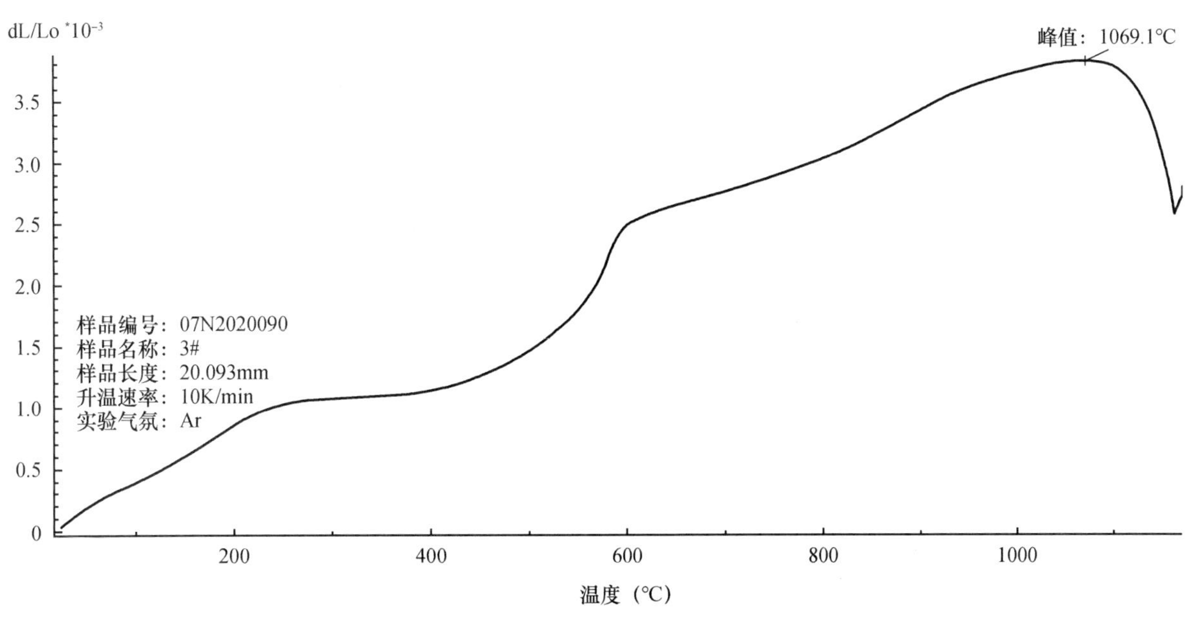

图3　RLC3热膨胀法测试检测图

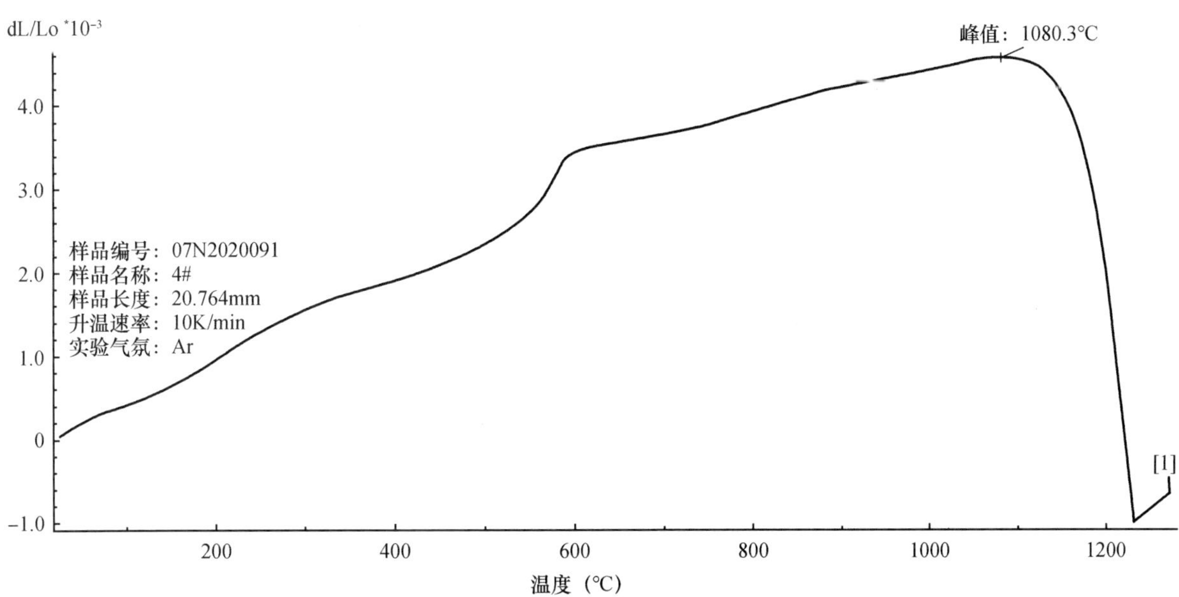

图4　RLC4热膨胀法测试检测图

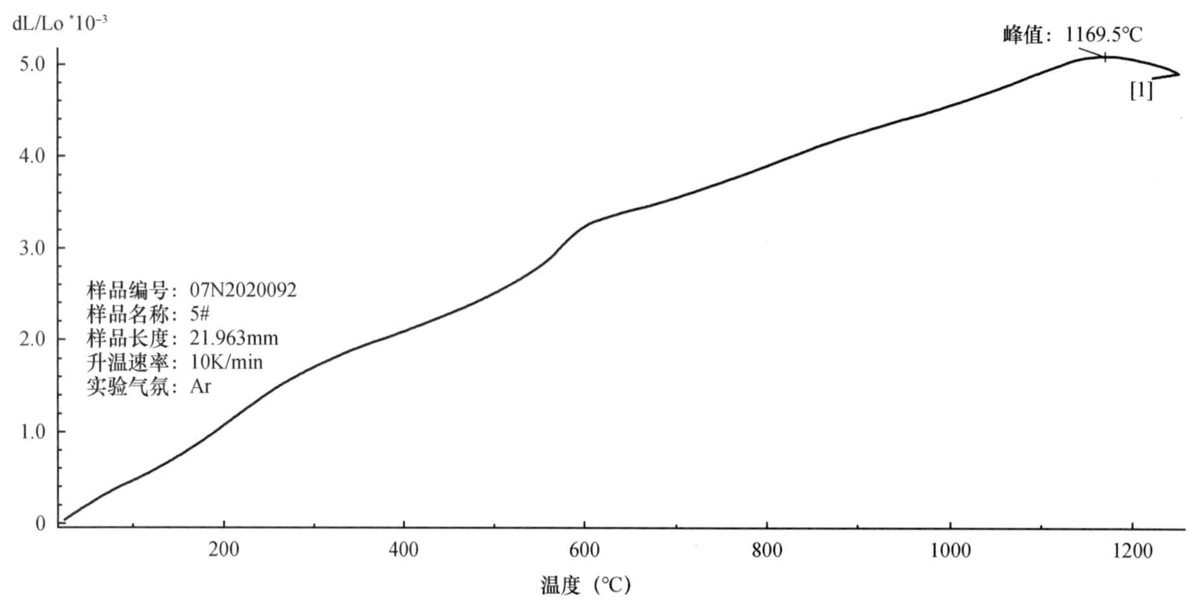

图5　RLC5热膨胀法测试检测图

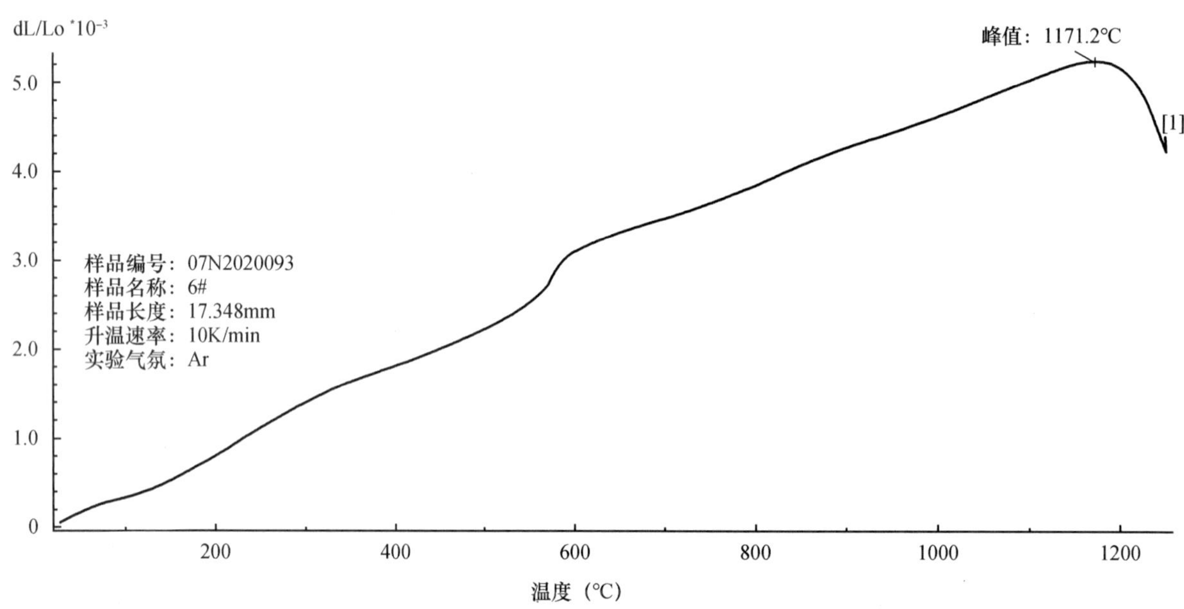

图6　RLC6热膨胀法测试检测图

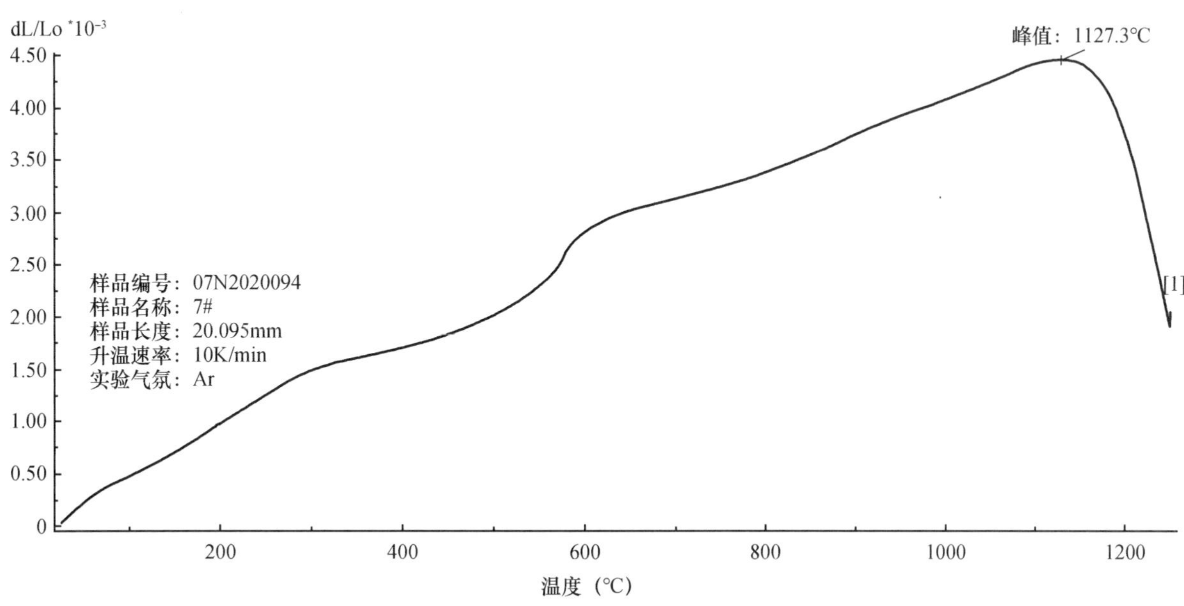

图7 RLC7热膨胀法测试检测图

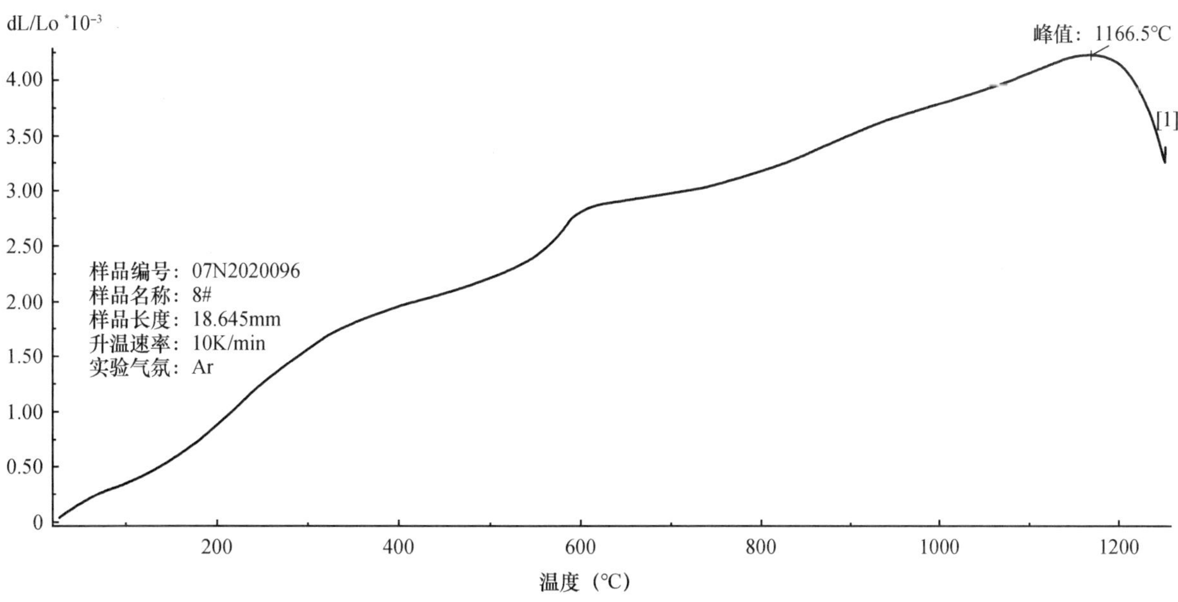

图8 RLC8热膨胀法测试检测图

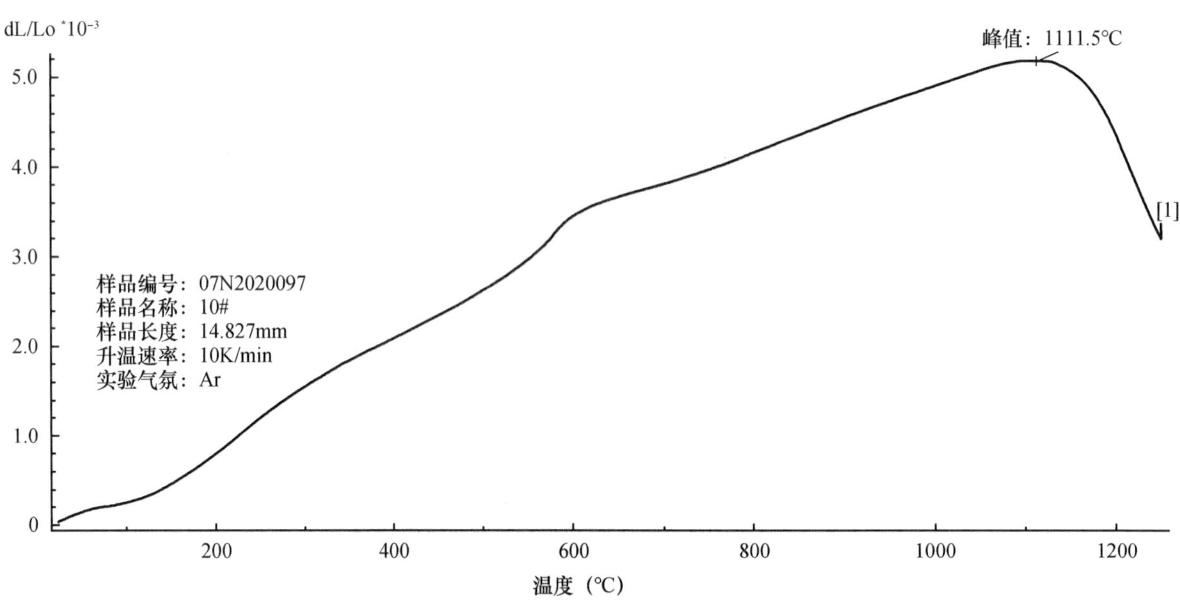

图9　RLC10热膨胀法测试检测图

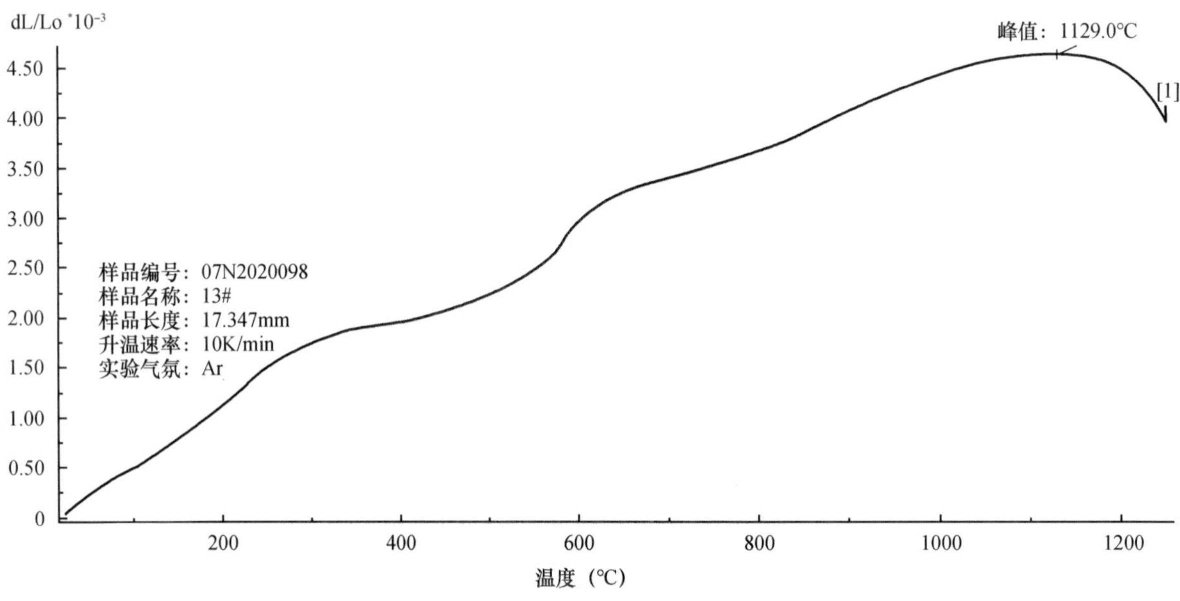

图10　RLC13热膨胀法测试检测图

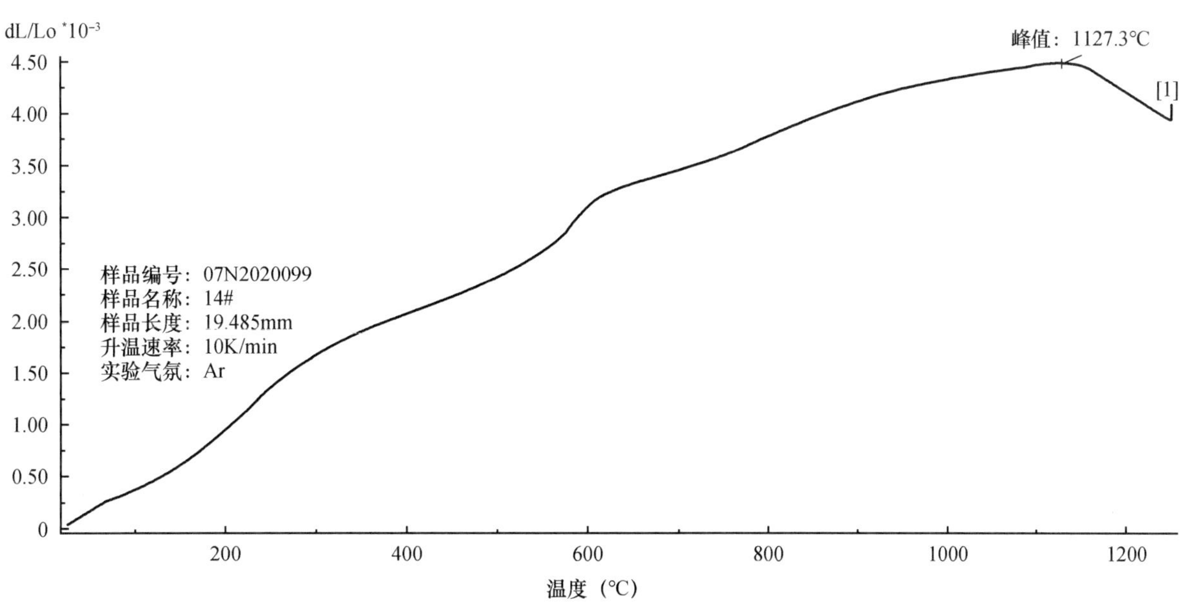

图11　RLC14热膨胀法测试检测图

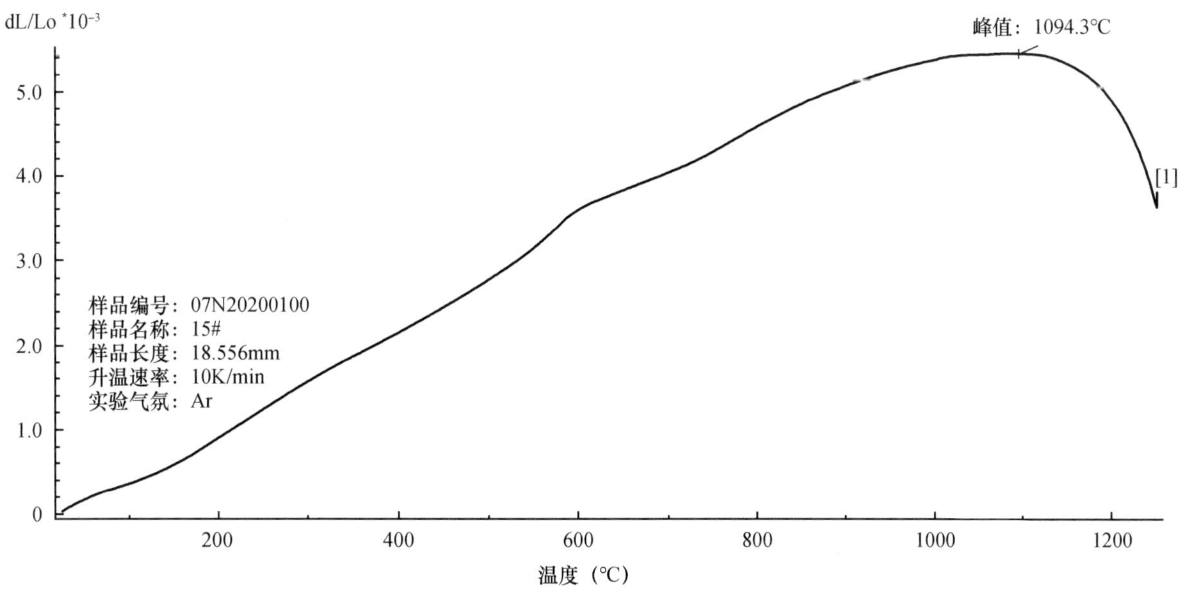

图12　RLC15热膨胀法测试检测图

2. 弯折强度和硬度

使用中路昌微机可控型万能试验机WDW-100M测试样品弯折强度，用上海研润光机科技有限公司HY-1000测试样品硬度，测试了RLC1、RLC2、RLC3、RLC4、RLC5、RLC6、RLC7、RLC8、RLC10、RLC13、RLC14、RLC15共12个样品，RLC9、RLC11、RLC12受到样品尺寸的限制，无法进行弯折强度和硬度测试。RLC6、RLC10和RLC13受到样品尺寸的限制，无法进行弯折强度测试（表3）。

表3　样品弯折强度和硬度测试表

序号	样品编号	抗弯强度	维氏硬度
1	RLC1	33.57	67.2
2	RLC2	9.67	419.3
3	RLC3	18.50	140.2
4	RLC4	6.66	130.9
5	RLC5	23.55	378.4
6	RLC6	—	64.1
7	RLC7	16.72	149.1
8	RLC8	17.84	325.3
9	RLC10	—	329.6
10	RLC13	—	121.5
11	RLC14	21.34	61.6
12	RLC15	17.21	239.4

3. 胎釉化学组成

测试样品共15个，样品编号自RLC1至RLC15，用美国EDAX Eagle Ⅲ XXL型能量色散X射线荧光光谱分析仪对样品进行测试，对胎体、釉体分别进行了测试。胎体测试结果见表4，釉体测试结果见表5。

4. 色度

使用日本电色NF-333便携式分光光度计测试样品色度，分XYZ和Lab两个体系对样本的胎体、釉面分别进行测试。胎体色度测量中因RLC8和RLC9釉面完整，无暴露胎体，无法进行测量，对其余的13个样品进行了测试（表6）。釉面色度测试中，部分样品表面无釉或釉面脱落严重不具备检测条件，检测样本仅有RLC1、RLC3、RLC7、RLC8、RLC9和RLC12六个（表7）。

表4 样品胎体化学组成表

序号	样品编号	化学组成（wt%）								化学组成（μg/g）								
		Na_2O	MgO	Al_2O_3	SiO_2	K_2O	CaO	TiO_2	Fe_2O_3	MnO	CuO	ZnO	PbO_2	Rb_2O	SrO	Y_2O_3	ZrO_2	P_2O_5
1	RLC1	0.02	1.36	29.28	61.83	2.79	0.41	0.93	2.37	130	80	150	0	180	70	40	360	400
2	RLC2	0.38	1.17	29.13	57.24	1.73	0.28	0.82	8.25	90	100	40	110	90	0	40	180	280
3	RLC3	0.59	1.02	24.81	67.01	1.43	0.23	1.08	2.82	130	60	150	40	140	20	30	290	230
4	RLC4	0.29	0.87	23.22	68.96	1.72	0.24	1.52	2.19	110	110	140	40	160	40	30	390	180
5	RLC5	0.27	1.03	21.73	70.85	2.02	0.19	0.7	2.21	200	70	160	90	160	40	30	400	230
6	RLC6	0.03	0.68	21.84	71.98	1.97	0.2	0.49	1.81	110	210	130	20	160	50	40	280	130
7	RLC7	0.78	0.95	19.78	69.5	3.43	0.26	0.61	3.69	270	10	100	40	290	20	50	210	260
8	RLC8	0.43	0.95	20.34	71.91	2.71	0.15	0.6	1.9	140	80	110	80	220	50	50	280	150
9	RLC9	0.28	0.66	19.2	74.46	1.92	0.14	0.7	1.64	110	50	100	20	160	40	20	300	250
10	RLC10	0.53	0.75	19.41	73.92	1.92	0.16	0.67	1.65	170	20	70	100	150	50	30	520	220
11	RLC11	0.03	0.99	23.23	67.6	3.4	0.43	0.52	2.79	180	80	130	120	320	90	50	140	250
12	RLC12	0.42	0.73	23.59	68.07	2.41	0.4	1	2.38	190	60	110	50	170	40	30	360	490
13	RLC13	0.3	0.54	18.61	74.75	1.64	0.16	1.26	1.75	140	0	60	30	140	30	30	200	150
14	RLC14	0.25	0.75	20.19	73	2.07	0.25	0.69	1.8	90	80	110	40	140	50	40	550	900
15	RLC15	0.6	0.93	19.34	68.72	3.74	0.26	0.55	4.86	420	70	150	60	230	70	50	270	290

表5　样品釉体化学组成表

序号	样品编号	化学组成（wt%）								化学组成（μg/g）								
		Na_2O	MgO	Al_2O_3	SiO_2	K_2O	CaO	TiO_2	Fe_2O_3	MnO	CuO	ZnO	PbO_2	Rb_2O	SrO	Y_2O_3	ZrO_2	P_2O_5
1	RLC1	0.46	0.66	13.75	65.97	4.07	0.68	0.99	12.42	260	50	120	60	180	70	30	260	280
2	RLC2	0.86	0.86	19.17	59.46	3.08	0.4	1.18	13.98	130	60	230	100	90	0	30	300	260
3	RLC3	0.33	0.53	23.01	69.62	1.82	0.95	0.8	1.93	240	70	120	50	140	0	50	370	270
4	RLC4	0.51	0.72	25.52	64.94	2.98	1.02	1.27	2.04	170	40	120	120	170	30	60	390	370
5	RLC5	0.03	3.86	12.72	62.58	3.4	13.85	0.32	2.23	3330	50	80	10	230	130	30	200	4550
6	RLC6	0.63	3.84	14.02	61.78	4.08	10.96	0.39	3.29	2520	20	60	40	290	90	50	400	3410
7	RLC7	2.21	0.69	1.71	66.61	4.35	8.01	1.45	15.35	4350	100	480	100	180	240	30	250	260
8	RLC8	0.24	2.01	13.57	62.99	2.21	16.1	0.53	1.35	1840	60	80	20	170	220	50	700	3050
9	RLC9	0.55	1.98	13.59	66.33	1.69	12.73	0.66	1.48	1300	0	110	30	140	110	40	320	3140
10	RLC10	0.59	0.7	25.26	66.17	2.74	0.97	0.99	1.6	150	20	70	0	200	80	40	400	380
11	RLC11	0.98	1.09	24.87	63.91	4.25	0.76	0.55	2.59	140	70	250	110	310	40	40	240	450
12	RLC12	0.64	2.17	14	63.09	3.07	14.36	0.54	1.15	1180	80	80	0	180	150	40	590	2500
13	RLC13	0.59	0.54	21.81	68.2	2.69	1.91	1.2	2.05	230	70	130	80	160	30	40	330	340
14	RLC14	0.33	1.11	20.49	67.12	3.14	1.69	1.29	3.85	190	80	40	90	180	70	30	290	270
15	RLC15	0.33	0.99	18.4	70.98	3.26	1.71	0.54	2.79	300	10	120	100	200	60	50	210	370

表6 样品胎体色度

序号	样品编号	X	Y	Z	x	y	z	L*	a*	b*
1	RLC1	32.93	33.9	28.72	0.3447	0.3548	0.3006	64.88	−1.09	14.66
2	RLC2	30.11	25.25	12.39	0.4444	0.3727	0.1829	57.32	21.26	32.12
3	RLC3	60.74	59.22	42.71	0.3734	0.364	0.2626	81.41	6.34	25.51
4	RLC4	43.42	42.55	26.26	0.3869	0.3791	0.234	71.25	5.01	29.3
5	RLC5	43.46	42.03	26.41	0.3884	0.3756	0.236	70.89	6.68	28.46
6	RLC6	40.32	36.70	19.31	0.4186	0.381	0.2005	67.05	13.82	33.87
7	RLC7	23.52	23.05	15.18	0.3809	0.3733	0.2458	55.12	4.08	21.74
8	RLC10	47.05	45.88	27.22	0.3916	0.3819	0.2265	73.47	5.79	31.68
9	RLC11	34.19	34.13	24.12	0.3698	0.3692	0.261	65.07	2.47	22.03
10	RLC12	30.34	29.00	16.30	0.4011	0.3834	0.2155	60.78	7.22	29.06
11	RLC13	42.40	39.35	22.35	0.4073	0.378	0.2147	69.01	11.67	31.77
12	RLC14	46.41	45.25	27.41	0.3898	0.38	0.2302	73.05	5.79	30.67
13	RLC15	36.58	36.58	24.58	0.3743	0.3743	0.2514	66.96	2.33	24.56

表7 样品釉面色度

序号	样品编号	X	Y	Z	x	y	z	L*	a*	b*
1	RLC1	8.46	7.73	6.77	0.3685	0.3367	0.2948	33.42	7.94	8.12
2	RLC3	13.83	12.79	10.87	0.3688	0.3412	0.29	42.45	8.3	10.49
3	RLC7	11.98	11.49	8.28	0.3773	0.3619	0.2608	40.4	5.01	14.79
4	RLC8	17.99	16.73	7.17	0.4294	0.3994	0.1712	47.92	8.57	31.62
5	RLC9	30.61	28.24	14.79	0.4157	0.3835	0.2008	60.11	11.13	31.19
6	RLC12	24.76	23.72	12.94	0.4031	0.3862	0.2107	55.81	6.52	28.13

5. 吸水率、体积密度和显气孔率

使用水煮法测试样品吸水率、体积密度和显气孔率。RLC9因样品尺寸原因无法进行检测，对其余14个样品进行了吸水率、体积密度和显气孔率的检测（表8）。

表8 样品吸水率、体积密度和显气孔率

序号	样品编号	吸水率（%）	显气孔率（%）	体积密度（g/cm^3）
1	RLC1	2.92	6.66	2.28
2	RLC2	18.11	32.67	1.80
3	RLC3	16.03	29.03	1.81
4	RLC4	12.90	23.80	1.85
5	RLC5	4.52	9.42	2.08
6	RLC6	16.37	28.98	1.77
7	RLC7	1.49	3.28	2.20
8	RLC8	2.94	6.35	2.16

续表

序号	样品编号	吸水率（%）	显气孔率（%）	体积密度（g/cm³）
9	RLC10	4.91	10.25	2.09
10	RLC11	2.87	6.27	2.19
11	RLC12	12.11	20.60	1.70
12	RLC13	16.35	28.67	1.75
13	RLC14	3.04	6.30	2.07
14	RLC15	1.15	2.53	2.20

6. 岩相

使用蔡司透反一体偏光显微镜Axio Scope A1拍摄样品岩相照片，对RLC1、RLC2、RLC3、RLC4、RLC5、RLC6、RLC7、RLC8、RLC10、RLC13、RLC14、RLC15共12个样品进行了拍摄，RLC9、RLC11和RLC12因样品尺寸限制，无法进行拍摄（图13～图55；彩版一三八～彩版一四〇）。

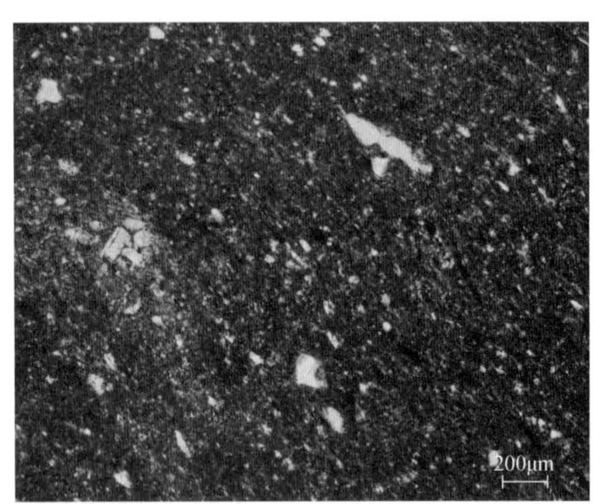

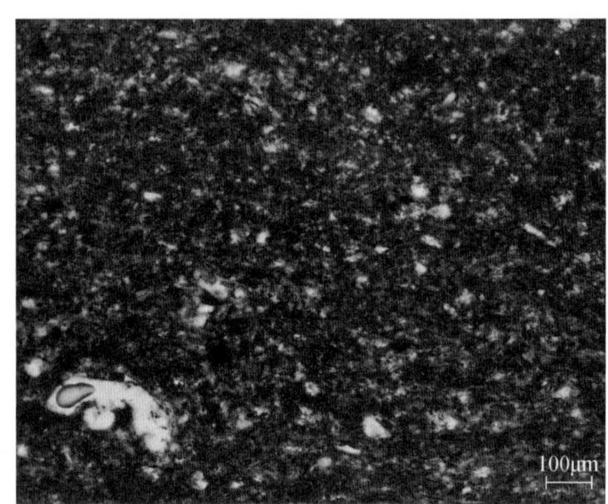

图13　RLC1胎体单偏光岩相

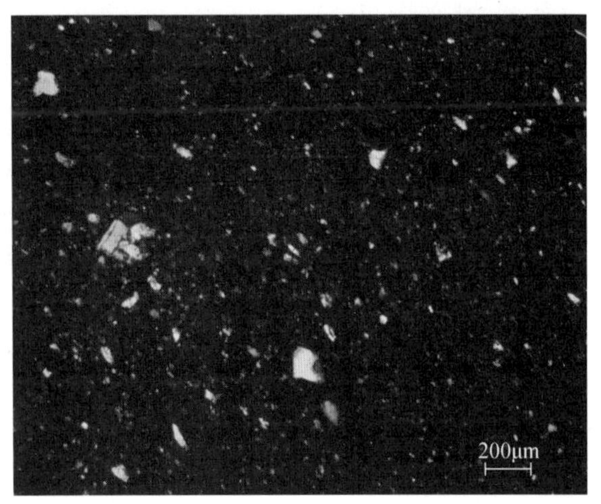

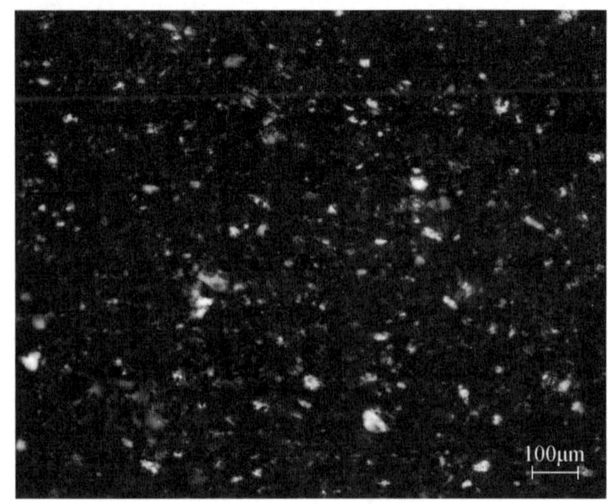

图14　RLC1胎体正交光岩相

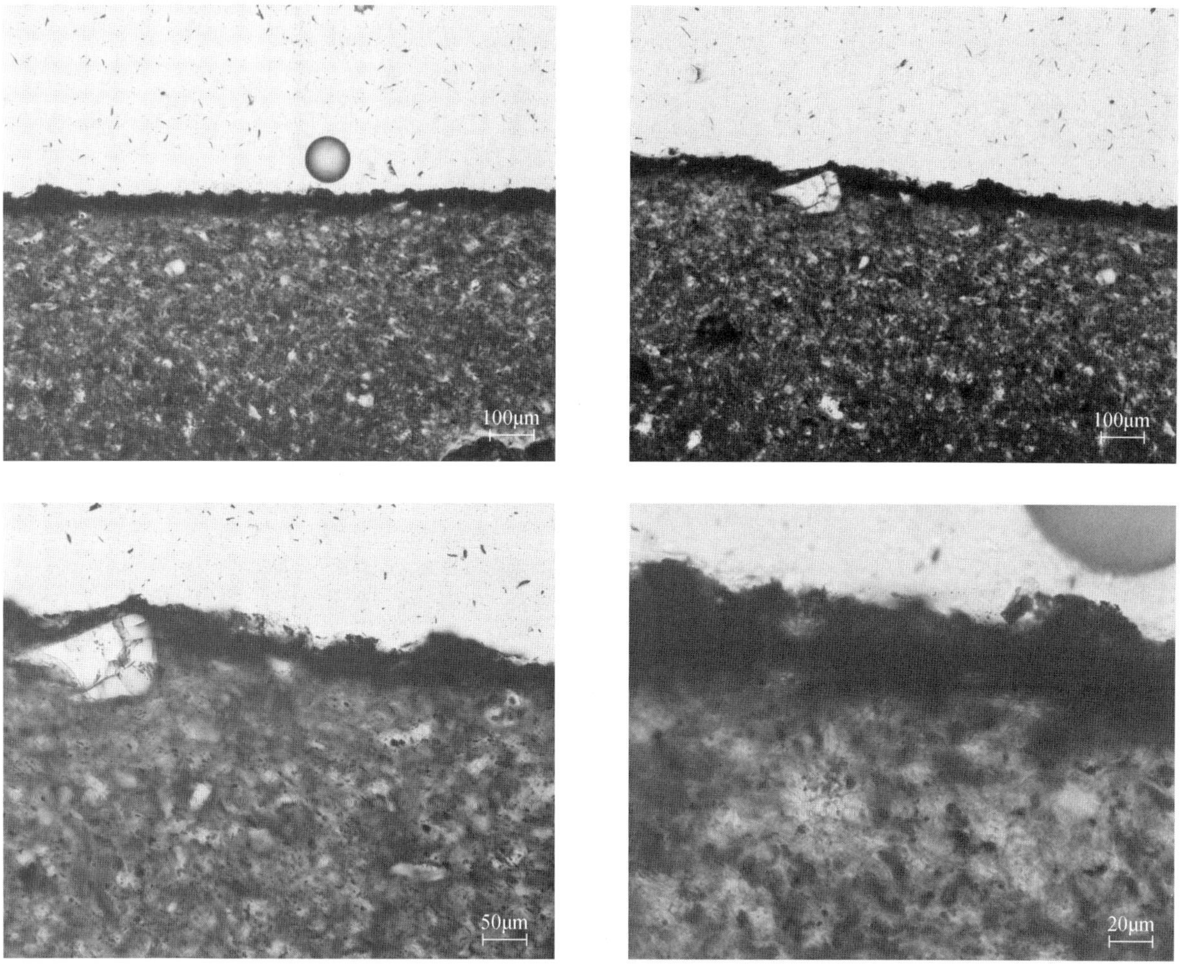

图15　RLC1样品表层切面单偏光岩相

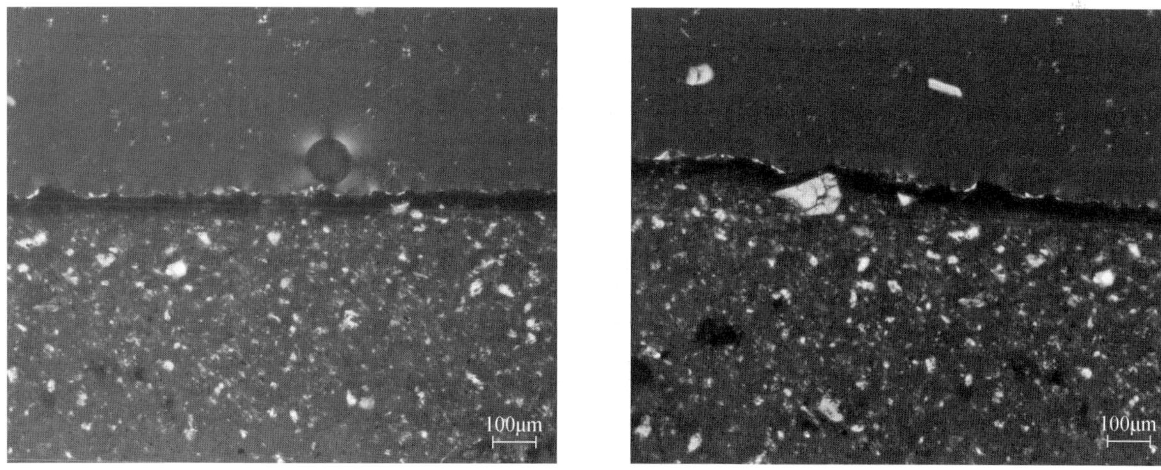

图16　RLC1样品表层切面正交光岩相

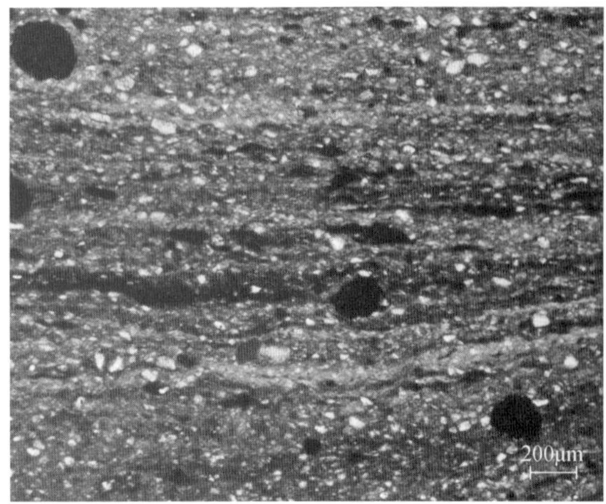

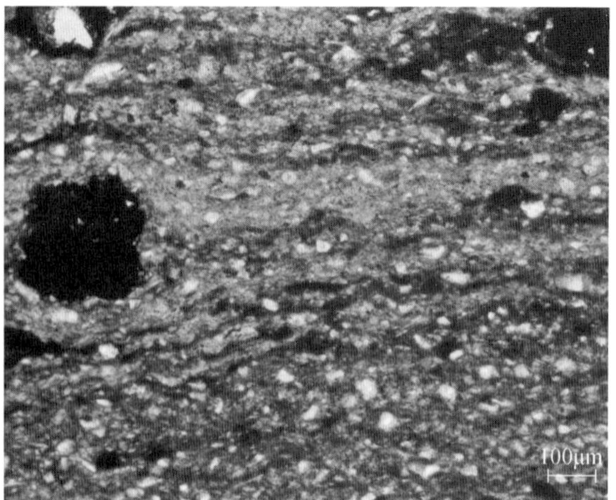

图17　RLC2胎体单偏光岩相

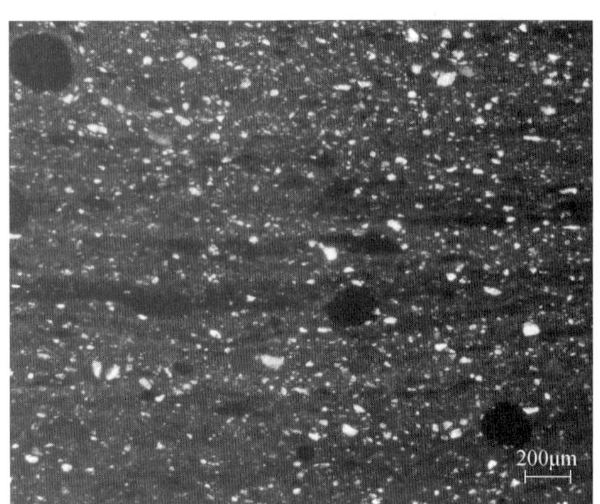

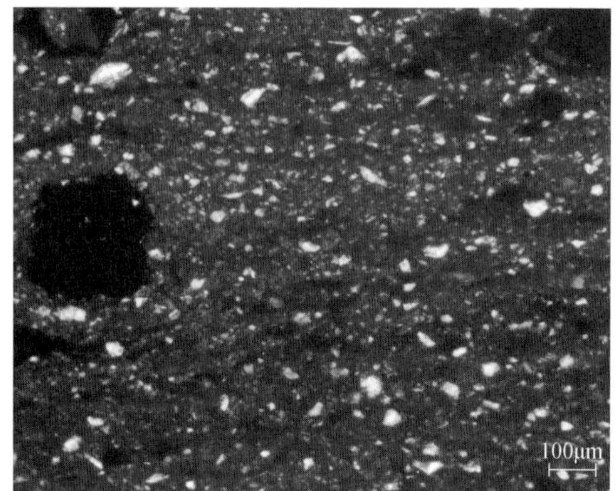

图18　RLC2胎体正交光岩相

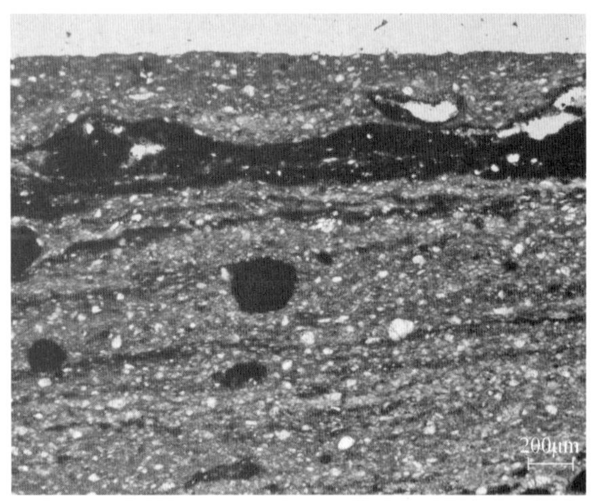

图19　RLC2样品表层切面单偏光岩相

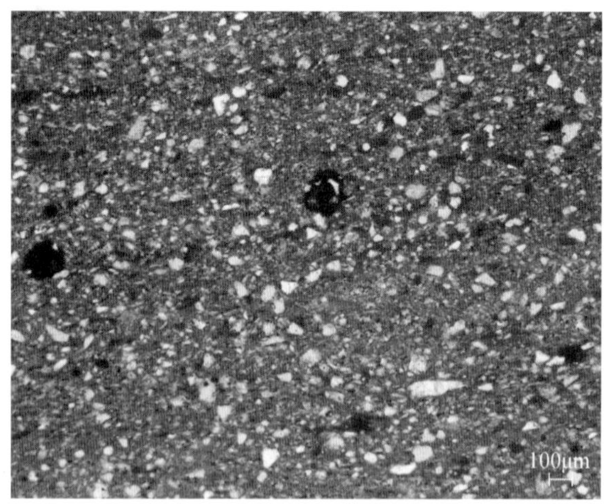

图20　RLC3胎体单偏光岩相

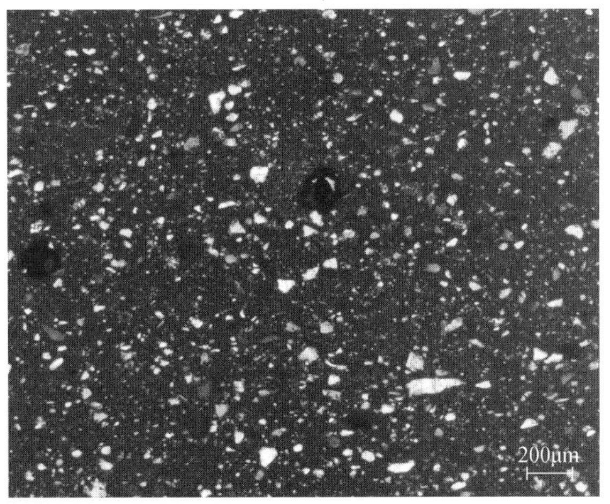

图21 RLC3胎体正交光岩相

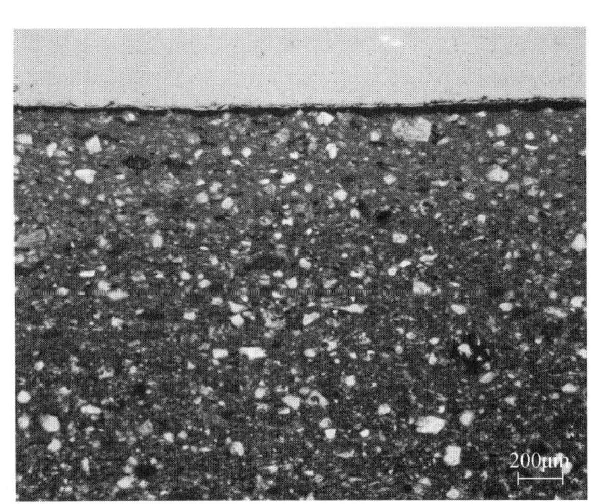

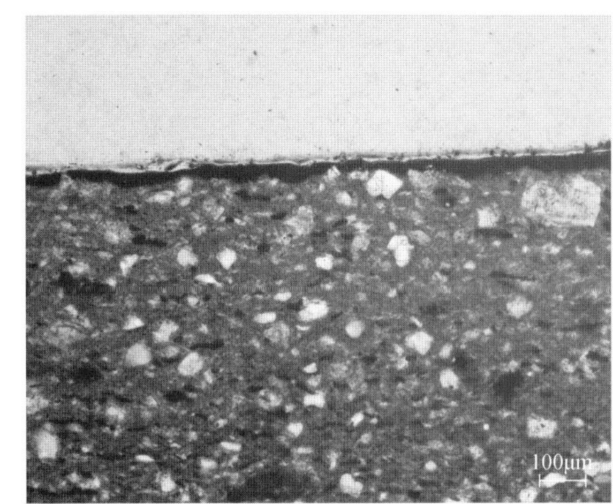

图22 RLC3样品表层切面单偏光岩相

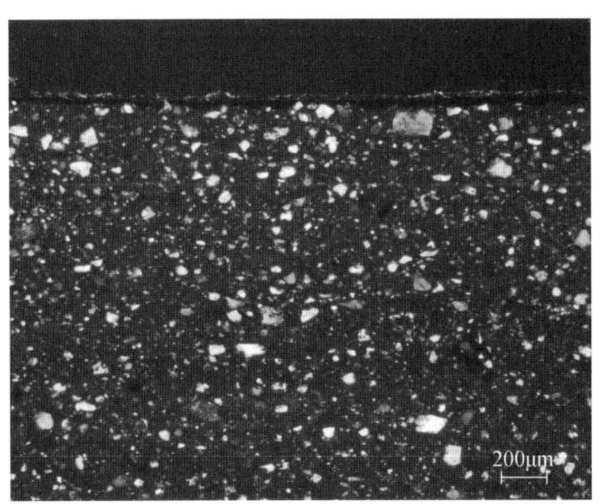

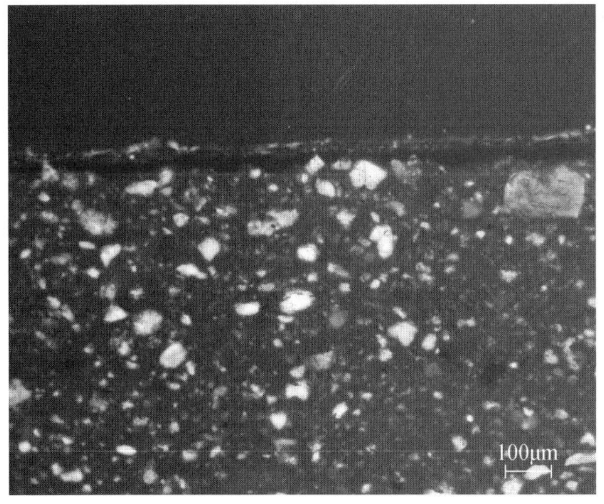

图23 RLC3样品表层切面正交光岩相

图24　RLC4胎体单偏光岩相

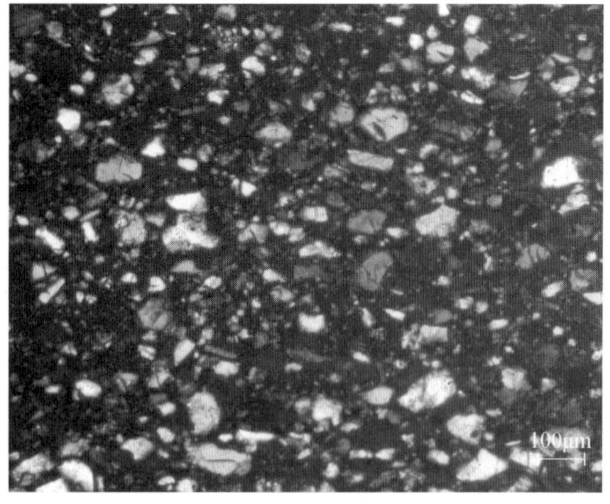

图25　RLC4胎体正交光岩相

图26　RLC4样品表层切面单偏光岩相

图27　RLC4样品表层切面正交光岩相

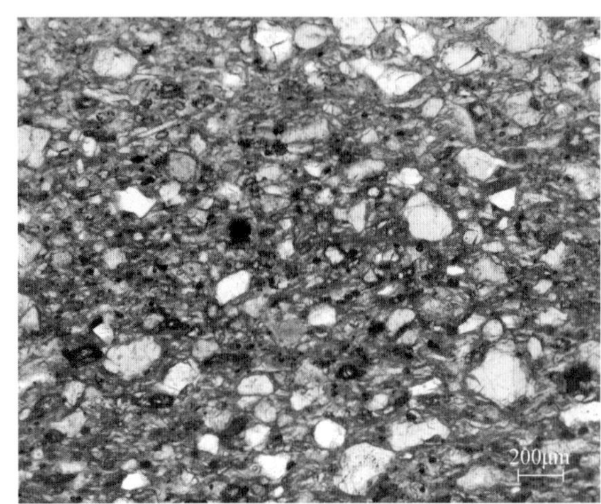

图28　RLC5胎体单偏光岩相

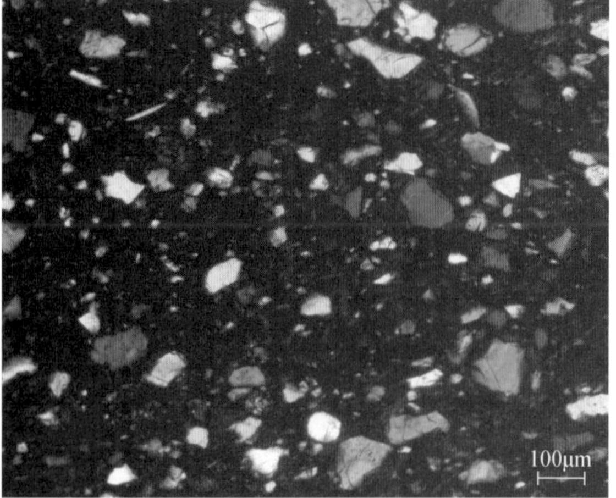

图29　RLC5胎体正交光岩相

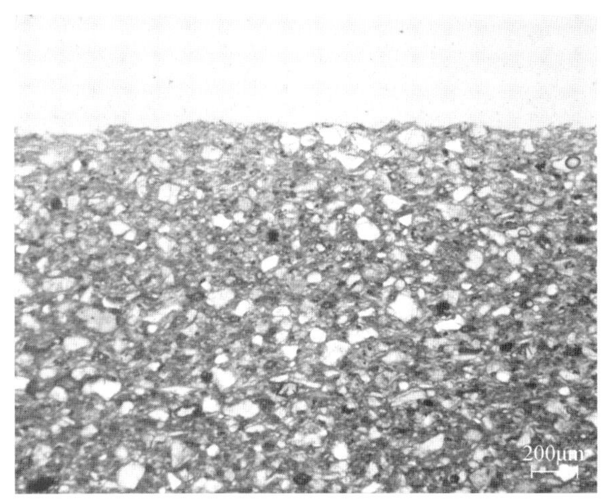

图30　RLC5样品表层切面单偏光岩相

图31　RLC5样品表层切面正交光岩相

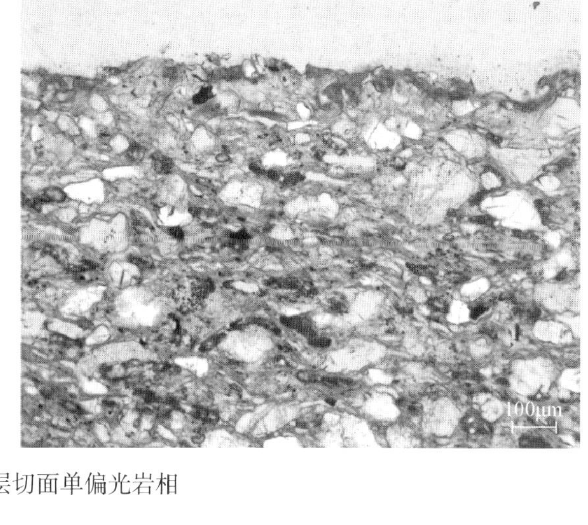

图32　RLC6样品表层切面单偏光岩相

图33　RLC6样品表层切面正交光岩相

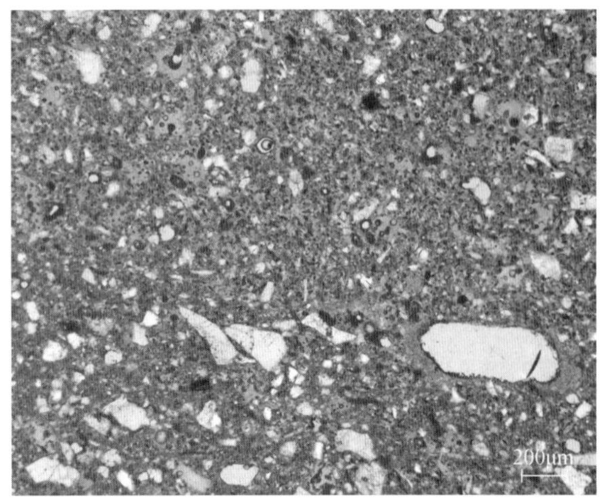

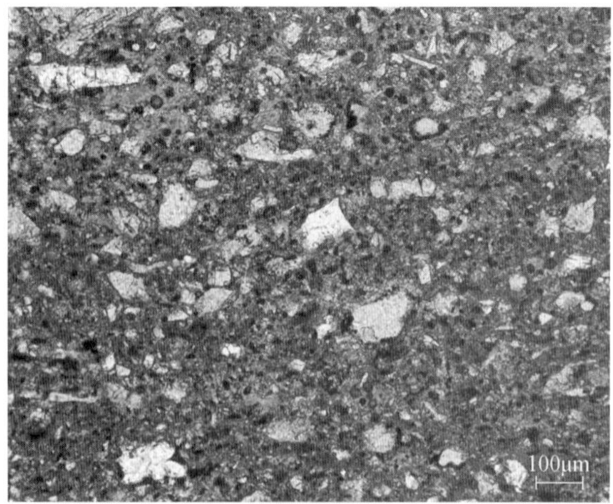

图34　RLC7样品胎体单偏光岩相

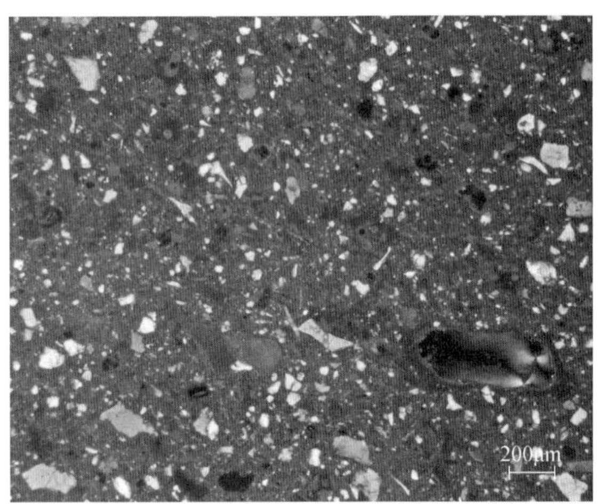

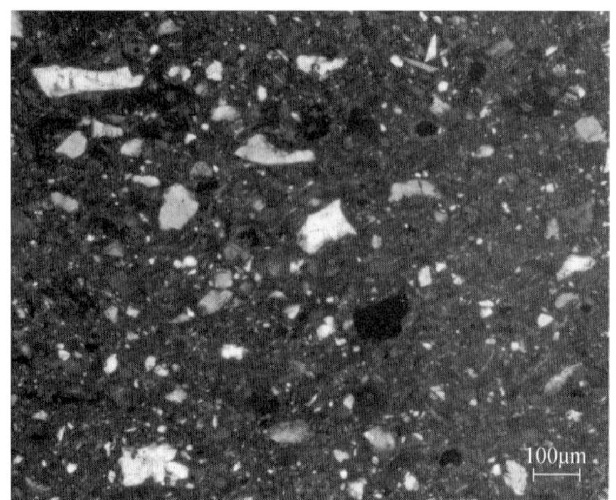

图35　RLC7样品胎体正交光岩相

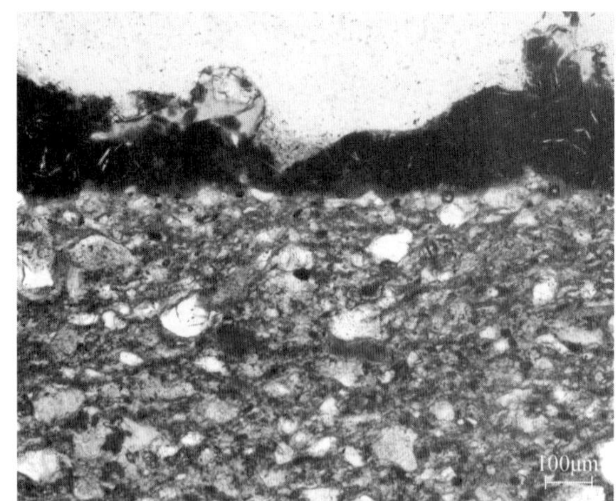

图36　RLC7样品表层切面单偏光岩相

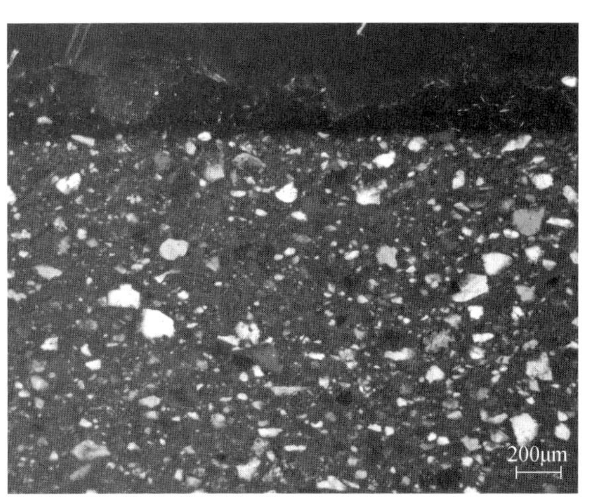

图37　RLC7样品表层切面正交光岩相

图38　RLC7样品釉面单偏光岩相

图39　RLC7样品釉面正交光岩相

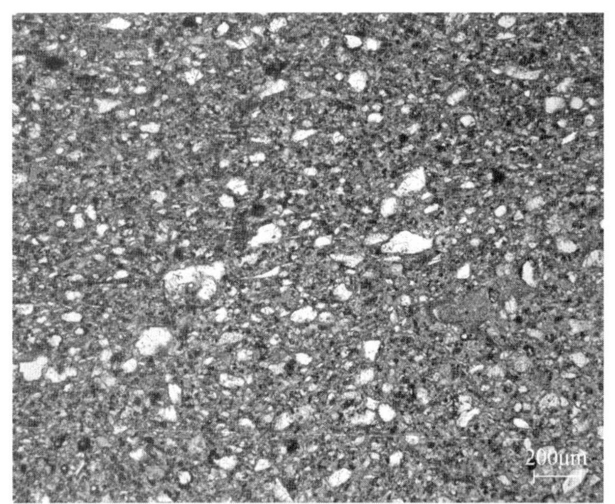

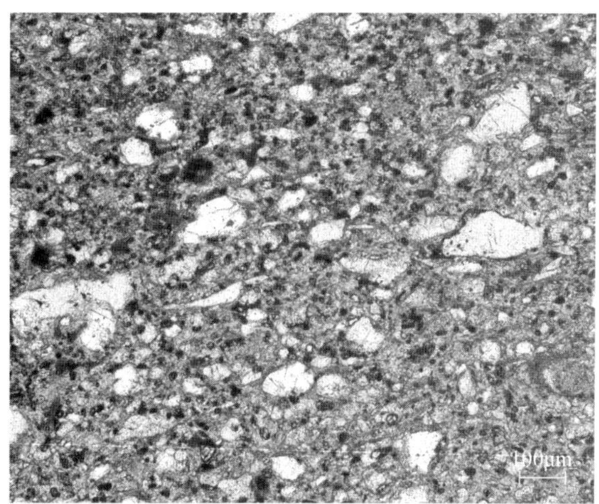

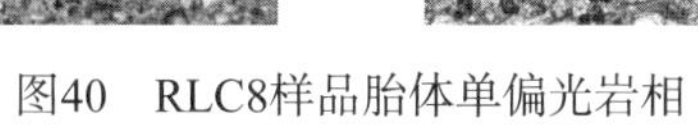

图40　RLC8样品胎体单偏光岩相

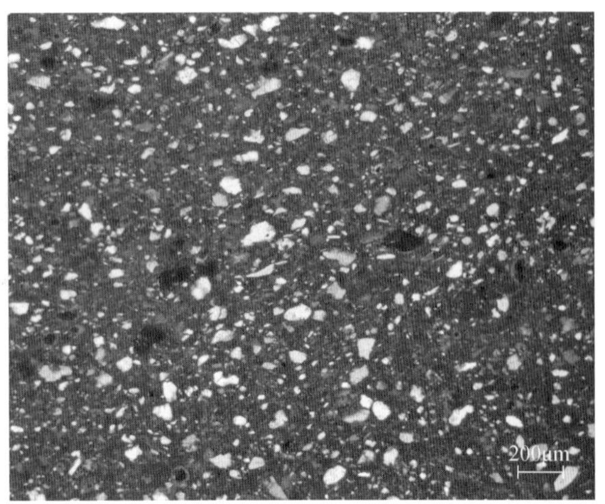

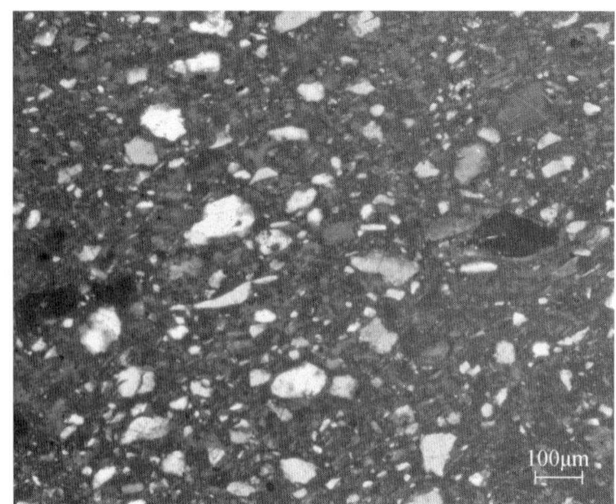

图41　RLC8样品胎体正交光岩相

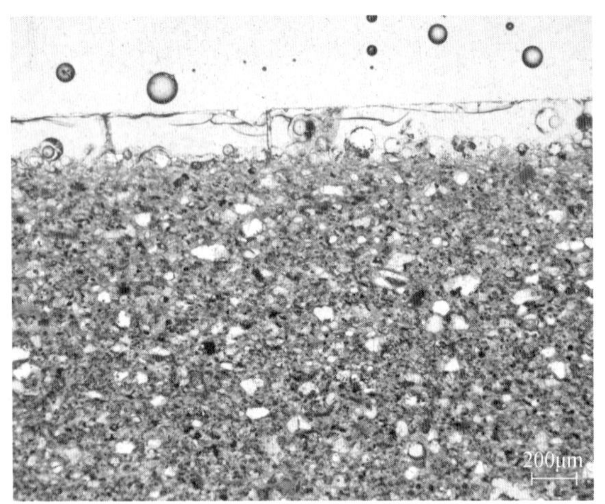

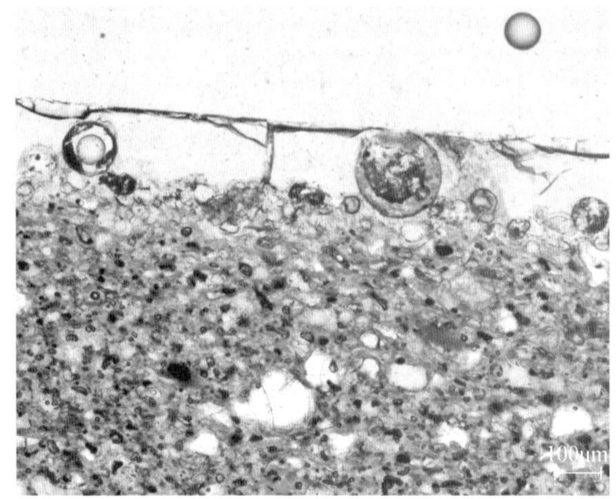

图42　RLC8样品表层切面单偏光岩相

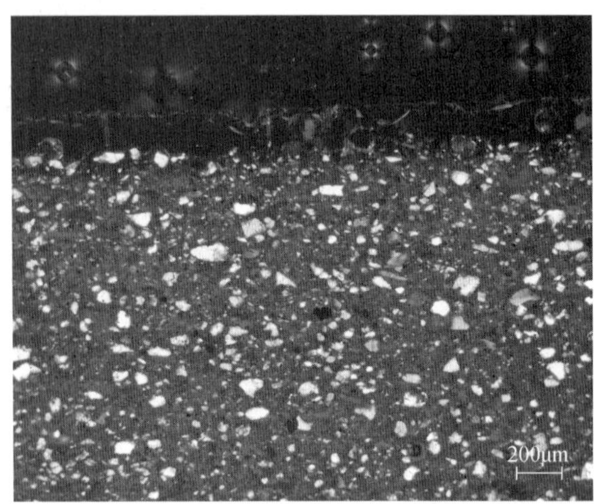

图43　RLC8样品表层切面正交光岩相

图44　RLC10样品表层切面单偏光岩相

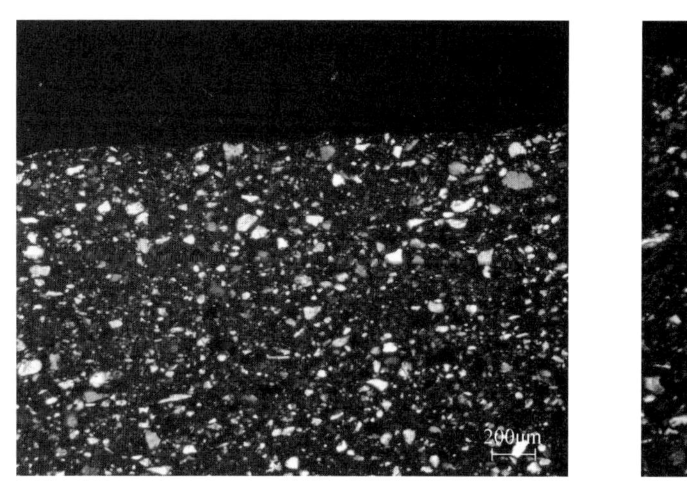

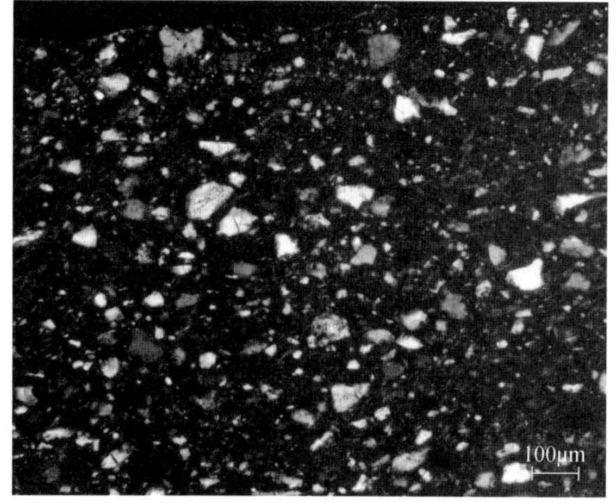

图45　RLC10样品表层切面正交光岩相

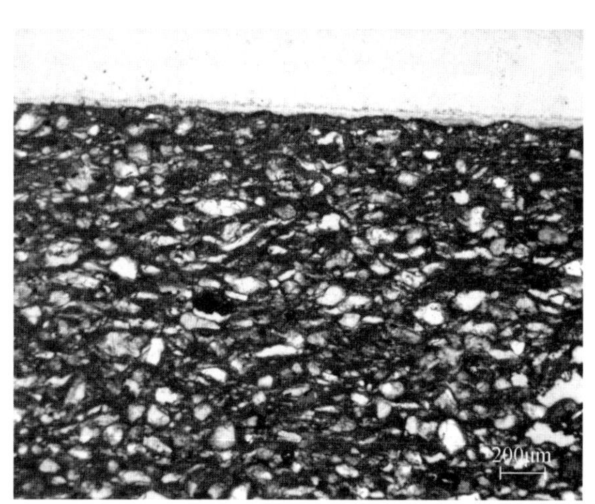

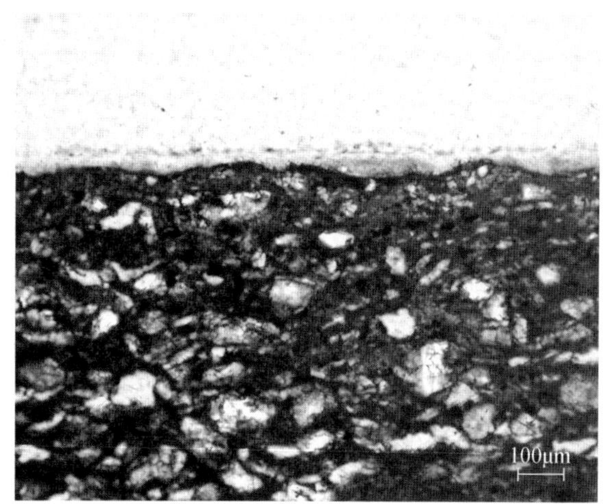

图46　RLC13样品表层切面单偏光岩相

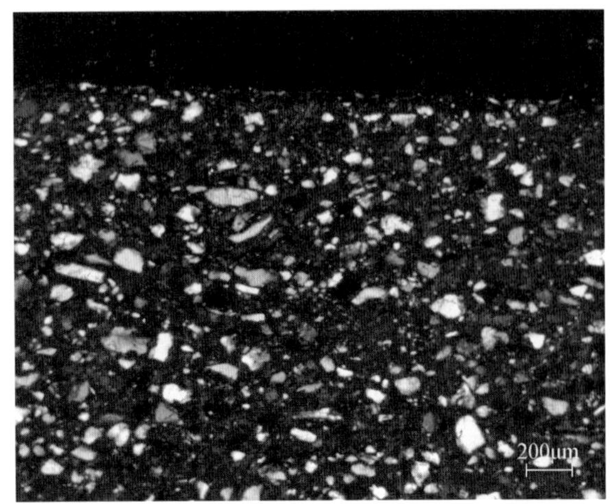

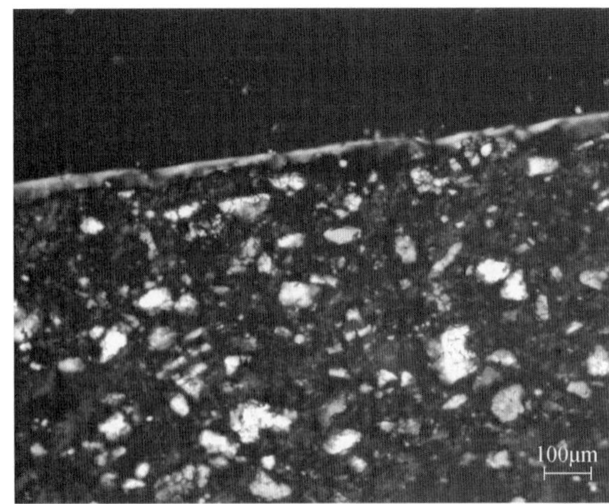

图47　RLC13样品表层切面正交光岩相

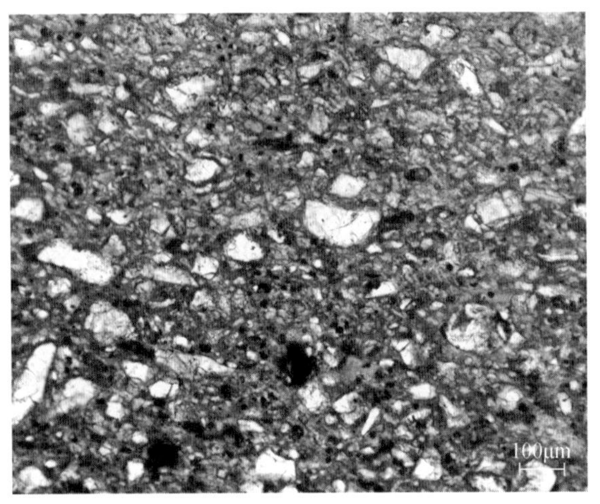

图48　RLC14样品胎体单偏光岩相

图49　RLC14样品胎体正交光岩相

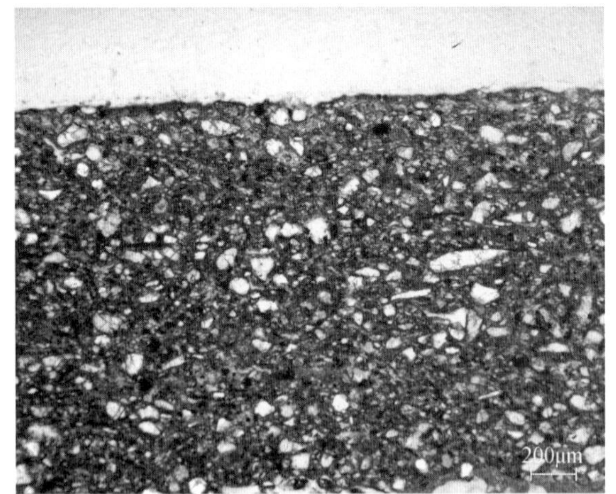

图50　RLC14样品表层切面单偏光岩相

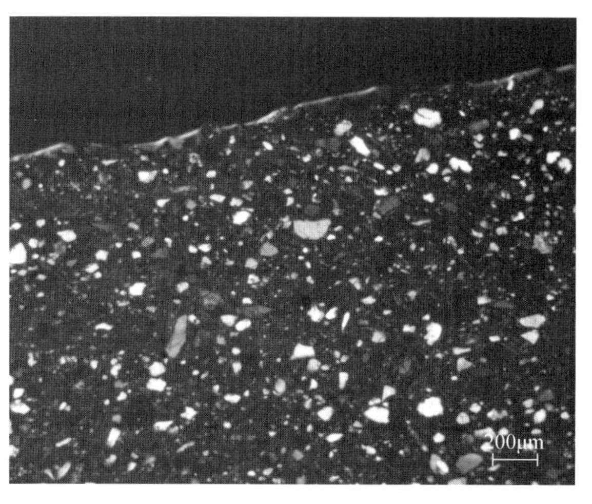

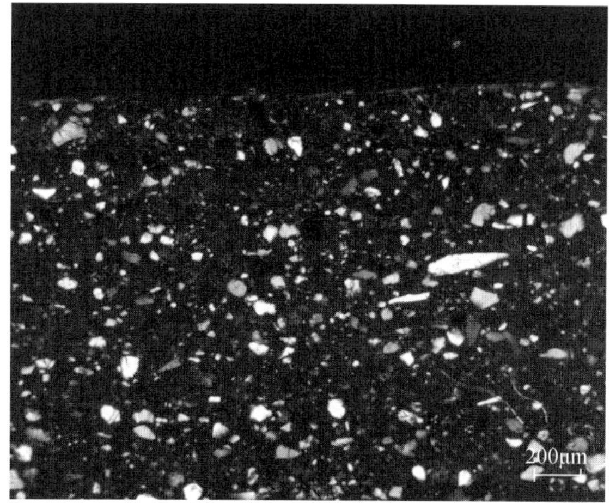

图51　RLC14样品表层切面正交光岩相

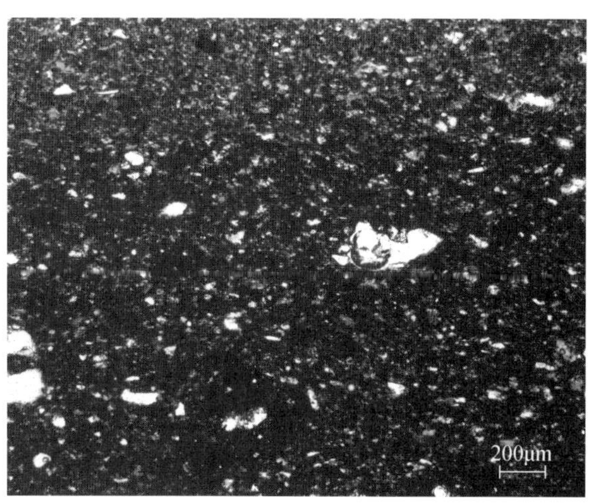

图52　RLC15样品胎体单偏光岩相

图53　RLC15样品胎体正交光岩相

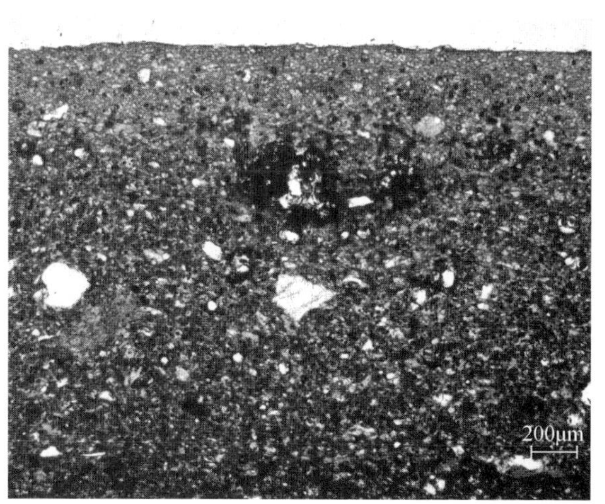

图54　RLC15样品表层切面单偏光岩相

图55　RLC15样品表层切面正交光岩相

三、结果与讨论

1. 烧成温度

本次共测试了RLC1、RLC2、RLC3、RLC4、RLC5、RLC6、RLC7、RLC8、RLC10、RLC13、RLC14、RLC15共12个样品。

RLC2烧成温度低于1000℃，为999.2℃。RLC3、RLC4和RLC15烧成温度低于1100℃，分别为1089.1℃、1080.3℃和1094.3℃。RLC1、RLC5、RLC6、RLC7、RLC8、RLC10、RLC13和RLC14的烧成温度在1111.5℃至1171.2℃之间。

2. 弯折强度和硬度

弯折强度共测试了RLC1、RLC2、RLC3、RLC4、RLC5、RLC7、RLC8、RLC14、RLC15九个样品。

在测试样品中RLC2和RLC4弯折强度低于10MPa，分别为9.67MPa和6.66MPa。RLC3、RLC7、RLC8和RLC15四个样品的弯折强度在16.72～18.50MPa之间。RLC5和RLC14弯折强度在20MPa以上，为23.55MPa和21.34MPa。RLC1弯折强度在30MPa以上，为33.57MPa。

硬度共测试了RLC1、RLC2、RLC3、RLC4、RLC5、RLC6、RLC7、RLC8、RLC10、RLC13、RLC14和RLC15十二个样品。

RLC1、RLC6和RLC14维氏硬度在61.6～67.2之间。RLC3、RLC4、RLC7和RLC13维氏硬度在121.5～149.1之间。RLC15维氏硬度超过200，为239.4。RLC5、RLC8和RLC10维氏硬度在325.3～378.4之间。RLC2维氏硬度超过400，为419.3。

3. 胎釉化学组成

胎釉化学组成共测试了RLC1至RLC15共15个样品。

从胎的化学组成上看，RLC1和RLC2的SiO_2含量较低，Al_2O_3含量较高。RLC1和RLC2的SiO_2含量为61.83%和57.24%，其余样品SiO_2含量在67.01%～74.75%之间。RLC1和RLC2的Al_2O_3含量为29.28%和29.13%，其余样品Al_2O_3含量在18.16%～24.18%之间。

RLC2的Fe_2O_3含量较高，为8.25%，其余样品Fe_2O_3含量在1.64%～4.86%之间。

从样品的釉化学组成看，15个样品的SiO_2含量在59.46%～70.98%之间。K_2O含量在1.69%～4.35%之间。

RLC7的Al_2O_3含量较低，为1.71%，其余样品Al_2O_3含量在12.72%～25.52%之间。

RLC1、RLC2、RLC3、RLC4、RLC10、RLC11、RLC13、RLC14和RLC15的CaO含量较低，在0.40%～1.91%之间，其余样品CaO含量在8.01%～16.10%之间。

RLC1、RLC2、RLC3的Fe_2O_3含量较高，在12.42%～15.35%之间，其余样品Fe_2O_3含量在1.15%～2.59%之间。

4. 色度

样品胎体的色度共检测了RLC1、RLC2、RLC3、RLC4、RLC5、RLC6、RLC7、RLC10、RLC11、RLC12、RLC13、RLC14和RLC15共13个样品。

从检测结果分析，RLC6和RLC13色度较为接近，RLC4、RLC5、RLC10和RLC14色度较为接近，RLC11和RLC15胎体色度较为接近，其余样品胎体色度差别较大。

样品釉的色度共检测了RLC1、RLC3、RLC7、RLC8、RLC9和RLC12共6个样品，从检测结果分析，样品釉的色度差别较大。

5. 吸水率、体积密度和显气孔率

吸水率、体积密度和显气孔率共测试了RLC1、RLC2、RLC3、RLC4、RLC5、RLC6、RLC7、RLC8、RLC10、RLC11、RLC12、RLC13、RLC14和RLC15共14个样品。

RLC1、RLC5、RLC7、RLC8、RLC10、RLC11、RLC14和RLC15吸水率和显气孔率较低，体积密度较高。吸水率在1.15%～4.91%之间，显气孔率在2.53%～10.25%之间，体积密度在2.07～2.28g/cm^3之间。

RLC2、RLC3、RLC4、RLC6、RLC12和LC13吸水率和显气孔率较高，体积密度较低。吸水率在12.11%～18.11%之间，显气孔率在20.60%～32.67%之间，体积密度在1.70～1.85 g/cm^3之间。

6. 岩相

从岩相照片观察，12个样品的胎体都较为致密，胎中有大量白色颗粒均匀分布，胎釉的结合较为紧密。从图37和图42可见，RLC7和RLC8釉中有气泡夹杂。从图38和图39可见RLC7釉中有大量针状晶体。

附录三　乳源莱山遗址出土陶瓷器有机残留物的气相色谱-质谱联用分析初探

朱博文[1]　杨　璐[2, 3]　李梓轩[2, 3]　葛若晨[2, 3]

（1. 广东省文物考古研究所，广州，510080；2. 西北大学文化遗产学院，西安，710127；
3. 文化遗产研究与保护技术教育部重点实验室，西安，710069）

一、引　言

莱山遗址位于广东省韶关市乳源瑶族自治县桂头镇，2018~2019年，广东省文物考古研究所对遗址范围内六朝至唐时期的墓葬进行了考古发掘，共清理墓葬57座，出土金、银、铜、铁、陶瓷、滑石等器物560余件。莱山遗址时间跨度长、年代关系清晰，墓葬结构及随葬器物的保存状况较好，尤其是8座两晋纪年墓的发现，为该地区两晋时期墓葬的研究提供了标尺。值得注意的是，莱山遗址的墓葬中出土了相当数量的陶瓷器，其中既包括砚滴、扁壶等具有岭北特征的六朝青瓷器，也发现了具有岭南本土特色的陶釜、水波纹罐等器物。乳源地区是六朝至唐时期湖广之间的交通要道，从莱山遗址墓葬出土随葬品中反映出的本地与外来文化交融的现象，为研究两晋以来“北人南迁”、“岭南开发”等历史事件提供了新的材料。

传统考古学往往通过陶瓷器的分型分式来研究考古学文化面貌，科技考古学则为以科技分析的手段来挖掘陶瓷器的元素组成、烧成温度、胎釉原料及工艺溯源等信息提供了可能[1]。除X射线荧光光谱、X射线衍射等无机分析之外，红外光谱、拉曼光谱、气相色谱-质谱联用、液相色谱等分析方法则能够实现对陶瓷器内容物中残留的有机质分析，从而为陶瓷器功能用途的判断提供重要参考。文物有机残留物样品往往存在有机质降解、老化严重，组成成分复杂等问题，为分析研究带来了较大难度。在相对成熟的出土有机残留物分析方法中，气相色谱-质谱联用法具有灵敏度高、检出限低、样品需求量少等优点，且具备较为高效的分离性能，兼具特异鉴别能力，是目前较为可靠的研究手段[2]。

文物有机残留物样品中常出现的化学成分种类主要包括蛋白质、脂类（油脂和类脂）和糖类（碳水化合物）等[3]。蛋白质是构成各类动植物细胞的基本有机大分子，氨基酸则是蛋白质的基本组成单位。脂肪酸是由碳、氢、氧三种元素组成的有机化合物，是中性脂肪、磷脂和糖脂的主要成分。运用气相色谱-质谱联用法对文物有机残留物中氨基酸和脂肪酸进行分析，能够帮助我们认识残留物中两类重要有机质的种类及含量情况，通过与已知成分参考样品特征的对比，还可能直接揭示出陶瓷器内容物中所含有的物质类别。

为了探究莱山遗址出土陶瓷器内容物的成分，从而对器物的性质、功用做出推断，本研究选取了14个陶瓷器内容土及环境土样，采用气相色谱-质谱联用法对样品的氨基酸、脂肪酸组分进行分析，尝试对陶瓷器有机残留物的种类进行定性定量分析，探索适用于岭南地区考古出土有机残留物分析研究的技术方法，以期填补广东地区出土六朝至唐时期陶瓷器有机残留物研究领域的空白。

二、样品描述

本研究采集并用于气相色谱-质谱联用分析的样品主要采自莱山遗址出土陶瓷器的内容土。为在一定程度上排除环境因素对土壤样品的污染，提高检测结果的可靠性，有取样条件的陶瓷器尽可能分别采集位于器物底部和中上部的土样，同时采集墓底的土样及遗址生土层的土样进行分析。在有足够的内容物供取样的陶瓷器中，本研究优先选择口部面积较小、内部相对较为封闭的陶瓷器，这类器物内部与外界有机质交换的程度相对较低，更有可能取得有效的分析结果。

结合取样原则及莱山遗址样品保存的实际情况，共选择了14个土样作为本次有机残留物分析的样品，具体信息见表1。

表1　样品信息表

序号	样品编号	取样位置
1	RLT1	莱山遗址生土
2	RLT2-1	ⅢM2：3扁壶内底部土
3	RLT2-2	ⅢM2：3扁壶内中部土
4	RLT2-3	ⅢM2墓底土
5	RLT3	ⅢM2：4砚滴内土
6	RLT4-1	ⅡM11：25陶罐内土
7	RTL4-2	ⅡM11墓底土
8	RTL5-1	ⅡM11：30唾壶内底部土
9	RTL5-2	ⅡM11：30唾壶内中部土
10	RTL6	ⅡM11：37罐内土
11	RTL7-1	ⅡM12：10瓷盒内土
12	RTL7-2	ⅡM12墓内土
13	RTL8	ⅡM1：1罐内土
14	RTL9	ⅢM22：4四系罐内土

三、实验部分

（一）试剂及材料

实验用所有溶剂均为色谱纯。三氟乙酸（纯度99%）、无水吡啶、Amberlite MB 6113离子交换树脂购自瑞士弗卢卡公司。乙硫醇（纯度99.5%）、双(三甲基硅烷基)三氟乙酰胺（简称BSTFA）、含有1%三甲基氯硅烷（简称TMCS）的BSTFA、含有1%TMCS的N-(叔丁基二甲硅烷基)-N-甲基三氟乙酰胺（简称MTBSTFA）、三乙胺（纯度99.5%）；氨基酸标准溶液（包含有12.5μmol/mL的脯氨酸和羟基脯氨酸，以及2.5μmol/mL的天门冬氨酸、谷氨酸、丙氨酸、精氨酸、半胱氨酸、苯丙氨酸、甘氨酸、羟赖氨酸、异亮氨酸、组氨酸、亮氨酸、赖氨酸、蛋氨酸、丝氨酸、酪氨酸、苏氨酸和缬氨酸）；脂肪酸和二羧酸丙酮溶液，包含月桂酸（0.24mg/g）、辛二酸（0.27mg/g）、壬二酸（0.28mg/g）、肉豆蔻酸（0.25mg/g）、葵二酸（0.3mg/g）、棕榈酸（0.25mg/g）、油酸（0.51mg/g）、硬脂酸（0.51mg/g）；用于氨基酸分析的内标正亮氨酸水溶液（纯度99%，138.66μg/g），用于脂肪酸分析的内标十三酸异辛烷溶液（纯度99%，135.48μg/g），均购自美国西格玛公司。Omix C4固相萃取柱购自美国安捷伦公司。

（二）样品前处理方法

1. 氨基酸分析

称取约20mg样品，向其中加入200μL 2.5mol/L氨水，在60℃下超声辅助萃取3h。将萃取液转移出来并在氮气保护下蒸干后，使用100μL三氟乙酸再次溶解萃取物质，并用Omix C4柱吸附溶液中的蛋白质。使用0.1%甲酸/75%甲醇/25%水的混合溶液（体积百分比）对Omix C4柱吸附的蛋白进行洗脱，洗脱液氮气保护吹干后加入6M HCl进行蛋白质的微波辅助水解。向水解后溶液中加入正亮氨酸内标，氮气保护干燥后用10μL含有1%TMCS的MTBSTFA进行衍生化。吸取2μL溶液上机进行氨基酸分析。

2. 脂肪酸分析

向3.2.1中氨水超声辅助萃取的残留物内加入200μL10%（质量百分比）KOH乙醇溶液进行脂肪酸酯的微波皂化，皂化后溶液使用200μL正己烷萃取，残留液用盐酸酸化后再用200μL乙醚萃取。将正己烷和乙醚的萃取液混合后加入十三酸内标，氮气保护吹干。再加入20μLBSTFA和50μL异辛烷进行衍生化。吸取2μL溶液上机进行脂肪酸分析。

（三）实验仪器

微波辅助水解采用麦尔斯通ETHOS ONE微波水解仪（意大利麦尔斯通公司生产），气相色谱-质谱联用分析采用7890A-5975C气相色谱质谱联用仪（美国安捷伦公司生产）。

（四）实验条件

微波水解：蛋白质水解，550W功率5min升温至160℃，保持该功率和温度30min；脂肪酸酯皂化，400W功率5min升温至80℃，而后以300W的功率保持该温度55min。

气相色谱-质谱联用分析：EI源，电压70eV，传输线的温度280℃，谱图采集方法为选择离子模式；色谱柱HP-5MS（30m × 0.25mm × 0.25μm），连有脱活石英前柱（2m × 0.32mm）；载气为氦气（纯度99.995%）；分流模式为不分流。

氨基酸分析的载气流速为1.2mL/min，进样口温度220℃。色谱升温程序为，初始温度100℃保持2min，而后以4℃/min速率升温至280℃，在280℃下保持15min。

脂肪酸分析的载气流速为1.2mL/min，进样口温度300℃。色谱升温程序为，80℃保持2min，以10℃/min速率升温至200℃，200℃保持3min，再以10℃/min速率升温至280℃，保持3min，再以20℃/min升温到300℃，保持30min。

四、结果与讨论

（一）氨基酸分析

表2为RTL1、RTL2-3、RTL4-2、RTL7-2的氨基酸含量测试结果。这4个样品为遗址生土层及部分取样陶瓷器所在墓葬的环境土样品，其测试结果能够反映陶瓷器所在环境中土壤内的氨基酸含量。由表2可知，该组样品的氨基酸含量高于本研究所用方法的检出限（0.21μg），但均低于方法的定量限（0.71μg）。这意味着4个样品中虽然检测到了高于实验室环境背景的蛋白类物质或氨基酸，但含量甚微，而土壤中本就可能含有一定的氨基酸或蛋白类物质。该测试结果在一定程度上反映出该组样品不含有额外的蛋白类物质，因此遗址及墓葬内环境土中的氨基酸或蛋白类物质不会对陶瓷器残留物的氨基酸分析结果产生显著影响。

表2　环境土壤样品的氨基酸含量测试结果

样品编号	RLT1	RLT2-3	RLT4-2	RLT7-2
样品质量（mg）	18.64	19.93	17.68	15.71
含量单位 / 测试项目	μg	μg	μg	μg
丙氨酸（Ala）	0.04	0.06	0.07	0.10
甘氨酸（Gly）	0.06	0.05	0.06	0.11
缬氨酸（Val）	0.03	0.03	0.04	0.07
亮氨酸（Leu）	0.05	0.06	0.07	0.07
异亮氨酸（Ile）	0.02	0.02	0.03	0.04
丝氨酸（Ser）	0.01	0.01	0.01	0.01
脯氨酸（Pro）	0.18	0.10	0.08	0.18
苯丙氨酸（Phe）	0.02	0.02	0.03	0.01
天冬氨酸（Asp）	0.07	0.06	0.12	0.03
谷氨酸（Glu）	0.10	0.06	0.14	0.01
羟脯氨酸（Hyp）	0.00	0.00	0.00	0.00
含量和	0.57	0.46	0.64	0.64

表3为其余10个样品的氨基酸含量测试结果。由表3可知，10个陶瓷器内容土样品中的含量同样非常低，其中RTL3号样品的氨基酸含量仅0.13μg，低于本研究所用方法的检出限（0.21μg）。在该样品中氨基酸含量低于实验室环境背景值的情况下，可以认为这一采集自ⅢM2：4砚滴内的土样中不含有蛋白类物质。此外，虽然RLT2-2、RLT4-1、RLT5-1、RLT5-2、RLT6、RLT7-1、RLT8、RLT9这8个样品的氨基酸含量测试结果高于本研究所用方法的检出限（0.21μg），但均低于方法的定量限（0.71μg）。也就是说，这8个样品中虽然检测到了高于实验室环境背景的蛋白类物质或氨基酸，但含量甚微。该结果提示了这8个样品中很可能不含有额外的蛋白类物质。

图1为RLT2-1号样品的选择离子流图。由图中可以看出，所有氨基酸的峰分离度高，峰形较好，说明采用的分离条件适合，以此为基础进行的积分及定量计算结果可靠。由表3可知，RLT2-1号样品的氨基酸含量和为0.87μg，超过了本研究所用方法的定量限，可认为该样品中含有一定量的蛋白类物质。为了进一步研究该样品的氨基酸组成特点，进而为蛋白质种类判定提供依据，本研究对RLT2-1号样品的14种氨基酸含量进行了归一化处理，结果见表4。

由表4可以看出，样品RTL2-1中几乎不含有羟基脯氨酸（Hyp）。羟基脯氨酸是动物胶原蛋白的特征氨基酸，集中分布在动物皮革、骨骼及结缔组织中[4]。RTL2-1样品中不含羟基脯氨酸，证明ⅢM2：3扁壶内底部土样品中不存在动物皮革、骨骼及结缔组织的残留物。此外，该样品中甘氨酸（Gly）的含量为10.6%，皮革、骨骼及结缔组织中甘氨酸的含量明显高于该值[5]，亦可证明上述结论。

表3　陶瓷器内容土样品的氨基酸含量测试结果

样品编号	RLT2-1	RLT2-2	RLT3	RLT4-1	RLT5-1	RLT5-2	RLT6	RLT7-1	RLT8	RLT9
样品质量（mg）	20.79	18.09	18.62	19.75	20.38	21.93	13.39	23.48	15.54	26.79
含量单位 / 测试项目	μg	μg	μg	μg	μg	μg	μg	μg	μg	μg
丙氨酸（Ala）	0.07	0.03	0.02	0.03	0.03	0.00	0.08	0.08	0.09	0.08
甘氨酸（Gly）	0.09	0.04	0.01	0.05	0.03	0.00	0.11	0.06	0.11	0.05
缬氨酸（Val）	0.03	0.01	0.01	0.02	0.01	0.00	0.04	0.05	0.05	0.06
亮氨酸（Leu）	0.06	0.02	0.02	0.04	0.03	0.01	0.04	0.05	0.05	0.06
异亮氨酸（Ile）	0.02	0.01	0.01	0.02	0.01	0.01	0.02	0.03	0.03	0.04
丝氨酸（Ser）	0.01	0.01	0.01	0.01	0.01	0.01	0.01	0.02	0.01	0.01
脯氨酸（Pro）	0.25	0.07	0.03	0.14	0.06	0.04	0.14	0.05	0.04	0.05
苯丙氨酸（Phe）	0.03	0.01	0.00	0.03	0.01	0.02	0.01	0.01	0.00	0.01
天冬氨酸（Asp）	0.13	0.04	0.01	0.08	0.06	0.02	0.06	0.02	0.01	0.02
谷氨酸（Glu）	0.19	0.08	0.01	0.12	0.08	0.07	0.02	0.02	0.01	0.01
羟脯氨酸（Hyp）	0.00	0.00	0.00	0.00	0.00	0.13	0.00	0.00	0.00	0.00
含量和	0.87	0.32	0.13	0.54	0.34	0.31	0.53	0.37	0.39	0.40

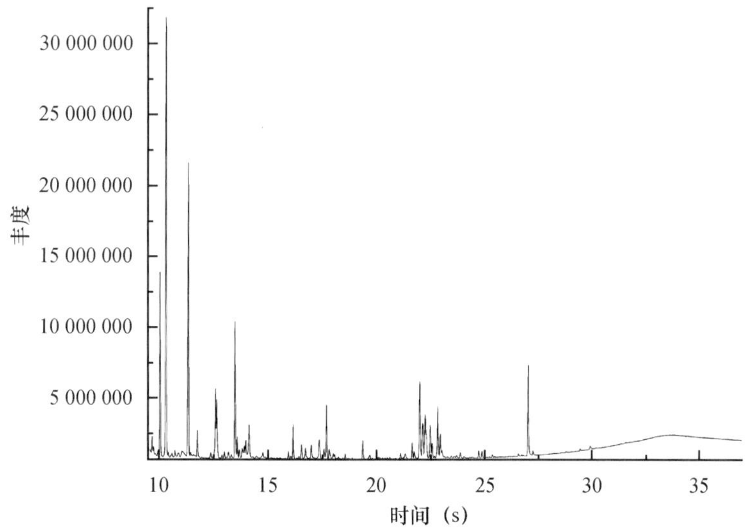

图1　RLT2-1号样品氨基酸分析的选择离子流图

表4　RTL2-1号样品的氨基酸组成比（%）

样品编号	Ala	Gly	Val	Leu	Ile	Ser	Pro	Phe	Asp	Glu	Hyp
RLT2-1	7.7	10.6	3.1	6.5	2.8	1.1	28.8	2.9	14.6	21.7	0.1

从表4中反映的RTL2-1样品另外9种氨基酸的相对含量来看，脯氨酸（Pro）的相对含量达到了28.8%，谷氨酸（Glu）的相对含量则高达21.7%。脯氨酸和谷氨酸相对含量较高是奶类物质的氨基酸组成特征[6]，但该样品的脯氨酸相对含量显著高于奶类物质应有的值，同时奶类物质的甘氨酸含量也不应像该样品如此之高。为了综合比较以确定样品中残留物的性质，本研究将表4中的数据代入实验室建立的蛋白质类物质参考样品氨基酸组成数据库，进行主成分分析（PCA），结果见表5。

由表5可以看出，主成分分析中前两个成分的累积贡献率达到了80.922%，说明这两个成分可以很好地解释作为变量的11个氨基酸含量所反映的文物样品及参考样品的关系。对这两个成分提取的因子得分作图，见图2。

表5　RTL2-1样品氨基酸组成比主成分提取分析表

成分	初始特征值		
	总计	方差百分比（%）	累积百分百（%）
1	7.039	63.994	63.994
2	1.862	16.928	80.922
3	0.670	6.093	87.015
4	0.496	4.507	91.522
5	0.355	3.231	94.753
6	0.251	2.278	97.031
7	0.160	1.452	98.484
8	0.074	0.671	99.155
9	0.054	0.488	99.643
10	0.039	0.357	100.000
11	3.269E-5	0.000	100.000

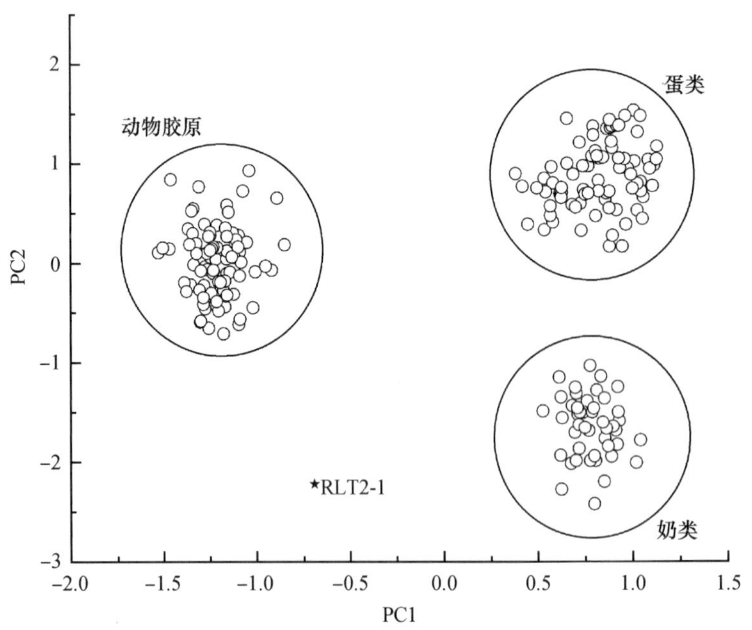

图2　RTL2-1样品氨基酸组成比主成分分析散点图

从图2可以看出，RTL2-1样品并未归入实验室数据库中动物胶原、蛋类和奶类中的任何一类。这说明从11种氨基酸相对含量综合分析，该样品中并不含有这三类物质。该样品所含有的有机残留物很有可能是某一种未在本实验室数据库中包含的，具有高脯氨酸和谷氨酸特征的蛋白类物质。此外，也不排除ⅢM2：3扁壶内底部内容土受到了某种生物物质的污染，从而导致样品反映出较为特异的氨基酸组成特征。

（二）脂肪酸分析

表6为RTL1、RTL2-3、RTL4-2、RTL7-2的8种脂肪酸含量测试结果。这4个样品为遗址生土层及部分取样陶瓷器所在墓葬的环境土样品，其测试结果能够反映陶瓷器所在环境中土壤内的8种脂肪酸含量。由表6可知，所有样品的8种脂肪酸含量均非常低，低于各脂肪酸分析方法的检出限，甚至8种氨基酸的含量和都低于脂肪酸总体的检出限（3.46μg），可以认为这4个样品不含有分析测试所涉及的8种脂肪酸及其相关的脂肪酸酯，因此遗址及墓葬内环境土中的这8种脂肪酸及相关脂肪酸酯不会对陶瓷器残留物的脂肪酸分析结果产生显著影响。

表6　环境土壤样品的脂肪酸含量测试结果

样品编号	RLT1	RLT2-3	RLT4-2	RLT7-2
样品质量（mg）	18.64	19.93	17.68	15.71
含量单位 / 测试项目	μg	μg	μg	μg
月桂酸（Lau.）	0.01	0.01	0.01	0.01
辛二酸（Sub.）	0.00	0.00	0.00	0.02
壬二酸（Aze.）	0.01	0.01	0.00	0.03
肉豆蔻酸（Myr.）	0.02	0.04	0.02	0.02
葵二酸（Seb.）	0.01	0.01	0.00	0.05
棕榈酸（Pal.）	0.38	0.55	0.31	0.23
油酸（Ole.）	0.01	0.05	0.02	0.03
硬脂酸（Ste.）	0.29	0.64	0.30	0.23
含量和	0.72	1.31	0.67	0.61

从表7中可以看出，所有10个陶瓷器内容土样品中8种脂肪酸的含量都非常低，低于各脂肪酸分析方法的检出限，其含量和也低于脂肪酸总体的检出限（3.46μg）。也就是说，送检的样品中脂肪酸含量低于实验室的环境背景值，可以认为该批样品中不含有分析测试所涉及的8种脂肪酸及其相关的脂肪酸酯。

表7　陶瓷器内容土样品的脂肪酸含量测试结果

样品编号	RLT2-1	RLT2-2	RLT3	RLT4-1	RLT5-1	RLT5-2	RLT6	RLT7-1	RLT8	RLT9
样品质量（mg）	20.79	18.09	18.62	19.75	20.38	21.93	13.39	23.48	15.54	26.79
含量单位 / 测试项目	μg	μg	μg	μg	μg	μg	μg	μg	μg	μg
月桂酸（Lau.）	0.01	0.01	0.02	0.01	0.01	0.04	0.02	0.01	0.03	0.01
辛二酸（Sub.）	0.01	0.00	0.01	0.00	0.01	0.01	0.02	0.01	0.02	0.00
壬二酸（Aze.）	0.01	0.00	0.01	0.00	0.01	0.00	0.03	0.00	0.07	0.00
肉豆蔻酸（Myr.）	0.02	0.03	0.07	0.03	0.03	0.15	0.06	0.01	0.04	0.02
葵二酸（Seb.）	0.01	0.00	0.01	0.01	0.02	0.05	0.03	0.04	0.13	0.00
棕榈酸（Pal.）	0.27	0.44	0.53	0.48	0.26	0.29	0.25	0.06	0.37	0.18
油酸（Ole.）	0.02	0.03	0.06	0.03	0.01	0.06	0.15	0.02	0.05	0.04
硬脂酸（Ste.）	0.21	0.60	0.57	0.54	0.17	0.09	1.21	0.05	0.80	0.39
含量和	0.54	1.12	1.26	1.10	0.52	0.70	1.76	0.21	1.50	0.65

五、结　论

（1）从运用气相色谱-质谱联用法对莱山遗址出土陶瓷器内容土样品的氨基酸与脂肪酸分析的结果来看，采自生土及部分陶瓷器出土墓葬的4个环境土样的氨基酸含量均低于方法定量限，脂肪酸含量均低于方法检出限，据此可认为莱山遗址土壤环境中不存在足以干扰陶瓷器内容土样品测试结果的氨基酸和脂肪酸。

（2）分析的10个陶瓷器内容土样品中，采自ⅢM2：3扁壶内底部的RLT2-1号样品的氨基酸含量超过方法定量限，但该样品中不含羟脯氨酸（Hyp），脯氨酸（Pro）和谷氨酸（Glu）的含量较高。从主成分分析的结果来看，其不属于动物胶原、蛋类和奶类中的任何一类，推测可能是某种具有高Pro和Glu特征的蛋白类物质，亦存在混入未知生物物质污染的可能。未来应当结合该样品出土器物及周边环境，寻找可能的蛋白物质作为参考样品进一步分析。

采自ⅢM2：4砚滴内的RTL3号样品氨基酸含量低于方法检出限，可认为该样品内不含有蛋白质类物质。另外8个样品的氨基酸含量高于方法检出限但低于定量限，考虑到样品为土质，土壤中可能含有一定的氨基酸或蛋白类物质，故建议认为这些样品不含有额外的蛋白类物质，或者曾经含有但降解流失严重。

分析的10个陶瓷器内容土样品的脂肪酸含量均低于方法检出限，可认为样品内均不含有实验所涉及的8种脂肪酸类物质。

（3）本研究所采集的14个样品中大部分未检出氨基酸及脂肪酸类物质，推测其原因有二：一是本研究涉及的陶瓷器内容物中本就不含这两类物质，未来对该类器物中有机残留物的研究应当尝试对其他种类的物质进行分析；二是本研究选取的陶瓷器内部均非封闭环境，在长期埋藏过程中其不断与外界环境进行物质交换，内部的氨基酸及脂肪酸类物质更容易发生降解或受到污染，未来应当尽可能选择内部空间封闭的器物作为研究对象。

注　　释

[1] 杨益民、饶慧芸、任晓燕等：《青海大通长宁遗址出土陶器残留物的有机分析》，《中国文物报》2014年7月4日第007版。

[2] 王子铭、王丽琴、马珍珍等：《文物蛋白胶料的气相色谱-质谱分析方法探讨》，《质谱学报》2019年第4期，第335～341页。

[3] 吴晨、王丽琴、杨璐等：《气相色谱-质谱分析在文物有机物鉴定中的应用》，《分析化学》2013年第11期，第1773～1779页。

[4] 杨璐、王丽琴、黄建华等：《羊皮胶、羊骨胶的气相色谱质谱联用分析研究》，《西部考古》2016年第1期，第257～265页。

[5] 杨璐、黄健华、王丽琴等：《文物彩绘常用胶料的氨基酸组成及红外光谱特征研究》，《文物保护与考古科学》2011年第1期，第36～39页。

[6] 杨璐、黄健华、王丽琴等：《文物彩绘常用胶料的氨基酸组成及红外光谱特征研究》，《文物保护与考古科学》2011年第1期，第36～39页。

后 记

2018～2019年乳源莱山遗址的发掘得到了广东省文化和旅游厅、韶关市文化广电旅游体育局和乳源瑶族自治县文广新局、民族博物馆以及韶关机场等单位的大力支持。

发掘领队由广东省文物考古研究所刘锁强担任，邓宏文担任学术指导，主要发掘人员有广东省文物考古研究所唐博豪、陈雨生、陈司林、齐雪芳、龚海珍、席松甫、叶龙和林挺，乳源瑶族自治县民族博物馆赵天油、龚庆华和许卢聪，南京师范大学硕士研究生张驰等。齐雪芳主要负责勘探工作，田野照相由叶龙负责，RTK测绘由席松甫完成，航拍和墓葬三维数据采集由广东网文三维数字科技有限公司完成。

2016～2017年莱山遗址考古调查由广东省文物考古研究所王欢负责，参加工作的有广东省文物考古研究所邹俭平、邹池根、徐安民、龚海珍、张海斌，乳源瑶族自治县民族博物馆赵天油、龚庆华、邓秀珍，韶关市曲江区博物馆肖东方、余万勤。

发掘期间，先后到工地检查、指导和协调发掘工作的有广东省文化和旅游厅何斌调研员、中山大学许永杰和金志伟老师、南越王宫博物馆全洪馆长、深圳市文物考古鉴定所李海荣研究员、韶关市文化局文物科李伟光和乳源瑶族自治县文广新局等诸多同志。广州市文物考古研究院吕良波副研究员对出土文物保护提供了诸多宝贵意见。

在广东省文物考古研究所领导的支持下，发掘结束后即转入室内整理工作，主要人员有唐博豪、陈雨生、齐雪芳、龚海珍、席松甫和叶龙等，乳源瑶族自治县民族博物馆为本次整理提供了良好的工作环境。其间，依托本次发掘成果，广东省文物考古研究所与乳源瑶族自治县民族博物馆联合举办了“古道传‘真’——韶关机场考古发掘成果展”的公众考古展览，并由广东省高等教育出版社出版了图录。

本报告由唐博豪、陈雨生共同完成，其中第一章第一节、第三节、第二章、第三章“第一阶段”以及第四章由唐博豪完成，第一章第二节和第三章“第二阶段”由陈雨生完成，全书由唐博豪进行统稿，邓宏文研究员审核了报告全文。器物线图和描图工作由龚海珍、叶龙和钟振远完成，墓砖拓片由齐雪芳完成，器物摄影由谢蔚宁完成。

在此，对给予考古发掘、资料整理和报告编写工作以支持的单位和个人表示感谢。

1. 莱山遗址Ⅰ区远景（东—西）

2. 莱山遗址Ⅱ区远景（西—东）

莱山遗址Ⅰ、Ⅱ区远景

1. 莱山遗址Ⅲ区远景（西—东）

2. 莱山遗址Ⅳ区远景（西—东）

莱山遗址Ⅲ、Ⅳ区远景

莱山遗址Ⅱ区航拍图（局部）

1. 勘探现场

2. 墓葬确认

勘探现场及墓葬确认

1. 探孔分布

2. 探孔土样

探孔分布及探孔土样

1. 墓葬发掘

2. 遗物清理

3. 遗迹绘图

墓葬发掘与绘图

1. 三维建模

2. 文物修复

3. 墓砖拓片

三维建模、文物修复及墓砖拓片

1. 邓宏文研究员现场指导

2. 许永杰、全洪、李海荣等专家检查验收工地

3. “古道传‘真’——韶关机场考古发掘成果展”开展现场

工地指导、验收及成果展览

1. ⅢM2全景（南—北）

2. ⅢM2器物出土情况

3. ⅢM2后壁及器物出土情况

ⅢM2墓葬形制（第一期）

1. AⅠ式瓷四耳罐ⅢM2：1

2. AⅠ式瓷碗ⅢM2：2

3. BⅠ式瓷碗ⅢM2：6

4. BⅠ式瓷碗ⅢM2：8

5. BⅠ式瓷碗ⅢM2：9

ⅢM2出土器物1（第一期）

1. BⅠ式瓷碗ⅢM2：10

2. BⅠ式瓷碗ⅢM2：11

3. BⅠ式瓷碗ⅢM2：12

4. BⅠ式瓷碗ⅢM2：13

5. BⅠ式瓷碗ⅢM2：14

6. 瓷小罐ⅢM2：7

ⅢM2出土器物1（第一期）

1. 瓷扁壶ⅢM2：3-1

2. 瓷扁壶ⅢM2：3-2

3. 瓷扁壶ⅢM2：3-3

ⅢM2出土器物3（第一期）

1. 瓷砚滴ⅢM2：4-1

2. 瓷砚滴ⅢM2：4-2

3. 瓷砚滴ⅢM2：4-3

4. 瓷砚滴ⅢM2：4-4

ⅢM2出土器物4（第一期）

1. B型陶四耳罐ⅢM2：5

2. 陶水田模型ⅢM2：17-1

3. 陶水田模型ⅢM2：17-2

4. 石器ⅢM2：15-1

5. 石器ⅢM2：15-2

ⅢM2出土器物5（第一期）

1. ⅢM16全景（北—南）

2. 封门及排水沟

3. 出土器物（近封门处）

ⅢM16墓葬形制及器物出土情况（第一期）

1. BⅠ式瓷四耳罐ⅢM16：5

2. BⅠ式瓷四耳罐ⅢM16：11

3. E型瓷四耳罐ⅢM16：4

4. A型瓷盂ⅢM16：12

5. BⅠ式瓷碗ⅢM16：3

6. BⅠ式瓷碗ⅢM16：7

ⅢM16出土器物1（第一期）

1. 瓷水波纹罐ⅢM16：6

2. 瓷水波纹罐ⅢM16：14

3. 瓷虎子ⅢM16：2-1

4. 瓷虎子ⅢM16：2-2

5. B型陶四耳罐ⅢM16：8

6. B型陶四耳罐ⅢM16：13

ⅢM16出土器物2（第一期）

1. 陶水波纹罐ⅢM16：9

2. 陶釜ⅢM16：10

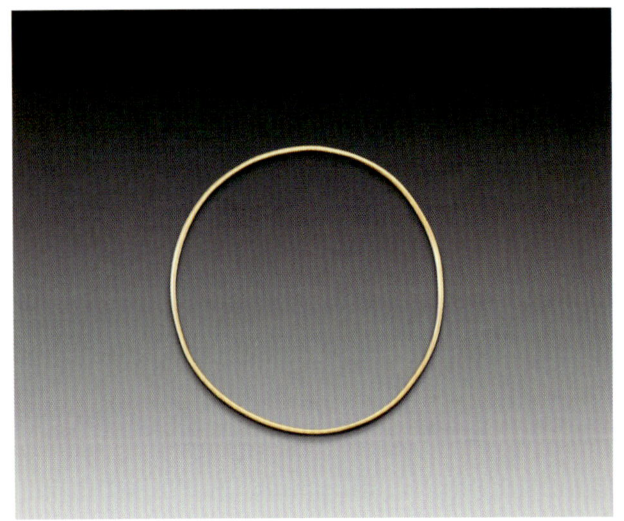

3. 金镯ⅢM16：1

4. 银器ⅢM16：15

ⅢM16出土器物3（第一期）

1. ⅡM11全景（正投影）

2. ⅡM11封门结构（南—北）

3. ⅡM11东壁承券及砖托

ⅡM11墓葬形制（第一期）

1. ⅡM11纪年砖

2. ⅡM11出土器物位置（前室）

3. ⅡM11出土器物位置（后室）

ⅡM11纪年砖及器物出土情况（第一期）

1. AⅠ式瓷四耳罐ⅡM11：35-1

2. AⅠ式瓷四耳罐ⅡM11：35-2

3. BⅠ式瓷四耳罐ⅡM11：1

4. BⅠ式瓷四耳罐ⅡM11：28

5. 瓷簋ⅡM11：6

6. 瓷盘口壶ⅡM11：30

ⅡM11出土器物1（第一期）

1. AⅠ式瓷碗ⅡM11：7

2. AⅠ式瓷碗ⅡM11：14

3. AⅠ式瓷碗ⅡM11：15

4. AⅠ式瓷碗ⅡM11：18

5. BⅠ式瓷碗ⅡM11：19

ⅡM11出土器物2（第一期）

1. BⅠ式瓷碗ⅡM11：31-1

2. BⅠ式瓷碗ⅡM11：31-2

3. BⅠ式瓷碗ⅡM11：45

4. AⅠ式瓷碗ⅡM11：29（上）、
B型陶四耳罐ⅡM11：25（下）

5. AⅠ式瓷碗ⅡM11：29

6. B型陶四耳罐ⅡM11：25

ⅡM11出土器物3（第一期）

1. 瓷虎子ⅡM11：8-1

2. 瓷虎子ⅡM11：8-2

3. 瓷虎子ⅡM11：8-3

4. 瓷虎子ⅡM11：8-4

ⅡM11出土器物4（第一期）

1. 瓷盒ⅡM11：17

2. 瓷盒ⅡM11：21

3. A型陶四耳罐ⅡM11：37

4. B型陶四耳罐ⅡM11：5

5. B型陶四耳罐ⅡM11：23

ⅡM11出土器物5（第一期）

1. B型陶四耳罐ⅡM11：24

2. B型陶四耳罐ⅡM11：27

3. B型陶四耳罐ⅡM11：32

4. B型陶四耳罐ⅡM11：36

5. B型陶四耳罐ⅡM11：46

6. B型陶四耳罐ⅡM11：47

ⅡM11出土器物6（第一期）

1. 陶水波纹罐ⅡM11：2

2. 陶水波纹罐ⅡM11：16

3. 陶水波纹罐ⅡM11：20

4. 陶水波纹罐ⅡM11：22

5. 陶水波纹罐ⅡM11：26

6. 陶水波纹罐ⅡM11：40

ⅡM11出土器物7（第一期）

1. 陶灯ⅡM11：3-1

2. 陶灯ⅡM11：3-2

3. 陶灯ⅡM11：3-3

4. 陶囷模型ⅡM11：34

ⅡM11出土器物8（第一期）

1. 陶屋模型ⅡM11：4-1

2. 陶屋模型ⅡM11：4-2

3. 陶屋模型ⅡM11：4-3

4. 陶屋模型ⅡM11：4-4

5. 陶屋模型ⅡM11：4-5

6. 陶屋模型ⅡM11：4-6

ⅡM11出土器物9（第一期）

1. 陶碾米房模型ⅡM11：39-1

2. 陶碾米房模型ⅡM11：39-2

3. 陶碾米房模型ⅡM11：39-3

4. 陶碾米房模型ⅡM11：39-4

ⅡM11出土器物10（第一期）

1. 陶禽圈模型ⅡM11：38-1

2. 陶禽圈模型ⅡM11：38-2

3. 陶井模型ⅡM11：33-1

4. 陶井模型ⅡM11：33-2

ⅡM11出土器物11（第一期）

1. 陶耕田模型ⅡM11：43-1

2. 陶耕田模型ⅡM11：43-2

3. 陶耕田模型ⅡM11：43-3

ⅡM11出土器物12（第一期）

1. 陶舆轿模型ⅡM11：41-1

2. 陶舆轿模型ⅡM11：41-2

3. 陶牛圈模型ⅡM11：42-1

4. 陶牛圈模型ⅡM11：42-2

ⅡM11出土器物13（第一期）

1. 银簪ⅡM11：9

2. 银簪ⅡM11：10

3. 铁刀ⅡM11：12

4. 铁刀ⅡM11：11

5. 铁刀ⅡM11：44

6. 铜镜ⅡM11：13

ⅡM11出土器物14（第一期）

1. ⅢM11墓葬结构

2. 瓷水波纹罐ⅢM11：01

ⅢM11墓葬结构及出土器物（第一期）

1. ⅣM4全景（南—北）

2. ⅣM4器物出土位置（局部）

3. ⅣM4纪年砖

ⅣM4墓葬结构、器物出土位置及纪年砖（第一期）

1. AⅡ式瓷四耳罐ⅣM4：01

2. CⅠ式瓷四耳罐ⅣM4：2

3. CⅠ式瓷四耳罐ⅣM4：3

4. CⅠ式瓷四耳罐ⅣM4：4

5. 瓷虎子ⅣM4：02

6. 陶釜ⅣM4：1

ⅣM4出土器物（第一期）

1. ⅡM5全景（南—北）

2. ⅡM5铭文砖

ⅡM5墓葬结构及纪年砖（第二期）

1. AⅢ式瓷四耳罐ⅡM5：1

2. AⅢ式瓷四耳罐ⅡM5：10

3. AⅢ式瓷四耳罐ⅡM5：21-1

4. AⅢ式瓷四耳罐ⅡM5：21-2

ⅡM5出土器物1（第二期）

1. CⅡ式瓷四耳罐ⅡM5：11

2. CⅡ式瓷四耳罐ⅡM5：12

3. CⅡ式瓷四耳罐ⅡM5：20

4. D型瓷四耳罐ⅡM5：05

5. AⅡ式瓷碗ⅡM5：02

6. BⅡ式瓷碗ⅡM5：3

ⅡM5出土器物2（第二期）

1. BⅡ式瓷碗M5：4

2. BⅡ式瓷碗ⅡM5：9

3. A型瓷碟ⅡM5：07

4. A型瓷碟ⅡM5：6

5. A型瓷碟ⅡM5：7

6. A型瓷碟ⅡM5：8

ⅡM5出土器物3（第二期）

1. A型瓷盂ⅡM5：5

2. 陶釜ⅡM5：18

3. 宋碗ⅡM5：08-1

4. 宋碗ⅡM5：08-2

ⅡM5出土器物4（第二期）

1. ⅡM12发掘完全景（北—南）

2. ⅡM12墓葬咬土砖

3. ⅡM12墓葬纪年砖

ⅡM12墓葬结构及纪年砖（第二期）

1. BⅡ式瓷四耳罐ⅡM12：7

2. CⅡ式瓷四耳罐ⅡM12：02

3. CⅡ式瓷四耳罐ⅡM12：3

4. CⅡ式瓷四耳罐ⅡM12：5

5. E型瓷四耳罐ⅡM12：4

ⅡM12出土器物1（第二期）

1. AⅡ式瓷碗ⅡM12：04

2. AⅡ式瓷碗ⅡM12：1

3. AⅡ式瓷碗ⅡM12：8

4. AⅡ式瓷碗ⅡM12：9

5. AⅡ式瓷碗ⅡM12：11

6. A型瓷盂ⅡM12：2

ⅡM12出土器物2（第二期）

1. A型瓷盆ⅡM12：6-1

2. A型瓷盆ⅡM12：6-2

3. A型瓷盆ⅡM12：6-3

4. 瓷盒ⅡM12：10-1

5. 瓷盒ⅡM12：10-2

ⅡM12出土器物3（第二期）

1. ⅢM3全景（南—北）

2. ⅢM3封门

3. ⅢM3纪年砖

ⅢM3墓葬结构及纪年砖（第二期）

1. AⅡ式瓷四耳罐ⅢM3：01

2. 瓷虎子ⅢM3：1

3. A型瓷盂ⅢM3：10

4. 瓷三足盘ⅢM3：11

ⅢM3出土器物（第二期）

1. ⅡM14发掘前全景（南—北）

2. ⅡM14发掘完全景（北—南）

3. ⅡM14封门

ⅡM14墓葬结构（第二期）

1. AⅣ式瓷四耳罐ⅡM14：2

2. AⅣ式瓷四耳罐ⅡM14：3

3. AⅣ式瓷四耳罐ⅡM14：7

4. CⅡ式瓷四耳罐ⅡM14：8

5. CⅡ式瓷四耳罐ⅡM14：9

ⅡM14出土器物1（第二期）

1. BⅠ式瓷碗ⅡM14：1

2. BⅡ式瓷碗ⅡM14：4

3. BⅡ式瓷碗ⅡM14：5

4. BⅡ式瓷碗ⅡM14：6

5. A型瓷钵ⅡM14：12

6. B型瓷钵ⅡM14：11

ⅡM14出土器物2（第二期）

1. 陶三足盘ⅡM14：10-1

2. 陶三足盘ⅡM14：10-2

3. 陶三足盘ⅡM14：10-3

4. 陶釜 ⅡM14：13-1

5. 陶釜ⅡM14：13-2

ⅡM14出土器物3（第二期）

1. ⅡM17全景（西—东）

2. ⅡM17器物出土情况

ⅡM17墓葬结构（第二期）

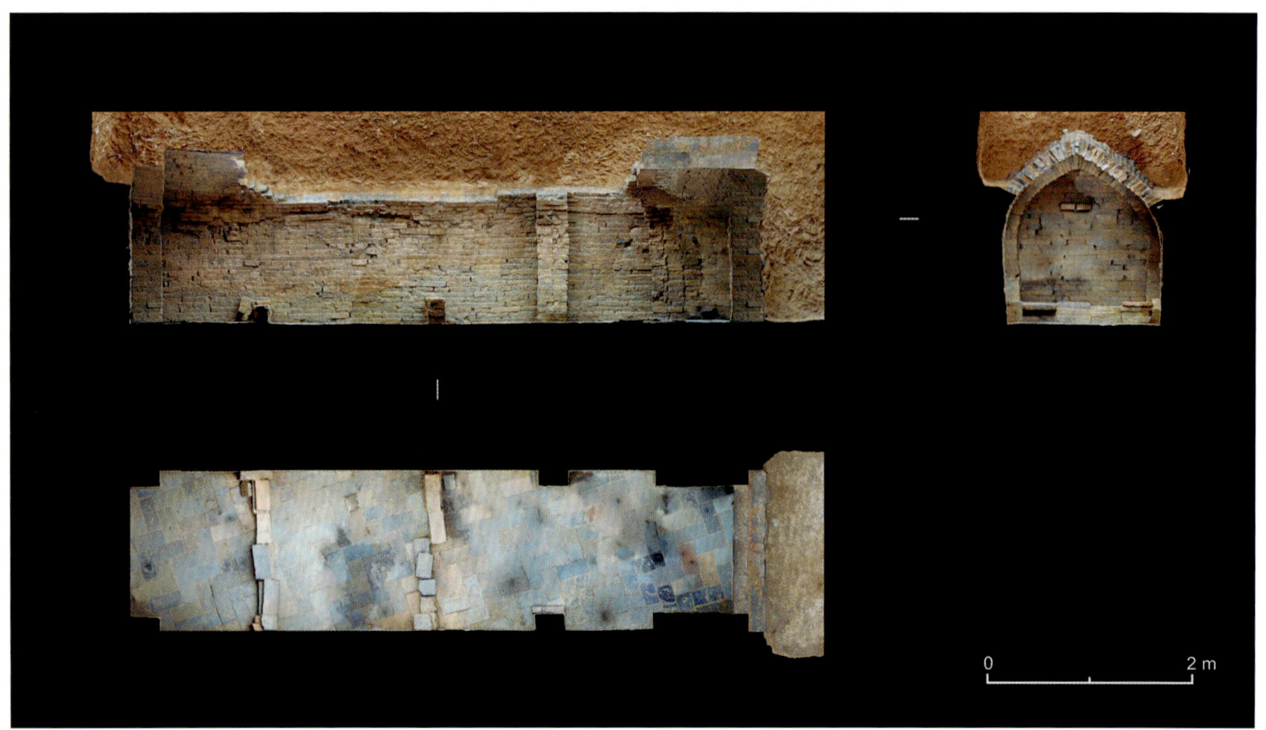

1. ⅡM17平、立、侧面正射影像

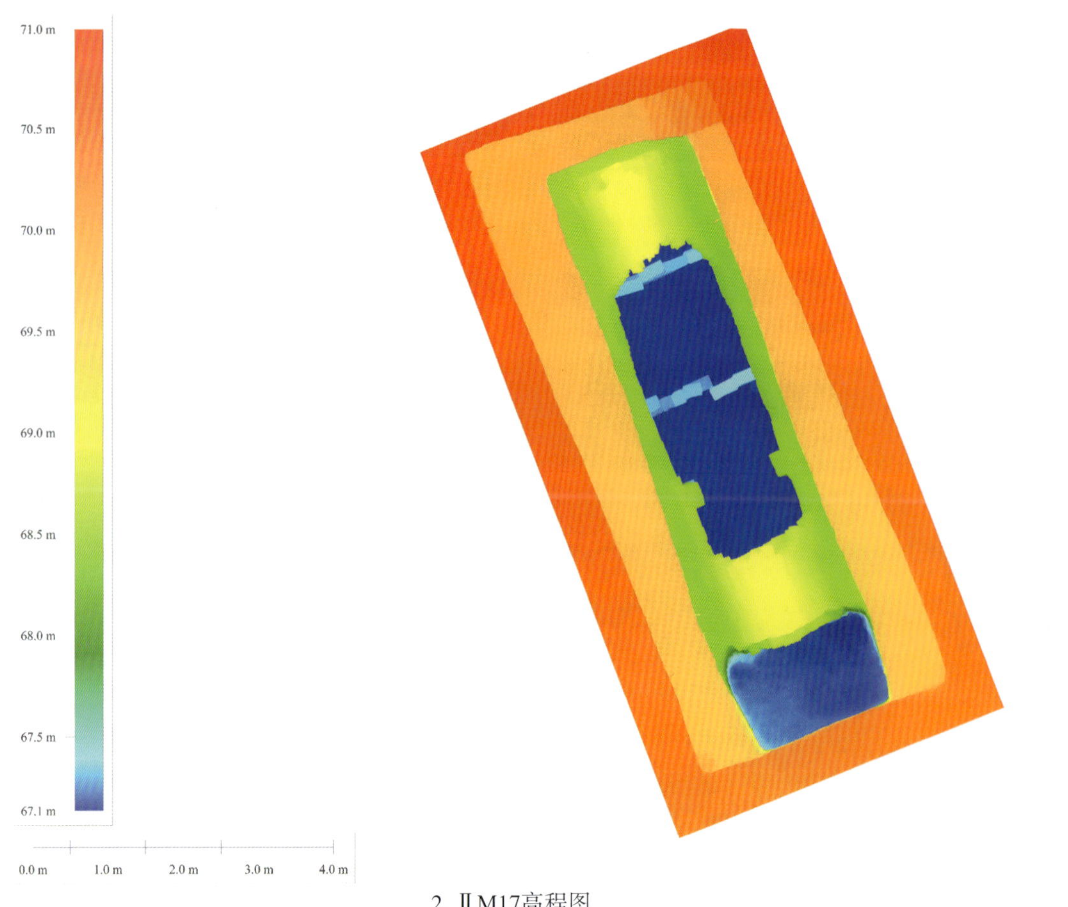

2. ⅡM17高程图

ⅡM17平、立、侧面正射影像及高程图（第二期）

1. AⅢ式瓷四耳罐ⅡM17：11

2. AⅢ式瓷四耳罐ⅡM17：14

3. AⅣ式瓷四耳罐ⅡM17：2

4. AⅣ式瓷四耳罐ⅡM17：3

5. AⅣ式瓷四耳罐ⅡM17：15

6. A型瓷盆ⅡM17：7

ⅡM17出土器物1（第二期）

1. AⅡ式瓷碗ⅡM17：13

2. AⅡ式瓷碗ⅡM17：16-1

3. AⅡ式瓷碗ⅡM17：16-2

4. BⅡ式瓷碗ⅡM17：1

5. BⅡ式瓷碗ⅡM17：6

6. BⅡ式瓷碗ⅡM17：8

ⅡM17出土器物2（第二期）

1. BⅡ式瓷碗ⅡM17：9

2. BⅡ式瓷碗ⅡM17：10

3. BⅡ式瓷碗ⅡM17：18

4. BⅡ式瓷碗ⅡM17：40

5. BⅡ式瓷碗ⅡM17：41

6. A型瓷钵ⅡM17：12

ⅡM17出土器物3（第二期）

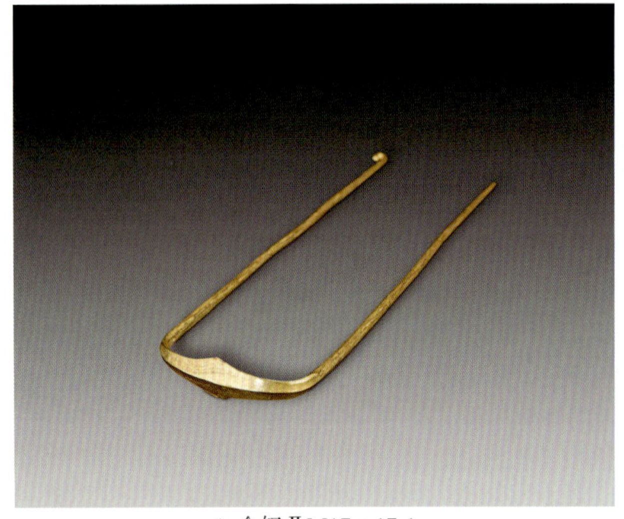

1. 金钗ⅡM17：17-1

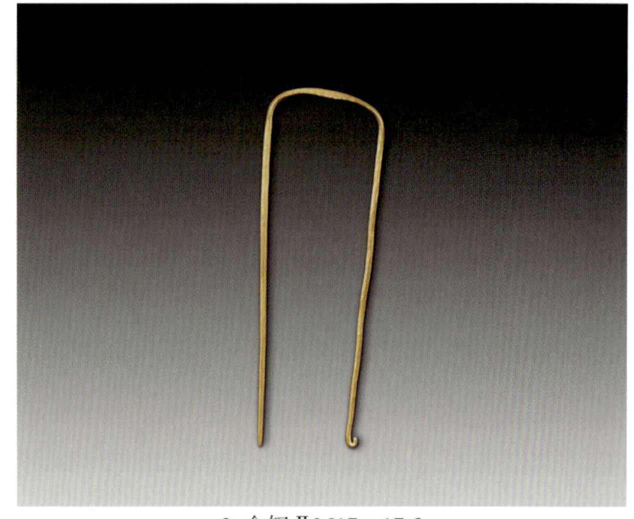

2. 金钗ⅡM17：17-2

3. 金指环ⅡM17：19

4. 金指环ⅡM17：26、ⅡM17：27

5. 金串珠ⅡM17：42、ⅡM17：44

6. 玻璃串珠

ⅡM17出土器物4（第二期）

1. 银镯ⅡM17：25

2. 银镯ⅡM17：37

3. 银镯ⅡM17：43

4. 铜镜ⅡM17：20

5. 铁剪刀ⅡM17：21

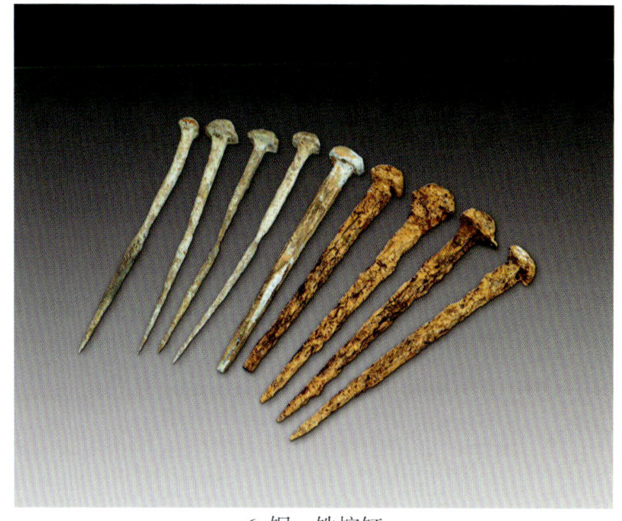
6. 铜、铁棺钉

ⅡM17出土器物5（第二期）

1. ⅢM17全景（北—南）

2. BⅡ式瓷四耳罐ⅢM17：1

3. CⅠ式瓷四耳罐ⅢM17：3

ⅢM17墓葬结构及出土器物（第二期）

1. AⅡ式瓷碗ⅢM17：4

2. AⅡ式瓷碗ⅢM17：5

3. B型陶四耳罐ⅢM17：6

4. 陶釜ⅢM17：2

ⅢM17出土器物（第二期）

1. ⅡM6（左）、ⅡM10（右）全景（南—北）

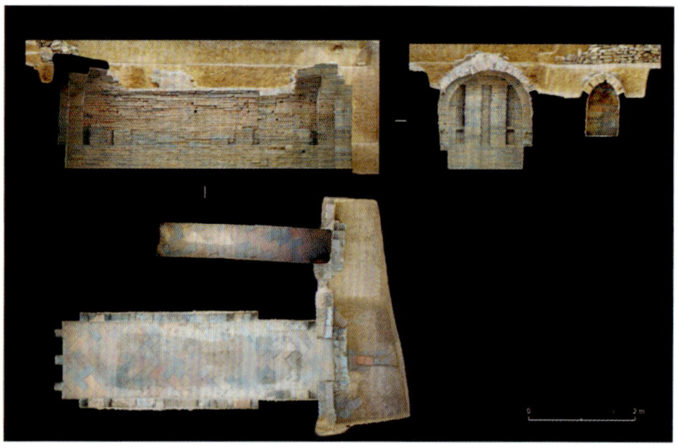

2. ⅡM6、ⅡM10平、立、侧面正射影像

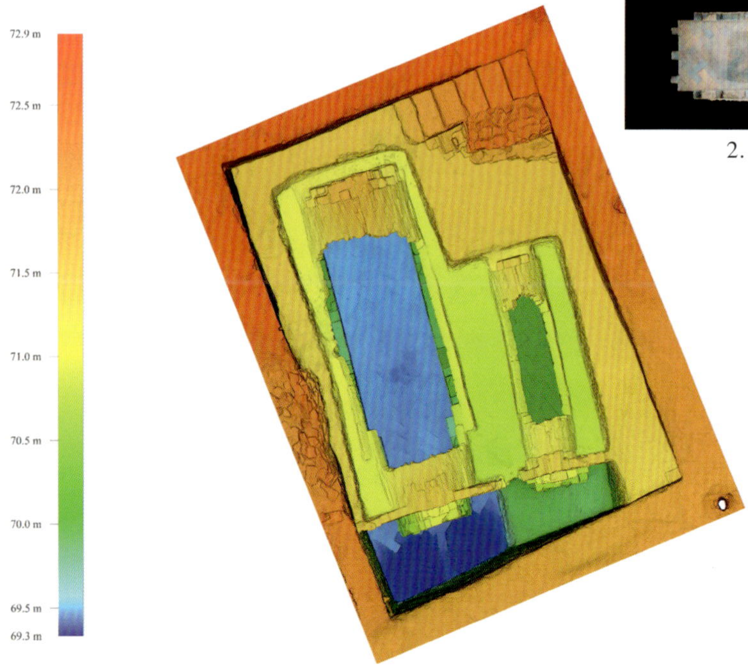

3. ⅡM6、ⅡM10高程图

ⅡM6、ⅡM10墓葬结构（第三期）

1. ⅡM6封门

2. ⅡM6后壁

3. BⅢ式瓷碗ⅡM6：9

4. 滑石猪（自左向右ⅡM6：4、ⅡM6：2、ⅡM6：5）

ⅡM6墓葬结构及出土器物（第三期）

1. AⅤ式瓷四耳罐ⅡM10：1

2. AⅤ式瓷四耳罐ⅡM10：2

3. BⅢ式瓷碗ⅡM10：3

4. BⅢ式瓷碗ⅡM10：4

5. BⅢ式瓷碗ⅡM10：7

ⅡM10出土器物1（第三期）

1. C型陶四耳罐ⅡM10：5-1

2. C型陶四耳罐ⅡM10：5-2

3. C型陶四耳罐ⅡM10：6-1

4. C型陶四耳罐ⅡM10：6-2

ⅡM10出土器物2（第三期）

1. ⅡM13全景（南—北）

2. ⅡM13封门

3. ⅡM13过道

ⅡM13墓葬结构（第三期）

1. ⅡM13平、立、侧面正射影像

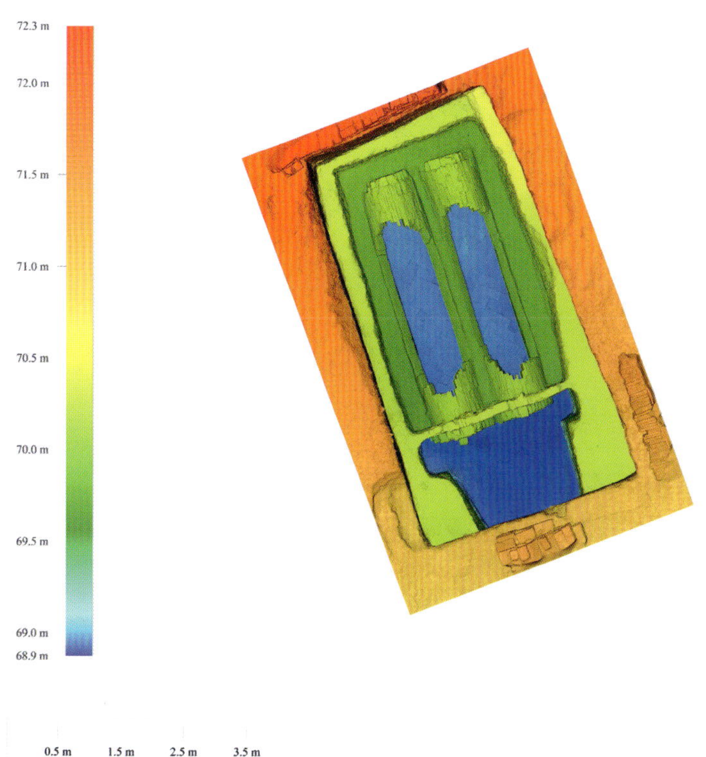

2. ⅡM13高程图

ⅡM13平、立、侧面正射影像及高程图（第三期）

1. AⅤ式瓷四耳罐ⅡM13：3

2. AⅤ式瓷四耳罐ⅡM13：4

3. AⅢ式瓷碗ⅡM13：5

4. AⅢ式瓷碗ⅡM13：6-1

5. AⅢ式瓷碗ⅡM13：6-2

ⅡM13出土器物1（第三期）

1. AⅢ式瓷碗ⅡM13：7

2. AⅢ式瓷碗ⅡM13：13

3. BⅠ式瓷碗ⅡM13：16

4. BⅢ式瓷碗ⅡM13：8

5. BⅢ式瓷碗ⅡM13：10

6. BⅢ式瓷碗ⅡM13：11

ⅡM13出土器物2（第三期）

1. BⅢ式瓷碗ⅡM13：12

2. BⅢ式瓷碗ⅡM13：14

3. BⅢ式瓷碗ⅡM13：15

4. D型瓷碟ⅡM13：9

5. 滑石猪（自左向右ⅡM13：1、ⅡM13：2）

ⅡM13出土器物3（第三期）

1. ⅢM4全景（南—北）

2. ⅢM4发掘后（南—北）

3. ⅢM4出土器物

ⅢM4墓葬结构（第四期早段）

1. AⅥ式瓷四耳罐ⅢM4：8

2. AⅥ式瓷四耳罐ⅢM4：15

3. AⅥ式瓷四耳罐ⅢM4：11-1

4. AⅥ式瓷四耳罐ⅢM4：11-2

5. AⅥ式瓷四耳罐ⅢM4：20

6. AⅥ式瓷四耳罐ⅢM4：22

ⅢM4出土器物1（第四期早段）

1. BⅡ式瓷四耳罐ⅢM4：12

2. CⅢ式瓷四耳罐ⅢM4：10

3. CⅢ式瓷四耳罐ⅢM4：17

4. AⅢ式瓷碗ⅢM4：16

5. AⅢ式瓷碗ⅢM4：19

6. AⅢ式瓷碗ⅢM4：21

ⅢM4出土器物2（第四期早段）

1. AⅣ式瓷碗ⅢM4：1

2. BⅣ式瓷碗ⅢM4：2

3. BⅣ式瓷碗ⅢM4：9

4. BⅣ式瓷碗ⅢM4：13

5. BⅣ式瓷碗ⅢM4：14

6. BⅣ式瓷碗ⅢM4：18

ⅢM4出土器物3（第四期早段）

1. BⅣ式瓷碗ⅢM4：24

2. B型瓷盆ⅢM4：23

3. 滑石猪（自左向右ⅢM4：3、ⅢM4：4）

4. 铁剪刀ⅢM4：5

ⅢM4出土器物4（第四期早段）

1. ⅢM22全景（北—南）

2. ⅢM22器物出土情况

3. AⅢ式瓷四耳罐ⅢM22：4

4. AⅣ式瓷四耳罐ⅢM22：9

ⅢM22墓葬结构及出土器物（第四期早段）

1. BⅡ式瓷四耳罐ⅢM22：2

2. BⅡ式瓷四耳罐ⅢM22：11

3. CⅡ式瓷四耳罐ⅢM22：3

4. CⅢ式瓷四耳罐ⅢM22：6

5. CⅢ式瓷四耳罐ⅢM22：14

ⅢM22出土器物1（第四期早段）

1. AⅢ式瓷碗ⅢM22：5

2. AⅢ式瓷碗ⅢM22：8

3. BⅢ式瓷碗ⅢM22：1

4. BⅢ式瓷碗ⅢM22：12

5. BⅢ式瓷碗ⅢM22：13

6. BⅢ式瓷碗ⅢM22：15

ⅢM22出土器物2（第四期早段）

1. BⅢ式瓷碗ⅢM22：16

2. B型瓷盂ⅢM22：7

3. 陶釜ⅢM22：10-1

4. 陶釜ⅢM22：10-2

ⅢM22出土器物3（第四期早段）

1. ⅢM24全景（南—北）

2. ⅢM24封门

3. ⅢM24后壁

ⅢM24墓葬结构（第四期早段）

1. AⅥ式瓷四耳罐ⅢM24：6

2. AⅥ式瓷四耳罐ⅢM24：14

3. BⅢ式瓷四耳罐ⅢM24：10

4. BⅢ式瓷四耳罐ⅢM24：13

ⅢM24出土器物1（第四期早段）

1. CⅢ式瓷四耳罐ⅢM24：4

2. CⅢ式瓷四耳罐ⅢM24：9

3. AⅢ式瓷碗ⅢM24：1

4. AⅢ式瓷碗ⅢM24：5

5. BⅢ式瓷碗ⅢM24：11

6. BⅢ式瓷碗ⅢM24：12

ⅢM24出土器物2（第四期早段）

1. BⅣ式瓷碗ⅢM24：2

2. BⅣ式瓷碗ⅢM24：7

3. BⅣ式瓷碗ⅢM24：8

4. A型瓷钵ⅢM24：3

ⅢM24出土器物3（第四期早段）

1. AⅢ式瓷碗ⅣM12：01-1

2. AⅢ式瓷碗ⅣM12：01-2

3. BⅣ式瓷碗ⅣM12：1-1

4. BⅣ式瓷碗ⅣM12：1-2

5. 铜镜ⅣM5：5

ⅣM12、ⅣM5出土器物（第四期早段）

ⅡM4全景（南—北）

ⅡM4全景（第四期晚段）

1. ⅡM4前室

2. ⅡM4后室侧壁

3. ⅡM4后壁

ⅡM4结构（第四期晚段）

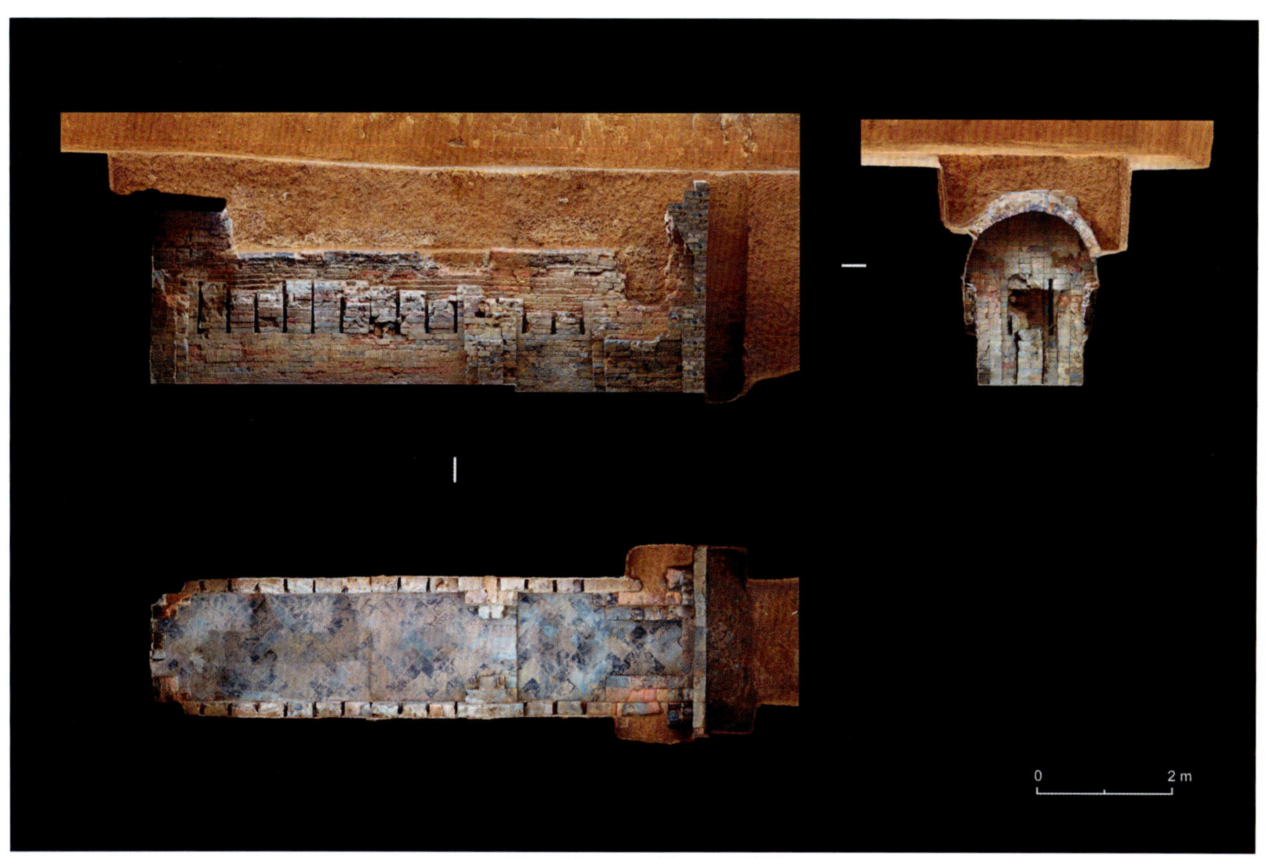

1. ⅡM4平、立、侧面正射影像

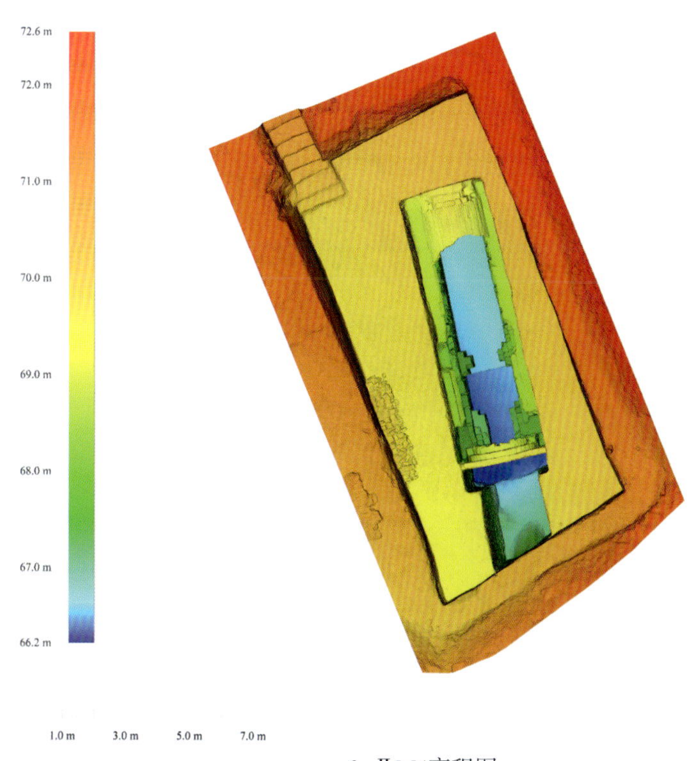

2. ⅡM4高程图

ⅡM4平、立、侧面正射影像及高程图（第四期晚段）

1. AⅥ式瓷四耳罐ⅡM4：04

2. AⅥ式瓷四耳罐ⅡM4：05

3. D型瓷碟ⅡM4：02

4. D型瓷碟ⅡM4：016

5. B型瓷盂ⅡM4：03

ⅡM4出土器物1（第四期晚段）

1. BⅤ式瓷碗ⅡM4：1

2. BⅤ式瓷碗ⅡM4：06

3. BⅤ式瓷碗ⅡM4：07

4. BⅤ式瓷碗ⅡM4：08

5. BⅤ式瓷碗ⅡM4：09

6. BⅤ式瓷碗ⅡM4：014

ⅡM4出土器物2（第四期晚段）

1. 滑石猪（自左向右ⅡM4：011、ⅡM4：015、ⅡM4：013）

2. 铜镜ⅡM4：010

3. 宋碗ⅡM4：01-1

4. 宋碗ⅡM4：01-2

ⅡM4出土器物3（第四期晚段）

1. ⅡM2全景（南—北）

2. ⅡM2内部结构（西—东）

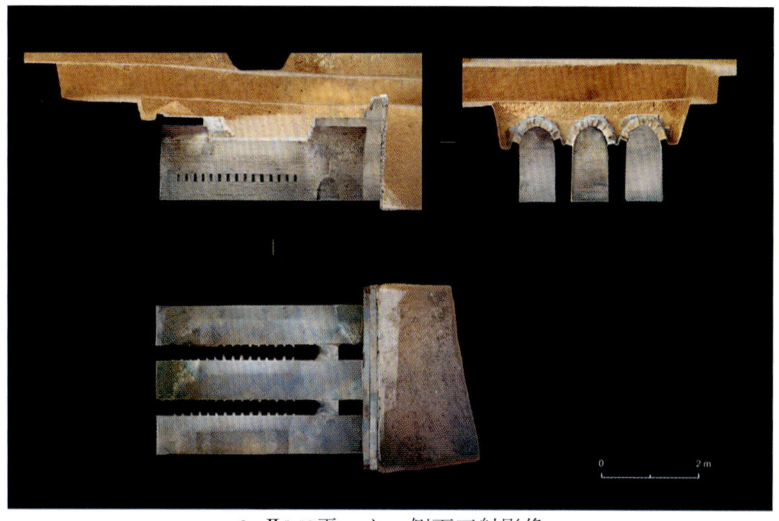

3. ⅡM2平、立、侧面正射影像

ⅡM2墓葬结构及平、立、侧面正射影像（第四期晚段）

1. AⅥ式瓷四耳罐ⅡM2：1

2. AⅥ式瓷四耳罐ⅡM2：2

3. AⅥ式瓷四耳罐ⅡM2：5

4. AⅥ式瓷四耳罐ⅡM2：10

ⅡM2出土器物1（第四期晚段）

1. BⅤ式瓷碗ⅡM2：14

2. BⅤ式瓷碗ⅡM2：17

3. BⅤ式瓷碗ⅡM2：20

4. B型瓷盆ⅡM2：4

5. 滑石猪（自左向右ⅡM2：7、ⅡM2：8、ⅡM2：11、ⅡM2：12）

ⅡM2出土器物2（第四期晚段）

1. C型瓷碟ⅡM2：9

2. C型瓷碟ⅡM2：18

3. C型瓷碟ⅡM2：19

4. D型瓷碟ⅡM2：3

5. D型瓷碟ⅡM2：13

6. D型瓷碟ⅡM2：15

ⅡM2出土器物3（第四期晚段）

1. ⅡM15（下）、ⅡM16（上）全景

2. ⅡM16器物出土情况

3. ⅡM16后壁及器物出土情况

ⅡM15、ⅡM16墓葬结构及器物出土情况（第五期）

1. AⅦ式瓷六耳罐ⅡM15：4

2. AⅦ式瓷六耳罐ⅡM15：11

3. AⅣ式瓷碗ⅡM15：5

4. BⅤ式瓷碗ⅡM15：2

5. BⅤ式瓷碗ⅡM15：3

ⅡM15出土器物1（第五期）

1. B型瓷碟ⅡM15：6

2. B型瓷碟ⅡM15：7

3. B型瓷碟ⅡM15：8

4. B型瓷碟ⅡM15：9

5. B型瓷碟ⅡM15：10

6. 滑石猪ⅡM15：1

ⅡM15出土器物2（第五期）

1. AⅦ式瓷六耳罐ⅡM16：5

2. AⅦ式瓷六耳罐ⅡM16：7

3. AⅣ式瓷碗ⅡM16：9

4. BⅤ式瓷碗ⅡM16：3

5. BⅤ式瓷碗ⅡM16：10

6. BⅤ式瓷碗ⅡM16：12

ⅡM16出土器物1（第五期）

1. C型瓷碟ⅡM16：4

2. C型瓷碟ⅡM16：6

3. C型瓷碟ⅡM16：8

4. C型瓷碟ⅡM16：11

5. 滑石猪（自左向右ⅡM16：1、ⅡM16：2）

ⅡM16出土器物2（第五期）

1. ⅢM8全景（南—北）

2. ⅢM8器物出土情况

3. AⅦ式瓷四耳罐ⅢM8：4

4. AⅦ式瓷四耳罐ⅢM8：5

ⅢM8墓葬结构及出土器物（第五期）

1. AⅣ式瓷碗ⅢM8：2

2. AⅣ式瓷碗ⅢM8：3

3. AⅣ式瓷碗ⅢM8：11

4. 滑石猪ⅢM8：1、ⅢM8：12

ⅢM8出土器物1（第五期）

1. A型瓷碟ⅢM8：6

2. A型瓷碟ⅢM8：7

3. A型瓷碟ⅢM8：8

4. A型瓷碟ⅢM8：9

5. A型瓷碟ⅢM8：10-1

6. A型瓷碟ⅢM8：10-2

ⅢM8出土器物2（第五期）

1. ⅢM1全景（南—北）

2. AⅦ式瓷六耳罐ⅢM1：1

3. AⅣ式瓷碗ⅢM1：2

ⅢM1墓葬结构及出土器物（第五期）

1. ⅢM6全景（南—北）

2. ⅢM6后壁及器物出土情况

3. 瓷钵形碗ⅢM6：1

ⅢM6墓葬结构及出土器物（第六期）

1. ⅢM5全景（北—南）

2. ⅢM5天井及器物出土情况

3. AⅠ式瓷敞口碗ⅢM5：1

ⅢM5墓葬结构及出土器物（第六期）

1. ⅢM12全景（北—南）

2. 瓷钵形碗ⅢM12：1

3. E型瓷碟ⅢM12：2

ⅢM12墓葬结构及出土器物（第六期）

1. ⅢM15全景（北—南）

2. AⅠ式瓷敞口碗ⅢM15：1

3. 瓷钵形碗ⅢM15：2

4. 瓷钵形碗ⅢM15：3

ⅢM15墓葬结构及出土器物（第六期）

1. Ⅰ M2全景（北—南）

2. Ⅰ M2出土器物（局部）

3. Ⅰ M2墓道出土器物

Ⅰ M2墓葬结构及出土器物（第七期早段）

1. B型瓷宽耳罐ⅠM2：1

2. B型瓷宽耳罐ⅠM2：13

3. 陶宽耳罐ⅠM2：14

4. 陶宽耳罐ⅠM2：15

5. AⅠ式瓷敞口碗ⅠM2：8

ⅠM2出土器物1（第七期早段）

1. AⅠ式瓷敞口碗ⅠM2：2

2. AⅠ式瓷敞口碗ⅠM2：3

3. AⅠ式瓷敞口碗ⅠM2：4

4. AⅠ式瓷敞口碗ⅠM2：5

5. AⅠ式瓷敞口碗ⅠM2：6

6. AⅠ式瓷敞口碗ⅠM2：7

ⅠM2出土器物2（第七期早段）

1. ⅢM18发掘前全景（北—南）

2. ⅢM18发掘后全景（北—南）

ⅢM18墓葬结构（第七期早段）

1. B型瓷宽耳罐ⅢM18：1

2. B型瓷宽耳罐ⅢM18：2

3. BⅠ式瓷敞口碗ⅢM18：3

4. BⅠ式瓷敞口碗ⅢM18：4

5. B型瓷灯盏ⅢM18：5

ⅢM18出土器物（第七期早段）

1. B型瓷宽耳罐ⅢM19：1

2. B型瓷宽耳罐ⅢM19：2

3. BⅠ式瓷敞口碗ⅢM19：3

4. BⅠ式瓷敞口碗ⅢM19：4

5. B型瓷灯盏ⅢM19：5

ⅢM19出土器物（第七期早段）

1. ⅣM2（左）、ⅣM3（右）全景（北—南）

2. ⅣM2器物出土情况

3. ⅣM3器物出土情况

ⅣM2、ⅣM3墓葬结构及器物出土情况（第七期早段）

1. B型瓷宽耳罐ⅣM2：3-1

2. B型瓷宽耳罐ⅣM2：3-2

3. B型瓷宽耳罐ⅣM2：3-3

4. E型瓷碟ⅣM3：1-1

5. E型瓷碟ⅣM3：1-2

ⅣM2、ⅣM3出土器物（第七期早段）

1. ⅡM7、ⅡM8发掘前全景（南—北）

2. ⅡM7器物出土情况

ⅡM7、ⅡM8墓葬结构及器物出土情况（第七期晚段）

1. 瓷梭腹罐ⅡM7：1

2. 瓷梭腹罐ⅡM7：3

3. A型陶盖碗ⅡM7：2

4. A型陶盖碗ⅡM7：4

ⅡM7出土器物（第七期晚段）

1. 瓷梭腹罐ⅡM8：1

2. 瓷梭腹罐ⅡM8：3

3. B型陶盖碗ⅡM8：2

4. B型陶盖碗ⅡM8：4

ⅡM8出土器物1（第七期晚段）

1. A型瓷灯盏ⅡM8：5

2. A型瓷灯盏ⅡM8：6

3. A型瓷灯盏ⅡM8：7

4. A型瓷灯盏ⅡM8：8

5. A型瓷灯盏ⅡM8：9

ⅡM8出土器物2（第七期晚段）

1. A型瓷宽耳罐ⅢM20：03-1

2. A型瓷宽耳罐ⅢM20：03-2

3. 陶盖碗ⅢM23：1-1

4. 陶盖碗ⅢM23：1-2

5. 铜钱（开元通宝）ⅢM23：2

ⅢM20、ⅢM23出土器物（第七期晚段）

1. ⅢM27发掘前全景（南—北）

2. ⅢM27器物出土情况

ⅢM27墓葬结构及器物出土情况（第七期晚段）

1. 瓷梭腹罐ⅢM27：9

2. 瓷梭腹罐ⅢM27：14

3. AⅢ式瓷敞口碗ⅢM27：13

4. AⅢ式瓷敞口碗ⅢM27：16

ⅢM27出土器物1（第七期晚段）

1. 瓷灯盏ⅢM27：1

2. 瓷灯盏ⅢM27：5

3. 瓷灯盏ⅢM27：6

4. 瓷灯盏ⅢM27：7

5. 瓷灯盏ⅢM27：8-1

6. 瓷灯盏ⅢM27：8-2

ⅢM27出土器物2（第七期晚段）

1. ⅡM1形制（西—东）

2. ⅡM1墓葬天井结构（东—西）

ⅡM1墓葬结构（第八期）

1. 瓷梭腹罐ⅡM1：1

2. 瓷梭腹罐ⅡM1：3

3. AⅣ式瓷敞口碗ⅡM1：2

4. AⅣ式瓷敞口碗ⅡM1：4

ⅡM1出土器物（第八期）

1. 瓷梭腹罐ⅢM28：1

2. 瓷梭腹罐ⅢM28：4

3. AⅢ式瓷敞口碗ⅢM28：2

4. AⅢ式瓷敞口碗ⅢM28：3

ⅢM28出土器物（第八期）

1. ⅣM13全景（北—南）

2. ⅣM13铜钱出土状况

ⅣM13墓葬结构及器物出土情况（第八期）

1. 瓷棱腹罐ⅣM13：3

2. 瓷棱腹罐ⅣM13：5

3. AⅢ式瓷敞口碗ⅣM13：4-1

4. AⅢ式瓷敞口碗ⅣM13：4-2

5. AⅢ式瓷敞口碗ⅣM13：6-1

6. AⅢ式瓷敞口碗ⅣM13：6-2

ⅣM13出土器物1（第八期）

1. AⅣ式瓷敞口碗ⅣM13：2-1

2. AⅣ式瓷敞口碗ⅣM13：2-2

3. ⅣM13：1铜钱一串

4. ⅣM13：1乾元重宝

ⅣM13出土器物2（第八期）

1. ⅠY1形制

2. ⅠY1通风道

ⅠY1结构

1. ⅠY2形制

2. ⅠY2窑室内堆积

ⅠY2结构

1. ⅠY4形制

2. ⅠY4烟囱

ⅠY4结构

1. ⅠY5形制（西—东）

2. ⅠY5窑门

ⅠY5结构

1. ⅣY1、ⅣY2形制（北—南）

2. ⅣY1形制（北—南）

3. ⅣY2（东—西）

Ⅳ1、Ⅳ2结构

1. RLC1

2. RLC2

3. RLC3

4. RLC4

5. RLC5

6. RLC6

陶瓷器测试样品1

1. RLC7
2. RLC8
3. RLC9
4. RLC10
5. RLC11
6. RLC12

陶瓷器测试样品2

1. RLC13

2. RLC14

3. RLC15-1

4. RLC15-2

陶瓷器测试样品3

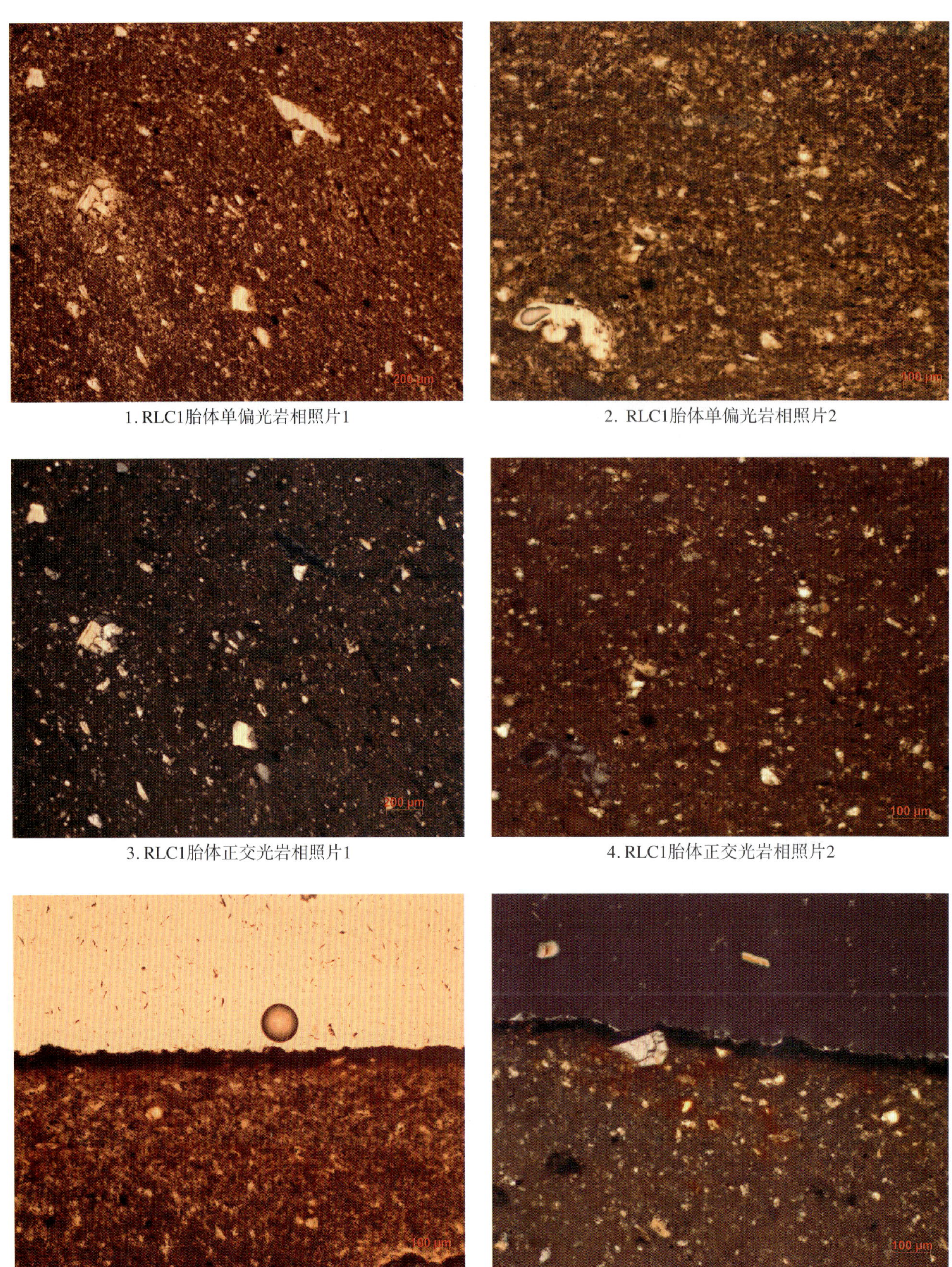

1. RLC1胎体单偏光岩相照片1

2. RLC1胎体单偏光岩相照片2

3. RLC1胎体正交光岩相照片1

4. RLC1胎体正交光岩相照片2

5. RLC1样品表层切面单偏光岩相照片

6. RLC1样品表层切面正交光岩相照片

RLC1样品岩相照片

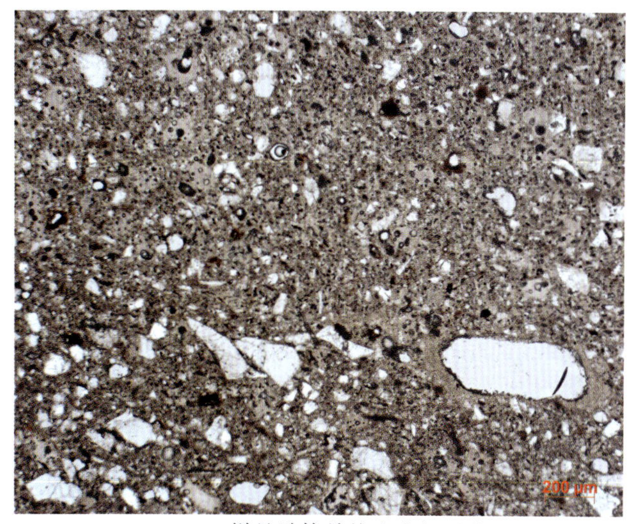

1. RLC7样品胎体单偏光岩相照片

2. RLC7样品胎体正交光岩相照片

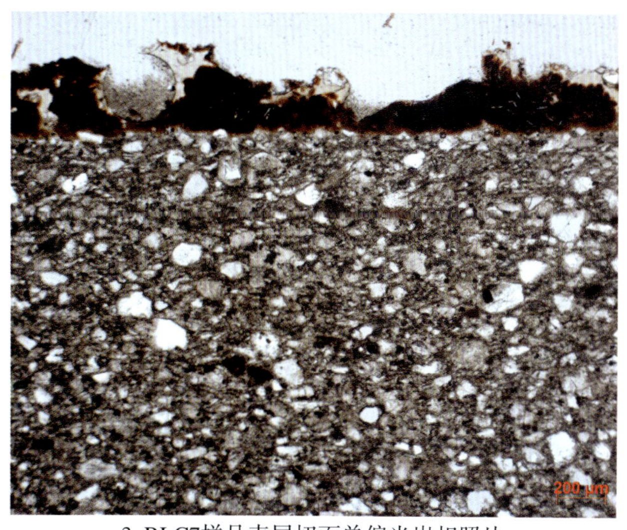

3. RLC7样品表层切面单偏光岩相照片

4. RLC7样品表层切面正交光岩相照片

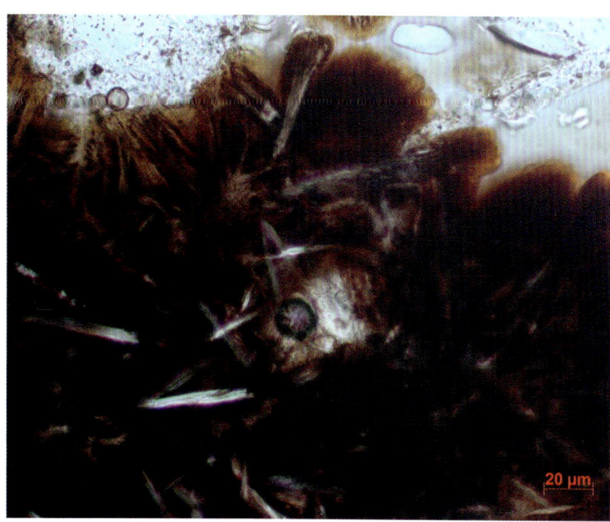

5. RLC7样品釉面单偏光岩相照片

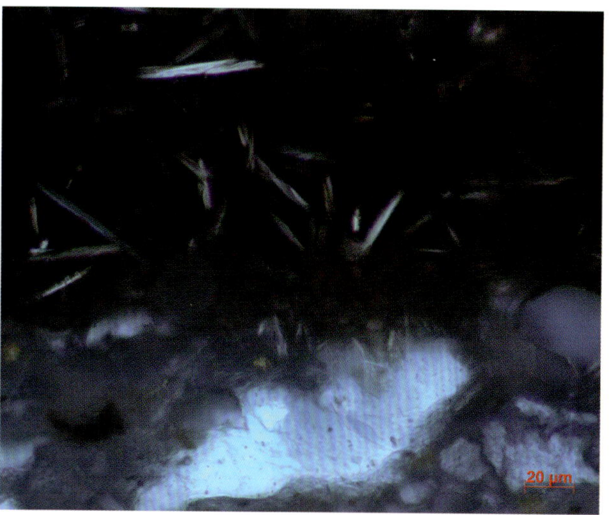

6. RLC7样品釉面正交光岩相照片

RLC7样品岩相照片

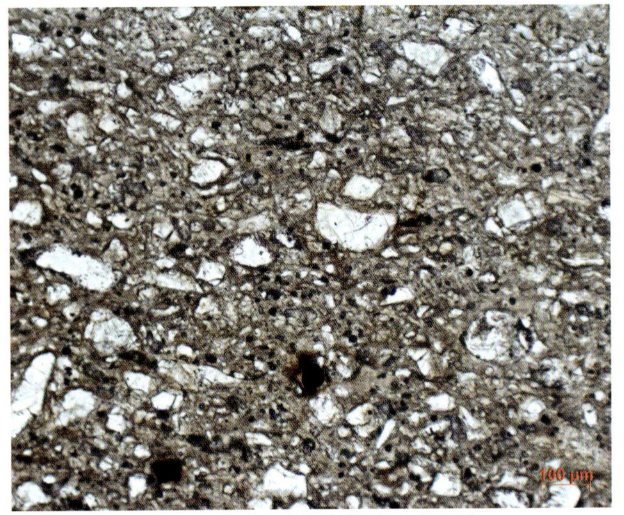

1. RLC14样品胎体单偏光岩相照片

2. RLC14样品胎体正交光岩相照片

3. RLC14样品表层切面单偏光岩相照片1

4. RLC14样品表层切面单偏光岩相照片2

5. RLC14样品表层切面正交光岩相照片1

6. RLC14样品表层切面正交光岩相照片2

RLC14样品岩相照片